BIBLIOTHEK DEUTSCHER KLASSIKER

NOVALIS

BIBLIOTHEK DEUTSCHER KLASSIKER

BDK

HERAUSGEGEBEN VON DEN
NATIONALEN FORSCHUNGS- UND GEDENKSTÄTTEN
DER KLASSISCHEN DEUTSCHEN LITERATUR
IN WEIMAR

NOVALIS

WERKE IN EINEM BAND

Aufbau-Verlag Berlin und Weimar

1989

Ausgewählt und eingeleitet von
Hans-Dietrich Dahnke

Textrevision und Kommentar von
Rudolf Walbiner

4. Auflage 1989
Alle Rechte an dieser Ausgabe Aufbau-Verlag Berlin und Weimar
Einbandgestaltung Horst Erich Wolter
Lichtsatz INTERDRUCK Graphischer Großbetrieb Leipzig – III/18/97
Druck und Binden LVZ-Druckerei ,,Hermann Duncker'',
Leipzig III/18/138
Printed in the German Democratic Republic
Lizenznummer 301. 120/253/89
Bestellnummer 612 713 8
00500

ISBN 3-351-00735-3

Novalis
eigentlich Georg Philipp Friedrich von Hardenberg
(1772–1801)

Stahlstich nach der Zeichnung von Eduard Eichens, 1845

EINLEITUNG

Georg Friedrich Philipp Freiherr von Hardenberg ist unter dem Namen Novalis in die Literaturgeschichte eingegangen. Dieses Pseudonym benutzte er erstmalig 1798 für seine Fragmentsammlung „Blütenstaub" und gab damit dem eigenen Verständnis von der Berufung eines Dichters Ausdruck: als eines schöpferischen Menschen nämlich, der geistiges Neuland beschreitet und erschließt. Der Dichtername Novalis darf mit Sicherheit als sinnbildhaft-programmatisch verstanden werden.

Das Gesamtwerk, das Novalis hinterlassen hat, ist relativ schmal — das Ergebnis weniger, freilich hochproduktiver Schaffensjahre, die er, in enger Wechselbeziehung mit dem frühromantischen Freundeskreis und zugleich auf vielfache Weise an den geschichtlichen Bewegungen und geistigen Auseinandersetzungen seiner Epoche Anteil nehmend, zwischen 1797 und 1800 durchlebte. Der frühe Tod im Alter von 28 Jahren brach das Werk in wesentlichen Teilen unvollendet ab.

Vieles war dazu angetan, die Bildung einer legendären Aura um Leben und Werk dieses Dichters zu befördern: Die Liebe zu einem ganz jungen Mädchen und deren mystisch erfahrener und poetisch verklärter Tod, die Intensität und Rigorosität der weltanschaulichen Problemstellung und Konzeptionsbildung im Gefolge dieses als einschneidend empfundenen Verlusts, der frühe Tod, der — zwar durch eine natürliche Krankheit verursacht — wie die Erfüllung der eigenen Todessehnsucht erscheinen mochte, schließlich das nach dem Tode sichtbar werdende, erstaunlich intensive, zugleich noch fragmentarisch-geheimnisvoll anmutende Werk in seiner eigentümlichen Mischung von Kunst und Philosophie, von Poesie und Religion.

Die überwiegend einseitig verlaufende Wirkungsgeschichte unterstützte von Anfang an die Tendenz zur Legendenbildung in einer Weise, die den Dichter ganz unbedingt in eine weltanschaulich und ideologisch regressive Traditionslinie stellte. Zentrale Bestandteile des Werkes ließen sich in der Tat nicht zu Unrecht in den Dienst solcher Bestre-

bungen stellen. So kann das Bild, das Heine 1833 in der „Romantischen
Schule" von Novalis entwarf, nicht überraschen, es erscheint aber selbst
mehr verklärend als kritisch: „Novalis sah überall nur Wunder, und
liebliche Wunder; er belauschte das Gespräch der Pflanzen, er wußte
das Geheimnis jeder jungen Rose, er identifizierte sich endlich mit der
ganzen Natur, und als es Herbst wurde und die Blätter abfielen, da
starb er ..." Dieses Bild zeigt die Einseitigkeit der Legendenbildung
über den Dichter und sein Leben ebenso, wie es eine wesentliche
Tendenz seiner Poesie erfaßt.

Die Nachwirkung des Novalis erweist sich als vornehmlich an eine
bestimmte literarische Strömung gebunden: Im 19. Jahrhundert inter-
essierten sich vornehmlich nicht-deutsche Autoren für ihn, der Eng-
länder Carlyle, der Amerikaner Edgar Allan Poe. Mit Baudelaire hebt
eine relativ konsistente Phase der Rezeption an, die insbesondere im
französischen und russischen Symbolismus spürbar ist, aber auch noch
den deutschen Expressionismus — etwa Frühwerke Johannes R. Bechers
— einschließt. Wo sie freilich am direktesten erkennbar ist — bei Maurice
Maeterlinck —, beruht sie doch mehr auf einem veräußerlichten als
wesenhaften Verständnis, mehr auf modischer Gestimmtheit im Geist
des „fin du siècle" als auf Übereinstimmung in Intentionen und Er-
gebnissen. Nicht unerwähnt möge indessen bleiben, daß auch in der
Gegenwart Novalis nicht wirkungslos geblieben ist: In der neu-linken
Oppositionsbewegung der imperialistischen Länder ist dies sichtbar,
und es gibt auch sozialistische Autoren, für die die Entdeckung neuer
Bereiche des Poetischen sich mit der Neuentdeckung des Novalis
verband.

Die gedanklich-poetische Welt des Novalis ist reicher und umfas-
sender, im positiven Sinne widersprüchlicher, als die Legendarisierung
sie hat erscheinen lassen. Wir finden darin die unbedingte kritische
Infragestellung gegenwärtigen Lebens und die glühende Sehnsucht nach
einem als individuelle Befreiung und universelle Harmonisierung, als
Vereinigung mit dem All-Leben vorgestellten Tod. Aber deutlich sicht-
bar ist auch das Streben nach Aneignung der vielfältigsten geistig-
kulturellen und naturwissenschaftlich-technischen Erkenntnisse und
Errungenschaften der Zeit im Sinne einer auf grundlegende Erneuerung
des Lebens gerichteten Zielsetzung und die entschiedene Verfolgung des
Zwecks, verborgene und ungenutzte Fähigkeiten des Menschen zu
aktivieren und insbesondere die poetisch-schöpferische Kraft im Dien-
ste dieser Erneuerungsidee praktisch wirksam zu machen. Ohne daß

für unsere Zeit eine neue, umfassende und verbreitete Wirkung erwartet werden könnte, ist es eine lohnende Aufgabe, diesen widerspruchsvollen Zusammenhang sichtbar zu machen. Das Ergebnis dürfte nicht nur ein tieferes historisches Verständnis sein.

Friedrich von Hardenberg, am 2. Mai 1772 in Oberwiederstedt, dem im Mansfeldischen gelegenen Familiengut der Hardenbergs, geboren, entstammt einem alten Adelsgeschlecht. Wie er es selbst in einem autobiographisch angelegten Brief von Anfang Januar 1800 dargestellt hat, stand seine frühe Entwicklung im Zeichen gegensätzlicher Auffassungen, die in der Familie über die gesellschaftliche Position und die Lebenshaltung eines jungen Menschen von seiner Abkunft gehegt wurden. Ein einflußreicher Onkel, der an den „Vorzügen des Standes und der Geburt" hing, dachte auf eine glänzende, ehrenvolle und erfolgreiche Laufbahn in der „großen Welt" – und wußte mit solchen Zukunftsvorstellungen die „Eitelkeit" des Neffen anzustacheln. Der Vater dagegen, der der herrnhutischen Brüdergemeine nahestand und mit deren Idealen von individueller Erweckung und brüderlicher Liebe sympathisierte, verachtete äußeren Glanz: „Er ermahnte uns zum Fleiß und zur Genügsamkeit ... Er pries uns das Glück einer stillen, häuslichen Lage und bat uns oft, nie aus Rücksichten des Interesses und der Ambition zu handeln und zu wählen." In Übereinstimmung mit solcherart unaristokratischen Lebensmaximen begab sich der Vater 1785 als Salinenbeamter der mittleren Ebene in kursächsische Staatsdienste; die Familie wohnte von da ab in Weißenfels. Ganz eindeutig setzten sich auf die Dauer die Auffassungen und die Haltungen des Vaters auch bei dem Sohn durch; Familienbindung und Religiosität gaben ihm wichtige ideelle Orientierungen.

Gegen die Verführungen der feudalen „großen Welt" hat nach des Dichters Aussage auch ein „unüberwindlicher Hang zu den schönen Wissenschaften" gewirkt. Aus den Jahren um 1790 sind vielerlei poetische Arbeiten und Pläne des jungen Hardenberg überliefert, neben fragmentarischen Entwürfen zu Dramen und Erzählungen insbesondere Gedichte. Kaum etwas davon bezeugt freilich eine besondere poetische Begabung: Es sind durchweg unreife, epigonale Produkte, die die mannigfachsten Vorbilder und Tendenzen aus der zeitgenössischen Literatur aufnehmen und deren Rollenspielerei im günstigsten Falle noch die Fähigkeit des Nachempfindens und formale Gewandtheit verrät. Ohne jede Hintergründigkeit preist etwa das Gedicht „An

die Dichtkunst" die Muse, die „süße Lust" gibt und „frohe Armut"
liebt, die nach des Tages Arbeit die „Ruhestunden" erquickt und der-
einst einmal das Alter zu „wärmen und erfreun" verspricht. Nichts
liegt dieser Lyrik ferner als die Unbedingtheit und Intensität des poe-
tischen Konzepts, dem der Dichter Novalis wenige Jahre später
folgte.

Immerhin war Hardenberg mit den Tendenzen und Problemen der
Literatur seines Jahrhunderts vertraut, und das unterstützte gewiß die
Wirkung, die die Begegnung mit bedeutenden Repräsentanten des
geistigen Lebens auf seine Entwicklung auslöste, als er die Universität
bezog. 1790 begann er in Jena das Studium der Rechtswissenschaften,
hörte aber vorwiegend philosophische und historische Vorlesungen,
insbesondere auch bei Karl Leonhard Reinhold, der mit Entschieden-
heit die Kantsche Philosophie vertrat und popularisierte, und bei
Schiller, dessen philosophisch-moralisches Ethos auf ihn tiefen Ein-
druck machte. Briefe an beide Lehrer vom Herbst 1791 bezeugen, in
welchem Maße er sich vor allem mit Schiller identifizierte. Schiller
erschien ihm als ein vollendetes Muster der Humanität. Er teilte dessen
Überzeugung, „daß die Schönheit und Wahrheit ein und dieselbe
Göttin" seien, und er bekannte sich zu dessen Hochschätzung der
Vernunft wie zu der daraus folgenden strengen Verpflichtung, als ein
„philosophischer Kopf" unermüdlich und unbeirrbar tätig zu sein; er
träumte davon, unter „unkultivierten Menschen" zum „Stifter ihrer
Kultur und Aufklärung" zu werden, und er sah sich selbst in enthu-
siastischer Antizipation der Zukunft neben Schiller als „Erzieher des
künftigen Jahrhunderts" wirken.

Was ihn derart inspirierte, war freilich noch längst nicht praktikables
inneres Eigentum, und es bewahrte nicht vor ideellen und lebensprak-
tischen Rückfällen und Krisen. Die Studiensemester, die er 1791 bis
1793 in Leipzig verbrachte, zeigen sich von solchen Konflikten erfüllt.
Einerseits ließ er sich von neuen geistigen Einflüssen in sehnsüchtigen,
den gegenwärtigen Stand menschlich-gesellschaftlicher Entwicklung
kritisch reflektierenden Erwartungen auf den baldigen Anbruch eines
phantastischen Zukunftsreiches ewiger Harmonie und Glückseligkeit
bestärken. Plato und Hemsterhuis, strikt idealistische Philosophen,
wurden zu seinen Lieblingsschriftstellern, und insbesondere Hemster-
huis, der niederländische Philosoph, der 1787 eine Schrift über das
„Goldene Zeitalter" veröffentlicht hatte, sprach aus ihm, wenn er
verkündigte, „es sei gar nichts Böses in der Welt und alles nahe sich

wieder dem goldenen Zeitalter" — so jedenfalls berichtete es Friedrich
Schlegel, mit dem Hardenberg in Leipzig Freundschaft schloß, in einem
Brief an den Bruder August Wilhelm. Andererseits lockten „reizende
Gesellschaften" — so die spätere autobiographische Darstellung —, „die
mich wieder zurück zu den ehemaligen Aussichten und Wünschen
führten und meine Eitelkeit wieder lebhaft rege machten". Eine
Liebesleidenschaft weckte den Wunsch in ihm, schnell eine Existenz-
grundlage zu finden. Freilich reichten die Mittel bei weitem nicht aus,
die Offizierslaufbahn, die er in dieser Lage einzuschlagen trachtete, zu
ermöglichen. Die Familie griff ein und bewegte ihn, von allen derartigen
Plänen Abstand zu nehmen und an die Universität Wittenberg zu
gehen, um dort das Studium abzuschließen, das Grundlage einer soliden
bürgerlichen statt aristokratischen Existenz sein konnte. In der Tat
widmete sich Hardenberg nun seinen Studien mit hoher Intensität, und
es gelang ihm schon 1794, sie mit einem erfolgreichen Examen zu
beenden. Es war nicht nur ein notgedrungener Kompromiß, den er
geschlossen hatte; vielmehr sind die Wittenberger Abschlußsemester
eine Zeit, in der er von Hoffnungen auf die „große Welt" mit innerer
Überzeugung und unwiderruflich Abschied nahm. Die Orientierung
auf die Familie als wichtigste Einheit des sozialen Lebens wurde mehr
und mehr beherrschend. „Die Familie ist mir noch näher als der Staat...
Man ist auch am allervollkommensten Bürger des Staates, wenn man
zuerst für seine Familie ganz da ist — Aus dem Wohlsein der einzelnen
Familien besteht der Wohlstand des Staates." So erscheint auch der
„Philisterstand... herrlich", und alle Aufmerksamkeit richtete sich auf
ein normales Leben: „Die überspannten, jugendlichen Ideen sinken
dann von selbst in die Grenzen einer bestimmten Wirksamkeit und
Tätigkeit herab."

Solchermaßen fand Hardenberg zu einer Auffassung von Lebens-
wirklichkeit, die er in allen späteren Krisen und Konflikten nie verloren
hat, die ihn immer wieder in entscheidender Weise bestimmte. Sie schloß
keineswegs eine scharfe Kritik am Status quo der Entwicklung ge-
sellschaftlich-menschlicher Zustände und der Verwirklichung von
Humanität aus, ebensowenig das Weiterwirken der Sehnsucht nach
einer dauerhaften Harmonie und Glückseligkeit des Menschen. Gerade
dies nämlich ließ ihn trotz der erklärten Verherrlichung eines bürger-
lich-normalen Philisterstandes empfänglich bleiben für alle Tendenzen
seiner Epoche, die jener früher bereits verkündeten Erwartung eines
„Goldenen Zeitalters" zuzuarbeiten schienen: für die geistig-revolutio-

nären Ideen und Erkenntnisse in Philosophie und Naturwissenschaften
ebenso wie für die historisch-umwälzenden Ereignisse im Zusammen-
hang mit der Französischen Revolution. Der Verzicht auf die „über-
spannten, jugendlichen Ideen" bedeutete durchaus nicht das Sich-
Abfinden mit den gegebenen Weltverhältnissen. Deshalb kann es gar
nicht verwundern, wenn in einem Brief an Friedrich Schlegel vom
1. August 1794 eine glühende Erwartung auf eine politisch-revolutio-
näre, geschichtsverändernde Aktivität aufscheint. „Ich wünschte
freilich jetzt sehnlich die Politik eher zur Welt — die liegt mir jetzt näher
am Herzen. Könnt ich mit Dir jetzt reden über meine Lieblings-
gedanken bei Tag und Nacht — Du würdest mir und manchem nützlich
sein — sintemalen jetzt die Zeit der Anwendung vor der Tür ist — und
deutlich muß ich mir selber noch werden ... Des jugendlichen Lärms
hab ich genug. Hier erwart ich gelassen den Ruf meines Schicksals, denn
mein Leben ist schon fertig — Ich habe nur einen Zweck — der ist überall
erreichbar, wo ich tätig sein kann — doch habe ich mir nicht, wie ein
Spießbürger, allzu enge Grenzen gemacht ... Heutzutage muß man mit
dem Titel Traum doch nicht zu verschwenderisch sein. Es realisieren
sich Dinge, die vor zehn Jahren noch ins philosophische Narrenhaus
verwiesen wurden ... Mich interessiert jetzt zehnfach jeder über-
gewöhnliche Mensch — denn ehe die Zeit der Gleichheit kommt,
brauchen wir noch übernatürliche Kräfte ... Ich sehne mich ungeduldig
nach Brautnacht, Ehe und Nachkommenschaft. Wollte der Himmel,
meine Brautnacht wäre für Despotismus und Gefängnisse eine Bar-
tholomäinacht, dann wollt ich glückliche Ehestandstage feiern. Das
Herz drückt mich — daß nicht jetzt schon die Ketten fallen wie die
Mauern von Jericho. So leicht der Sprung, so stark die Schwungkraft
— und so stark der weibische Kleinmut. Starbrillen sind nötig — zum
Starstechen ist die Zeit noch nicht. Aber immer ein Zirkel — zum Frei-
denken gehört Freiheit, zur Freiheit Freidenken — zum Zerhauen
ist der Knoten — langsames Nesteln hilft nichts." Dieser Brief bekun-
det, wie Hardenberg von der unmittelbaren Erwartung eines großen
geschichtlichen Umschlags, von der bevorstehenden Verwirklichung der
Ideale von Freiheit und Gleichheit beseelt war, wie ihn fieberhafte
Ungeduld angesichts des nicht sofortigen Eintretens dieser Weltwende
erfüllte und wie er für ein aktives Handeln bereit war. Unmöglich kann
diese Position losgelöst von der unmittelbar-gegenwärtigen Zeitgenos-
senschaft mit der Französischen Revolution gesehen werden. Freilich
macht der Text auch deutlich, welche Unsicherheit und Ungewißheit

noch in ihm herrschte, wie wenig es mit Ungeduld und Erwartung oder
auch mit Handlungsbereitschaft getan war. Die Hoffnungen, die auf
die Aktivität von übergewöhnlichen Menschen und auf das Wirken von
übernatürlichen Kräften gesetzt wurden, verraten nur zu gut den
unüberbrückbaren Gegensatz zwischen Zielstellung und Lebenswirk-
lichkeit.

Zunächst freilich schien es, als ob Hardenberg aller Probleme auf
glückliche Weise enthoben werden könnte. Im November 1794 trat er
als Aktuarius beim Kreisamt in Bad Tennstedt ein, um sich unter einem
erfahrenen Beamten, dem Amtmann Just, mit der Verwaltungspraxis
vertraut zu machen, und offensichtlich war diese Tätigkeit angetan, ihn
in der Haltung zum Leben zu bestärken, die er nach der Leipziger Krise
eingenommen hatte. Er kam mit damals verbreiteten Bestrebungen
reformerischen Wirkens für die Ablösung feudaler Frondienste in
Berührung, und er bekannte: „Nur Ruhe und anhaltende Energie der
Tätigkeit — da kann aus mir etwas werden." Und in diese Zeit fällt auch
die folgenreiche erste Begegnung mit der Fichteschen Philosophie, deren
Tat-Ethos für ihn zu einem wichtigen Impuls wurde.

Seine Entwicklung wurde entscheidend durch ein eigentümliches
Liebeserlebnis befördert und gefestigt. Schon bald nach dem Dienst-
antritt in Tennstedt lernte er auf einem benachbarten Gut die damals
zwölfjährige Sophie von Kühn kennen, und die Liebe zu diesem noch
kindlichen, ihn wohl durch ihre Natürlichkeit bezaubernden Wesen
überhöhte er mit Entschlossenheit zur Bestimmung für sein Leben. In
dem durchaus unbedeutenden, familiären Kreis von Menschen, in dem
Sophie lebte, gedachte er nun den Ansatz seiner neuen humanisierenden
Aktivität zu entwickeln. „Für die Menschen zu leben und Gutes zu tun,
wo ich kann — diese himmlische Rolle bleibt mir immer gewiß und
wünsche mir Glück, daß ich tagtäglich mehr Sinn dafür bekomme." Im
Kleinen schwebte ihm Umfassendes vor; Individuelles und Mensch-
heitliches, Lebenspraktisches und höchstes Ideelles suchte er mit kühner
Symbolisierung zu verbinden. Von diesem gleichsam mikrokosmischen
Punkt aus zielte sein Bestreben, das kategorisch dem Anspruch auf
Selbstbestimmung, auf Verwirklichung der eigenen Natur jenseits aller
Determination von außen folgte, nach der Erfüllung einer Mission, die
im Individuell-Eigenen zugleich immer die Realisierung des Mensch-
heitlich-Ganzen stellvertretend mitgegeben sah. Als Inhalt dieser
Mission begriff er die „unendliche Idee der Liebe", und nicht zufällig
nannte er 1796 als die wichtigsten Gewährsmänner dieses Programms

Spinoza und Zinzendorf, den pantheistischen Philosophen und den Begründer der herrnhutischen Brüdergemeine. Wie unbedingt diese Zielstellung, die sich ja schon Jahre zuvor ähnlich gezeigt hatte und somit einen beständigen Grundzug seines Wesens deutlich macht, ihn erfüllte, wird in der kritischen Reflexion sichtbar, die Friedrich Schlegel nach einer Begegnung mit Hardenberg niederschrieb: ,,Gleich den ersten Tag hat mich Hardenberg mit der Herrnhuterei so weit gebracht, daß ich nur auf der Stelle hätte fortreisen mögen ... Wenn ich oben von Herrnhuterei sprach, so war's nur der kürzeste Ausdruck für absolute Schwärmerei."

Um so tiefer traf Hardenberg das Scheitern der an die Liebe zu Sophie geknüpften Hoffnungen. Schon 1795 war das Mädchen ernsthaft krank, nach einem Jahr war ihr Leiden hoffnungslos, und im März 1797 starb sie. Hatten sich Hardenbergs Glückserwartungen bis dahin ungeachtet aller ,,absoluten Schwärmerei" unbefangen als diesseitig gezeigt, ja war es das Ziel seines Utopismus, das ,,Absolute" auf die Erde zu holen und dort dauerhaft heimisch zu machen, so interpretierte er den Verlust Sophies, die er gleichsam zur Mittlerfigur zwischen Menschlichem und Göttlichem erhob, als Versagen des irdischen Glücksanspruchs. Alle Kraft richtete er nun auf die Erschließung einer ein wahrhafteres Leben verheißenden Existenz jenseits des scheinhaft und trügerisch anmutenden Sinnlich-Gegenwärtigen. Die Suche nach ,,höheren Welten" wurde immer mehr zum leidenschaftlichen Impetus aller seiner Bestrebungen. Sie durchlief freilich viele Varianten, in denen sich oftmals Interesse am Gegenwärtig-Wirklichen mit der Tendenz zur ,,Annihilation", zur Vernichtung ,,des Jetzigen" und das Streben nach einem Künftigen mit der Orientierung auf ein religiöses Jenseits, je nach der Lebenssituation unterschiedlich betont und manchmal kaum unterscheidbar mischten.

Zunächst versuchte Hardenberg, in Anknüpfung an vorangegangene philosophische Bemühungen mit Hilfe wissenschaftlicher Studien das Tor zu einer metaphysischen Welt aufzustoßen. ,,Die Wissenschaften haben wunderbare Heilkräfte — wenigstens stillen sie, wie Opiate, die Schmerzen und erheben uns in Sphären, die ein ewiger Sonnenschein umgibt." — ,,Dort blühen mir allein die Hoffnungen auf, die ich hier verliere — die hiesigen Rückschritte sind dortige Fortschritte ... Oh! wenn noch Orakel vorhanden sind, so reden sie aus den Bäumen der Erkenntnis, so tönen sie in uns, so lesen wir sie im Sibyllinischen Buche der Natur." Aber angesichts der tiefen Erschütterung reichte dieses

Konzept nicht aus. Hardenberg suchte den Sinn des Verlusts darin, daß er durch ihn zur „apostolischen Würde" berufen sei. „Wenn ich bisher in der Gegenwart und in der Hoffnung irdischen Glücks gelebt habe, so muß ich nunmehro ganz in der echten Zukunft und im Glauben an Gott und Unsterblichkeit leben. Es wird mir sehr schwer werden, mich ganz von dieser Welt zu trennen, die ich so mit Liebe studierte; die Rezidive werden manchen bangen Augenblick herbeiführen – aber ich weiß, daß eine Kraft im Menschen ist, die unter sorgsamer Pflege sich zu einer sonderbaren Energie entwickeln kann ..." So faßte er einen „Zielgedanken", den nämlich, Sophie nachzusterben. Nicht ohne peinliche Selbstbeobachtung und -maßregelung – so zeigt es das Tagebuch – zwang er sich zu äußerster Konzentration auf sein Inneres, auf das Leiden und den Ausbruch daraus. Aus den inneren Spannungen und Bewegungen dieser Monate im Frühjahr und Sommer 1797 entsprang der Keim für die „Hymnen an die Nacht". Am 13. Mai verzeichnet das Tagebuch das entscheidende Erlebnis, das in der 3. Hymne unmittelbar verarbeitet ist: „Abends ging ich zu Sophien. Dort war ich unbeschreiblich freudig – aufblitzende Enthusiasmusmomente – das Grab blies ich wie Staub vor mir hin – Jahrhunderte waren wie Momente – ihre Nähe war fühlbar – ich glaubte, sie solle immer vortreten." Durch einen Tod, den er als „echte Aufopferung, nicht Flucht – nicht Notmittel" verstand, beabsichtigte er, der Menschheit als ein moderner Christus „Treue bis in den Tod" vorzuleben und auch auf diese Weise Mittler zwischen Menschlichem und Göttlichem zu sein. Die herbeigesehnte Vereinigung mit der toten Geliebten sollte den Tod als die Grenze des Menschen überwinden.

Gewiß hat Hardenberg allmählich wieder in das normale Leben zurückgefunden. Die nicht ohne Selbstvergewaltigung erzwungene Konzentration auf den „Zielgedanken" war nicht dauerhaft aufrechtzuerhalten. Seine hohe Sensibilität öffnete sich für neue geistig-schöpferische Impulse, und auch an den Genüssen des irdisch-materiellen Lebens gewann er die Freude zurück. Die berufliche Tätigkeit – Anfang 1796 war er in Weißenfels als Salinenbeamter in kursächsische Staatsdienste getreten – wirkte dabei mit. Dennoch blieb, was er auch noch an Wandlungen seines Welt- und Selbstverständnisses, seiner Konzeption ideeller und poetischer Wirksamkeit und Weltveränderung durchlebte, die Negation des Irdischen, Diesseitigen und Materiellen zugunsten des Übersinnlichen, Jenseitigen und Spirituellen immer erhalten. Sie prägte das Denken und Fühlen, das Dichten und Spekulieren

des Frühromantikers in charakteristischer Weise — und mehr noch als seine Lebenswirklichkeit prägte sie seine ideelle Aktivität und sein poetisches Schaffen.

Die Krise mündete in neue geistige Aufbrüche statt in weltschmerzlerische Resignation. Wichtig wurde zunächst die erneute Beschäftigung mit zeitgenössischen Philosophen, insbesondere mit Fichte und Hemsterhuis. Hardenbergs Auseinandersetzung mit fruchtbaren Anregungen vollzog sich immer in auffallender Weise sensitiv-verständnisvoll und schöpferisch-eigenständig zugleich. Er nahm, was seinen Intentionen entgegenkam, begierig auf, aber er verwandelte es dabei seinem eigenen Denken und Trachten an. Was ihn — wie andere Frühromantiker auch — an Fichte fesselte, war dessen philosophisches Konzept einer unbedingten Selbsttätigkeit des menschlichen Subjekts. Freilich mißverstand er Fichte, indem er dessen Subjekt-Begriff statt transzendental und aufs Gesellschaftliche bezogen nurmehr empirisch und auf das einzelne Individuum angewandt interpretierte. Wenn ihn gelegentlich die Intention, praktisch-real in die Welt einzugreifen, dazu zu führen schien, den subjektiven Idealismus des Philosophen in objektiv-idealistische Richtung umzulenken, so blieb diese Tendenz doch faktisch unfruchtbar, weil die Entgegenstellung von Subjekt und Objekt immer nur zu einem alternativen Schwanken zwischen idealistisch-aktivistischer Überforderung und resignativ-quietistischer Wirklichkeitsverneinung führte.

Auch von Hemsterhuis holte sich Novalis Anregungen, die den ideellen Aktivismus seiner Weltbeziehung unterstützten. Hemsterhuis, dessen Ideen von einem „Goldenen Zeitalter" sich mit der Vorstellung verbanden, die Welt mittels menschlich-moralischer Kräfte zu harmonisieren, sprach von inneren Fähigkeiten des Menschen, die zwar verschüttet worden seien, aber wiedererweckt werden und in ihrer vollentfalteten Potenz die Aufgabe der Weltveränderung erfüllen könnten. Hardenberg berief sich darauf: „Wünsche und Begehrungen sind Flügel", heißt es in den Hemsterhuis-Studien. „Es gibt Wünsche und Begehrungen, die so wenig dem Zustande unseres irdischen Lebens angemessen sind, daß wir sicher auf einen Zustand schließen können, wo sie zu mächtigen Schwingen werden." Er träumte von einer kollektiven Nutzung dieser Möglichkeiten durch sinnerfüllte Menschen seiner Art. „Echtes Gesamtphilosophieren" — notierte er — „ist ... ein gemeinschaftlicher Zug nach einer geliebten Welt — bei welchem man

sich wechselseitig im vordersten Posten ablöst, auf dem die meiste
Anstrengung gegen das antagonistische Element, worin man fliegt,
vonnöten ist." Dem folgte der spiritualistisch radikale Satz: „Sterben
ist ein echt-philosophischer Akt."

Der Umgang im frühromantischen Freundeskreis, der sich 1797 in
Jena zusammenschloß und bis zu Hardenbergs Tode existierte, war
geeignet, die Hoffnungen auf ein solches „echtes Gesamtphilosophie-
ren" nachhaltig zu nähren. Hardenbergs Freundschaft mit Friedrich
Schlegel hatte schon 1796 das Signum des „Fraternisierens" getragen;
Ende 1797 wurde der Kontakt im Sinne des frühromantischen „Sym-
philosophierens" und „Sympoetisierens" intensiviert und führte dazu,
daß Hardenberg 1798 als Autor des esoterischen „Athenäum"-Kreises
seinen eigentlichen Eintritt in die literarische Öffentlichkeit vollzog.
Von nun an fühlte er sich mit „echt republikanischen Freunden, id est
mit denen ich gemeinsame Sache mache", verbunden und unter ihnen
zu Hause.

Ein drittes muß hinzugefügt werden, wenn man nach den Ursachen
für die allmähliche Überwindung der Krise fragt. Anfang Dezember
1797 bezog Hardenberg zur Vervollständigung und Vertiefung seiner
beruflichen Kenntnisse die Bergakademie in Freiberg. Hier widmete er
sich für fast anderthalb Jahre naturwissenschaftlichen und technischen
Studien, nicht zuletzt bei dem Mineralogen und Geologen Abraham
Gottlob Werner, der zu den bedeutendsten Naturwissenschaftlern
seiner Zeit gehörte. Hardenberg arbeitete, wovon extensive Vorlesungs-
mitschriften und Buchexzerpte Zeugnis geben, mit außerordentlichem
Fleiß und mit einem Verständnis, das durch Praxiserfahrungen ge-
schärft war, und so konnten die Ergebnisse kaum gering und beiläufig
sein. Es war sehr wichtig, daß er diese Studien zu einem Zeitpunkt
betrieb, da die Entwicklung der Naturwissenschaften und der Technik
in Europa an einem einschneidenden Wendepunkt stand, da im Gefolge
umwälzender Entdeckungen und Erkenntnisse das moderne natur-
wissenschaftliche Weltbild wesentliche neue Impulse empfing und sich
über den Bereich der klassischen Mechanik hinaus zu revolutionieren
begann. Hardenberg wurde zum unmittelbaren Zeitgenossen der Aus-
einandersetzungen, die sich um die Entdeckung des Sauerstoffs und der
galvanischen Elektrizität entspannen.

Charakteristisch für ihn ist indessen, daß er sich dabei nicht mit der
Rolle eines bloß Rezipierenden begnügte, sondern die Ergebnisse seines
Studiums unverzüglich für seine eigentlichen weltanschaulich-philoso-

phischen und lebenspraktischen Intentionen, für die höchstmögliche
Entfaltung subjektiv-menschlicher Kräfte im Interesse einer grund-
legenden positiven Veränderung der Weltwirklichkeit und Lebens-
verhältnisse zu nutzen suchte. Denn Erkenntnis zielte bei ihm immer
auf Praxis. In diesem Sinne reagierte er höchst aktiv auf die vielfältigen
und widersprüchlichen Denkansätze seiner naturforschenden Zeit-
genossen, in denen sich bleibende rationale Erkenntnisse und wilde
Spekulationen auf manchmal kaum entwirrbare Weise mischten. Diese
wichtigen geistigen Prozesse haben sein Weltbild und seine ideell-
produktiven Bemühungen in den kommenden Jahren zutiefst mit-
geprägt, und der Umgang mit den Naturwissenschaften hat in seinem
Denken starke Akzente im Sinne einer seine subjektiv-idealistischen
Tendenzen kontrapunktierenden und korrigierenden Objektivierung
gesetzt. Zugleich waren die verschiedenen neuen Vorstöße in Natur-
wissenschaften und Technik ein günstiger Nährboden für Spekulation
und Subjektivismus. Es fiel dem klugen und vielseitig interessierten,
außerordentlich sensitiven Hardenberg keineswegs schwer, die daraus
gewonnenen Problemstellungen und Hypothesen in sein Denken und
Trachten zu integrieren.

Eines muß dabei freilich bedacht werden: Letztlich ist er auch mit
Naturwissenschaften und Technik nicht als objektivierender Wissen-
schaftler, ja nicht einmal als Philosoph, sondern als Künstler und Poet
umgegangen, der mit Intuition und Phantasie eine künftige Welt gegen-
wärtig sichtbar und erreichbar machen, einen poetischen Traum uni-
verseller und totaler Dimension verwirklichen wollte. Es ist aufschluß-
reich, daß er im Februar 1798 — zu einer Zeit also, da sich die neue
Beziehung zu Naturwissenschaften und Technik bereits Bahn gebro-
chen hatte — als wichtig vermerkte, daß ihn seine „alte Neigung zum
Absoluten auch diesmal glücklich aus dem Strudel der Empirie geret-
tet" habe; programmatisch ist dem hinzugefügt: „Künftig treib ich
nichts als Poesie — die Wissenschaften müssen alle poetisiert werden."
Freilich war sein Verständnis von Poesie zu diesem Zeitpunkt nicht
unmittelbar auf dichterisches Schaffen eingegrenzt, sondern meinte
entsprechend der etymologischen Grundbedeutung von „poiein" ein auf
praktische Veränderung menschlicher Lebensbedingungen und Lebens-
weisen gerichtetes Bilden und Schaffen in Anwendung der geistig-
schöpferischen Kräfte des Menschen. „Sollte PRAKTISCH und
poetisch eins sein — und letzteres nur absolut praktisch in specie be-
deuten?" fragte er in den Hemsterhuis-Studien des Herbsts 1797, und

1798 notierte er, was er sich als das eigentliche Ziel eines solchen poetisch-schöpferischen Wirkens vorstellte: „Poesie ist die große Kunst der Konstruktion der transzendentalen Gesundheit. Der Poet ist der transzendentale Arzt. Die Poesie schaltet und waltet mit Schmerz und Kitzel — mit Lust und Unlust — Irrtum und Wahrheit — Gesundheit und Krankheit — Sie mischt alles zu ihrem großen Zweck der Zwecke — der ERHEBUNG DES MENSCHEN ÜBER SICH SELBST." In diesem Sinne machte er sich die naturwissenschaftlichen wie die philosophischen Denkansätze und Erkenntnisse seiner Epoche dienstbar, um die Vergöttlichung des Menschen, das Einswerden eines vervollkommneten Menschentums mit der Natur in einer umfassenden Harmonie zu bewirken, und ordnete sie dem poetisch-bildenden und -schaffenden Vermögen als der entscheidenden Kraft zur Realisierung dieses Ziels unter. Für ihn bedeuteten sie keine Korrekturen oder Widerlegungen seines Anliegens, sondern hoffnungsfördernde Stimuli für geistige Aktivität, und die spekulativen Tendenzen kamen dabei seinen eigenen Denkstrukturen und -verfahren unmittelbar entgegen. Wenn sich die Hoffnungen auf eine Realisierung seiner Ziele in der Wirklichkeit als unerfüllbar herausgestellt hatten, so setzte er nun alles auf die Nutzung der geistigen, der wissenschaftlichen und philosophischen Entdeckungen und Fortschritte für die Beförderung des großen Zwecks aller Zwecke.

Das Verfahren, das er bei seinen Bemühungen anwandte, ist durchaus eigentümlich, ja fast einzigartig. Man geht fehl, wenn man in den verwirrend vielen Gedankenaussagen, in den publizierten Fragmenten und in den nicht-publizierten Vorarbeiten und Notaten, in den die Mitschriften und Exzerpte begleitenden eigenen Überlegungen und in den Briefäußerungen ein geschlossenes, konsistentes Weltbild voraussetzt oder die Unvereinbarkeit der vielen Aussagen, die permanente Widersprüchlichkeit als Beweis für subjektive Unfähigkeit und objektive Unrichtigkeit seiner Bemühungen nimmt. Nur allzu oft stehen neben unsinnig erscheinenden Gedankengängen erkenntnisträchtige Ahnungen und glänzende dialektische Einsichten über komplizierte Sachverhalte. Hardenberg verstand seine Notate nicht als unbedingt gültige Wahrheiten, sondern als Gedankenexperimente, als Erkundungen und Vorstöße in Richtung auf die Praktikabilität von Ideen und Gedanken. Er sah in ihnen „Stoßsätze", die für progressive Köpfe eine Entdeckungs-, für die träge Masse eine Übungs- und Bildungsfunktion haben sollten: „Die Darstellung der Philosophie besteht ... aus lauter

Themas — aus Anfangssätzen — Prinzipien. Sie ist nur für selbsttätige Wahrheitsfreunde. Die analytische Ausführung des Themas ist nur für Träge und Ungeübte — Letztere müssen dadurch fliegen und sich in einer bestimmten Direktion erhalten lernen." Er nannte seine Aufzeichnungen „Anfänge interessanter Gedankenfolgen — Texte zum Denken". „Viele" — so räumte er ein — „sind nur Spielmarken und haben nur einen transitorischen Wert. Manchen hingegen hab ich das Gepräge meiner innigsten Überzeugung aufzudrücken gesucht." Ein kurzes Distichongedicht aus dem gleichen Jahr 1798 beginnt:

> Hypothesen sind Netze, nur der wird fangen, der auswirft.
> Ist nicht Amerika selbst durch Hypothesen gefunden?

So finden wir in den Freiberger Studienmonaten zwischen Herbst 1797 und Frühjahr 1799, in einer Zeit also, die man als eine relativ kohärente Phase der Entwicklung Hardenbergs fassen kann, verschiedene miteinander unvereinbar scheinende Versuche, die schwierige Frage des Verhältnisses von Subjekt und Objekt, Innen- und Außenwelt, Denken und Handeln einer Lösung zuzuführen. Auf der einen Seite interessierte sich Hardenberg vor allem für das Problem der Selbstdurchdringung des Geistes, der Realisierung eines umfassenden Bewußtseins vom Zusammenhang der Dinge im Menschen selbst. Zweifellos noch in Fortführung seiner Fichte- und Hemsterhuis-Studien hoffte er hier einen wichtigen Schlüssel für Erkenntnis und Tätigkeit zu finden. „Zur Welt suchen wir den *Entwurf* — dieser Entwurf sind wir selbst — Was sind wir? personifizierte *allmächtige Punkte.*" Und im Gegenzug: „Was ist die Natur? — ein enzyklopädischer systematischer Index oder Plan unsers Geistes." In diesem Sinne stellte er programmatisch den „Weg nach Innen" als den entscheidenden, ersten Schritt auf dem Weg zu dem erstrebten „Zweck aller Zwecke" heraus: „Wir träumen von Reisen durch das Weltall: ist denn das Weltall nicht in uns? Die Tiefen unsers Geistes kennen wir nicht — Nach Innen geht der geheimnisvolle Weg. In uns, oder nirgends ist die Ewigkeit mit ihren Welten, die Vergangenheit oder Zukunft." Wer indessen dieses Konzept als bloße subjektivistische oder mystische Selbstversenkung, als Abwendung von der Lebenswirklichkeit interpretiert, mißversteht es. Denn auf der anderen Seite war Hardenberg immer darauf bedacht, den in dieser Selbstdurchdringung oder -bewußtwerdung des menschlichen Geistes erhofften Zugang zum umfassenden Zusammenhang alles Seins wieder für eine praktisch-verändernde Rückwirkung auf die

Außenwelt zu nutzen. Der „große Zweck der Zwecke" schließt das Ziel ein, die Abhängigkeit des Menschen von der determinierenden Außenwelt aufzuheben, den Menschen zum Herrn des eigenen Schicksals zu machen und auf diese Weise seine Göttlichkeit zu realisieren. Dazu sollte er seinen Geist voll entfalten und in Tätigkeit versetzen. „Das Fatum, das uns drückt, ist die Trägheit unsers Geistes. Durch Erweiterung und Bildung unserer Tätigkeit werden wir uns selbst in das Fatum verwandeln. Alles scheint auf uns herein zu strömen, weil wir nicht heraus strömen." Mehr noch: Hardenberg betrachtete diese Aufgabenstellung zwar unter dem Aspekt der Entfaltung individueller Kräfte — wobei er von einem gemeinschaftlichen Agieren in dieser Richtung eine echte Potenzierung der menschlichen Fähigkeiten und Kräfte erhoffte —, aber ihm ging es dabei schließlich um ein emanzipatorisches Handeln, das sich der ganzen Menschheit verpflichtet fühlte, ja das die ganze Natur, den umfassenden Lebenszusammenhang in seine Zielstellung einschloß. „Wir sind auf einer Mission: Zur Bildung der Erde sind wir berufen." Der Poet ist also der Konstrukteur der transzendentalen Gesundheit für alle Menschen, und er ist zugleich der „Messias der Natur". Das bedeutet nichts anderes, als daß er die Widersprüchlichkeit der gegebenen Lebenswirklichkeit überwindet und aufhebt und eine vollkommene Harmonie schafft, an der alles Lebendige partizipiert. In dieser Zielstellung ist der romantische Grundzug Hardenbergs in seiner reinsten Gestalt gegeben.

Im Zeichen dieses Konzepts steht, was Hardenberg in den Freiberger Monaten unternahm und publizierte. Das waren zunächst die beiden Fragmentsammlungen: „Blütenstaub", erschienen im ersten Heft des „Athenäum", der führenden, von den Brüdern Friedrich und August Wilhelm Schlegel herausgegebenen frühromantischen Zeitschrift, und „Glauben und Liebe oder Der König und die Königin", veröffentlicht im Juli-Heft der „Jahrbücher der Preußischen Monarchie", und das waren sodann die nicht mehr für die Publikation unmittelbar bestimmten, sondern als Materialsammlung für künftige Veröffentlichungen dienenden Notate, die „Vorarbeiten zu verschiedenen Fragmentsammlungen" aus den ersten acht Monaten des Jahres 1798 und „Das allgemeine Brouillon. Materialien zur Enzyklopädistik", entstanden zwischen September 1798 und März 1799. Hinzugerechnet werden müssen auch die brieflichen Äußerungen zu Projekten und künftigen Vorhaben der verschiedensten Art. Zusammen mit den in der großen Novalis-Ausgabe von Kluckhohn und Samuel abgedruck-

ten naturwissenschaftlichen Studien aus der Freiberger Zeit — Vorlesungsnachschriften und Exzerpte sowie eigene Notizen — und Arbeiten aus dem Bereich der beruflichen Tätigkeit vervollständigen alle diese Materialien erst das Bild, das wir uns von der umfangreichen geistigen Produktivität Hardenbergs in dieser Zeit machen müssen.

Mit den Fragmentsammlungen von 1798 schloß sich Hardenberg dem Konzept von Friedrich Schlegel an, in einer offenen prosaischen Aussageform, die bei französischen Aphoristikern am ausgeprägtesten praktiziert worden war, den Problemen und Ansprüchen einer weltgeschichtlichen Umbruchssituation Rechnung zu tragen und eigene als revolutionierend empfundene Ideen in die Öffentlichkeit zu bringen. Was er über die Wirksamkeit dieser Sammlungen dachte, ist in ihnen selbst ausgesprochen. Das letzte „Blütenstaub"-Fragment formuliert: „Fragmente dieser Art sind literarische Sämereien. Es mag manches taube Körnchen darunter sein: indessen, wenn nur einiges aufgeht!" Kein Anspruch auf absolute Wahrheit und unbedingten Erfolg, aber doch ein großes Vertrauen auf die Macht des Wortes äußert sich hier — „Ein Kommandowort bewegt Armeen, das Wort Freiheit Nationen" heißt es an anderer Stelle in „Blütenstaub". Hoffnung gründet sich auf eine neue Weise, die geistige Aktivität des Menschen in Aktion setzen zu können. „Blütenstaub" erreicht den innersten Kern seines Anliegens in den programmatischen Aussagen zu Richtung und Zweck menschlicher Aktivität: Die Richtung geht „nach Innen", und der Zweck liegt in der „Bildung der Erde". Dabei sind unterschiedlichste Problemstellungen einbezogen, die den tendenziell universalistischen Charakter der Sammlung bezeugen: etwa Erörterungen zur Sprachlehre als „Dynamik des Geisterreichs", zur Kritik des Eigentums und der Geburtsvorrechte als Verstößen gegen die Gesetze der Natur, zu Potenzen und Chancen der deutschen Nation unter anderen Völkern, zu Praxis und Theorie von Religion, zu Funktionen menschlicher Werkzeuge, zur Französischen Revolution, zum dichterischen Genie Goethes — es sind nahezu so viele Themen, wie die Sammlung Fragmente zählt. Novalis vermeinte durchaus nicht, den Weg zur Erfüllung seiner „Mission" allein gehen zu können: Was zunächst nur den Avanciertesten im neuen Geist möglich sei, sollte allen zugänglich gemacht werden, die irgend erreichbar sind. Das Ziel war weit gefaßt: „Jetzt regt sich nur hie und da Geist: Wann wird der Geist sich im Ganzen regen? Wann wird die Menschheit in Masse sich selbst zu besinnen anfangen?" In diesem Sinne ging die

Hoffnung des Fragmentisten auf „innigste Gemeinschaft aller Kennt-
nisse", auf eine „szientifische Republik".

Mit „Glauben und Liebe" wandte sich Hardenberg einem speziellen
Adressaten, dem regierenden preußischen Königspaar, zu und unter-
breitete ihm einen umfassenden Vorschlag, wie aus Preußen ein
blühendes Land, ein familiär-patriarchalischer Musterstaat gemacht
werden könnte. Die dieser Fragmentsammlung mit voller Bewußtheit
verliehene Form ist für die Wirkungsintention des Autors besonders
aufschlußreich. Ende 1797 war Friedrich Wilhelm III. seinem Vor-
gänger, dessen Regierungszeit durch eine entschieden reaktionäre, ge-
genreformerische und antiaufklärerische Politik gekennzeichnet ge-
wesen war, auf den Thron gefolgt. Er genoß das Ansehen eines mit
bürgerlichen Tugenden ausgestatteten Herrschers und zog deshalb
Hoffnungen auf sich, daß der preußische Staat wieder für eine liberale
Reformpolitik geöffnet werden könnte; für Novalis wirkte zusätzlich
stark anziehend an dem preußischen Königspaar, daß dessen Ehe
augenscheinlich weniger von dynastisch-politischen Interessen diktiert
als auf echte Liebe gegründet war. So schnitt er seinen politisch-ge-
sellschaftlichen Traktat in Fragmentform unmittelbar auf den König
und die Königin zu und gab ihm den Charakter eines unmittelbaren
Appells an die Adressaten. Seine Zielvorstellung allerdings verdeckte
er durch eine eigentümliche Form: Er redete, dieweil er „mit wenigen
in einer großen, gemischten Gesellschaft etwas Heimliches" besprechen
wollte, eine besondere, den Bildern nach fremde Sprache, eine „Tropen-
und Rätselsprache", und er sprach noch Irreales in einer präsentischen
Form aus, die das Angestrebt-Künftige als unmittelbar gegenwärtig
erscheinen ließ. In doppelter Weise wird hier sichtbar, wie der Frag-
mentist sich des Poetisch-Metaphorischen als Medium bedient. Das
Mitzuteilende ist bildhaft verrätselt und „naiv" unterstellt, so daß die
„Profanen" vom Verständnis ausgeschlossen sind: „Wer es versteht, ist
von selbst, mit Recht, Eingeweihter." Das Königspaar selbst muß sich
durch wahrhaftes Verständnis als eingeweiht legitimieren.

Nimmt man dieses Konzept als Voraussetzung an, so wird „Glauben
und Liebe" als eine späte Spielart von Staatsutopie und Fürstenerzie-
hung begreifbar, und es verrät sich eine eigentümliche Beziehung des
Frühromantikers zur Aufklärung — nicht das einzige, aber gewiß ein
wichtiges Beispiel dafür. Ein Staats- und Gesellschaftsideal wird vor-
getragen, das dem 18. Jahrhundert auch insofern noch nahesteht, als
sein innerstes Motiv auf eine allgemeine Glückserfüllung und Hö-

herentwicklung aller Menschen abzielt. Dies schließt die prinzipielle Auseinandersetzung mit den Widersprüchen und Fehlleistungen der feudalen und absolutistischen Ordnung ein, die scharfe Kritik am preußischen Staat Friedrichs II., der als seelenloser Maschinenstaat verworfen wird, am Hofadel, der die Beziehungen zwischen Monarch und Volk blockiert, an der ungerechten Verteilung des Eigentums und an allen herrschenden Formen des Egoismus, die Instabilität in die gesellschaftlichen Beziehungen hineintragen, die gegen die Naturgesetze verstoßen und dementsprechend die Revolution als Rache der Natur an der denaturierten Menschheit provozieren. Statt dessen wird die Entwicklung einer familiär-strukturierten, auf die Autorität eines patriarchalischen Königtums gesetzten, von Glauben und Liebe getragenen Beziehung innerhalb der Gesellschaft gefordert. Sie soll einen echten Anteil aller Menschen am Gesellschaftsganzen ermöglichen und dazu dienen, dem Ideal eines göttlichen Menschentums näherzukommen, an dem alle Menschen partizipieren.

Zugleich erweist sich die Fragmentsammlung allerdings auch als historisches Zeugnis des Jahrhundertendes, insofern sie eine kritische Auseinandersetzung mit der Französischen Revolution vornimmt. So unverhüllt Novalis auch hier die Notwendigkeit und Unvermeidbarkeit revolutionärer Veränderungen als eines naturgemäßen Vorgangs bejaht, so selbstverständlich erklärt er sich doch gegen eine Permanenz von Krise und Fieberzustand, und so entschieden hängt er an dem Gedanken, die Möglichkeiten bewußter Selbstgestaltung gesellschaftlicher Existenz durch die Menschen dem Vollzug einer Naturnotwendigkeit als Korrektur menschlicher Fehler und Versäumnisse vorzuziehen.

Das Schicksal von „Glauben und Liebe" zeigt die Problematik des Versuchs. Der solcherart in die Pflicht gebetene preußische König reagierte verdrießlich und ungnädig auf die Publikation, und die preußische Zensur ließ einer geplanten Fortsetzung von vornherein keine Chance, so daß Hardenberg die Arbeiten in dieser Richtung wieder abbrach. Zu bedenken ist indessen, daß der Autor von „Glauben und Liebe" seine Sache überhaupt nicht auf den unmittelbaren Erfolg gestellt hatte. Der Fehlschlag gehörte zu jenen Ergebnissen, die im Bewußtsein eines „armen Bodens" und in Erwartung „mäßiger Ernten" gewissermaßen einkalkuliert waren. Zweifellos hat diese Erfahrung aber dazu beigetragen, daß Hardenberg sich fürs Künftige zu keinen Aktivitäten im Felde gegenwärtiger Politik bereitfand: Auf

den dringenden Vorschlag eines Freundes, an Reformbemühungen aufgeklärter Adliger im kursächsischen Landtag teilzunehmen, ging er Anfang 1799 nicht mehr ein.

Das Jahr 1798, erfüllt von außerordentlichen Anstrengungen und Hoffnungen, weitgespannten geistig-revolutionären Projekten, ist dadurch gekennzeichnet, daß Hardenberg in schneller Abfolge die mannigfachsten Einfälle und Ideen entwarf, durchspielte und wieder durch neue verdrängte oder modifizierte. Dabei war bedeutungsvoll, daß dies in engster Wechselwirkung mit seinen ja auch auf praktische Berufstätigkeit gerichteten Studien geschah. Die Wissenschaften waren in dieser Zeit der Nährboden und der ständige Beziehungspunkt seiner Bemühungen, auch wenn die spezifische Aneignungsform und Wirkungsintention bewußt und unbewußt ihren poetisch-künstlerischen Charakter nicht verleugnete und die „Poetisierung" der Wissenschaften das erklärte Ziel blieb. Geleitet von seinen elementaren Zielstellungen, verstand Hardenberg sich als Hypothetiker, der — durchaus im Bewußtsein einer Gefahr „szientifischer Unzucht" — alle nur vorstellbaren Möglichkeiten des Denkens daraufhin prüfte, ob sie praktisch gemacht werden könnten.

Im Zentrum dieser Bemühungen stand ein grundlegendes enzyklopädisches Werk, das diesem Zweck dienen sollte, dessen Strukturen und Funktionen freilich immer wieder verändert und neugefaßt wurden. Noch durch Fichtes „Wissenschaftslehre" angeregt, aber schon über sie hinausgehend, dachte Hardenberg über eine „Logologie" nach. Im Mai berichtete er Friedrich Schlegel von einer neuen Idee, die „nichts minder betrifft als die mögliche, evidente Realisierung der kühnsten Wünsche und Ahndungen jeder Zeit": „Mir scheint es eine sehr große, sehr fruchtbare Idee, die einen Lichtstrahl der höchsten Intensität auf das Fichtische System wirft — eine praktische Idee." Dabei dürfte es sich um den Grundgedanken zu jener Theorie gehandelt haben, die von Hardenberg selbst „magischer Idealismus" genannt worden ist. Der Kern besteht darin, daß der Mensch sich der magischen Kräfte seines Geistes — von denen der Sache nach schon in „Blütenstaub" die Rede war — versichert. „Magie ist = Kunst, die Sinnenwelt wirklich zu gebrauchen." Das Ziel der Operation ist: „Alles *Unwillkürliche* soll in ein *Willkürliches* verwandelt werden." Das „Allgemeine Brouillon" definiert den Vorgang noch genauer: „Indem wir einsehn, wie die Natur verfährt — indem wir die Gesetze dieser Phänomene erfahren —, lernen

wir wie die Natur verfahren und uns dieser Gesetze zu unsern *Privat-zwecken* bedienen ..." — „Wenn ihr die Gedanken nicht zu äußern Dingen machen könnt, so macht die äußern Dinge zu Gedanken. Könnt ihr einen Gedanken nicht zur selbständigen, sich von euch absondern-den — und *nun* auch fremd — das heißt äußerlich vorkommenden Seele machen, so verfahrt umgekehrt mit den äußerlichen Dingen — und verwandelt sie in Gedanken. — Beide Operationen sind idealistisch. Wer sie beide vollkommen in seiner Gewalt hat, ist der *magische Idealist.*" In diesem gedanklichen Kontext sind dann auch programmatische Begriffe wie „Romantisieren" oder „Poetisieren" angesiedelt: „Indem ich dem Gemeinen einen hohen Sinn, dem Gewöhnlichen ein geheim-nisvolles Ansehen, dem Bekannten die Würde des Unbekannten, dem Endlichen einen unendlichen Schein gebe, so romantisiere ich es. — Umgekehrt ist die Operation für das Höhere, Unbekannte, Mystische, Unendliche ..." Zum Ende des Jahres 1798 trat das Projekt einer „szientifischen Bibel" in das Zentrum von Hardenbergs Denken. Kein religiöses, sondern ein wissenschaftliches „Buch der Bücher", ein „Ideal jedweden Buchs" sollte entstehen, das die „symbolische, indirekte Konstruktionslehre des schaffenden Geistes", den „Versuch einer Universalmethode des Biblisierens", die „Einleitung zu einer echten Enzyklopädie" darstellte.

Gewiß strebte dies alles in einen höchst irrealen Bereich und hatte keinerlei Chance, sich produktiv auf die Wirklichkeit beziehen zu können. Was Hardenberg von Grund auf wollte, war ja auch nicht die Korrektur, sondern die „Annihilation des Jetzigen"; dieses Ziel ver-folgte er in den wechselnden Erscheinungsformen seines „Hypothesie-rens", je länger, desto entschiedener. Er sah sich als einen der gleichstrebenden „Revolutionäre" unter seinesgleichen, und sehr deut-lich ist ausgesprochen, wen das einschloß und wie das wirken sollte. Vom „Athenäum" versprach er sich die Eröffnung einer neuen „Pe-riode der Literatur". In frappierender Gleichsetzung dieser geistigen Bestrebungen in Deutschland mit den politischen Tendenzen und Formen der Französischen Revolution benannte er Franz Xaver von Baader, Fichte, Schelling, August Ludwig von Hülsen und Friedrich Schlegel als das „philosophische Direktorium" und empfand sich selbst als Mitglied „im Comité du salut public universel" — womit er eupho-risch den Kreis der idealistischen deutschen Philosophen des Jahr-hundertendes als universell-menschheitlichen Wohlfahrtsausschuß ti-tulierte. Mit ernsthaftem Enthusiasmus träumte er davon, dieser

avantgardistisch-emanzipatorischen Richtung die Organisationsform eines „literarischen republikanischen Ordens", einer „echten Kosmopolitenloge" zu geben.

Es ist wohl zu verstehen, daß dieser Messianismus des Jahres 1798 Hardenbergs Lebensgefühl ganz anders stimmen mußte, als es das Sophien-Erlebnis von 1797 getan hatte. Das resignative Element wurde durch einen aktivistischen Zug verdrängt. Wenn Erlösung und Befreiung auch künftig das Ziel blieben, so ging es doch in allem nicht mehr vorrangig um eine Erlösung vom Leiden, sondern um eine Erlösung zu Glück und Freiheit. Der sich im Januar 1798 noch als „Fremdling in dieser Welt" bezeichnet hatte, nahm im Dezember dieses Jahres Abschied vom Sterbenwollen, verlobte sich Weihnachten mit der Tochter eines seiner Freiberger Lehrer, Julie von Charpentier, sprach im Februar 1799 von einem „Heilschlaf" und von „bürgerlicher Baukunst" — womit Gesundung und Vorbereitung auf Ehe und bürgerliche Existenz gemeint waren — und widerrief nun auch ausdrücklich die Selbstbestimmung als „Fremdling". Es ist hervorzuheben, daß dies keineswegs eine generelle Neuorientierung, eine weltanschauliche Umkehr bedeutete. Immer wieder traten — noch vor dem Erkennen der Krankheit, die ihn wie fast alle seine Geschwister hinraffen sollte — Momente ein, in denen das Todesbewußtsein unmittelbar durchbrach. „Ein sehr interessantes Leben scheint auf mich zu warten — indes aufrichtig wäre ich doch lieber tot" — so im Januar 1799 eben doch auch, und Koketterie war das gewiß nicht.

Bei alledem erbrachte das Jahr 1799 einige wichtige Resultate, die nahelegen, von einem gewissen Einschnitt und Neuansatz in Hardenbergs Entwicklung zu sprechen. Das gilt einmal in unmittelbar biographischer Hinsicht: Hardenberg trat nach dem Abschluß der Freiberger Studien und der Rückkehr nach Weißenfels endgültig in das praktische Berufsleben ein. Er wurde zum Salinenassessor ernannt und leistete in diesem Amt eine offensichtlich höchst intensive und produktive, kluge und zuverlässige Arbeit, eingeschlossen ausgedehnte Inspektions- und Erkundungsreisen im Sächsischen und Thüringischen sowie die Ausarbeitung umfangreicher Berichte und Analysen. Zusätzlich bewarb er sich schon ein Jahr später um eine freigewordene Amtshauptmannsstelle; er erhielt die gewünschte Ernennung im Dezember 1800, konnte die Funktion aber auf Grund der rasch fortschreitenden Erkrankung nicht mehr ausüben.

Zum anderen bedeutet das Jahr 1799 den Beginn des im eigentlichen Sinne poetischen Schaffens. In der außerordentlich kurzen Frist von etwa einem Jahr entstanden die lyrischen Zyklen „Hymnen an die Nacht" und „Geistliche Lieder" sowie die meisten und bedeutendsten der anderen Gedichte, der erste Teil des Romans „Heinrich von Ofterdingen", „Die Erwartung", dazu die Bruchstücke zum zweiten Teil „Die Erfüllung", schließlich auch der Essay „Die Christenheit oder Europa". Es ist sicher nicht leicht, sich vorzustellen, wie Hardenberg diese außergewöhnliche Fülle an produktiven Arbeiten in dem schmalen Zeitraum zu vollbringen wußte; noch schwieriger dürfte es sein, den inneren Zusammenhang all dieser beruflichen und lebenspraktischen, poetischen und philosophischen Aktivitäten und Leistungen zu erfassen. Keineswegs hat Hardenberg sie als einander ausschließend empfunden; es gibt keine Zeugnisse, die erlauben, eine Existenz in konsequent voneinander getrennten Bereichen zu unterstellen. Freilich finden sich Bekundungen, die eine gewisse Rangfolge unter den verschiedenen produktiven Tätigkeiten festsetzen, und kann man ihnen auch keine absolute Gültigkeit zumessen, so dürfte doch eine tatsächlich vorhandene Grundtendenz der Lebenspraxis und Weltanschauung darin zum Ausdruck kommen. Anfang 1800 schrieb Hardenberg an den Amtshauptmann Just: „Die Schriftstellerei ist eine Nebensache. Sie beurteilen mich mehr billig nach der Hauptsache — dem praktischen Leben." Und was das Verhältnis zur philosophisch-theoretischen Arbeit betrifft, so besagt ein anderer Brief an Just aus ebendieser Zeit: „Die Philosophie ruht jetzt bei mir im Bücherschranke. Ich bin froh, daß ich durch diese Spitzberge der reinen Vernunft durch bin und wieder im bunten erquickenden Lande der Sinne mit Leib und Seele wohne." Man tut sicher gut, die zweimal entschieden geäußerte Zuwendung zum praktischen, sinnlichen Leben in Erinnerung zu behalten, wenn man sich mit der Entwicklung weltanschaulicher Positionen und mit dem poetischen Schaffen des Dichters befaßt.

Im Vergleich zu der Phase philosophisch-wissenschaftlicher Bemühungen in den Jahren 1797 bis 1799, die sich in fieberhafter Anspannung des Spekulativen und voller Hoffnung auf eine radikale ideelle Lösung von Lebensproblemen der geistigen Fortschritte der Epoche zu bemächtigen trachtete, konzentrierte sich Hardenbergs Denken in den letzten Lebensjahren auf zwei Hauptthemen: Religion und Poesie. Neu waren ihm diese Themen gewiß nicht, aber offensichtlich war die nunmehrige Vorrangstellung Ausdruck eines Interesses, das

auch inhaltlich neue Akzente setzte. Dabei ist zu beachten, daß Religion und Poesie, Priestertum und Dichtertum für Hardenberg seit längerem eng zusammengehörten. Schon in „Blütenstaub" lautet ein Fragment: „Dichter und Priester waren im Anfang eins, und nur spätere Zeiten haben sie getrennt. Der echte Dichter ist aber immer Priester, so wie der echte Priester immer Dichter geblieben. Und sollte nicht die Zukunft den alten Zustand der Dinge wieder herstellen?" Diese programmatische Frage zieht sich bis in die letzten Fragmentaufzeichnungen durch, sie zielt auf einen gemeinsamen Funktionsaspekt, auf eine übereinstimmende Zielstellung: Es geht um die Verbindung von Menschlichem und Göttlichem, um die Auffindung eines umfassenden universellen Zusammenhangs, um die geistige Verkündung und praktische Wiederherstellung dieser Beziehung unter Bedingungen, da die geschichtliche Entwicklung den Menschen in tiefe Widersprüche und Bedrängnisse hineingeführt hat. Religion und Poesie haben deshalb für Novalis eminent lebenspraktische Funktionen zu erfüllen.

Hardenbergs Religiosität ist nicht auf eine einfache Formel zu bringen. Religiöses Empfinden und Denken waren in seinem Bewußtsein immer präsent, ohne daß er sich jemals in einem strengen kirchlichkonfessionellen Sinne gebunden und mit theologischen Streitigkeiten eingelassen hätte. Gewiß wirkte die vom Herrnhutertum bestimmte geistige Atmosphäre im Elternhaus prägend auf ihn ein, und christliches Gedankengut durchzieht nahezu sein gesamtes Schaffen. Dennoch erweist sich bei genauerem Hinsehen, daß Hardenbergs Religiosität stark subjektiv disponiert ist und im Zeichen seiner übergreifenden weltanschaulichen Auffassungen und lebenspraktischen Intentionen steht. Sie war für ihn nicht Selbstzweck, sondern Mittel, die Fesseln des Irdischen zu sprengen, sich von den Lasten und Leiden des realen, diesseitigen Lebens zu befreien und eine in der Einheit des Menschen mit den universellen Lebenskräften sich vollendende Harmonie zu gewinnen. Es ist dieser romantische Leitgedanke, der für Hardenberg die Religion zu einem bestimmenden Anliegen machte.

Zur Erfüllung der diese Religiosität leitenden Funktion hat Hardenberg nicht minder als in anderen Bereichen des Bewußtseins alle gedanklichen Möglichkeiten durchgespielt. Wenn sein Denken dabei eine starke Tendenz zu religionsgeschichtlichen Erörterungen zeigt, so erfüllte es sich zugleich am meisten innerhalb christlicher Auffassungen, die seiner Zielstellung offenbar am entschiedensten entgegenkamen und entsprachen. In den Ideen des Christentums fand er — wie ein Brief an

Just vom Dezember 1798 bezeugt — die „symbolische Vorzeichnung einer allgemeinen, jeder Gestalt fähigen Weltreligion — das reinste Muster der Religion, als historischen Erscheinung überhaupt — und wahrhaftig also auch die vollkommenste Offenbarung". Aber in charakteristischer Weise fügte er dieser eindeutigen Option als Reservatio mentalis hinzu: „Wenn mir aber eben aus diesem Standpunkt alle Theologie auf mehr und minder glücklich begriffenen Offenbarungen zu ruhen, alle zusammen jedoch in dem sonderbarsten Parallelism mit der Bildungsgeschichte der Menschheit zu stehn und in einer aufsteigenden Reihe sich friedlich zu ordnen dünken, so werden Sie das vorzüglichste Element meiner Existenz, die Phantasie, in der Bildung dieser Religionsansicht nicht verkennen." Dieses Bekenntnis zeigt, in welchem Maße Hardenberg noch dem Geist des 18. Jahrhunderts, der Aufklärung, des Historismus nahestand, wie er in Lessings und Herders religionsgeschichtlichen und -philosophischen Auffassungen sich ausprägte, und zugleich macht es den neuen Aspekt in der Behauptung des Elements der Phantasie, des Poetischen, des Subjektiv-Empfindenden und -Umgestaltenden sichtbar. Zwei wesentliche Potenzen sah er in der christlichen Religion gegeben und suchte er in seinen Dienst zu stellen: Einmal die Kraft der „Negativität", der Verneinung des Gegenwärtig-Wirklichen, zum anderen die der Projektion eines neuen Weltgebäudes und Menschentums. „Absolute Abstraktion — Annihilation des Jetzigen — Apotheose der Zukunft, dieser eigentlichen, besseren Welt, dies ist der Kern der Geheiße des Christentums." Dieses vorrangig auf Gegenwart und Utopie gerichtete Konzept erlaubte ihm durchaus auch, dem Christentum die „Religion der Antiquare, die Göttlichkeit der Antike, die Herstellung des Altertums" als einen „zweiten Hauptflügel" zuzuordnen. Solche Gedanken enthüllen das Wesen von Hardenbergs religiösem Denken in aller Deutlichkeit und stellen es in den unmittelbaren Zusammenhang mit seiner grundsätzlichsten Wirkungsintention, deren Ziel die „Erhebung" in den vielfältigsten Formen war: „... aller Menschen zu *Genies* — ... aller Phänomene in *Wunderstand* — der Materie zu Geist — des Menschen zu Gott — aller Zeit zur goldnen Zeit etc.". In diesem Sinne verband er auch das Religiöse mit dem Poetischen. „Religionslehre = wissenschaftliche Poesie." — „Einst kommt die Zeit, wo jeder Eingeweihte der bessern Welt, wie Pygmalion, seine um sich geschaffene und versammelte Welt, mit der Glorie einer höhern Morgenröte erwachen und seine lange Treue und Liebe erwidert sieht." Diese Gedankengänge aus dem „Allgemeinen Brouillon" ent-

halten bereits das Konzept für das Verhältnis von Menschlichem und Göttlichem, für die Beziehung des gegenwärtigen Bestrebens auf künftiges Sein, dem Hardenberg in den letzten Jahren seines Lebens, nunmehr aber aufs Poetische statt aufs Wissenschaftliche gegründet, folgte. Auch jetzt, da sich die Tendenz zum Religiösen — nicht anders als bei anderen frühromantischen Autoren — spürbar verstärkte, behielten Hardenbergs Gedanken einen aktivistisch-subjektivistischen Grundzug. Hatte er 1798 selbst eine Art Bibel zu schaffen gehofft, so galt doch auch später, da er mehr zur Aufwertung der realen Bibel neigte, gleichwohl noch die Frage: „Wer hat die Bibel für geschlossen erklärt?"

Nur von diesem grundsätzlichen Zusammenhang her wird man ein so inhaltlich markantes und wirkungsgeschichtlich folgenreiches Werk wie „Die Christenheit oder Europa", ohne es mißzudeuten oder zu beschönigen, richtig verstehen und einordnen können. Entstanden ist es im Frühherbst 1799. Novalis reagierte damit in echter Friedenssehnsucht auf die verworren hin und her wogenden Ereignisse des im März dieses Jahres eröffneten Zweiten Koalitionskrieges. Insofern geht diese Schrift unmittelbar von zeitgenössischen Geschehnissen und Anliegen aus und überschreitet ihren Ausgangspunkt zugleich wieder durch eine grundsätzliche Sicht auf die Epoche und dementsprechende geschichtsphilosophische Betrachtungen. Berücksichtigt werden muß freilich, daß das Werk nicht als historiographische Abhandlung oder als politischer Traktat, als philosophisch-diskursive oder rational-wissenschaftliche Erörterung zu lesen ist. Vielmehr handelt es sich um einen bildhaft-dichterischen Entwurf, um eine Darstellung, die sich im Reflektierend-Analytischen wie im Appellativ-Programmatischen des Poetischen und Metaphorischen bedient. So hat etwa gleich der Anfang, der mit glühendem Enthusiasmus das Bild des Mittelalters heraufbeschwört, die Funktion einer aus der Vergangenheit entliehenen poetischen Utopie, eines positiven Gegenbildes zu den Zeiten, die seit dem Mittelalter über Europa gekommen sind.

Diese „neuen staatsumwälzenden Zeiten" versteht Novalis als permanenten Prozeß gesellschaftlicher Revolutionierung der Menschheit. Was er dabei analytisch richtig und historisch adäquat feststellt, bewertet er freilich extrem kritisch: Symbol dieser Epoche, die von der Reformation bis zur Gegenwart reicht, ist der „Staatsumwälzer", und dieser nun erscheint ihm als Sisyphus, als Ebenbild jenes sagenhaften antiken Königs, der im Tartarus, während er sich, immer erneut den Stein nach oben wälzend, vergeblich anstrengt, doch nur seinen Trotz

gegen die Götter büßen muß. Hierin kommt prägnant zum Ausdruck, daß Novalis sich solchen „staatsumwälzenden" Tendenzen verschloß. Anders als 1794 begegnet er uns hier nicht mehr als ein Zeitgenosse, der ungeduldig auf politische Handlungsmöglichkeiten hofft, sondern als „echter Beobachter", der „ruhig und gelassen" die geschichtliche Entwicklung analysiert und sein Urteil spricht. Die aktualisierende Deutung des Sisyphus-Gleichnisses enthält die Schlußfolgerung, die Gravitationskraft der Erde durch die „Anziehung gegen den Himmel" zu überwinden; der Staat soll das Begrenzende und Fesselnde, das Irreführende der materiell-irdischen Interessen abtun und sich statt dessen durch eine „höhere Sehnsucht" an die „Höhen des Himmels" knüpfen. Das Konzept gibt sich als ein religiöses zu erkennen.

Von hier aus wird die Darstellung des Mittelalters als retrograde Utopie deutlich faßbar. Entwickelt wird das Bild eines religiös-hierarchischen Staates als Voraussetzung für eine einheitlich-harmonische Menschheit; in ihm werden Besitzstreben und Egoismus zugunsten einer umfassenden Gemeinschaftlichkeit bei gleichzeitiger strenger hierarchischer Ordnung ausgeschlossen. So artikuliert sich zwar die Kritik am zeitgenössischen Utilitarismus als Negation der realen Ungleichheit unter den Menschen, wird aber sofort auch zugespitzt zur Verneinung irdisch-materieller Bedürfnisse und Gelüste der Menschen.

Die poetische Heraufbeschwörung des Mittelalters versteht sich als eine Aneignung von Geschichte, die den „Zauberstab der Analogie" für die Auseinandersetzung mit der Gegenwart nützt. Novalis verteidigt im Gegensatz zu der permanenten Umwälzungstendenz der Neuzeit den in der Feudalgesellschaft herrschenden „alten Geist" mitsamt den „alten Einrichtungen", in denen sich dieser Geist verkörpert hat. Nicht aus ihnen ist seines Erachtens der Keim des Verderbens gekommen, sondern aus der gezielten Zerstörung des Alten zugunsten eines aus menschlicher Hybris geborenen Neuen. Deshalb fordert er — und dies ist die Quintessenz seiner poetischen Geschichtsbetrachtung — die Zeitgenossen mit Entschiedenheit auf, von dem „widernatürlichen" und „törichten Bestreben" abzulassen, „die Geschichte und die Menschheit modeln" zu wollen; vielmehr sollen sie sie studieren und ihr nachgehen, von ihr lernen, mit ihr gleichen Schritt halten und gläubig ihren Verheißungen und Winken folgen. Dies ist ein Programm des Verzichts auf geschichtlich verändernde Aktivität. Gewiß spricht sich darin auch eine nicht unberechtigte Polemik gegen

einen Subjektivismus aus, der an dem Objektiv-Gesetzmäßigen geschichtlicher Entwicklung vorbeigeht, aber ebenso gewiß ist es ein Plädoyer für das Bestehende, das in der Rechtfertigung jener barbarischen Maßnahmen, mit denen die katholisch-christliche Kirche den historischen Fortschritt aufzuhalten versuchte, eine äußerste, antihumane Konsequenz erreicht.

Am Schluß verkündet Novalis eine Prognose für die nahe Zukunft: „Daß die Zeit der Auferstehung gekommen ist ..., dieses kann einem historischen Gemüte gar nicht zweifelhaft bleiben. Wahrhafte Anarchie ist das Zeugungselement der Religion. Aus der Vernichtung alles Positiven hebt sie ihr glorreiches Haupt als neue Weltstifterin empor." Die Ansätze dafür, „Spuren einer neuen Welt", sah Novalis im gegenwärtigen Deutschland gegeben; aus der produktiven Gärung in Wissenschaften und Künsten schloß er, daß es dem Deutschen möglich sein müsse, sich „zum Genossen einer höheren Epoche der Kultur zu bilden", jene „schöpferische Willkür", jene „Allfähigkeit der innern Menschheit" in sich zu entfalten, die anstelle von realgeschichtlichen, politischen und sozialen Aktivitäten einer großen harmonischen Zukunft zuarbeiten sollte.

Gelesen wurde das Werk freilich immer in erster Linie als Programmschrift einer gegenrevolutionären Position. Offensichtlich bestanden selbst im frühromantischen Freundeskreis Zweifel über die Wirkungsrichtung dieser Schrift; unter Hinzuziehung des Urteils von Goethe wurde entschieden, sie nicht, wie ursprünglich vorgesehen, im „Athenäum" zu publizieren. Seit der Erstveröffentlichung 1826 gilt sie als ein signifikantes Zeugnis für die romantische Verherrlichung des Mittelalters, der katholischen Kirche und der Feudalität, für die Wendung der Romantik gegen den geschichtlichen Fortschritt — nicht so ganz zu Recht, wie sich herausstellt. Und dennoch reflektiert dieses Urteil die tatsächliche, durchgehend dominante Tendenz der Schrift, die eine prinzipielle Kritik herausfordert und unabdingbar macht.

Das Faktum, daß Hardenbergs poetisches Schaffen im Spätsommer und Herbst 1799 intensiv einsetzte und unverzüglich zu bedeutenden Leistungen führte, sollte gewiß nicht undifferenziert gesehen werden. Der Durchbruch kam bei aller Plötzlichkeit nicht ganz überraschend. Zwar war Hardenberg nach der Periode der Jugendlyrik um 1790 nur gelegentlich poetisch produktiv gewesen, aber seit 1797 häuften sich Anzeichen, die neues und verstärktes Interesse an Dichtung bekundeten. Durch Goethesche Lyrik fühlte er sich „von neuem in die Welt der

Dichter" gezogen. In einer vermutbaren Ur-Fassung der „Hymnen an die Nacht" lebte das lyrische Schaffen wieder auf, und Anfang 1798 wurde die Arbeit an einem Roman aufgenommen, dessen Bruchstücke unter dem Titel „Die Lehrlinge zu Sais" überliefert sind. Vor allem aber zeigte sich in den Aufzeichnungen des „Allgemeinen Brouillon" ein Konzept, das in wesentlichen Elementen das Schaffen der Jahre 1799 und 1800 vorbereitete. In der entschiedenen Wendung zur Poesie fand das neue Gewicht, das diesem Bereich des Schaffens gegeben wurde, einen sichtbaren Ausdruck.

Angesichts der weltanschaulichen und lebenspraktischen Probleme und Intentionen Hardenbergs ist es nicht schwer zu verstehen, warum er der Poesie eine immer höhere Bedeutung zuzumessen geneigt war. Sein Anliegen war, Mittel und Wege zu finden, die die Bindung an eine nur mehr oder weniger unwillig ertragene disharmonische Wirklichkeit aufhoben und eine Gegenwelt der Harmonie, der Freiheit und Vollkommenheit öffneten. Da die äußere Welt sich diesem Bestreben verweigerte, schien einzig und allein die innere Welt des Menschen die Chance für eine solche Existenz darzubieten. Die in allen Menschen ursprünglich angelegte, freilich in der Lebenspraxis oftmals zurückgedrängte oder erstickte Fähigkeit der Phantasie, des Träumens und Sich-Vorstellens deutete auf eine Möglichkeit, diese Chance in Realität umzusetzen. Einmal erscheint eine konsequent ausgebildete innere Welt als wahrhafte Schutz- und Heimstätte für den Menschen. „Die innre Welt", heißt es im „Allgemeinen Brouillon", „ist gleichsam mehr mein als die äußre. Sie ist so innig, so heimlich — man möchte ganz in ihr leben — Sie ist so vaterländisch. Schade, daß sie so traumhaft, so ungewiß ist." Zum anderen erlaubt sie, die in der realen Welt unüberwindbare Begrenzung aufzusprengen und die Beziehung zu einem höchsten universellen Lebensprinzip, zum Göttlichen herzustellen. Poesie nun begriff Hardenberg als das Mittel, das Traumhaft-Ungewisse fest zu fassen und die schöpferische, selbstbefreiende Potenz des Menschen in einem höchstmöglichen Grade in Anwendung zu bringen. Ihr stellte er also die Aufgabe, den Aufbau einer inneren Welt zu vollziehen und diese als eine wahre Welt der falschen, wirklichen Welt entgegenzusetzen. „Man muß", so schrieb er Anfang 1799, „eine poetische Welt um sich her bilden und in der Poesie leben."

Diese Konzeption entfaltete Hardenberg mit radikaler Zielstrebigkeit. Er formulierte, daß Poesie Wirklichkeit nicht, wie sie ist, gestaltet, sondern wie sie sein könnte und sollte. In der Poesie sah er einen dem

schöpferischen Subjekt zur Verfügung gestellten unbegrenzten Raum, in dem er als Dichter gleichsam in der Rolle des aus dem Chaos Welten schaffenden Gottes herrschte. Er drehte konsequent das reale Verhältnis zwischen Poesie und Wirklichkeit um: Das Ziel von Poesie sollte die „Annihilation des Jetzigen" sein. Die reale Wirklichkeit war ihm dagegen lediglich ein chaotisch ausgebreiteter, dem Dichter verfügbarer Stoff, ihre Elemente waren nutzbar als Materialien, als Zeichen, als Symbol, um subjektive Empfindungen und Stimmungen zu erzeugen, die sich in einer geschlossenen inneren Welt verfestigen sollten. In diesem Sinne verstand er Poesie als „Gemütserregungskunst", wurde sie ihm zur Magie, zur „Kunst, die Sinnenwelt willkürlich zu gebrauchen", zur Ausübung der freien und unbegrenzten selbsttätigen und weltschöpferischen Kraft des Menschen. Und in diesem Sinne erschien ihm natürlich auch der Dichter als Prototyp des Menschen. In den Zeiten der Entfremdung vom Weltganzen, von Natur und Gottheit hatten die Dichter als die potentesten und aktivsten Träumer und Propheten die Vorstellung von wahrhaftem, unbegrenztem und ganzem Menschsein bewahrt und praktiziert; auf sie wurde auch für Gegenwart und Zukunft die entschiedenste Hoffnung gesetzt. Sie waren Avantgardisten und Führer, Erwecker und Erlöser der Menschheit. Ihr kindliches Fremdsein in der Lebenspraxis war nicht Ausdruck ihrer Untauglichkeit, sondern bezeugte im Gegenteil ihr Unentfremdetsein gegenüber der Natur, ihre Nähe zu einem wahren Leben. Novalis hat in dem Gedicht „An Tieck", das er nach der Bekanntschaft mit dem aus Berlin nach Jena gekommenen Romantiker im Juli 1799 schrieb, gerade diese Identität von Kindlichkeit und Dichtertum und zugleich Berufung zur höchsten Verkündung ausgesprochen. In dem Gedicht wird von einem „frommen Kind" berichtet, das nach langem Suchen und Mühen in einem alten Buch Erleuchtung findet. Ihm erscheint in einer Vision ein „alter Mann", offenbar Jakob Böhme, der Verfasser der „Morgenröte im Aufgang", und gibt ihm den Auftrag, das „letzte Reich" zu verkünden.

Die poetischen Werke des Novalis sind im Grunde Realisationen dieses Konzepts, Erprobungen des im poetisch-schöpferischen Menschen vorausgesetzten Vermögens, Versuche, seine Verwirklichung sinnlich-lebendig zu demonstrieren. Die „Hymnen an die Nacht" führen, noch stark an die individuelle Lebenssphäre und Erfahrung des Dichters anknüpfend, die Entdeckung der Möglichkeit, Wirklichkeit zu negieren und eine Gegenwelt aufzubauen, die Ausweitung dieser

Möglichkeit auf die Geschichte der Gattung und den Ausgang des individuellen Emanzipationsvorganges vor. Der Roman „Heinrich von Ofterdingen" erzählt die prototypische Geschichte eines jungen Menschen, der zum Dichter geboren ist und sich seiner dichterischen Fähigkeiten bewußt wird. Daß das lyrische Werk dabei mehr Reflexion von Wirklichkeit als das prosaepische in sich schließt, mag nur im ersten Moment paradox erscheinen; tatsächlich ergibt sich dies als eine durchaus verständliche Konsequenz aus der poetologischen Konzeption des Novalis.

Die „Hymnen an die Nacht", die bedeutendste lyrische Leistung der Frühromantik, bewahren in dem Maße subjektive Authentizität und Beziehung zur Wirklichkeit, wie sich in der Haltung des lyrischen Ich persönliche Erfahrungen des Dichters und seine Bestrebungen zur Überwindung von Vereinzelung und Leid widerspiegeln. Am deutlichsten ist dies in der 3. Hymne verifizierbar; indessen geben auch andere Aussagen des Gedichts die Übereinstimmung deutlich zu erkennen. Dennoch ist dies nur mehr Ausgangspunkt des lyrischen Vorgangs. Das Anliegen ist vielmehr, zu zeigen, wie es gelingt, die schmerzhaften Erfahrungen des Lebens in der äußeren, wirklichen Welt zu bewältigen und eine innere Welt aufzubauen, die die Fesseln des Irdischen sprengt, die Vereinigung mit dem Universell-Kosmischen, mit dem Weltganzen herstellt und dem lyrischen Subjekt einen höchsten Harmonie- und Glückszustand sichert. In charakteristischer Weise wird zugleich versucht, die individuelle Erfahrung und Erfüllung zur Möglichkeit für die ganze Gattung auszuweiten — freilich ohne daß es gelänge, lyrisches Subjekt und Menschheit zur Übereinstimmung zu bringen. Diese Intentionen bestimmen den Ablauf des Zyklus.

Die erste Hymne setzt mit einer nicht nur rhetorischen Lobpreisung des Lichts ein, mit dem sich die Bereiche von Leben und Entwicklung verbinden. Im Bild des Menschen, der „König der irdischen Natur" genannt wird, offenbart sich am ausgeprägtesten „die Wunderherrlichkeit der Reiche der Welt". Das lyrische Ich indessen wendet sich „abwärts" der Nacht zu, in der zunächst die Erinnerung an einen schweren Verlust und Klage darüber vorherrschen, so daß gar wieder Sehnsucht nach dem Licht einsetzt. Aber nun entfaltet sich, aufquellend „ahndungsvoll unterm Herzen", der Bereich der Nacht als eigentliches Leben. Schlaf und Traum geben Beglückung. Erinnerung führt das Bild der Jugend, der Mutter, schließlich der Geliebten herauf. Ein überströmendes Glücksgefühl erfüllt das Ich, so daß die gesetzmäßig-

normale Wiederkehr des Morgens als grausame Störung beklagt und abgelehnt wird. Auch die zweite Hymne schließt mit Bildern, die aus einem mystisch-erotischen Bereich entnommen sind und das Maß der Glückserfüllung vor Augen rücken. Die dritte Hymne greift auf den entscheidenden individuellen Erfahrungspunkt des Dichters zurück — es ist die Reminiszenz an jene Abendstunde am Grabe Sophiens. Aus tiefster Einsamkeit und verzweifelter Angst wurde das Ich durch das Nachterlebnis herausgerissen. Herrlichkeit und Leid des Irdischen versanken. Eine Befreiung und Neugeburt des Subjekts fand statt. Als deren höchstes Zeichen wurde die durch den Tod gesetzte Grenze aufgehoben: der Grabhügel zur Staubwolke verwandelt und die Geliebte sichtbar gemacht. Zeitlichkeit entschwand: „Jahrtausende zogen abwärts in die Ferne, wie Ungewitter." Gewiß ein Traum, aber eben ein entscheidender erster Traum, der das Ich in einem „ewigen, unwandelbaren Glauben an den Himmel der Nacht und sein Licht, die Geliebte" befestigt.

Der Beginn der vierten Hymne schließt an diese einmal gewonnene Erfahrung an. Aus dem einmaligen Erlebnis wird die Gewißheit einer dereinstigen endgültigen Erlösung und Befreiung abgeleitet. Bis zum „letzten Morgen", der eine Existenz ewigen Schlummers und unerschöpflichen Traumlebens eröffnet, wird sich derjenige unter den Menschen, der sich mit der Erfahrung und Haltung des lyrischen Ich identifizieren kann, auf dem „Grenzgebürge der Welt ... Hütten des Friedens" bauen. Wer so lebt, kann sogar noch am irdischen Leben in seiner Fröhlichkeit Anteil haben, sein „geheimes Herz" wird indessen „getreu der Nacht ... und der schaffenden Liebe, ihrer Tochter", bleiben. Er lebt im Vorblick auf das „Ende der Zeit". Wenngleich nur erst wenige der Menschen ihm nachfolgen, hat er selbst schon Klarheit: Das „Kreuz" steht „unverbrennlich" als „eine Siegesfahne unsers Geschlechts". In der Heilserwartung und -überzeugung des Christentums ist für die ganze Menschheit der Weg zu jenem Lebenszustand gewiesen, den das lyrische Subjekt kraft seiner individuellen Leistung und in seiner Avantgardistenfunktion schon jeweils in der Begegnung mit der Nacht erreicht. Die fünfte Hymne unternimmt, die Erlösungsgewißheit der christlichen Religion durch einen poetischen Aufriß weltgeschichtlicher Entwicklung zu objektivieren. In diametralem Gegensatz zu Schillers Vergleichung von Antike und Moderne in dem Gedicht „Die Götter Griechenlands" und auch ganz anders als Hölderlins Versuche, in seinen späten Hymnen eine Synthese von Antike

und Christentum zu erreichen, entwirft sie ein Bild der Menschheits-
geschichte, das in den Verheißungssymbolen des Christentums seine
Erfüllung findet. Der sinnenfreudigen Antike wird die Gefolgschaft
aufgekündigt, weil sie mit dem Problem des Todes nicht überzeugend
fertig geworden ist: Poetisch verschönt zwar, blieb der Tod für die
Antike eine Begrenzung des Menschen, während das Christentum das
Tor zum ewigen Leben aufstößt. Gegenüber der enthusiastischen
Ewigkeitszuversicht der fünften Hymne enthält die sechste und letzte
des Zyklus, die als einzige einen programmatischen Titel trägt und
vollauf in verslyrische Form, im Ton anklingend an das christliche
Gemeindelied, gefaßt ist, eine merkliche Dämpfung des inneren Zu-
standes. „Sehnsucht nach dem Tode": das erscheint zunächst als – nun
wiederum auf die gegenwärtige Einzelexistenz bezogene – Anwendung
von Einsichten, die in den vorangegangenen Hymnen in individual- und
gattungsgeschichtlicher Sichtweise als unumstößlich gewiß gezeigt
wurden. Genauer besehen werden hinter den heilsperspektivischen
Beschwörungen erneut die Widersprüche und Leiden des irdischen
Lebens sichtbar. Von fröhlicher Anteilnahme an der „Wunderherrlich-
keit der Reiche der Welt" ist keine Rede mehr. Übrig bleibt eben Sehn-
sucht nach dem Tode. Zeigte schon der Beginn des Zyklus einen starken
Rückgang der Aktivität des Subjekts in Hinsicht auf die Außenwelt,
den Verlust jener – gewiß subjektivistischen, aber zugleich um so
aktivistischeren – Tendenz zur Praxis, zur Umgestaltung der Welt, so
ist am Ende nicht einmal das wirklich bewahrt, was im Ablauf des
Zyklus immerhin noch an Möglichkeit zur Lebensbejahung sichtbar
gemacht worden ist. Die Selbstbefreiung – das zeigt sich im Kritischen
und Elegischen der letzten Hymne – ist nicht dauerhaft gelungen.

 Mit den „Hymnen" korrespondiert der Zyklus der „Geistlichen
Lieder", auch er ganz von einer tiefen, stark mystisch und pietistisch
gefärbten Religiosität erfüllt und dem Thema der Überwindung des
Erdenleidens durch die Erlösungsgewißheit des Christentums gewid-
met. So prägen insbesondere Christuslieder diesen Zyklus. Christus wird
als Befreier gepriesen; die Stationen seines Erdenwandels geben Anlaß
zu immer erneuter Vergewisserung der Heilsbotschaft und deren Ver-
mittlung an andere Menschen. Diese Lieder sind ganz bewußt für die
gottesdienstliche Praxis der christlichen Kirche geschrieben. Insofern
demonstrieren sie nicht nur die viel stärkere formale Anlehnung an die
Tradition des Kirchenlieds, sondern binden sich auch inhaltlich weitaus
mehr als die „Hymnen" an die der Kirchengemeinde vertraute Ge-

danken- und Bildwelt. Gleichwohl geben auch sie die charakteristische Empfindungs- und Aussageweise des Dichters zu erkennen.

In den letzten Lebensjahren hat Novalis an zwei romanepischen Vorhaben gearbeitet: „Die Lehrlinge zu Sais" und „Heinrich von Ofterdingen". Beide, unterschiedlich weit gediehen, sind Fragment geblieben. Freilich gelang es dem Dichter, wenigstens den ersten Teil des „Ofterdingen" zu vollenden.

Will man der Intention des Erzählers Novalis gerecht werden, so muß man unbedingt in Betracht ziehen, welchen Stellenwert er dem Roman in seiner Poetologie — diese wiederum zentrales Medium seiner Weltanschauung und Wirkungsabsicht — gab. Unter dem Stichwort „Romantik" formulierte er seine konzeptionellen Überlegungen für den Roman, also für ein bestimmtes, wenngleich von der ästhetischen Theorie bislang kaum berücksichtigtes und anerkanntes, insofern aber auch Freizügigkeit gewährendes poetisches Genre, und diese Überlegungen zielten auf das Poetische schlechthin. Im Roman gedachte auch er — übereinstimmend mit den romantischen Freunden — sein Konzept von Poesie in umfassender, ja universeller Weise zu realisieren. Deshalb stehen die Äußerungen über „Romantik" zusammen mit solchen zentralen Begriffen seiner Weltanschauung und Poetologie wie Magie, Absolutes, Universalisierung. Roman war ihm also poetische Form im höchsten Grade der Extensität und Intensität, Instrument für seine intensivsten Wirkungsvorstellungen. Charakteristisch ist indessen, daß in seinem theoretischen Nachdenken wie in seiner poetischen Praxis innerhalb des Romans wiederum das „Märchen" in den Mittelpunkt rückte. So heißt es im „Allgemeinen Brouillon": „Im Märchen glaub ich am besten meine Gemütsstimmung ausdrücken zu können. *(Poetik. Alles ist ein Märchen.)*" Und an anderer Stelle unter dem Stichwort „Romantik": „In einem echten Märchen muß alles wunderbar — geheimnisvoll und unzusammenhängend sein — alles belebt ... Die ganze Natur muß auf eine wunderbare Art mit der ganzen Geisterwelt vermischt sein — die Zeit der allgemeinen Anarchie — Gesetzlosigkeit — Freiheit — *Der Naturstand der Natur* — die Zeit vor der *Welt* (Staat). Diese Zeit *vor* der Welt liefert gleichsam die zerstreuten Züge der *Zeit nach der Welt* — wie der Naturstand ein *sonderbares* Bild des ewigen Reichs ist. Die Welt des Märchens ist die durchaus *entgegengesetzte* wie das *Chaos der vollendeten Schöpfung.* ... Das *echte Märchen* muß zugleich *prophetische Darstellung* — idealische Darstellung — absolut notwendige Darstellung sein. Der echte Märchendichter ist ein Seher der Zukunft.

... Mit der Zeit muß die Geschichte Märchen werden — sie wird wieder, wie sie anfing."

Von diesem konzeptionellen Kernpunkt aus ist die Auseinandersetzung des Novalis mit Goethes Roman „Wilhelm Meisters Lehrjahre" erst richtig zu begreifen und einzuordnen. Es war kein Zufall, daß er als der Radikalste und Konsequenteste des frühromantischen Kreises diese Kritik — freilich nicht öffentlich, sondern intern, und überdies erst spät — im Umfeld der Arbeit am „Ofterdingen" eröffnete und auf den entscheidenden Punkt brachte. Als Befürworter einer totalen Wendung in die innere Welt warf er Goethe vor, er habe die Wirklichkeit in ihrem materiell-gesellschaftlichen Sein in die poetische Darstellung eindringen lassen und damit die Möglichkeit einer poetischen Befreiung des Menschen an die Ökonomie als dem Wahren, Übrigbleibenden verraten. „Wilhelm Meisters Lehrjahre sind gewissermaßen durchaus prosaisch — und modern. Das Romantische geht darin zugrunde — auch die Naturpoesie, das Wunderbare — Es handelt bloß von gewöhnlichen menschlichen Dingen — die Natur und der Mystizismus sind ganz vergessen. Es ist eine poetisierte bürgerliche und häusliche Geschichte. Das Wunderbare darin wird ausdrücklich als Poesie und Schwärmerei behandelt. Künstlerischer Atheismus ist der Geist des Buchs." In der Tendenz zum Ökonomischen und Prosaischen, die er als das Resultat von Goethes Auseinandersetzung mit der zeitgenössischen Wirklichkeit erfaßte, lehnte er entschieden den Versuch ab, den Menschen auf die gegebene Realität mit ihrer Disharmonie und Verderbtheit, mit ihrer Individualitäts- und Poesiefeindlichkeit zu orientieren.

Schon in den Bruchstücken zum Roman „Die Lehrlinge von Sais" ist die charakteristische Grundrichtung des Novalis erkennbar, einmal in der Zentralstellung, die ein eingelagertes Märchen erhält, zum anderen in der Bedeutung, die dem Poetisch-Künstlerischen und dem Dichtertum in entscheidenden Lebensfragen zugemessen wird. Das Märchen von Hyazinth und Rosenblüt erzählt von Liebe, Trennung und Wiedervereinigung zweier junger Menschen und verkündet die Wiedergewinnung einer ursprünglich vorhandenen, aber später verlorenen universalen Harmonie. Seine Lösung kann als die zu entschlüsselnde symbolische Aussage über die Geheimnisse von Natur und Mensch angesehen werden. Unmittelbar im Anschluß daran raten von den Menschen falsch geordnete, getrennte und gepeinigte Naturkräfte, von den bisherigen Erkenntnismethoden abzugehen und sich ganz auf das Gefühl zu stützen, den „natürlichsten aller Sinne", durch den die „alte,

ersehnte Zeit", die „goldne Zeit" zurückkommen werde. Die Schluß-
passagen des Romanfragments enthalten die bewußte Verherrlichung
eines künstlerisch-dichterischen Weltverhältnisses als Schlüssel zur
Befreiung und Harmonisierung von Natur und Mensch. Freilich hängen
die „Sais"-Bruchstücke noch spürbar mit den philosophischen Frag-
mentsammlungen von 1798 und ihrem Poesieverständnis zusammen.

In „Heinrich von Ofterdingen" als dem Werk, das erklärtermaßen
„das eigentliche Wesen der Poesie aussprechen und ihre innerste Ab-
sicht erklären" sollte, ist die zentrale Problemstellung aus der Sicht von
1800 wieder aufgenommen. Dieser Roman ist insofern ein konsequenter
Anti-„Meister", als er, beginnend mit der Demonstration einer Dich-
terentwicklung, die Wirklichkeit aneignet und überwindet, die Er-
hebung des Poetischen zur magischen Gewalt vorführt. Ein für den
Roman bestimmtes Gedicht beschreibt die Grundtendenz:

> Wenn nicht mehr Zahlen und Figuren
> Sind Schlüssel aller Kreaturen,
> Wenn die, so singen oder küssen,
> Mehr als die Tiefgelehrten wissen,
> Wenn sich die Welt ins freie Leben
> Und in die [freie] Welt wird zurückbegeben,
> Wenn dann sich wieder Licht und Schatten
> Zu echter Klarheit werden gatten
> Und man in Märchen und Gedichten
> Erkennt die ew'gen Weltgeschichten,
> Dann fliegt vor *einem* geheimen Wort
> Das ganze verkehrte Wesen fort.

Handlungen und Figuren dienen vornehmlich dazu, das Wesen und
Wirken von Poesie sinnlich vorzuführen und faßbar zu machen, sie
haben deshalb auch weder historische Konkretheit noch substantiellen
Eigenwert. Die Intention erklärt auch mancherlei theoretische, re-
flektorische und didaktische Elemente im Werk. Am auffälligsten in
dieser Hinsicht ist der Vortrag eines umfassenden poetologischen Pro-
gramms durch den Dichter Klingsohr im 7. und 8. Kapitel. Dieses
Programm lehrt den bewußten Gebrauch der Wirklichkeit als poeti-
sches Material im Sinne der Subjektivierung und Umwandlung der
Lebenswelt, ihres Andersdenkens und -empfindens. Dieses Ziel glaubte
Novalis am besten durch eine möglichst naive, dem poetischen Emp-
finden nachvollziehbare Darstellung erreichen zu können. Verinner-

lichung ist deshalb zugleich Vereinfachung. In den „ew'gen Welt-
geschichten" von Märchen und Gedichten sollten die tiefsten Lösungen
versinnbildlicht erscheinen.

Im Rahmen dieses Konzepts war Novalis — im Unterschied zum
Autor der „Lehrjahre" — nicht bereit, der äußeren Welt, mit der er
seinen Helden umgab, eine determinierende Funktion zuzugestehen. Er
machte sie vielmehr zum dienenden Element für einen absolut gesetzten
Entwicklungshelden, zum Zuträger bestimmter Erfahrung und Mate-
rialität. Er nahm ihr schließlich in dem Maß, wie die Subjektivität des
Dichters Ofterdingen zu der Fähigkeit herangereift ist, die Welt zu
poetisieren und zu verwandeln, den Rest von Eigenständigkeit, Kon-
kretheit und Realität, den sie anfangs noch aufweist. Aber selbst der
Anschein von Historizität, der sich durch die Ansiedlung des Erzählten
im Mittelalter mitsamt konkreten Ortsbezeichnungen, Bezügen auf
historische Personen und einem gewissen sozialen Profil ergibt, ist
trügerisch. Das Mittelalter ist nicht als historisch-konkrete Epoche
gemeint. Es erscheint vielmehr als geschichtsphilosophisch bestimmtes,
zugleich subjektiviertes und mythisiertes Modell einer Dämmerungs-,
Übergangs- und Erwartungssituation, in der für die Dichtung — als
Poetisierung der Welt, Überwindung konkreter Zeitgebundenheit,
Verwirklichung subjektiver Harmonievorstellungen — Raum gelassen
ist. Damit ist es der zeitgenössischen Wirklichkeit des Novalis, die als
von der Aufklärung „erhellte" Zeit nur für das Prosaisch-Wirkliche,
nicht aber für das Poetisch-Imaginative Platz bietet, diametral ent-
gegengesetzt und besitzt nichtsdestoweniger als historisch-konkrete
Epoche keinen Eigenwert. So wird auch die Entwicklung des Helden
systematisch in eine mythisch-geschichtslose Sphäre hineingeführt.

Demzufolge gibt Novalis seinen Romanfiguren kein individuelles,
historisch-konkretes und lebendig-widerspruchsvolles Profil. Die um
Ofterdingen gruppierten Figuren haben lediglich dem werdenden
Dichter bestimmte Bereiche von Lebenswirklichkeit zu vermitteln —
was nicht ausschließt, daß ihre Auskünfte über diese durchaus tief-
sinnig und poetisch reizvoll sind, besonders auch dann, wenn, wie im
Falle des Bergmannsliedes „Der ist der Herr der Erde", die Beziehung
des Dichters zu diesem Praxisbereich ins Bild kommt. Ofterdingen
selbst ist Programmfigur und Funktionsträger seines Dichters. Auch
er besitzt deshalb keine echte, in Raum und Zeit situierte Individualität.
Er demonstriert vielmehr beispielhaft die Genesis und Entwicklung
eines Dichters: von seinem Erwachen aus kindlicher Unbewußtheit

über die Begegnung mit den wesentlichen, personifiziert erscheinenden
Hauptbereichen des Lebens bis zur vollen Verwirklichung seiner
Dichtergabe in der Entfaltung einer mythisch-unendlichen poetischen
Welt. In der Darstellung identifiziert sich der Autor völlig mit ihm. Er
eignet sich die Welt als Material an; in seinem Innern ist sie längst
vollständig da, sie bedarf nur der Enthüllung und Verdeutlichung im
Licht einer Erfahrung, die zwar sinnlich gebunden, aber nur am Typus,
nicht an der Fülle des Individuellen interessiert ist. Krisen gibt es hier
nicht, nur eine harmonische, die Dinge auf einfachste Weise mit Hilfe
des Reisemotivs reihende Kontinuität.

Konsequent verfolgt Novalis das Konzept, das Romanhafte ins
Märchen zu überführen. Im ersten, vollendeten Teil lassen sich Roman
und Märchen noch deutlich unterscheiden. In den romanhaften Erzähl-
part sind Märchen eingelagert, die der Weckung und Belehrung des
jungen Dichters dienen und zugleich in ihrer prophetisch-modellhaften
Grundrichtung auf das Ziel der Erlösung und Befreiung vorausweisen.
Die Ofterdingen begleitenden Kaufleute erzählen die Arion-Sage, die
mythische Geschichte von der Rettung des antiken Sängers durch
Delphine, und das Atlantis-Märchen, das von der Gewinnung eines
Goldenen Zeitalters durch den Aufstieg eines wortmächtigen, weil
liebevollen Dichters auf den Königsthron handelt, und schließlich trägt
Klingsohr ein den ersten Teil abschließendes allegorisches Märchen vor,
das von einer Zeitenwende erzählt: Negative Kräfte haben im Reich
des Lebens nach dem Fortgang von Weisheit und Liebe die Überhand
gewonnen. Ihnen gegenüber wird die Poesie zur Retterin der Mensch-
heit. Ständig verfolgt, aber letztlich nicht erreichbar, verkündet sie
mitten in Nacht und Kälte das Nahen einer befreienden Zukunft und
führt diese schließlich herbei. Das Märchen Klingsohrs endet mit den
Versen der Fabel:

> Gegründet ist das Reich der Ewigkeit,
> In Lieb und Frieden endigt sich der Streit,
> Vorüber ging der lange Traum der Schmerzen,
> Sophie ist ewig Priesterin der Herzen.

Fabel stiftet ein neues Zeitalter, in dem alle Widersprüche und Leiden
vernichtet sind, in dem alle Menschen unsterblich und also göttlich leben
und in einem harmonischen, freundschaftlich-geschwisterlichen Bund
mit der Natur stehen. Es ist ein ewiges Reich der Liebe, der Weisheit
und des Friedens. Nachdem Fabel Zeit und Tod überwunden hat, kann

sie nun einen goldenen, unzerreißbaren Faden spinnen, der die Unvergänglichkeit ihrer Herrschaft versinnbildlicht.

Auf diese Weise setzt sich die Richtung, die vom Roman zum Märchen führt, bereits im ersten Teil durch – das zeigt sich auch im Erzähl- und Sprachstil mit seiner bewußten Naivität, die das Märchenhaft-Wunderbare, das eigentliche poetische Element, als das Normale und Natürliche erscheinen lassen will. Im zweiten Teil wird dann von Beginn an ein phantastisch-mythischer, aber immer auf Unkompliziertheit und Faßlichkeit gerichteter Stil bewußt verwendet, durch den die Gesetzmäßigkeiten der objektiven Wirklichkeit völlig aufgehoben sind und das märchenhaft Mythische das uneingeschränkt Vorherrschende ist. Novalis wollte das Unendlich-Übersinnliche im Endlich-Sinnlichen Gestalt werden lassen und in diesem Sinn das Alltägliche ins Ungewöhnliche erheben. Ihm schwebte als Realisierung seines poetischen Ideals nicht die Beschwörung einer dem normalen Menschen entrückten, entgegenständlichten und nicht mehr nachvollziehbaren Welt vor, sondern die durch Eindringlichkeit und Suggestivität erreichte Überhöhung der gewöhnlichen Lebenssphäre. Der „Ofterdingen"-Roman zeigt, mit welcher Intensität und Konsequenz, mit welcher dichterischen Begabung und Kraft er sein Ziel verfolgte. Über den nicht mehr geschriebenen Schluß heißt es in Aufzeichnungen: „Das ganze Menschengeschlecht wird am Ende poetisch. Neue goldne Zeit ... Menschen, Tiere, Pflanzen, Steine und Gestirne, Flammen, Töne, Farben müssen hinten zusammen, wie *eine* Familie oder Gesellschaft, wie *ein* Geschlecht handeln und sprechen." Krankheit und Tod nahmen dem Dichter die Möglichkeit, dies noch zu gestalten. Vielleicht wäre es ein Nicht-Gestaltbares gewesen, indessen war es ein Vorhaben, in dem das romantische Konzept des Dichters eine äußerste Verwirklichung suchte.

Am 25. März 1801 erlag Hardenberg in Weißenfels der Lungentuberkulose. Ein Schaffen brach damit ab, das mit seinem gewiß widerspruchs-, aber auch verheißungsvollen Reichtum an Vollendetem und Unvollendetem einen wichtigen Platz in der Geschichte der Literatur einnimmt. Die Gedanken und Worte des Novalis erreichen uns, über die natürliche Distanz der inzwischen vergangenen Zeit hinaus, aus der Ferne eines sehnsüchtigen Utopismus und eines Prinzips unbedingter Poesie. Der humanistische Kern seiner Intentionen ist gleichwohl historisch nicht abgegolten und deshalb durchaus auch unverloren und unverlierbar.

GEDICHTE

HYMNEN AN DIE NACHT
[ATHENÄUMSDRUCK]

1

Welcher Lebendige, Sinnbegabte, liebt nicht vor allen Wunder-
erscheinungen des verbreiteten Raums um ihn das allerfreuliche
Licht — mit seinen Farben, seinen Strahlen und Wogen; seiner
milden Allgegenwart, als weckender Tag. Wie des Lebens in-
nerste Seele atmet es der rastlosen Gestirne Riesenwelt, und
schwimmt tanzend in seiner blauen Flut — atmet es der fun-
kelnde, ewigruhende Stein, die sinnige, saugende Pflanze, und
das wilde, brennende, vielgestaltete Tier — vor allen aber der
herrliche Fremdling mit den sinnvollen Augen, dem schweben-
den Gange, und den zartgeschlossenen, tonreichen Lippen. Wie
ein König der irdischen Natur ruft es jede Kraft zu zahllosen
Verwandlungen, knüpft und löst unendliche Bündnisse, hängt
sein himmlisches Bild jedem irdischen Wesen um. — Seine
Gegenwart allein offenbart die Wunderherrlichkeit der Reiche
der Welt.

Abwärts wend ich mich zu der heiligen, unaussprechlichen,
geheimnisvollen Nacht. Fernab liegt die Welt — in eine tiefe
Gruft versenkt — wüst und einsam ist ihre Stelle. In den Saiten
der Brust weht tiefe Wehmut. In Tautropfen will ich hin-
untersinken und mit der Asche mich vermischen. — Fernen der
Erinnerung, Wünsche der Jugend, der Kindheit Träume, des
ganzen langen Lebens kurze Freuden und vergebliche Hoff-
nungen kommen in grauen Kleidern, wie Abendnebel nach der
Sonne Untergang. In andern Räumen schlug die lustigen Ge-
zelte das Licht auf. Sollte es nie zu seinen Kindern wieder-
kommen, die mit der Unschuld Glauben seiner harren?

Was quillt auf einmal so ahndungsvoll unterm Herzen, und verschluckt der Wehmut weiche Luft? Hast auch du ein Gefallen an uns, dunkle Nacht? Was hältst du unter deinem Mantel, das mir unsichtbar kräftig an die Seele geht? Köstlicher Balsam träuft aus deiner Hand, aus dem Bündel Mohn. Die schweren Flügel des Gemüts hebst du empor. Dunkel und unaussprechlich fühlen wir uns bewegt — ein ernstes Antlitz seh ich froh erschrocken, das sanft und andachtsvoll sich zu mir neigt, und unter unendlich verschlungenen Locken der Mutter liebe Jugend zeigt. Wie arm und kindisch dünkt mir das Licht nun — wie erfreulich und gesegnet des Tages Abschied. — Also nur darum, weil die Nacht dir abwendig macht die Dienenden, säetest du in des Raumes Weiten die leuchtenden Kugeln, zu verkünden deine Allmacht — deine Wiederkehr — in den Zeiten deiner Entfernung. Himmlischer, als jene blitzenden Sterne, dünken uns die unendlichen Augen, die die Nacht in uns geöffnet. Weiter sehn sie als die blässesten jener zahllosen Heere — unbedürftig des Lichts durchschaun sie die Tiefen eines liebenden Gemüts — was einen höhern Raum mit unsäglicher Wollust füllt. Preis der Weltkönigin, der hohen Verkündigerin heiliger Welten, der Pflegerin seliger Liebe — sie sendet mir dich — zarte Geliebte — liebliche Sonne der Nacht — nun wach ich — denn ich bin dein und mein — du hast die Nacht mir zum Leben verkündet — mich zum Menschen gemacht — zehre mit Geisterglut meinen Leib, daß ich luftig mit dir inniger mich mische und dann ewig die Brautnacht währt.

2

Muß immer der Morgen wiederkommen? Endet nie des Irdischen Gewalt? Unselige Geschäftigkeit verzehrt den himmlischen Anflug der Nacht. Wird nie der Liebe geheimes Opfer ewig brennen? Zugemessen ward dem Lichte seine Zeit; aber zeitlos und raumlos ist der Nacht Herrschaft. — Ewig ist die Dauer des Schlafs. Heiliger Schlaf — beglücke zu selten nicht der Nacht Geweihte in diesem irdischen Tagewerk. Nur die

Toren verkennen dich und wissen von keinem Schlafe, als dem
Schatten, den du in jener Dämmerung der wahrhaften Nacht
mitleidig auf uns wirfst. Sie fühlen dich nicht in der goldnen
Flut der Trauben — in des Mandelbaums Wunderöl und dem
braunen Safte des Mohns. Sie wissen nicht, daß du es bist, der
des zarten Mädchens Busen umschwebt und zum Himmel den
Schoß macht — ahnden nicht, daß aus alten Geschichten du
himmelöffnend entgegentrittst und den Schlüssel trägst zu den
Wohnungen der Seligen, unendlicher Geheimnisse schweigen-
der Bote.

<div align="center">3</div>

Einst da ich bittre Tränen vergoß, da in Schmerz aufgelöst
meine Hoffnung zerrann, und ich einsam stand am dürren
Hügel, der in engen, dunkeln Raum die Gestalt meines Lebens
barg — einsam, wie noch kein Einsamer war, von unsäglicher
Angst getrieben — kraftlos, nur ein Gedanken des Elends noch.
— Wie ich da nach Hülfe umherschaute, vorwärts nicht konnte
und rückwärts nicht, und am fliehenden, verlöschten Leben mit
unendlicher Sehnsucht hing: — da kam aus blauen Fernen — von
den Höhen meiner alten Seligkeit ein Dämmerungsschauer —
und mit einem Male riß das Band der Geburt — des Lichtes
Fessel. Hin floh die irdische Herrlichkeit und meine Trauer mit
ihr — zusammen floß die Wehmut in eine neue, unergründliche
Welt — du Nachtbegeisterung, Schlummer des Himmels kamst
über mich — die Gegend hob sich sacht empor; über der Gegend
schwebte mein entbundner, neugeborner Geist. Zur Staub-
wolke wurde der Hügel — durch die Wolke sah ich die verklärten
Züge der Geliebten. In ihren Augen ruhte die Ewigkeit — ich
faßte ihre Hände, und die Tränen wurden ein funkelndes,
unzerreißliches Band. Jahrtausende zogen abwärts in die Ferne,
wie Ungewitter. An ihrem Halse weint ich dem neuen Leben
entzückende Tränen. — Es war der erste, einzige Traum — und
erst seitdem fühl ich ewigen, unwandelbaren Glauben an den
Himmel der Nacht und sein Licht, die Geliebte.

4

Nun weiß ich, wenn der letzte Morgen sein wird — wenn das
Licht nicht mehr die Nacht und die Liebe scheucht — wenn der
Schlummer ewig und nur *ein* unerschöpflicher Traum sein wird.
Himmlische Müdigkeit fühl ich in mir. — Weit und ermüdend
ward mir die Wallfahrt zum heiligen Grabe, drückend das
Kreuz. Die kristallene Woge, die, gemeinen Sinnen unvernehm-
lich, in des Hügels dunkeln Schoß quillt, an dessen Fuß die
irdische Flut bricht, wer sie gekostet, wer oben stand auf dem
Grenzgebürge der Welt, und hinübersah in das neue Land, in
der Nacht Wohnsitz — wahrlich, der kehrt nicht in das Treiben
der Welt zurück, in das Land, wo das Licht in ewiger Unruh
hauset.

Oben baut er sich Hütten, Hütten des Friedens, sehnt sich
und liebt, schaut hinüber, bis die willkommenste aller Stunden
hinunter ihn in den Brunnen der Quelle zieht — das Irdische
schwimmt obenauf, wird von Stürmen zurückgeführt, aber was
heilig durch der Liebe Berührung ward, rinnt aufgelöst in
verborgenen Gängen auf das jenseitige Gebiet, wo es, wie
Düfte, sich mit entschlummerten Lieben mischt.

Noch weckst du, muntres Licht, den Müden zur Arbeit —
flößest fröhliches Leben mir ein — aber du lockst mich von der
Erinnerung moosigem Denkmal nicht. Gern will ich die fleißi-
gen Hände rühren, überall umschaun, wo du mich brauchst —
rühmen deines Glanzes volle Pracht — unverdrossen verfolgen
deines künstlichen Werks schönen Zusammenhang — gern
betrachten deiner gewaltigen, leuchtenden Uhr sinnvollen Gang
— ergründen der Kräfte Ebenmaß und die Regeln des Wunder-
spiels unzähliger Räume und ihrer Zeiten. Aber getreu der
Nacht bleibt mein geheimes Herz und der schaffenden Liebe,
ihrer Tochter. Kannst du mir zeigen ein ewig treues Herz? Hat
deine Sonne freundliche Augen, die mich erkennen? Fassen
deine Sterne meine verlangende Hand? Geben mir wieder den
zärtlichen Druck und das kosende Wort? Hast du mit Farben
und leichtem Umriß sie geziert — oder war *sie* es, die deinem

Schmuck höhere, liebere Bedeutung gab? Welche Wollust, welchen Genuß bietet dein Leben, die aufwögen des Todes Entzückungen? Trägt nicht alles, was uns begeistert, die Farbe der Nacht? Sie trägt dich mütterlich, und ihr verdankst du all deine Herrlichkeit. Du verflögst in dir selbst — in endlosen Raum zergingst du, wenn sie dich nicht hielte, dich nicht bände, daß du warm würdest und flammend die Welt zeugtest. Wahrlich, ich war, eh du warst — die Mutter schickte mit meinen Geschwistern mich, zu bewohnen deine Welt, sie zu heiligen mit Liebe, daß sie ein ewig angeschautes Denkmal werde — zu bepflanzen sie mit unverwelklichen Blumen. Noch reiften sie nicht diese göttlichen Gedanken. — Noch sind der Spuren unserer Offenbarung wenig. — Einst zeigt deine Uhr das Ende der Zeit, wenn du wirst wie unser einer, und voll Sehnsucht und Inbrunst auslöschest und stirbst. In mir fühl ich deiner Geschäftigkeit Ende — himmlische Freiheit, selige Rückkehr. In wilden Schmerzen erkenn ich deine Entfernung von unsrer Heimat, deinen Widerstand gegen den alten, herrlichen Himmel. Deine Wut und dein Toben ist vergebens. Unverbrennlich steht das Kreuz — eine Siegesfahne unsers Geschlechts.

Hinüber wall ich,
Und jede Pein
Wird einst ein Stachel
Der Wollust sein.
Noch wenig Zeiten,
So bin ich los,
Und liege trunken
Der Lieb im Schoß.
Unendliches Leben
Wogt mächtig in mir,
Ich schaue von oben
Herunter nach dir.
An jenem Hügel
Verlischt dein Glanz —

Ein Schatten bringet
Den kühlenden Kranz.
Oh! sauge, Geliebter,
Gewaltig mich an,
Daß ich entschlummern
Und lieben kann.
Ich fühle des Todes
Verjüngende Flut,
Zu Balsam und Äther
Verwandelt mein Blut —
Ich lebe bei Tage
Voll Glauben und Mut
Und sterbe die Nächte
In heiliger Glut.

5

Über der Menschen weitverbreitete Stämme herrschte vor
Zeiten ein eisernes Schicksal mit stummer Gewalt. Eine dunkle,
schwere Binde lag um ihre bange Seele. – Unendlich war die
Erde – der Götter Aufenthalt, und ihre Heimat. Seit Ewig-
keiten stand ihr geheimnisvoller Bau. Über des Morgens roten
Bergen, in des Meeres heiligem Schoß wohnte die Sonne, das
allzündende, lebendige Licht.

Ein alter Riese trug die selige Welt. Fest unter Bergen lagen
die Ursöhne der Mutter Erde. Ohnmächtig in ihrer zerstörenden
Wut gegen das neue herrliche Göttergeschlecht und dessen
Verwandten, die fröhlichen Menschen. Des Meers dunkle,
grüne Tiefe war einer Göttin Schoß. In den kristallenen Grotten
schwelgte ein üppiges Volk. Flüsse, Bäume, Blumen und Tiere
hatten menschlichen Sinn. Süßer schmeckte der Wein von sicht-
barer Jugendfülle geschenkt – ein Gott in den Trauben – eine
liebende, mütterliche Göttin, emporwachsend in vollen golde-
nen Garben – der Liebe heil'ger Rausch ein süßer Dienst der
schönsten Götterfrau – ein ewig buntes Fest der Himmelskin-
der und der Erdbewohner, rauschte das Leben, wie ein Früh-
ling, durch die Jahrhunderte hin. – Alle Geschlechter verehrten
kindlich die zarte, tausendfältige Flamme als das Höchste der
Welt. *Ein* Gedanke nur war es, *ein* entsetzliches Traumbild,

> Das furchtbar zu den frohen Tischen trat
> Und das Gemüt in wilde Schrecken hüllte.
> Hier wußten selbst die Götter keinen Rat,
> Der die beklommne Brust mit Trost erfüllte.
> Geheimnisvoll war dieses Unholds Pfad,
> Des Wut kein Flehn und keine Gabe stillte;
> Es war der Tod, der dieses Lustgelag
> Mit Angst und Schmerz und Tränen unterbrach.
>
> Auf ewig nun von allem abgeschieden,
> Was hier das Herz in süßer Wollust regt,

Getrennt von den Geliebten, die hienieden
Vergebne Sehnsucht, langes Weh bewegt,
Schien matter Traum dem Toten nur beschieden,
Ohnmächtiges Ringen nur ihm auferlegt.
Zerbrochen war die Woge des Genusses
Am Felsen des unendlichen Verdrusses.

Mit kühnem Geist und hoher Sinnenglut
Verschönte sich der Mensch die grause Larve,
Ein sanfter Jüngling löscht das Licht und ruht —
Sanft wird das Ende, wie ein Wehn der Harfe.
Erinnerung schmilzt in kühler Schattenflut,
So sang das Lied dem traurigen Bedarfe.
Doch unenträtselt blieb die ew'ge Nacht,
Das ernste Zeichen einer fernen Macht.

Zu Ende neigte die alte Welt sich. Des jungen Geschlechts
Lustgarten verwelkte — hinauf in den freieren, wüsten Raum
strebten die unkindlichen, wachsenden Menschen. Die Götter
verschwanden mit ihrem Gefolge. — Einsam und leblos stand
die Natur. Mit eiserner Kette band sie die dürre Zahl und
das strenge Maß. Wie in Staub und Lüfte zerfiel in dunkle
Worte die unermeßliche Blüte des Lebens. Entflohn war der
beschwörende Glauben und die allverwandelnde, allver-
schwisternde Himmelsgenossin, die Phantasie. Unfreundlich
blies ein kalter Nordwind über die erstarrte Flur, und die
erstarrte Wunderheimat verflog in den Äther. Des Himmels
Fernen füllten mit leuchtenden Welten sich. Ins tiefre Heilig-
tum, in des Gemüts höhern Raum zog mit ihren Mächten die
Seele der Welt — zu walten dort bis zum Anbruch der tagenden
Weltherrlichkeit. Nicht mehr war das Licht der Götter Auf-
enthalt und himmlisches Zeichen — den Schleier der Nacht
warfen sie über sich. Die Nacht ward der Offenbarungen
mächtiger Schoß — in ihn kehrten die Götter zurück —
schlummerten ein, um in neuen herrlichern Gestalten aus-
zugehn über die veränderte Welt. Im Volk, das vor allen ver-

achtet zu früh reif und der seligen Unschuld der Jugend trotzig
fremd geworden war, erschien mit niegesehenem Angesicht die
neue Welt — in der Armut dichterischer Hütte — ein Sohn der
ersten Jungfrau und Mutter — geheimnisvoller Umarmung
unendliche Frucht. Des Morgenlands ahndende, blütenreiche
Weisheit erkannte zuerst der neuen Zeit Beginn. — Zu des
Königs demütiger Wiege wies ihr ein Stern den Weg. In der
weiten Zukunft Namen huldigten sie ihm mit Glanz und Duft,
den höchsten Wundern der Natur. Einsam entfaltete das himm-
lische Herz sich zu einem Blütenkelch allmächt'ger Liebe — des
Vaters hohem Antlitz zugewandt und ruhend an dem ahn-
dungssel'gen Busen der lieblich ernsten Mutter. Mit vergöt-
ternder Inbrunst schaute das weissagende Auge des blühenden
Kindes auf die Tage der Zukunft, nach seinen Geliebten, den
Sprossen seines Götterstamms, unbekümmert über seiner Tage
irdisches Schicksal. Bald sammelten die kindlichsten Gemüter,
von inniger Liebe wundersam ergriffen, sich um ihn her. Wie
Blumen keimte ein neues fremdes Leben in seiner Nähe. Un-
erschöpfliche Worte und der Botschaften fröhlichste fielen wie
Funken eines göttlichen Geistes von seinen freundlichen Lip-
pen. Von ferner Küste, unter Hellas' heiterm Himmel geboren,
kam ein Sänger nach Palästina und ergab sein ganzes Herz dem
Wunderkinde:

> Der Jüngling bist du, der seit langer Zeit
> Auf unsern Gräbern steht in tiefen Sinnen;
> Ein tröstlich Zeichen in der Dunkelheit —
> Der höhern Menschheit freudiges Beginnen.
> Was uns gesenkt in tiefe Traurigkeit,
> Zieht uns mit süßer Sehnsucht nun von hinnen.
> Im Tode ward das ew'ge Leben kund,
> Du bist der Tod und machst uns erst gesund.

Der Sänger zog voll Freudigkeit nach Indostan — das Herz
von süßer Liebe trunken, und schüttete in feurigen Gesängen
es unter jenem milden Himmel aus, daß tausend Herzen sich

zu ihm neigten und die fröhliche Botschaft tausendzweigig emporwuchs. Bald nach des Sängers Abschied ward das köstliche Leben ein Opfer des menschlichen tiefen Verfalls. — Er starb in jungen Jahren, weggerissen von der geliebten Welt, von der weinenden Mutter und seinen zagenden Freunden. Der unsäglichen Leiden dunkeln Kelch leerte der liebliche Mund. — In entsetzlicher Angst nahte die Stunde der Geburt der neuen Welt. Hart rang er mit des alten Todes Schrecken. — Schwer lag der Druck der alten Welt auf ihm. Noch einmal sah er freundlich nach der Mutter — da kam der ewigen Liebe lösende Hand — und er entschlief. Nur wenig Tage hing ein tiefer Schleier über das brausende Meer, über das bebende Land — unzählige Tränen weinten die Geliebten. — Entsiegelt ward das Geheimnis — himmlische Geister hoben den uralten Stein vom dunkeln Grabe. Engel saßen bei dem Schlummernden — aus seinen Träumen zart gebildet. — Erwacht in neuer Götterherrlichkeit erstieg er die Höhe der neugebornen Welt — begrub mit eigner Hand der Alten Leichnam in die verlaßne Höhle und legte mit allmächtiger Hand den Stein, den keine Macht erhebt, darauf.

Noch weinen deine Lieben Tränen der Freude, Tränen der Rührung und des unendlichen Danks an deinem Grabe — sehn dich noch immer, freudig erschreckt, auferstehn — und sich mit dir; sehn dich weinen mit süßer Inbrunst an der Mutter seligem Busen, ernst mit den Freunden wandeln, Worte sagen, wie vom Baum des Lebens gebrochen; sehen dich eilen mit voller Sehnsucht in des Vaters Arm, bringend die junge Menschheit und der goldnen Zukunft unversieglichen Becher. Die Mutter eilte bald dir nach — in himmlischem Triumph. — Sie war die erste in der neuen Heimat bei dir. Lange Zeiten entflossen seitdem, und in immer höherm Glanze regte deine neue Schöpfung sich — und Tausende zogen aus Schmerzen und Qualen, voll Glauben und Sehnsucht und Treue dir nach — wallen mit dir und der himmlischen Jungfrau im Reiche der Liebe — dienen im Tempel des himmlischen Todes und sind in Ewigkeit dein.

Gehoben ist der Stein —
Die Menschheit ist erstanden —
Wir alle bleiben dein
Und fühlen keine Banden.
Der herbste Kummer fleucht
Vor deiner goldnen Schale,
Wenn Erd und Leben weicht
Im letzten Abendmahle.

Zur Hochzeit ruft der Tod —
Die Lampen brennen helle —
Die Jungfraun sind zur Stelle —
Um Öl ist keine Not —
Erklänge doch die Ferne
Von deinem Zuge schon,
Und ruften uns die Sterne
Mit Menschenzung' und Ton.

Nach dir, Maria, heben
Schon tausend Herzen sich.
In diesem Schattenleben
Verlangten sie nur dich.
Sie hoffen zu genesen
Mit ahndungsvoller Lust —
Drückst du sie, heil'ges Wesen,
An deine treue Brust.

So manche, die sich glühend
In bittrer Qual verzehrt
Und dieser Welt entfliehend
Nach dir sich hingekehrt;
Die hülfreich uns erschienen
In mancher Not und Pein —
Wir kommen nun zu ihnen,
Um ewig da zu sein.

Nun weint an keinem Grabe
Für Schmerz, wer liebend glaubt,
Der Liebe süße Habe
Wird keinem nicht geraubt —
Die Sehnsucht ihm zu lindern,
Begeistert ihn die Nacht —
Von treuen Himmelskindern
Wird ihm sein Herz bewacht.

Getrost, das Leben schreitet
Zum ew'gen Leben hin;
Von innrer Glut geweitet
Verklärt sich unser Sinn.
Die Sternwelt wird zerfließen
Zum goldnen Lebenswein,
Wir werden sie genießen
Und lichte Sterne sein.

Die Lieb ist frei gegeben,
Und keine Trennung mehr.
Es wogt das volle Leben
Wie ein unendlich Meer.
Nur *eine* Nacht der Wonne —
Ein ewiges Gedicht —
Und unser aller Sonne
Ist Gottes Angesicht.

6

SEHNSUCHT NACH DEM TODE

Hinunter in der Erde Schoß,
Weg aus des Lichtes Reichen,
Der Schmerzen Wut und wilder Stoß
Ist froher Abfahrt Zeichen.
Wir kommen in dem engen Kahn
Geschwind am Himmelsufer an.

Gelobt sei uns die ew'ge Nacht,
Gelobt der ew'ge Schlummer.
Wohl hat der Tag uns warm gemacht
Und welk der lange Kummer.
Die Lust der Fremde ging uns aus,
Zum Vater wollen wir nach Haus.

Was sollen wir auf dieser Welt
Mit unsrer Lieb und Treue.
Das Alte wird hintangestellt,
Was soll uns dann das Neue.
Oh! einsam steht und tiefbetrübt,
Wer heiß und fromm die Vorzeit liebt.

Die Vorzeit, wo die Sinne licht
In hohen Flammen brannten,
Des Vaters Hand und Angesicht
Die Menschen noch erkannten,
Und hohen Sinns, einfältiglich
Noch mancher seinem Urbild glich.

Die Vorzeit, wo noch blütenreich
Uralte Stämme prangten
Und Kinder für das Himmelreich
Nach Qual und Tod verlangten.
Und wenn auch Lust und Leben sprach,
Doch manches Herz für Liebe brach.

Die Vorzeit, wo in Jugendglut
Gott selbst sich kundgegeben
Und frühem Tod in Liebesmut
Geweiht sein süßes Leben.
Und Angst und Schmerz nicht von sich trieb,
Damit er uns nur teuer blieb.

Mit banger Sehnsucht sehn wir sie
In dunkle Nacht gehüllet,
In dieser Zeitlichkeit wird nie
Der heiße Durst gestillet.
Wir müssen nach der Heimat gehn,
Um diese heil'ge Zeit zu sehn.

Was hält noch unsre Rückkehr auf,
Die Liebsten ruhn schon lange.
Ihr Grab schließt unsern Lebenslauf,
Nun wird uns weh und bange.
Zu suchen haben wir nichts mehr —
Das Herz ist satt — die Welt ist leer.

Unendlich und geheimnisvoll
Durchströmt uns süßer Schauer —
Mir deucht, aus tiefen Fernen scholl
Ein Echo unsrer Trauer.
Die Lieben sehnen sich wohl auch
Und sandten uns der Sehnsucht Hauch.

Hinunter zu der süßen Braut,
Zu Jesus, dem Geliebten —
Getrost, die Abenddämmrung graut
Den Liebenden, Betrübten.
Ein Traum bricht unsre Banden los
Und senkt uns in des Vaters Schoß.

GEISTLICHE LIEDER

I

Was wär ich ohne dich gewesen?
Was würd ich ohne dich nicht sein?
Zu Furcht und Ängsten auserlesen,
Ständ ich in weiter Welt allein.
Nichts wüßt ich sicher, was ich liebte,
Die Zukunft wär ein dunkler Schlund;
Und wenn mein Herz sich tief betrübte,
Wem tät ich meine Sorge kund?

Einsam verzehrt von Lieb und Sehnen,
Erschien' mir nächtlich jeder Tag;
Ich folgte nur mit heißen Tränen
Dem wilden Lauf des Lebens nach.
Ich fände Unruh im Getümmel
Und hoffnungslosen Gram zu Haus.
Wer hielte ohne Freund im Himmel,
Wer hielte da auf Erden aus?

Hat Christus sich mir kundgegeben,
Und bin ich seiner erst gewiß,
Wie schnell verzehrt ein lichtes Leben
Die bodenlose Finsternis.
Mit ihm bin ich erst Mensch geworden;
Das Schicksal wird verklärt durch ihn,
Und Indien muß selbst im Norden
Um den Geliebten fröhlich blühn.

Das Leben wird zur Liebesstunde,
Die ganze Welt sprüht Lieb und Lust.
Ein heilend Kraut wächst jeder Wunde,
Und frei und voll klopft jede Brust.
Für alle seine tausend Gaben
Bleib ich sein demutvolles Kind,
Gewiß, ihn unter uns zu haben,
Wenn zwei auch nur versammelt sind.

Oh! geht hinaus auf allen Wegen,
Und holt die Irrenden herein,
Streckt jedem eure Hand entgegen,
Und ladet froh sie zu uns ein.
Der Himmel ist bei uns auf Erden,
Im Glauben schauen wir ihn an;
Die *eines* Glaubens mit uns werden,
Auch denen ist er aufgetan.

Ein alter, schwerer Wahn von Sünde
War fest an unser Herz gebannt;
Wir irrten in der Nacht wie Blinde,
Von Reu und Lust zugleich entbrannt.
Ein jedes Werk schien uns Verbrechen,
Der Mensch ein Götterfeind zu sein,
Und schien der Himmel uns zu sprechen,
So sprach er nur von Tod und Pein.

Das Herz, des Lebens reiche Quelle,
Ein böses Wesen wohnte drin;
Und ward's in unserm Geiste helle,
So war nur Unruh der Gewinn.
Ein eisern Band hielt an der Erde
Die bebenden Gefangnen fest;
Furcht vor des Todes Richterschwerte
Verschlang der Hoffnung Überrest.

Da kam ein Heiland, ein Befreier,
Ein Menschensohn, voll Lieb und Macht,
Und hat ein allbelebend Feuer
In unserm Innern angefacht.
Nun sahn wir erst den Himmel offen
Als unser altes Vaterland,
Wir konnten glauben nun und hoffen
Und fühlten uns mit Gott verwandt.

Seitdem verschwand bei uns die Sünde,
Und fröhlich wurde jeder Schritt;
Man gab zum schönsten Angebinde
Den Kindern diesen Glauben mit;
Durch ihn geheiligt zog das Leben
Vorüber, wie ein sel'ger Traum,
Und, ew'ger Lieb und Lust ergeben,
Bemerkte man den Abschied kaum.

Noch steht in wunderbarem Glanze
Der heilige Geliebte hier,
Gerührt von seinem Dornenkranze
Und seiner Treue weinen wir.
Ein jeder Mensch ist uns willkommen,
Der seine Hand mit uns ergreift
Und, in sein Herz mit aufgenommen,
Zur Frucht des Paradieses reift.

II

Fern in Osten wird es helle,
Graue Zeiten werden jung;
Aus der lichten Farbenquelle
Einen langen, tiefen Trunk!
Alter Sehnsucht heilige Gewährung,
Süße Lieb in göttlicher Verklärung.

Endlich kommt zur Erde nieder
Aller Himmel sel'ges Kind,
Schaffend im Gesang weht wieder
Um die Erde Lebenswind,
Weht zu neuen, ewig lichten Flammen
Längst verstiebte Funken hier zusammen.

Überall entspringt aus Grüften
Neues Leben, neues Blut,
Ew'gen Frieden uns zu stiften,
Taucht er in die Lebensflut;
Steht mit vollen Händen in der Mitte,
Liebevoll gewärtig jeder Bitte.

Lasse seine milden Blicke
Tief in deine Seele gehn,
Und von seinem ew'gen Glücke
Sollst du dich ergriffen sehn.
Alle Herzen, Geister und die Sinnen
Werden einen neuen Tanz beginnen.

Greife dreist nach seinen Händen,
Präge dir sein Antlitz ein,
Mußt dich immer nach ihm wenden,
Blüte nach dem Sonnenschein;
Wirst du nur das ganze Herz ihm zeigen,
Bleibt er wie ein treues Weib dir eigen.

Unser ist sie nun geworden,
Gottheit, die uns oft erschreckt,
Hat im Süden und im Norden
Himmelskeime rasch geweckt,
Und so laßt im vollen Gottesgarten
Treu uns jede Knosp und Blüte warten.

III

Wer einsam sitzt in seiner Kammer
Und schwere, bittre Tränen weint,
Wem nur gefärbt von Not und Jammer
Die Nachbarschaft umher erscheint;

Wer in das Bild vergangner Zeiten
Wie tief in einen Abgrund sieht,
In welchen ihn von allen Seiten
Ein süßes Weh hinunterzieht —

Es ist, als lägen Wunderschätze
Da unten für ihn aufgehäuft,
Nach deren Schloß in wilder Hetze
Mit atemloser Brust er greift.

Die Zukunft liegt in öder Dürre
Entsetzlich lang und bang vor ihm —
Er schweift umher, allein und irre,
Und sucht sich selbst mit Ungestüm.

Ich fall ihm weinend in die Arme:
Auch mir war einst, wie dir, zumut,
Doch ich genas von meinem Harme
Und weiß nun, wo man ewig ruht.

Dich muß wie mich ein Wesen trösten,
Das innig liebte, litt und starb;
Das selbst für die, die ihm am wehsten
Getan, mit tausend Freuden starb.

Er starb, und dennoch alle Tage
Vernimmst du seine Lieb und ihn
Und kannst getrost in jeder Lage
Ihn zärtlich in die Arme ziehn.

Mit ihm kommt neues Blut und Leben
In dein erstorbenes Gebein —
Und wenn du ihm dein Herz gegeben,
So ist auch seines ewig dein.

Was du verlorst, hat er gefunden;
Du triffst bei ihm, was du geliebt;
Und ewig bleibt mit dir verbunden,
Was seine Hand dir wiedergibt.

IV

Unter tausend frohen Stunden,
So im Leben ich gefunden,
Blieb nur eine mir getreu;
Eine, wo in tausend Schmerzen
Ich erfuhr in meinem Herzen,
Wer für uns gestorben sei.

Meine Welt war mir zerbrochen,
Wie von einem Wurm gestochen
Welkte Herz und Blüte mir;
Meines Lebens ganze Habe,
Jeder Wunsch lag mir im Grabe,
Und zur Qual war ich noch hier.

Da ich so im stillen krankte,
Ewig weint und wegverlangte
Und nur blieb vor Angst und Wahn:
Ward mir plötzlich wie von oben
Weg des Grabes Stein gehoben
Und mein Innres aufgetan.

Wen ich sah, und wen an seiner
Hand erblickte, frage keiner,
Ewig werd ich dies nur sehn;

Und von allen Lebensstunden
Wird nur die, wie meine Wunden,
Ewig heiter, offen stehn.

V

Wenn ich ihn nur habe,
Wenn er mein nur ist,
Wenn mein Herz bis hin zum Grabe
Seine Treue nie vergißt:
Weiß ich nichts von Leide,
Fühle nichts als Andacht, Lieb und Freude.

Wenn ich ihn nur habe,
Laß ich alles gern,
Folg an meinem Wanderstabe
Treugesinnt nur meinem Herrn;
Lasse still die andern
Breite, lichte, volle Straßen wandern.

Wenn ich ihn nur habe,
Schlaf ich fröhlich ein,
Ewig wird zu süßer Labe
Seines Herzens Flut mir sein,
Die mit sanftem Zwingen
Alles wird erweichen und durchdringen.

Wenn ich ihn nur habe,
Hab ich auch die Welt;
Selig wie ein Himmelsknabe,
Der der Jungfrau Schleier hält.
Hingesenkt im Schauen
Kann mir vor dem Irdischen nicht grauen.

˙Wo ich ihn nur habe,
Ist mein Vaterland;

Und es fällt mir jede Gabe
Wie ein Erbteil in die Hand;
Längst vermißte Brüder
Find ich nun in seinen Jüngern wieder.

VI

Wenn alle untreu werden,
So bleib ich dir doch treu;
Daß Dankbarkeit auf Erden
Nicht ausgestorben sei.
Für mich umfing dich Leiden,
Vergingst für mich in Schmerz;
Drum geb ich dir mit Freuden
Auf ewig dieses Herz.

Oft muß ich bitter weinen,
Daß du gestorben bist
Und mancher von den Deinen
Dich lebenslang vergißt.
Von Liebe nur durchdrungen
Hast du so viel getan,
Und doch bist du verklungen,
Und keiner denkt daran.

Du stehst voll treuer Liebe
Noch immer jedem bei,
Und wenn dir keiner bliebe,
So bleibst du dennoch treu;
Die treuste Liebe sieget,
Am Ende fühlt man sie,
Weint bitterlich und schmieget
Sich kindlich an dein Knie.

Ich habe dich empfunden,
Oh! lasse nicht von mir;

Laß innig mich verbunden
Auf ewig sein mit dir.
Einst schauen meine Brüder
Auch wieder himmelwärts,
Und sinken liebend nieder,
Und fallen dir ans Herz.

VII

HYMNE

Wenige wissen
Das Geheimnis der Liebe,
Fühlen Unersättlichkeit
Und ewigen Durst.
Des Abendmahls
Göttliche Bedeutung
Ist den irdischen Sinnen Rätsel;
Aber wer jemals
Von heißen, geliebten Lippen
Atem des Lebens sog,
Wem heilige Glut
In zitternde Wellen das Herz schmolz,
Wem das Auge aufging,
Daß er des Himmels
Unergründliche Tiefe maß,
Wird essen von seinem Leibe
Und trinken von seinem Blute
Ewiglich.

Wer hat des irdischen Leibes
Hohen Sinn erraten?
Wer kann sagen,
Daß er das Blut versteht?
Einst ist alles Leib,
Ein Leib,

In himmlischem Blute
Schwimmt das selige Paar.

Oh! daß das Weltmeer
Schon errötete,
Und in duftiges Fleisch
Aufquölle der Fels!
Nie endet das süße Mahl,
Nie sättigt die Liebe sich.
Nicht innig, nicht eigen genug
Kann sie haben den Geliebten.
Von immer zärteren Lippen
Verwandelt wird das Genossene
Inniglicher und näher.
Heißere Wollust
Durchbebt die Seele.
Durstiger und hungriger
Wird das Herz:
Und so währet der Liebe Genuß
Von Ewigkeit zu Ewigkeit.
Hätten die Nüchternen
Einmal gekostet,
Alles verließen sie,
Und setzten sich zu uns
An den Tisch der Sehnsucht,
Der nie leer wird.
Sie erkennten der Liebe
Unendliche Fülle,
Und priesen die Nahrung
Von Leib und Blut.

VIII

Weinen muß ich, immer weinen:
Möcht er einmal nur erscheinen,
Einmal nur von ferne mir.

Heil'ge Wehmut! ewig währen
Meine Schmerzen, meine Zähren;
Gleich erstarren möcht ich hier.

Ewig seh ich ihn nur leiden,
Ewig bittend ihn verscheiden.
Oh! daß dieses Herz nicht bricht,
Meine Augen sich nicht schließen.
Ganz in Tränen zu zerfließen,
Dieses Glück verdient ich nicht.

Weint denn keiner nicht von allen?
Soll sein Name so verhallen?
Ist die Welt auf einmal tot?
Werd ich nie aus seinen Augen
Wieder Lieb und Leben saugen?
Ist er nun auf ewig tot?

Tot — was kann, was soll das heißen?
Oh! so sagt mir doch, ihr Weisen,
Sagt mir diese Deutung an.
Er ist stumm, und alle schweigen,
Keiner kann auf Erden zeigen,
Wo mein Herz ihn finden kann.

Nirgend kann ich hier auf Erden
Jemals wieder glücklich werden,
Alles ist ein düstrer Traum.
Ich bin auch mit ihm verschieden,
Läg ich doch mit ihm in Frieden
Schon im unterird'schen Raum.

Du, sein Vater und der meine,
Sammle du doch mein Gebeine
Zu dem seinigen nur bald.
Grün wird bald sein Hügel stehen

Und der Wind darüber wehen
Und verwesen die Gestalt.

Wenn sie seine Liebe wüßten,
Alle Menschen würden Christen,
Ließen alles andre stehn;
Liebten alle nur den *einen*,
Würden alle mit mir weinen
Und in bitterm Weh vergehn.

IX

Ich sag es jedem, daß er lebt
Und auferstanden ist,
Daß er in unsrer Mitte schwebt
Und ewig bei uns ist.

Ich sag es jedem, jeder sagt
Es seinen Freunden gleich,
Daß bald an allen Orten tagt
Das neue Himmelreich.

Jetzt scheint die Welt dem neuen Sinn
Erst wie ein Vaterland;
Ein neues Leben nimmt man hin
Entzückt aus seiner Hand.

Hinunter in das tiefe Meer
Versank des Todes Graun,
Und jeder kann nun leicht und hehr
In seine Zukunft schaun.

Der dunkle Weg, den er betrat,
Geht in den Himmel aus,
Und wer nur hört auf seinen Rat,
Kommt auch in Vaters Haus.

Nun weint auch keiner mehr allhie,
Wenn eins die Augen schließt,
Vom Wiedersehn, spät oder früh,
Wird dieser Schmerz versüßt.

Es kann zu jeder guten Tat
Ein jeder frischer glühn.
Denn herrlich wird ihm diese Saat
In schönern Fluren blühn.

Er lebt, und wird nun bei uns sein,
Wenn alles uns verläßt!
Und so soll dieser Tag uns sein
Ein Weltverjüngungsfest.

X

Es gibt so bange Zeiten,
Es gibt so trüben Mut,
Wo alles sich von weiten
Gespenstisch zeigen tut.

Es schleichen wilde Schrecken
So ängstlich leise her,
Und tiefe Nächte decken
Die Seele zentnerschwer.

Die sichern Stützen schwanken,
Kein Halt der Zuversicht;
Der Wirbel der Gedanken
Gehorcht dem Willen nicht.

Der Wahnsinn naht und locket
Unwiderstehlich hin.
Der Puls des Lebens stocket,
Und stumpf ist jeder Sinn.

Wer hat das Kreuz erhoben
Zum Schutz für jedes Herz?
Wer wohnt im Himmel droben
Und hilft in Angst und Schmerz?

Geh zu dem Wunderstamme,
Gib stiller Sehnsucht Raum,
Aus ihm geht eine Flamme
Und zehrt den schweren Traum.

Ein Engel zieht dich wieder
Gerettet auf den Strand,
Und schaust voll Freuden nieder
In das gelobte Land.

XI

Ich weiß nicht, was ich suchen könnte,
Wär jenes liebe Wesen mein,
Wenn er mich seine Freude nennte
Und bei mir wär, als wär ich sein.

So viele gehn umher und suchen
Mit wild verzerrtem Angesicht,
Sie heißen immer sich die Klugen
Und kennen diesen Schatz doch nicht.

Der eine denkt, er hat's ergriffen,
Und was er hat, ist nichts als Gold;
Der will die ganze Welt umschiffen,
Nichts als ein Name wird sein Sold.

Der läuft nach einem Siegerkranze
Und der nach einem Lorbeerzweig,
Und so wird von verschiednem Glanze
Getäuscht ein jeder, keiner reich.

Hat er sich euch nicht kundgegeben?
Vergaßt ihr, wer für euch erblich?
Wer uns zulieb aus diesem Leben
In bittrer Qual verachtet wich?

Habt ihr von ihm denn nichts gelesen,
Kein armes Wort von ihm gehört?
Wie himmlisch gut er uns gewesen,
Und welches Gut er uns beschert?

Wie er vom Himmel hergekommen,
Der schönsten Mutter hohes Kind?
Welch Wort die Welt von ihm vernommen,
Wie viel durch ihn genesen sind?

Wie er von Liebe nur beweget
Sich ganz uns hingegeben hat,
Und in die Erde sich geleget
Zum Grundstein einer Gottesstadt?

Kann diese Botschaft euch nicht rühren,
Ist so ein Mensch euch nicht genug,
Und öffnet ihr nicht eure Türen
Dem, der den Abgrund zu euch schlug?

Laßt ihr nicht alles willig fahren,
Tut gern auf jeden Wunsch Verzicht,
Wollt euer Herz nur ihm bewahren,
Wenn er euch seine Huld verspricht?

Nimm du mich hin, du Held der Liebe!
Du bist mein Leben, meine Welt,
Wenn nichts vom Irdischen mir bliebe,
So weiß ich, wer mich schadlos hält.

Du gibst mir meine Lieben wieder,
Du bleibst in Ewigkeit mir treu,
Anbetend sinkt der Himmel nieder,
Und dennoch wohnest du mir bei.

XII

Wo bleibst du, Trost der ganzen Welt?
Herberg ist dir schon längst bestellt.
Verlangend sieht ein jedes dich,
Und öffnet deinem Segen sich.

Geuß, Vater, ihn gewaltig aus,
Gib ihn aus deinem Arm heraus:
Nur Unschuld, Lieb und süße Scham
Hielt ihn, daß er nicht längst schon kam.

Treib ihn von dir in unsern Arm,
Daß er von deinem Hauch noch warm;
In schweren Wolken sammle ihn
Und laß ihn so herniederziehn.

In kühlen Strömen send ihn her,
In Feuerflammen lodre er,
In Luft und Öl, in Klang und Tau
Durchdring er unsrer Erde Bau.

So wird der heil'ge Kampf gekämpft,
So wird der Hölle Grimm gedämpft,
Und ewig blühend geht allhier
Das alte Paradies herfür.

Die Erde regt sich, grünt und lebt,
Des Geistes voll ein jedes strebt
Den Heiland lieblich zu empfahn,
Und beut die vollen Brüst ihm an.

Der Winter weicht, ein neues Jahr
Steht an der Krippe Hochaltar.
Es ist das erste Jahr der Welt,
Die sich dies Kind erst selbst bestellt.

Die Augen sehn den Heiland wohl,
Und doch sind sie des Heilands voll,
Von Blumen wird sein Haupt geschmückt,
Aus denen er selbst holdselig blickt.

Er ist der Stern, er ist die Sonn,
Er ist des ew'gen Lebens Bronn,
Aus Kraut und Stein und Meer und Licht
Schimmert sein kindlich Angesicht.

In allen Dingen sein kindlich Tun.
Seine heiße Liebe wird nimmer ruhn,
Er schmiegt sich seiner unbewußt
Unendlich fest an jede Brust.

Ein Gott für uns, ein Kind für sich,
Liebt er uns all herzinniglich,
Wird unsre Speis und unser Trank,
Treusinn ist ihm der liebste Dank.

Das Elend wächst je mehr und mehr,
Ein düstrer Gram bedrückt uns sehr,
Laß, Vater, den Geliebten gehn,
Mit uns wirst du ihn wiedersehn.

XIII

Wenn in bangen, trüben Stunden
Unser Herz beinah verzagt,
Wenn, von Krankheit überwunden,
Angst in unserm Innern nagt;

Wir der Treugeliebten denken,
Wie sie Gram und Kummer drückt,
Wolken unsern Blick beschränken,
Die kein Hoffnungsstrahl durchblickt:

Oh! dann neigt sich Gott herüber,
Seine Liebe kommt uns nah,
Sehnen wir uns dann hinüber,
Steht sein Engel vor uns da,
Bringt den Kelch des frischen Lebens,
Lispelt Mut und Trost uns zu;
Und wir beten nicht vergebens
Auch für die Geliebten Ruh.

XIV

Wer einmal, Mutter, dich erblickt,
Wird vom Verderben nie bestrickt,
Trennung von dir muß ihn betrüben,
Ewig wird er dich brünstig lieben,
Und deiner Huld Erinnerung
Bleibt fortan seines Geistes höchster Schwung.

Ich mein es herzlich gut mit dir.
Was mir gebricht, siehst du in mir.
Laß, süße Mutter, dich erweichen,
Einmal gib mir ein frohes Zeichen.
Mein ganzes Dasein ruht in dir,
Nur einen Augenblick sei du bei mir.

Oft, wenn ich träumte, sah ich dich
So schön, so herzensinniglich,
Der kleine Gott auf deinen Armen
Wollt des Gespielen sich erbarmen;
Du aber hobst den hehren Blick
Und gingst in tiefe Wolkenpracht zurück.

Was hab ich Armer dir getan?
Noch bet ich dich voll Sehnsucht an,
Sind deine heiligen Kapellen
Nicht meines Lebens Ruhestellen?
Gebenedeite Königin,
Nimm dieses Herz mit diesem Leben hin.

Du weißt, geliebte Königin,
Wie ich so ganz dein eigen bin.
Hab ich nicht schon seit langen Jahren
Im stillen deine Huld erfahren?
Als ich kaum meiner noch bewußt,
Sog ich schon Milch aus deiner sel'gen Brust.

Unzähligmal standst du bei mir,
Mit Kindeslust sah ich nach dir,
Dein Kindlein gab mir seine Hände,
Daß es dereinst mich wieder fände;
Du lächeltest voll Zärtlichkeit
Und küßtest mich, o himmelsüße Zeit!

Fern steht nun diese sel'ge Welt,
Gram hat sich längst zu mir gesellt,
Betrübt bin ich umhergegangen,
Hab ich mich denn so schwer vergangen?
Kindlich berühr ich deinen Saum,
Erwecke mich aus diesem schweren Traum.

Darf nur ein Kind dein Antlitz schaun
Und deinem Beistand fest vertraun,
So löse doch des Alters Binde
Und mache mich zu deinem Kinde:
Die Kindeslieb und Kindestreu
Wohnt mir von jener goldnen Zeit noch bei.

XV

Ich sehe dich in tausend Bildern,
Maria, lieblich ausgedrückt,
Doch keins von allen kann dich schildern,
Wie meine Seele dich erblickt.

Ich weiß nur, daß der Welt Getümmel
Seitdem mir wie ein Traum verweht,
Und ein unnennbar süßer Himmel
Mir ewig im Gemüte steht.

VERMISCHTE GEDICHTE

WALZER

Hinunter die Pfade des Lebens gedreht,
 Pausiert nicht, ich bitt euch, solang es noch geht;
Drückt fester die Mädchen ans klopfende Herz,
 Ihr wißt ja, wie flüchtig ist Jugend und Scherz.

Laßt fern von uns Zanken und Eifersucht sein
 Und nimmer die Stunden mit Grillen entweihn.
Dem Schutzgeist der Liebe nur gläubig vertraut,
 Es findet noch jeder gewiß eine Braut.

AN ADOLF SELMNITZ

Was paßt, das muß sich rȕnden,
Was sich versteht, sich finden,
Was gut ist, sich verbinden,
Was liebt, zusammensein.
Was hindert, muß entweichen,
Was krumm ist, muß sich gleichen,
Was fern ist, sich erreichen,
Was keimt, das muß gedeihn.

Gib traulich mir die Hände,
Sei Bruder mir und wende
Den Blick vor deinem Ende
Nicht wieder weg von mir.

Ein Tempel — wo wir knien,
Ein Ort — wohin wir ziehen,
Ein Glück — für das wir glühen,
Ein Himmel — mir und dir.

ANFANG

Es kann kein Rausch sein — oder ich wäre nicht
Für diesen Stern geboren — nur so von ohngefähr
 In dieser tollen Welt zu nah an
Seinen magnetischen Kreis gekommen.

Ein Rausch wär wirklich *sittlicher Grazie*
Vollendetes Bewußtsein? — Glauben an Menschheit wär
 Nur Spielwerk einer frohen Stunde — ?
Wäre dies Rausch, was ist dann das Leben?

Soll ich getrennt sein ewig? — ist Vorgefühl
Der künftigen Vereinigung, dessen, was
 Wir hier für unser schon erkannten,
Aber nicht ganz noch besitzen konnten —

Ist dies auch Rausch? so bliebe der Nüchternheit,
Der Wahrheit nur die Masse, der Ton und das
 Gefühl der Leere, des Verlustes
Und der vernichtigenden Entsagung.

Womit wird denn belohnt für die Anstrengung
Zu leben wider Willen, Feind von sich selbst zu sein
 Und tief sich in den Staub getreten
Lächelnd zu sehn — und Bestimmung meinen?

Was führt den Weisen denn durch des Lebens Tal
Als Fackel zu dem höheren Sein hinauf —
 Soll er nur hier geduldig bauen,
Nieder sich legen und ewig tot sein?

Du bist nicht Rausch — du Stimme des Genius,
Du Anschaun dessen, was uns unsterblich macht,
 Und du Bewußtsein jenes Wertes,
Der nur erst einzeln allhier erkannt wird.

Einst wird die Menschheit sein, was Sophie mir
Jetzt ist — vollendet — sittliche Grazie —
 Dann wird ihr *höheres Bewußtsein*
Nicht mehr verwechselt mit Dunst des Weines.

AM SONNABEND ABEND

Bin ich noch der, der gestern morgen
Dem Gott des Leichtsinns Hymnen sang
Und über allen Ernst und Sorgen
Der Freude leichte Geißel schwang —
Der jeder Einladung entgegen,
Das Herz in beiden Händen, flog
Und wie ein junges Blut verwegen
Auf jedes Abenteuer zog.

Der mit den Kinderschuhen lange
Der Liebe Kartenhaus verließ
Und, wie das Glück, in seinem Gange
An Reiche wie an Karten stieß,
Im Kampf der neuen Elemente
Im Geist schon Sieger sang: ça va,
Und schon die Schöpfung im Konvente
Und Gott als Präsidenten sah.

Der schlauer noch als ein Berliner
In Mädchen Jesuiten spürt
Und Vater Adams Gattin kühner
Als wahren Stifter denunziert.
In dessen Stube längst vergessen

Das Bild des Aberglaubens hing
Und der zum Spott nur in die Messen
Von den elftausend Jungfern ging.

Derselbe kann's nicht sein, der heute
Beklemmt weit auf die Weste knöpft
Und schweigend an der Morgenseite
So emsig Luft von dorther schöpft.
Den vierzehn Jahre so entzücken
(Bald sind die sieben Wochen voll)
Und der in jeden Augenblicken
Was anders will, was anders soll.

Ist das der Mann, der sieben Weisen
Im Umsehn in die Tasche steckt,
Den schon die kürzeste der Reisen
So wundersam im Schlafe weckt;
Und der noch kaum die stolzen Träume
Der Weisheit lahm fortschleichen sieht,
Als aus dem hoffnungsvollsten Keime
Für ihn ein Rosenstock schon blüht.

Oh! immer fort der Mann von gestern,
Was kümmert seine Flucht denn mich —
Die guten Stunden haben Schwestern,
Und Schwestern — die gesellen sich.
Damit sie immer sich erkennen
Und immer froh beisammen sein,
Will ich ein Wort zur Lösung nennen —
Sophie soll die Losung sein.

AN KAROLINEN,

als ich ihr den „Sonnabend Abend" gab

Darf ich mit der Zeugin meiner Schwächen
Frei und ungefährdet sie besprechen,
Ihrer Teilnehmung gewärtig sein?
Darf ich holden, süßen Worten trauen
Und gewiß auf meinen Glauben bauen?
Wird mich diese Beichte nie gereun?

Gern gesteh ich's — oft ward ich betrogen,
Wenn, von Schmeichelworten angezogen,
Mir der größte Wurf gelungen schien;
Und mir dann, vom Star gelöst, am Ende
Mühsam nur gelang, in meine Hände
Das verspielte Herz zurückzuziehn.

Doch es soll nie meine Hoffnung welken —
Leichter wird der Himmel sich entwölken
Einer Stirn, die nicht versiegelt ist.
Zuversicht besticht des Schicksals Launen —
Und im Zuge deiner Augenbraunen
Les ich eher klugen Rat als List.

M. UND S.

Glücklich vereinigte sie die Hand der bildenden Mutter:
 Was man bei einer empfand, sagt man der andern so gern.

Siehst du sie beide, so siehst du das Rätsel neben der Lösung.
 Einzeln ist jede für sich Rätsel und Lösung zugleich.

Sähst du die liebliche Mutter wohl gern als knospendes
 Mädchen?
Oder das Knöspchen erblüht? — Schaue die Lieblichen hier.

ZU SOPHIENS GEBURTSTAG

Wer ein holdes Weib errungen,
Stimme seinen Jubel ein.
Mir ist dieser Wurf gelungen,
Töne Jubel — die ist mein.
So hat nie das Herz geschlagen,
Nie so hoch und nie so gut.
Künftig neigt vor meinen Tagen
Selbst der Glücklichste den Hut.

Fest umschlingt den Bund der Herzen
Nun der Ring der Ewigkeit,
Und es bricht der Stab der Schmerzen
Am Altar der Einigkeit.
Oh! im Himmel ist geschlossen
Unsrer Herzen süßer Bund.
Ist ein beßrer Spruch entflossen
Je des Schicksals weisem Mund?

Dir gehört nun, was ich habe,
Was ich denke, fühle, bin,
Und du nimmst nun jede Gabe
Meines Schicksals für dich hin.
Was ich sucht, hab ich gefunden,
Was ich fand, das fand auch mich,
Und die Geißel meiner Stunden,
Zweifelsucht und Leichtsinn, wich.

Nimmer soll mein Mund dich loben,
Weil mein Herz zu warm dich ehrt.
Tief im Busen aufgehoben
Wohne heimlich mir dein Wert.
Nie im Guten lässig weile,
Dieses Lob nimm dir dann hin:
Wenn ich wunde Herzen heile,
Jede Stunde besser bin.

Liebes Mädchen, deiner Liebe
Dank ich Achtung noch und Wert,
Wenn sich unsre Erdenliebe
Schon in Himmelslust verklärt.
Ohne dich wär ich noch lange
Rastlos auf und ab geschwankt
Und auf meinem Lebensgange
Oft am Überdruß erkrankt.

Wenn nur unsre Mutter wieder
Frisch und ledig bei uns steht
Und im Kreise unsrer Brüder
Stolz die Friedensfahne weht.
Wenn dann noch ein Süßer, Trauter
Unsre Lolly fest umschlang —
Oh! dann tönt noch zehnfach lauter
Unsres Jubels Hochgesang.

Wenig still durchhoffte Jahre
Leiten unverwandt zum Ziel,
Wo am glücklichen Altare
Endet unsrer Wünsche Spiel,
Uns, auf ewig eins, verschwinden,
Wölkchen gleich, des Lebens Mühn,
Und um unsre Herzen winden
Kränze sich von Immergrün.

LIED BEIM PUNSCH

Am Abend der Trennung

Sind nicht die Augenblicke
Begeisterten Gefühls
Wert unsers wärmsten Dankes
Und würdig unsers Ziels?
Da steht im frohen Zirkel
Der Menschheit Genius

Und gießt aus voller Schale
Den edelsten Genuß.

Dem Greis entglimmt in ihnen
Der alten Jugend Glut.
Hier schöpft der Mann zu Taten
Begeisterung und Mut.
Hoch klopft des Jünglings Busen,
Gerührt wird jedes Herz,
Und jedes drückt voll Liebe
Geschwister nur ans Herz.

Nur solche Feste schmücken
Des Lebens rauhen Pfad;
Nur Herzensfülle hemmet
Des Glückes leichtes Rad.
Wo Freudentränen glänzen,
Wo Herz zu Herzen spricht,
Mitfühlend jedes fühlet,
Nur da entrollt es nicht.

Oh! himmlisch tönt in Liedern
Erinnerung an sie
Und weckt nach langen Jahren
Der Nachwelt Sympathie.
Wir freun uns aller Spuren
Der alten Fröhlichkeit.
Einst freun sich unsre Enkel
Noch unsrer frohen Zeit.

Drum laßt an diesem Abend,
Der noch vereint uns sieht,
Da uns so bald nicht wieder
Ein solches Stündchen blüht,
Uns jedem unsrer Lieben
Ein Rosenblättchen streun
Und unsern Herzenswünschen
Solenn dies Lied itzt weihn.

Dem Vater und der Mutter,
Die nichts als Kinder sehn,
Mag bis zum Rand des Lebens
Das Freudenfähnchen wehn.
Und wenn wir leise Wünsche
In Minchens Herz verstehn —
So soll sie Luft der Freiheit
Am eignen Herd umwehn.

Nur Dauer ihres Glückes
Dem liebenswerten Paar;
Bringt unserm Fritz und Fritzchen
Dies Glas zum Wunsche dar.
Lili beweise baldigst
Ihr Haushaltungsgenie,
Indes wir alle singen:
Zieh, lieber Schimmel, zieh.

Leicht falle dein Pantoffel
Bald, Söphchen, auf den Mann,
Der in des Lebens Lotto
Dies Quintchen sich gewann.
Einst geht noch unsre Danscour
Als Sansjupon in Klub.
Und Hannchens Kränzchen hole
Baldmöglichst Beelzebub.

Was Gast ist, soll mitleben!
Es schließe fest sich an
Und wandle mit uns ewig
Und bleib uns zugetan.
Dem Bruder dort am Rheine,
Den Lieben nah und weit
Sei dieses Glas als Zeichen
Von jedem Wunsch geweiht.

Zum Tempel wird die Stube.
Der Punschtisch zum Altar.
Es bringt der Geist der Liebe
Jetzt seine Opfer dar.
Senkt euren Blick die Stufen
Des Tempels nun hinab
Und haltet fest die Stimmung,
Die dieser Blick euch gab.

Ihr schaut in einen Wirbel
Von Menschenschicksal hin
Und forscht und fragt vergebens
Nach dieses Rätsels Sinn.
Einst wird es leicht sich lösen;
Längst ist der Schlüssel da;
Denn war nicht Lieb und Einfalt
Den Menschen immer nah?

Auch ihr könnt freudig walten
Für diesen Zeitbeginn.
Wirkt der Natur entgegen
Und wirkt mit *einem* Sinn.
Ist jeder gut und tätig
Für Menschenrecht und Wohl,
Und ist auf seiner Stelle
Ein jedes, was es soll,

So wird in süßer Reife
Die Menschheit, himmlisch schön,
Erwacht von langem Schlummer,
In beßre Zonen gehn.
Belohnt wird, wessen Taten
In ihrem Herzen glühn —
Doch wer sah je den Garten,
Wo dann die Kränze blühn?

ANTWORT AN KAROLINEN

Den Trost, den ich für mich, oft hoffnungslos, entbehre,
Wenn meine Seele matt im Grübeln sich verliert,
Und sie aus dieser engen Sphäre
Ein guter Engel nicht entführt;
Oh! diesen Trost in andern zu beseelen
Ward nicht umsonst mir zum Ersatz verliehn —
Für andre glaub ich viel, für andre kann ich wählen
Und neue Saiten auf in fremden Busen ziehn.

Verzweifle nicht an dem, wozu in deinem Herzen
Längst jeder Ton zum andern widerklang —
Du bist bestimmt zu Freuden und zu Schmerzen,
Die der nicht fühlt, dem zum Empfang
Kein beßrer Genius das Lied der Weihe sang.
Ausharrende Geduld — ward diese dir beschieden —
So sage zum voraus dem Schicksal warmen Dank.
Der lange Kampf beschließt — und golden naht der Frieden.

Des Schicksals Lieblinge erzieht es lang und rauh.
Oft bricht das schwache Herz — noch glücklich, wenn die
 Stunde,
Die seine letzte heißt — mit süßem Trost im Munde
Den Angstschweiß wandelt um in süßen Lebenstau —
Doch wer sie übersteht, der Prüfungen Gefahren,
Wem nie die Zuversicht im bängsten Sturm entfiel —
Erreicht den sauren Preis von stilldurchhofften Jahren
Und sinkt umarmend hin ans Ziel.

Wir haben uns aus Tausenden gefunden —
Wir wandeln *einen* Weg — *ein* Stern ist's, der uns führt —
Erkennst du nicht den Wink — *ich* habe ausgespürt,
Was mein wird — *dir* sind noch die Augen zugebunden.
Auch ich seh *ihn* noch nicht — Geduld! — die Binde fällt —
Indes versöhne dich die Freundschaft mit der Welt —

Geduldige dein Herz — zu desto tieferm Zuge
Naht dir die Liebe dann mit ihrem Nektarkruge.

Einst, laß mir diesen Blick — wenn nicht Entsagung mehr
Und bange Hoffnungen in unserm Herzen wohnen;
Wenn Lieb und Schicksal uns für manches Opfer lohnen
Und hinter uns nun rauscht der Jugend wildes Meer;
Einst, wenn zum vollen Tisch, am Mittag ihres Lebens,
Vereint ein *Doppelpaar* von *Glücklichen* sich setzt —
Dann denken wir zurück den Vormittag — an *jetzt* —
„Wer hätte das geträumt? — Nie seufzt das Herz vergebens!"

[IM GRÜNINGER KIRCHENBUCH]

Verblühe denn, du süße Frühlingsblume!
Gott pflanzte dich ins beßre Leben ein.
In seiner ew'gen Liebe Heiligtume,
Da wirst du ungetrübt uns Himmelswonne sein!

GEDICHT
Zum 29. April [1797],
dem Tage des Gartenkaufs

In diesem Säkulo im Jahre siebenneunzig
Starb hier ein Advokat, in seiner Race einzig,
In Praxi wohlgeübt, ein Phönix seltner Art,
In welchem Redlichkeit mit Klugheit sich gepaart.
Der Witwe hinterließ er nicht das Geld bei Haufen,
Drum suchte sie sogleich den Garten zu verkaufen,
Mit Bäumen gut besetzt und einen Acker groß,
Verwahrt mit roter Tür und einem großen Schloß.
Die Frau Kreisamtmannin ersuchte den Kreisamtmann,
Den Garten zu erstehn. — Sie sprach so sanft: „Verdammt,
 Mann!

Ein jedes hat allhier so einen Gartenfleck,
Und wir — was haben wir? — wir haben einen —
Es ist nicht auszustehn, wo soll ich Kaffee trinken?
Und muß die Stube nicht mir an im Sommer stinken?"
Der Ehherr rief den Schmidt aus Konfraternität,
Gab ihm den Auftrag und des Preises Quantität.
Der Auktionstermin ließ immer auf sich warten,
Indes wir, voll Reform, auf die Entscheidung harrten.
Der Garten ward besehn, bewundert und gelobt
Und dann voll Ungeduld nach Weiberart getobt.
Den neunundzwanzigsten April vergeß ich nimmer.
Apollo reiche mir zuvor den Saitenstimmer!
Früh seifte der Barbier des Herrn Kreisamtmanns Bart,
Als von dem Gartenkauf auch so gesprochen ward.
„Wo trifft die Witwe wohl auf bessere Bezahler.
Mein Ultimatum ist: Zweihundertsechzig Taler."
Der Herr der Bärte schrieb sich dieses hinters Ohr
Und trug's beim nächsten Bart des Kuratoris vor.
„Gefunden", schrie entzückt Herr Topf, der Topf der Töpfe,
Springt auf mit halbem Bart, sucht seine Hemdenknöpfe,
Läuft zur Kurandin stracks, in Sprung, Galopp und Trab,
Kommt, sieht den Käufer an und schließt den Handel ab. —
In frohern Hoffnungen war Cäsar nicht zerronnen,
Als er die große Schlacht bei Pharsalus gewonnen,
Als unsre Rahel jetzt, da nun der Schlüssel kam
Und sie, nach zartem Streit, ihn in Empfang nun nahm.
Beglückwünscht ward sie hoch — bei Tisch ward manch
 Projekt
Präliminariter von jedem ausgeheckt —
Nur für Reformen und für Hüttchen hat sie Ohren.
Er aber sitzt so kalt, als hätt er taube Ohren.
Wir tranken Kaffee erst — ich redte, ohne Ruhm
Zu melden, viel und schön vom neuen Eigentum.
Dann gingen wir hinaus — es weht ein leises Windchen —
Voraus die Phantasie — wie einst Tobias' Hündchen.
Wir langen an. Er reicht den Hut und Schlüssel ihr.

Ein jeder zieht den Hut — auf donnerte die Tür.
Vor Adams offnem Maul lag so das Paradies,
Als hier der Garten sich den trunknen Blicken wies.
Zu kühne Muse, schweig von diesen Augenblicken,
Viel besser ist es, hier die Augen zuzudrücken.
Der zählt den Sand am Meer und Berenicens Haar,
Der die Projekte kennt, die hier der Rausch gebar.
Kurz, endlich gingen wir nach vielem Tun und Reden
Wie unsrer Eltern Paar aus diesem Garten Eden.
Nun gingen wir herum, sahn über jeden Zaun
Und mußten in der Luft noch manches Schlößchen baun. —
Heil aber, Tennstedt, dir — welch Glück ist dir geworden
Mit dieser Bürgerin vom Seraphinenorden!
Heil dir auch, Rahels Ruh — es wird in kurzer Zeit
In Hirschfelds Almanach dir auch ein Blatt geweiht.

Dir aber, liebes Paar! wünscht, ohne Kapp und Schellen,
Ein Freund, den Lieb und Treu euch ewig zugesellen,
Auf diesem trauten Fleck den lieblichen Genuß,
Der tief im Herzen quillt und nie versiegen muß.
O feiert manches Jahr hier schöne Ruhestunden,
Bleibt bis zum späten Herbst in stiller Lust verbunden!
Und bin ich einst ins Land der Sehnsucht heimgekehrt,
So denkt: auch er wär hier wohl eines Plätzchens wert.

DER FREMDLING

den 22. Jänner 1798

Der Frau Bergrätin von Charpentier gewidmet

Müde bist du und kalt, Fremdling, du scheinest nicht
Dieses Himmels gewohnt — warmere Lüfte wehn
 Deiner Heimat, und freier
 Hob sich vormals die junge Brust.

Streute ewiger Lenz dort nicht auf stiller Flur
Buntes Leben umher? spann nicht der Frieden dort
 Feste Weben? und blühte
 Dort nicht ewig, was einmal wuchs?

Oh! du suchest umsonst — untergegangen ist
Jenes himmlische Land — keiner der Sterblichen
 Weiß den Pfad, den auf immer
 Unzugängliches Meer verhüllt.

Wenig haben sich nur deines verwandten Volks
Noch entrissen der Flut — hierhin und dorthin sind
 Sie gesäet und erwarten
 Beßre Zeiten des Wiedersehns.

Folge willig mir nach — wahrlich ein gut Geschick
Hat hieher dich geführt — Heimatsgenossen sind
 Hier, die eben, im stillen,
 Heut ein häusliches Fest begehn.

Unverkennbar erscheint dort dir die innige
Herzenseinheit — es strahlt Unschuld und Liebe dir
 Klar von allen Gesichtern,
 Wie vorzeiten im Vaterland.

Lichter hebt sich dein Blick — wahrlich, der Abend wird,
Wie ein freundlicher Traum, schnell dir vorübergehn,
 Wenn in süßem Gespräche
 Sich dein Herz bei den Guten löst —

Seht — der Fremdling ist hier — der aus demselben Land
Sich verbannt fühlt, wie ihr; traurige Stunden sind
 Ihm geworden — es neigte
 Früh der fröhliche Tag sich ihm.

Doch er weilet noch gern, wo er Genossen trifft,
Feiert munter das Fest häuslicher Freuden mit;
 Ihn entzücket der Frühling,
 Der so frisch und um die Eltern blüht.

Daß das heutige Fest oft noch zurückekehrt,
Eh den Weinenden sich ungern die Mutter raubt
 Und auf nächtlichen Pfaden
 Folgt dem Führer ins Vaterland —

Daß der Zauber nicht weicht, welcher das Band beglückt
Eures Bundes — und daß auch die Entfernteren
 Des genießen und wandern
 Einen fröhlichen Weg mit euch —

Dieses wünschet der Gast — aber der Dichter sagt's
Euch für ihn; denn er schweigt gern, wenn er freudig ist,
 Und er sehnet so eben
 Seine fernen Geliebten her.

Bleibt dem Fremdlinge hold — spärliche Freuden sind
Ihm hienieden gezählt — doch bei so freundlichen
 Menschen sieht er geduldig
 Nach dem großen Geburtstag hin.

[DISTICHEN 1798]

1

Freunde, der Boden ist arm, wir müssen reichlichen Samen
 Ausstreun, daß uns doch nur mäßige Ernten gedeihn.

2

Welten bauen genügt nicht dem tiefer dringenden Sinne:
 Aber ein liebendes Herz sättigt den strebenden Geist.

3

Laßt die Libellen ziehn; unschuldige *Fremdlinge* sind es,
Folgen dem Doppelgestirn froh, mit Geschenken, hieher.

4

Einem gelang es — er hob den Schleier der Göttin zu Sais —
Aber was sah er? Er sah — Wunder des Wunders — *sich selbst.*

5

Fürsten sind Nullen — sie gelten an sich nichts, aber mit Zahlen,
Die sie beliebig erhöhn, neben sich, gelten sie viel.

6

Hypothesen sind Netze, nur der wird fangen, der auswirft.
Ist nicht Amerika selbst durch Hypothese gefunden?
Hoch und vor allen lebe die Hypothese — nur sie bleibt
Ewig neu, sooft sie sich auch selbst nur besiegte.

7

Ist es nicht klug, für die Nacht ein geselliges Lager zu suchen?
Darum ist klüglich gesinnt — der auch Entschlummerte liebt.

8

Die selige Hoffnung des Quintus

Quintus bin ich geblieben, geplackt und arm wie die Landmaus,
Freudig sterb ich — gewiß, Tertius drüben zu sein.

[KENNE DICH SELBST]

Eins nur ist, was der Mensch zu allen Zeiten gesucht hat;
 Überall, bald auf den Höhn, bald in dem Tiefsten der Welt —
Unter verschiedenen Namen — umsonst — es versteckte sich
 immer,
 Immer empfand er es noch — dennoch erfaßt er es nie.
Längst schon fand sich ein Mann, der den Kindern in freund-
 lichen Mythen
 Weg und Schlüssel verriet zu des Verborgenen Schloß.
Wenige deuteten sich die leichte Chiffre der Lösung,
 Aber die wenigen auch waren nun Meister des Ziels.
Lange Zeiten verflossen — der Irrtum schärfte den Sinn
 uns —
 Daß uns der Mythus selbst nicht mehr die Wahrheit verbarg.
Glücklich, wer weise geworden und nicht die Welt mehr durch-
 grübelt,
 Wer von sich selber den Stein ewiger Weisheit begehrt.
Nur der vernünftige Mensch ist der echte Adept — er ver-
 wandelt
 Alles in Leben und Gold — braucht Elixiere nicht mehr.
In ihm dampfet der heilige Kolben — der König ist in ihm —
 Delphos auch, und er faßt endlich das: *Kenne dich selbst.*

LETZTE LIEBE

Also noch ein freundlicher Blick am Ende der Wallfahrt,
 Ehe die Pforte des Hains leise sich hinter mir schließt.
Dankbar nehm ich das Zeichen der treuen Begleiterin Liebe
 Fröhlichen Mutes an, öffne das Herz ihr mit Lust.
Sie hat mich durch das Leben allein ratgebend geleitet,
 Ihr ist das ganze Verdienst, wenn ich dem Guten gefolgt,
Wenn manch zärtliches Herz dem Frühgeschiedenen nachweint
 Und dem erfahrenen Mann Hoffnungen welken mit mir.
Noch als das Kind, im süßen Gefühl sich entfaltender Kräfte,
 Wahrlich als Sonntagskind trat in den siebenten Lenz,

Rührte mit leiser Hand den jungen Busen die Liebe,
 Weibliche Anmut schmückt jene Vergangenheit reich.
Wie aus dem Schlummer die Mutter den Liebling weckt mit dem
 Kusse,
 Wie er zuerst sie sieht und sich verständigt an ihr:
Also die Liebe mit mir — durch sie erfuhr ich die Welt erst,
 Fand mich selber und ward, was man als Liebender wird.
Was bisher nur ein Spiel der Jugend war, das verkehrte
 Nun sich in ernstes Geschäft, dennoch verließ sie mich
 nicht —
Zweifel und Unruh suchten mich oft von ihr zu entfernen,
 Endlich erschien der Tag, der die Erziehung vollzog,
Welcher mein Schicksal mir zur Geliebten gab und auf ewig
 Frei mich gemacht und gewiß eines unendlichen Glücks.

AN DIE FUNDGRUBE AUGUSTE

Zu ihrem 49. Geburtstage

Glück auf, Fundgrube, das Säkulum
Ist nun zur Hälfte für dich bald um.
Viel edle Geschicke hast du beschert
Und gute Wetter uns immer gewährt.
Zum Glück des Bergmanns streiche dein Gang
Geschart mit freundlichen Gängen noch lang.

[DER MÜDE FREMDLING
IST VERSCHWUNDEN]

Der müde Fremdling ist verschwunden
Und hat dem Freunde Platz gemacht,
Der aus so vielen trüben Stunden
Ein treues Herz davongebracht.
Auf immer nun mit euch verbunden,
Von keinem Kummer mehr bewacht,

Hat er sich wieder selbst gefunden
Und manches, was er nicht gedacht.

Ein Jahr mit seinen bunten Wochen
Verstrich, wir wußten selbst nicht, wie.
Und anders, als wir uns versprochen,
Klang oft des Lebens Melodie.
Doch fester ward mit jedem Tage
Das liebe Band um unsern Strauß,
Und immer lauter ward die Sage,
Ein blinder Knabe wär im Haus.

Es wußte eine von euch beiden
Gewiß, was an der Sage war.

[„QUO ME, BACCHE ...“]
[Bruchstück einer Horaz-Nachdichtung]

Wohin ziehst du mich,
Fülle meines Herzens,
Gott des Rausches,
Welche Wälder, welche Klüfte
Durchstreif ich mit fremdem Mut.
Welche Höhlen
Hören in den Sternenkranz
Cäsars ewigen Glanz mich flechten
Und den Göttern ihn zugesellen.
Unerhörte, gewaltige,
Keinen sterblichen Lippen entfallene
Dinge will ich sagen.
Wie die glühende Nachtwandlerin,
Die bacchische Jungfrau
Am Hebrus staunt
Und im thrazischen Schnee
Und in Rhodope, im Lande der Wilden,

So dünkt mir seltsam und fremd
Der Flüsse Gewässer,
Der einsame Wald.

[AN DIE SCHWESTER KAROLINE
IM NAMEN DER MUTTER]

Erstes geliebtes Pfand des ewigen, seligen Bundes,
 Den ich knüpfte, als noch jugendlich klopfte dies Herz,
Als es zuerst dem Gefühl unsterblicher Liebe sich aufschloß
 Und den Einzigen sah, einzig dem Einzigen ward.
Jahre voll Sorgen und Jahre voll Freuden entflogen seitdem mir,
 Aber noch klopft ihm mein Herz ebenso glühend wie einst.
Nicht mehr blüht mir der Lenz des Lebens, er blüht mir in euch
 jetzt,
 Die mir der Himmel für ihn schenkte dem zärtlichsten
 Wunsch.
Oh! wie himmlisch belohnt für manche Stunde des Kummers
 Hast du, Tochter, mich nicht, wenn du enthülltest dein Herz
Und des Vaters Seele in jeder Bewegung hindurchschien,
 Jeder Zug ihm entsprach, jedes Gefühl ihn verriet.
Oh! dann ward es so wohl der überseligen Mutter;
 Ewigen, innigen Dank sah sie zum Himmel hinauf.
Oh! für jegliche Stunde des Leidens, die du mit mir teiltest,
 Teilen mit mir noch wirst, wenn ich zärtlich und bang
Sitz und sorge, was noch für ein Schicksal der Zukunft
 Deine Brüder bedroht, wenn sie nicht sorgsam und klug
Wählen den richtigen Weg und sich zur Torheit verirren,
 Taub der Stimme des Rats, blind für die künftige Zeit;
Lohne dir einst das Schicksal mit gleicher, ewiger Liebe
 Und geselle dich zu einem dich liebenden Mann,
Der dich leite den Weg des Lebens, so treu wie dein Vater
 Mich ihn geleitet, und du, bleibe mir ähnlich an Treu
Und an Sanftmut und Liebe; dann, bin ich auch längst schon
 hinüber,
 Decket die kühlende Gruft leichter den schlummernden Staub.

ZUR WEINLESE

5. Oktober 1799

Wir haben Weinmond, lieben Leute,
Und weil nicht immer Weinmond ist,
So sag ich's euch in Versen heute,
Damit es keiner nicht vergißt.
Wenn Weinmond ist, so müßt ihr wissen,
Da gibt es Trauben, Most und Wein,
Und weil die armen Beeren müssen,
So sprützen sie ins Faß hinein.

Es gibt gar unterschiedne Beeren,
Von allen Farben trifft man sie,
Und manche hält man hoch in Ehren,
Und manche wirft man vor das Vieh.
Sie sind im Temprament verschieden
Und von gar mancherlei Statur;
Doch allen ist der Wein beschieden
Als Lieblingskindern der Natur.

Zu einem Stock will ich euch führen,
Das ist ein Stöckchen wie ein Daus,
Um seine Süßigkeit zu spüren,
Sucht eine Traube euch heraus.
Ich lobe mir die braven Wenden,
Sie langen zu und sind nicht faul,
Sie stecken gern mit beiden Händen
Die blauen Trauben in das Maul.

Nicht wahr, das schmeckt nicht herb und sauer?
Was gut schmeckt, weiß der Wende wohl,
Er ißt und geht gern auf die Dauer
Und nimmt die beiden Backen voll.
Drum kann er auch nicht Worte machen,
Er steht voll Eifer da und kaut,
Doch sieht man ihn so schämig lachen,
Als kaut' er still an einer *Braut.*

Daß er den Trank anjetzt im ganzen
Verkauft, dafür kann ich euch stehn.
Oft wird er um den Stock noch tanzen
Und sich mit seinem Träubchen drehn.
Wer weiß, ob er nicht aus dem Kerne
Ein neues Mutterstöckchen zieht,
Was viele Jahre in der Ferne
Zum Ruhm des alten Stockes blüht.

Der *alte Stock* wird blühn und wachsen,
Wenn man den Überfluß ihm nimmt
Und überall im Lande Sachsen
Sein Wein auf guten Tischen schwimmt.
Er hat noch manche reife Traube
Von andrer Art und ihm zur Last;
Es bitten Geier oder Taube
Vielleicht sich bald bei ihm zu Gast.

Daß er noch lange blüht, das weiß ich,
Obwohl er manches Jahr schon steht;
Denn dafür, lieben Leute, heiß ich
Ein Dichter oder ein Poet.
Ihr denkt wohl gar, ich sei ein Träubchen,
Weil mich der Stock fest an sich schnürt?
Ich bin's zufrieden, wenn ein Weibchen,
Ob ich gut schmecke, sacht probiert.

Drum weil nicht Weinmond alle Tage,
Kein solcher Stock nicht überall,
So denkt nicht heut an eure Plage,
Zieht eure Sorgen in den Stall.
Laßt unsern alten Weinstock leben!
Und seinen lieben Winzer da!
Und einen Kuß soll man ihm geben
Als Kandidat zur Großmama.

DAS GEDICHT

Himmlisches Leben im blauen Gewande,
Stiller Wunsch in blassem Schein —
Flüchtig gräbt in buntem Sande
Sie den Zug des Namens ein —

Unter hohen, festen Bogen,
Nur von Lampenlicht erhellt,
Liegt, seitdem der Geist entflogen,
Nun das Heiligste der Welt.

Leise kündet beßre Tage
Ein verlornes Blatt uns an,
Und wir sehn der alten Sage
Mächtige Augen aufgetan.

Naht euch stumm dem ernsten Tore,
Harrt auf seinen Flügelschlag
Und vernehmt herab vom Chore,
Wo weissagend der Marmor lag.

Flüchtiges Leben und lichte Gestalten
Füllten die weite, leere Nacht,
Nur von Scherzen aufgehalten,
Wurden unendliche Zeiten verbracht —

Liebe brachte gefüllte Becher,
Also perlt in Blumen der Geist,
Ewig trinken die kindlichen Zecher,
Bis der geheiligte Teppich zerreißt.

Fort durch unabsehliche Reihn
Schwanden die bunten, rauschenden Wagen,
Endlich, von farbigen Käfern getragen,
Kam die Blumenfürstin allein.

Schleier, wie Wolken, zogen
Von der blendenden Stirn zu den Füßen,
Wir fielen nieder, sie zu grüßen —
Wir weinten bald — sie war entflogen.

AN TIECK

Ein Kind voll Wehmut und voll Treue,
Verstoßen in ein fremdes Land,
Ließ gern das Glänzende und Neue
Und blieb dem Alten zugewandt.

Nach langem Suchen, langem Warten,
Nach manchem mühevollen Gang
Fand es in einem öden Garten
Auf einer längst verfallnen Bank

Ein altes Buch, mit Gold verschlossen,
Und nie gehörte Worte drin;
Und wie des Frühlings zarte Sprossen,
So wuchs in ihm ein innrer Sinn.

Und wie es sitzt und liest und schauet
In den Kristall der neuen Welt,
An Gras und Sternen sich erbauet
Und dankbar auf die Kniee fällt:

So hebt sich sacht aus Gras und Kräutern
Bedächtiglich ein alter Mann,
Im schlichten Rock, und kommt mit heiterm
Gesicht ans fromme Kind heran.

Bekannt, doch heimlich sind die Züge,
So kindlich und so wunderbar;
Es spielt die Frühlingsluft der Wiege
Gar seltsam mit dem Silberhaar.

Das Kind faßt bebend seine Hände,
Es ist des Buches hoher Geist,
Der ihm der sauern Wallfahrt Ende
Und seines Vaters Wohnung weist.

„Du kniest auf meinem öden Grabe“,
So öffnet sich der heil'ge Mund,
„Du bist der Erbe meiner Habe,
Dir werde Gottes Tiefe kund.

Auf jenem Berg als armer Knabe
Hab ich ein himmlisch Buch gesehn
Und konnte nun durch diese Gabe
In alle Kreaturen sehn.

Es sind an mir durch Gottes Gnade
Der höchsten Wunder viel geschehn;
Des neuen Bunds geheime Lade
Sahn meine Augen offenstehn.

Ich habe treulich aufgeschrieben,
Was innre Lust mir offenbart,
Und bin verkannt und arm geblieben,
Bis ich zu Gott gerufen ward.

Die Zeit ist da, und nicht verborgen
Soll das Mysterium mehr sein.
In diesem Buche bricht der Morgen
Gewaltig in die Zeit hinein.

Verkündiger der Morgenröte,
Des Friedens Bote sollst du sein.
Sanft wie die Luft in Harf und Flöte
Hauch ich dir meinen Atem ein.

Gott sei mit dir, geh hin und wasche
Die Augen dir mit Morgentau.
Sei treu dem Buch und meiner Asche,
Und bade dich im ew'gen Blau.

Du wirst das letzte Reich verkünden,
Was tausend Jahre soll bestehn;
Wirst überschwenglich Wesen finden
Und Jakob Böhmen wiedersehn."

[ES FÄRBTE SICH
DIE WIESE GRÜN]

Es färbte sich die Wiese grün,
Und um die Hecken sah ich blühn,
Tagtäglich sah ich neue Kräuter,
Mild war die Luft, der Himmel heiter.
Ich wußte nicht, wie mir geschah,
Und wie das wurde, was ich sah.

Und immer dunkler ward der Wald,
Auch bunter Sänger Aufenthalt,
Es drang mir bald auf allen Wegen
Ihr Klang in süßem Duft entgegen.
Ich wußte nicht, wie mir geschah,
Und wie das wurde, was ich sah.

Es quoll und trieb nun überall
Mit Leben, Farben, Duft und Schall,
Sie schienen gern sich zu vereinen,
Daß alles möchte lieblich scheinen.
Ich wußte nicht, wie mir geschah,
Und wie das wurde, was ich sah.

So dacht ich: Ist ein Geist erwacht,
Der alles so lebendig macht
Und der mit tausend schönen Waren
Und Blüten sich will offenbaren?
Ich wußte nicht, wie mir geschah,
Und wie das wurde, was ich sah.

Vielleicht beginnt ein neues Reich —
Der lockre Staub wird zum Gesträuch,
Der Baum nimmt tierische Gebärden,
Das Tier soll gar zum Menschen werden.
Ich wußte nicht, wie mir geschah,
Und wie das wurde, was ich sah.

Wie ich so stand und bei mir sann,
Ein mächt'ger Trieb in mir begann.
Ein freundlich Mädchen kam gegangen
Und nahm mir jeden Sinn gefangen.
Ich wußte nicht, wie mir geschah,
Und wie das wurde, was ich sah.

Sie ging vorbei; ich grüßte sie,
Sie dankte, das vergeß ich nie —
Ich mußte ihre Hand erfassen,
Und sie schien gern sie mir zu lassen.
Ich wußte nicht, wie mir geschah,
Und wie das wurde, was ich sah.

Uns barg der Wald vor Sonnenschein.
Das ist der Frühling, fiel mir ein.
Kurzum, ich sah, daß jetzt auf Erden
Die Menschen sollten Götter werden.
Nun wußt ich wohl, wie mir geschah,
Und wie das wurde, was ich sah.

[DER HIMMEL WAR UMZOGEN]

Der Himmel war umzogen,
Es war so trüb und schwül,
Heiß kam der Wind geflogen
Und trieb sein seltsam Spiel.

Ich schlich in tiefen Sinnen,
Von stillem Gram verzehrt —
Was sollt ich nun beginnen?
Mein Wunsch blieb unerhört.

Wenn Menschen könnten leben
Wie kleine Vögelein,
So wollt ich zu ihr schweben
Und fröhlich mit ihr sein.

Wär hier nichts mehr zu finden,
Wär Feld und Staude leer,
So flögen, gleich den Winden,
Wir übers dunkle Meer.

Wir blieben bei dem Lenze
Und von dem Winter weit,
Wir hätten Frücht und Kränze
Und immer gute Zeit.

Die Myrte sproßt im Tritte
Der Wohlfahrt leicht hervor,
Doch um des Elends Hütte
Schießt Unkraut nur empor.

Mir war so bang zumute,
Da sprang ein Kind heran,
Schwang fröhlich eine Rute
Und sah mich freundlich an.

„Warum mußt du dich grämen?
Oh! weine doch nicht so,
Kannst meine Gerte nehmen,
Dann wirst du wieder froh.“

Ich nahm sie, und es hüpfte
Mit Freuden wieder fort,
Und stille Rührung knüpfte
Sich an des Kindes Wort.

Wie ich so bei mir dachte:
„Was soll die Rute dir?“,
Schwankt' aus den Büschen sachte
Ein grüner Glanz zu mir.

Die Königin der Schlangen
Schlich durch die Dämmerung.
Sie schien, gleich goldnen Spangen,
In wunderbarem Prunk.

Ihr Krönchen sah ich funkeln
Mit bunten Strahlen weit,
Und alles war im Dunkeln
Mit grünem Gold bestreut.

Ich nahte mich ihr leise
Und traf sie mit dem Zweig,
So, wunderbarer Weise,
Ward ich unsäglich reich.

AN DORA

Zum Dank für das Bild meiner Julie

Soll dieser Blick voll Huld und Güte
Ein schnell verglommner Funken sein?
Webt keiner diese Mädchenblüte
In einen ew'gen Schleier ein?

Bleibt dies Gesicht der Treu und Milde
Zum Trost der Nachwelt nicht zurück?
Verklärt dies himmlische Gebilde
Nur *einen* Ort und Augenblick?

Die Wehmut fließt in tiefen Tönen
Ins frohe Lied der Zärtlichkeit.
Niemals wird sich ein Herz gewöhnen
An die Mysterien der Zeit.
Oh! diese Knospe süßer Stunden,
Dies edle Bild im Heil'genschein,
Dies soll auf immer bald verschwunden,
Bald ausgelöscht auf ewig sein?

Der Dichter klagt, und die Geliebte
Naht der Zypresse, wo er liegt.
Kaum birgt die Tränen der Betrübte,
Wie sie sich innig an ihn schmiegt.
Er heftet unverwandte Blicke
Auf diese liebliche Gestalt,
Daß er in sein Gemüt sie drücke,
Eh sie zur Nacht hinüberwallt.

„Wie", spricht die Holde, „du in Tränen?
Sag, welche Sorge flog dich an?
Du bist so gut, ich darf nicht wähnen,
Daß meine Hand dir weh getan.
Sei heiter, denn es kommt soeben
Ein Mädchen, wie die gute Zeit.
Sie wird ein seltsam Blatt dir geben,
Ein Blatt, was dich vielleicht erfreut."

„Wie", ruft der Dichter, halb erschrocken,
„Wie wohl mir jetzt zumute ward.
Den Puls des Trübsinns fühl ich stocken,
Und eine schöne Gegenwart."

Die Muse tritt ihm schon entgegen,
Als hätte sie ein Gott gesandt,
Und reicht, wie alte Freunde pflegen,
Das Blatt ihm und die Lilienhand.

„Du kannst nun deine Klagen sparen,
Dein innrer Wunsch ist dir gewährt,
Die Kunst vermag das zu bewahren,
Was einmal die Natur verklärt;
Nimm hier die festgehaltne Blüte,
Sieh ewig die Geliebte jung,
Einst Erd und Himmel, Frucht und Blüte
In reizender Vereinigung.

Wirst du gerührt vor diesen Zügen
Im späten Herbst noch stille stehn,
So wirst du leicht die Zeit besiegen
Und einst das ew'ge Urbild sehn.
Die Kunst in ihrem Zauberspiegel
Hat treu den Schatten aufgefaßt,
Nur ist der Schimmer seiner Flügel
Und auch der Strahlenkranz verblaßt.“

Kann jetzt der Liebende wohl danken?
Er sieht die Braut, er sieht das Blatt.
Voll überschwenglicher Gedanken
Sieht er sich ewig hier nicht satt.
Sie schlüpft hinweg und hört von weitem
Noch freundlich seinen Nachgesang,
Doch bleibt ihr wohl zu allen Zeiten
Der Freundin Glück der liebste Dank.

AN JULIEN

Daß ich mit namenloser Freude
Gefährte deines Lebens bin
Und mich mit tiefgerührtem Sinn
Am Wunder deiner Bildung weide —
Daß wir aufs innigste vermählt
Und ich der Deine, du die Meine,
Daß ich von allen nur die Eine
Und diese Eine mich gewählt,
Dies danken wir dem süßen Wesen,
Das sich uns liebevoll erlesen.

Oh! laß uns treulich ihn verehren,
So bleiben wir uns einverleibt.
Wenn ewig seine Lieb uns treibt,
So wird nichts unser Bündnis stören.
An seiner Seite können wir
Getrost des Lebens Lasten tragen
Und selig zueinander sagen:
Sein Himmelreich beginnt schon hier,
Wir werden, wenn wir hier verschwinden,
In seinem Arm uns wiederfinden.

[VERSE AUS DEM TAGEBUCH
VOM 27. JULI 1800]

Ich will nicht klagen mehr, ich will mich froh erheben
Und wohl zufrieden sein mit meinem Lebenslauf.
Ein einz'ger Augenblick, wo Gott sich mir gegeben,
Wiegt jahrelange Leiden auf.

Nur Glauben, Herr, und Zuversicht,
So fürcht ich mich für mich und die Geliebte nicht.

Laß uns unsern Herrn im Himmel loben,
Glauben kommt und Heiterkeit von oben.

[ALLE MENSCHEN SEH ICH LEBEN]

Alle Menschen seh ich leben,
Viele leicht vorüberschweben,
Wenig mühsam vorwärtsstreben,
Doch nur *einem* ist's gegeben —
Leichtes Streben, schwebend leben.

Wahrlich, der Genuß ziemt Toren,
In der Zeit sind sie verloren,
Gleichen ganz den Ephemeren.
In dem Streit mit Sturm und Wogen
Wird der Weise fortgezogen,
Kämpft, um niemals aufzuhören,
Und so wird die Zeit betrogen,
Endlich unters Joch gebogen,
Muß des Weisen Macht vermehren.

Ruh ist Göttern nur gegeben,
Ihnen ziemt der Überfluß,
Doch für uns ist Handeln Leben,
Macht zu üben nur Genuß.

[AN KARL VON HARDENBERG]

In stiller Treue sieht man gern ihn walten,
Nicht, wie die meisten, mag er sinnlos schweifen,
Er wünscht die dargebotne Rechte zu ergreifen
Der bessern Zukunft und sie festzuhalten.

Reichfarbig wird sich diese Knosp entfalten,
Das Auge sich für ferne Welten schleifen,
Zum Meister wird der treue Lehrling reifen
Und um sich her ein neues Reich gestalten.

Wie fröhlich kann dankbar ein Freund verkünden,
Was seinem Geist sich längst vergnüglich zeigte,
Wenn er des Jünglings Wandel still bedachte.

Oh! möchte jede Treue Treue finden
Und daß zu dem der Lilienstab sich neigte,
Der Lust und Leben kranken Herzen brachte.

DIE LEHRLINGE ZU SAIS

1. DER LEHRLING

Mannigfache Wege gehen die Menschen. Wer sie verfolgt und vergleicht, wird wunderliche Figuren entstehen sehn; Figuren, die zu jener großen Chiffernschrift zu gehören scheinen, die man überall, auf Flügeln, Eierschalen, in Wolken, im Schnee, in Kristallen und in Steinbildungen, auf gefrierenden Wassern, im Innern und Äußern der Gebirge, der Pflanzen, der Tiere, der Menschen, in den Lichtern des Himmels, auf berührten und gestrichenen Scheiben von Pech und Glas, in den Feilspänen um den Magnet her und sonderbaren Konjunkturen des Zufalls, erblickt. In ihnen ahndet man den Schlüssel dieser Wunderschrift, die Sprachlehre derselben; allein die Ahndung will sich selbst in keine feste Formen fügen und scheint kein höherer Schlüssel werden zu wollen. Ein Alkahest scheint über die Sinne der Menschen ausgegossen zu sein. Nur augenblicklich scheinen ihre Wünsche, ihre Gedanken sich zu verdichten. So entstehen ihre Ahndungen, aber nach kurzen Zeiten schwimmt alles wieder, wie vorher, vor ihren Blicken.

Von weitem hört ich sagen: die Unverständlichkeit sei Folge nur des Unverstandes; dieser suche, was er habe und also niemals weiter finden könnte. Man verstehe die Sprache nicht, weil sich die Sprache selber nicht verstehe, nicht verstehen wolle; die echte Sanskrit spräche, um zu sprechen, weil Sprechen ihre Lust und ihr Wesen sei.

Nicht lange darauf sprach einer: „Keiner Erklärung bedarf die heilige Schrift. Wer wahrhaft spricht, ist des ewigen Lebens voll, und wunderbar verwandt mit echten Geheimnissen dünkt uns seine Schrift, denn sie ist ein Akkord aus des Weltalls Symphonie."

Von unserm Lehrer sprach gewiß die Stimme, denn er ver-

steht die Züge zu versammeln, die überall zerstreut sind. Ein eignes Licht entzündet sich in seinen Blicken, wenn vor uns nun die hohe Rune liegt und er in unsern Augen späht, ob auch in uns aufgegangen ist das Gestirn, das die Figur sichtbar und verständlich macht. Sieht er uns traurig, daß die Nacht nicht weicht, so tröstet er uns und verheißt dem emsigen, treuen Seher künftiges Glück. Oft hat er uns erzählt, wie ihm als Kind der Trieb, die Sinne zu üben, zu beschäftigen und zu erfüllen, keine Ruhe ließ. Den Sternen sah er zu und ahmte ihre Züge, ihre Stellungen im Sande nach. Ins Luftmeer sah er ohne Rast und ward nicht müde, seine Klarheit, seine Bewegungen, seine Wolken, seine Lichter zu betrachten. Er sammelte sich Steine, Blumen, Käfer aller Art und legte sie auf mannigfache Weise sich in Reihen. Auf Menschen und auf Tiere gab er acht, am Strand des Meeres saß er, suchte Muscheln. Auf sein Gemüt und seine Gedanken lauschte er sorgsam. Er wußte nicht, wohin ihn seine Sehnsucht trieb. Wie er größer ward, strich er umher, besah sich andre Länder, andre Meere, neue Lüfte, fremde Sterne, unbekannte Pflanzen, Tiere, Menschen, stieg in Höhlen, sah, wie in Bänken und in bunten Schichten der Erde Bau vollführt war, und drückte Ton in sonderbare Felsenbilder. Nun fand er überall Bekanntes wieder, nur wunderlich gemischt, gepaart, und also ordneten sich selbst in ihm oft seltsame Dinge. Er merkte bald auf die Verbindungen in allem, auf Begegnungen, Zusammentreffungen. Nun sah er bald nichts mehr allein. — In große bunte Bilder drängten sich die Wahrnehmungen seiner Sinne: er hörte, sah, tastete und dachte zugleich. Er freute sich, Fremdlinge zusammenzubringen. Bald waren ihm die Sterne Menschen, bald die Menschen Sterne, die Steine Tiere, die Wolken Pflanzen, er spielte mit den Kräften und Erscheinungen, er wußte, wo und wie er dies und jenes finden und erscheinen lassen konnte, und griff so selbst in den Saiten nach Tönen und Gängen umher.

Was nun seitdem aus ihm geworden ist, tut er nicht kund. Er sagt uns, daß wir selbst, von ihm und eigner Lust geführt, entdecken würden, was mit ihm vorgegangen sei. Mehrere von

uns sind von ihm gewichen. Sie kehrten zu ihren Eltern zurück
und lernten ein Gewerbe treiben. Einige sind von ihm aus-
gesendet worden, wir wissen nicht, wohin; er suchte sie aus. Von
ihnen waren einige nur kurze Zeit erst da, die andern länger.
Eins war ein Kind noch, es war kaum da, so wollte er ihm den
Unterricht übergeben. Es hatte große dunkle Augen mit
himmelblauem Grunde, wie Lilien glänzte seine Haut und seine
Locken wie lichte Wölkchen, wenn der Abend kommt. Die
Stimme drang uns allen durch das Herz, wir hätten gern ihm
unsere Blumen, Steine, Federn, alles gern geschenkt. Es lächelte
unendlich ernst, und uns ward seltsam wohl mit ihm zumute.
„Einst wird es wiederkommen", sagte der Lehrer, „und unter
uns wohnen, dann hören die Lehrstunden auf." — Einen
schickte er mit ihm fort, der hat uns oft gedauert. Immer traurig
sah er aus, lange Jahre war er hier, ihm glückte nichts, er fand
nicht leicht, wenn wir Kristalle suchten oder Blumen. In die
Ferne sah er schlecht, bunte Reihen gut zu legen wußte er nicht.
Er zerbrach alles so leicht. Doch hatte keiner einen solchen
Trieb und solche Lust am Sehn und Hören. Seit einer Zeit —
vorher, eh jenes Kind in unsern Kreis trat — ward er auf einmal
heiter und geschickt. Eines Tages war er traurig ausgegangen,
er kam nicht wieder, und die Nacht brach ein. Wir waren
seinetwegen sehr in Sorgen; auf einmal, wie des Morgens
Dämmerung kam, hörten wir in einem nahen Haine seine
Stimme. Er sang ein hohes, frohes Lied; wir wunderten uns alle;
der Lehrer sah mit einem Blick nach Morgen, wie ich ihn wohl
nie wieder sehen werde. In unsre Mitte trat er bald und brachte,
mit unaussprechlicher Seligkeit im Antlitz, ein unscheinbares
Steinchen von seltsamer Gestalt. Der Lehrer nahm es in die
Hand und küßte ihn lange, dann sah er uns mit nassen Augen
an und legte dieses Steinchen auf einen leeren Platz, der mitten
unter andern Steinen lag, gerade wo wie Strahlen viele Reihen
sich berührten.

Ich werde dieser Augenblicke nie fortan vergessen. Uns war,
als hätten wir im Vorübergehn eine helle Ahndung dieser
wunderbaren Welt in unsern Seelen gehabt.

Auch ich bin ungeschickter als die andern, und minder gern scheinen sich die Schätze der Natur von mir finden zu lassen. Doch ist der Lehrer mir gewogen und läßt mich in Gedanken sitzen, wenn die andern suchen gehn. So wie dem Lehrer ist mir nie gewesen. Mich führt alles in mich selbst zurück. Was einmal die zweite Stimme sagte, habe ich wohl verstanden. Mich freuen die wunderlichen Haufen und Figuren in den Sälen, allein mir ist, als wären sie nur Bilder, Hüllen, Zierden, versammelt um ein göttlich Wunderbild, und dieses liegt mir immer in Gedanken. Sie such ich nicht, in ihnen such ich oft. Es ist, als sollten sie den Weg mir zeigen, wo in tiefem Schlaf die Jungfrau steht, nach der mein Geist sich sehnt. Mir hat der Lehrer nie davon gesagt, auch ich kann ihm nichts anvertrauen, ein unverbrüchliches Geheimnis dünkt es mir. Gern hätt ich jenes Kind gefragt, in seinen Zügen fand ich Verwandtschaft; auch schien in seiner Nähe mir alles heller innerlich zu werden. Wäre es länger geblieben, sicherlich hätte ich mehr in mir erfahren. Auch wäre mir am Ende vielleicht der Busen offen, die Zunge frei geworden. Gern wär ich auch mit ihm gegangen. Es kam nicht so. Wie lang ich hier noch bleibe, weiß ich nicht. Mir scheint es, als blieb ich immer hier. Kaum wag ich es mir selber zu gestehen, allein zu innig dringt sich mir der Glauben auf: einst find ich hier, was mich beständig rührt; sie ist zugegen. Wenn ich mit diesem Glauben hier umhergehe, so tritt mir alles in ein höher Bild, in eine neue Ordnung mir zusammen, und alle sind nach *einer* Gegend hin gerichtet. Mir wird dann jedes so bekannt, so lieb; und was mir seltsam noch erschien und fremd, wird nun auf einmal wie ein Hausgerät.

Gerade diese Fremdheit ist mir fremd, und darum hat mich immer diese Sammlung zugleich entfernt und angezogen. Den Lehrer kann und mag ich nicht begreifen. Er ist mir just so unbegreiflich lieb. Ich weiß es, er versteht mich, er hat nie gegen mein Gefühl und meinen Wunsch gesprochen. Vielmehr will er, daß wir den eignen Weg verfolgen, weil jeder neue Weg durch neue Länder geht und jeder endlich zu diesen Wohnungen, zu dieser heiligen Heimat wieder führet. Auch ich will

also meine Figur beschreiben, und wenn kein Sterblicher, nach jener Inschrift dort, den Schleier hebt, so müssen wir Unsterbliche zu werden suchen; wer ihn nicht heben will, ist kein echter Lehrling zu Sais.

2. DIE NATUR

Es mag lange gedauert haben, ehe die Menschen darauf dachten, die mannigfachen Gegenstände ihrer Sinne mit einem gemeinschaftlichen Namen zu bezeichnen und sich entgegen zu setzen. Durch Übung werden Entwickelungen befördert, und in allen Entwickelungen gehen Teilungen, Zergliederungen vor, die man bequem mit den Brechungen des Lichtstrahls vergleichen kann. So hat sich auch nur allmählich unser Innres in so mannigfaltige Kräfte zerspaltet, und mit fortdauernder Übung wird auch diese Zerspaltung zunehmen. Vielleicht ist es nur krankhafte Anlage der späteren Menschen, wenn sie das Vermögen verlieren, diese zerstreuten Farben ihres Geistes wieder zu mischen und nach Belieben den alten einfachen Naturstand herzustellen oder neue, mannigfaltige Verbindungen unter ihnen zu bewirken. Je vereinigter sie sind, desto vereinigter, desto vollständiger und persönlicher fließt jeder Naturkörper, jede Erscheinung in sie ein: denn der Natur des Sinnes entspricht die Natur des Eindrucks, und daher mußte jenen früheren Menschen alles menschlich, bekannt und gesellig vorkommen, die frischeste Eigentümlichkeit mußte in ihren Ansichten sichtbar werden, jede ihrer Äußerungen war ein wahrer Naturzug, und ihre Vorstellungen mußten mit der sie umgebenden Welt übereinstimmen und einen treuen Ausdruck derselben darstellen. Wir können daher die Gedanken unsrer Altväter von den Dingen in der Welt als ein notwendiges Erzeugnis, als eine Selbstabbildung des damaligen Zustandes der irdischen Natur betrachten und besonders an ihnen, als den schicklichsten Werkzeugen der Beobachtung des Weltalls, das Hauptverhältnis desselben, das damalige Verhältnis zu seinen

Bewohnern und seiner Bewohner zu ihm, bestimmt abnehmen.
Wir finden, daß gerade die erhabensten Fragen zuerst ihre
Aufmerksamkeit beschäftigten und daß sie den Schlüssel dieses
wundervollen Gebäudes bald in einer Hauptmasse der wirkli-
chen Dinge, bald in dem erdichteten Gegenstande eines un-
bekannten Sinns aufsuchten. Bemerklich ist hier die gemein-
schaftliche Ahndung desselben im Flüssigen, im Dünnen,
Gestaltlosen. Es mochte wohl die Trägheit und Unbehülflich-
keit der festen Körper den Glauben an ihre Abhängigkeit und
Niedrigkeit nicht ohne Bedeutung veranlassen. Früh genug
stieß jedoch ein grübelnder Kopf auf die Schwierigkeit der
Gestaltenerklärung aus jenen gestaltlosen Kräften und Meeren.
Er versuchte den Knoten durch eine Art von Vereinigung zu
lösen, indem er die ersten Anfänge zu festen, gestalteten Kör-
perchen machte, die er jedoch über allen Begriff klein annahm,
und nun aus diesem Staubmeere, aber freilich nicht ohne Bei-
hülfe mitwirkender Gedankenwesen, anziehender und absto-
ßender Kräfte, den ungeheuern Bau vollführen zu können
meinte. Noch früher findet man statt wissenschaftlicher Er-
klärungen Märchen und Gedichte voll merkwürdiger bildlicher
Züge, Menschen, Götter und Tiere als gemeinschaftliche Werk-
meister, und hört auf die natürlichste Art die Entstehung
der Welt beschreiben. Man erfährt wenigstens die Gewißheit
eines zufälligen, *werkzeuglichen* Ursprungs derselben, und auch
für den Verächter der regellosen Erzeugnisse der Einbildungs-
kraft ist diese Vorstellung bedeutend genug. Die Geschichte
der Welt als Menschengeschichte zu behandeln, überall nur
menschliche Begebenheiten und Verhältnisse zu finden, ist eine
fortwandernde, in den verschiedensten Zeiten wieder mit neuer
Bildung hervortretende Idee geworden und scheint an wunder-
barer Wirkung und leichter Überzeugung beständig den Vor-
rang gehabt zu haben. Auch scheint die Zufälligkeit der Natur
sich wie von selbst an die Idee menschlicher Persönlichkeit
anzuschließen, und letztere am willigsten, als menschliches
Wesen verständlich zu werden. Daher ist auch wohl die Dicht-
kunst das liebste Werkzeug der eigentlichen Naturfreunde

gewesen, und am hellsten ist in Gedichten der Naturgeist er-
schienen. Wenn man echte Gedichte liest und hört, so fühlt man
einen innern Verstand der Natur sich bewegen und schwebt,
wie der himmlische Leib derselben, in ihr und über ihr zugleich.
Naturforscher und Dichter haben durch *eine* Sprache sich
immer wie *ein* Volk gezeigt. Was jene im ganzen sammelten und
in großen, geordneten Massen aufstellten, haben diese für
menschliche Herzen zur täglichen Nahrung und Notdurft
verarbeitet und jene unermeßliche Natur zu mannigfaltigen,
kleinen, gefälligen Naturen zersplittert und gebildet. Wenn
diese mehr das Flüssige und Flüchtige mit leichtem Sinn ver-
folgten, suchten jene mit scharfen Messerschnitten den innern
Bau und die Verhältnisse der Glieder zu erforschen. Unter ihren
Händen starb die freundliche Natur und ließ nur tote, zuckende
Reste zurück, dagegen sie vom Dichter, wie durch geistvollen
Wein, noch mehr beseelt, die göttlichsten und muntersten
Einfälle hören ließ und, über ihr Alltagsleben erhoben, zum
Himmel stieg, tanzte und weissagte, jeden Gast willkommen
hieß und ihre Schätze frohen Muts verschwendete. So genoß sie
himmlische Stunden mit dem Dichter und lud den Naturfor-
scher nur dann ein, wenn sie krank und gewissenhaft war. Dann
gab sie ihm Bescheid auf jede Frage und ehrte gern den ernsten,
strengen Mann. Wer also ihr Gemüt recht kennen will, muß sie
in der Gesellschaft der Dichter suchen, dort ist sie offen und
ergießt ihr wundersames Herz. Wer sie aber nicht aus Herzens-
grunde liebt, und dies und jenes nur an ihr bewundert und zu
erfahren strebt, muß ihre Krankenstube, ihr Beinhaus fleißig
besuchen.

Man steht mit der Natur gerade in so unbegreiflich ver-
schiedenen Verhältnissen wie mit den Menschen; und wie sie
sich dem Kinde kindisch zeigt und sich gefällig seinem kind-
lichen Herzen anschmiegt, so zeigt sie sich dem Gotte göttlich
und stimmt zu dessen hohem Geiste. Man kann nicht sagen, daß
es eine Natur gebe, ohne etwas Überschwengliches zu sagen,
und alles Bestreben nach Wahrheit in den Reden und Ge-
sprächen von der Natur entfernt nur immer mehr von der

Natürlichkeit. Es ist schon viel gewonnen, wenn das Streben, die Natur vollständig zu begreifen, zur Sehnsucht sich veredelt, zur zarten, bescheidnen Sehnsucht, die sich das fremde, kalte Wesen gern gefallen läßt, wenn sie nur einst auf vertrauteren Umgang rechnen kann. Es ist ein geheimnisvoller Zug nach allen Seiten in unserm Innern, aus einem unendlich tiefen Mittelpunkt sich rings verbreitend. Liegt nun die wundersame sinnliche und unsinnliche Natur rund um uns her, so glauben wir, es sei jener Zug ein Anziehn der Natur, eine Äußerung unsrer Sympathie mit ihr; nur sucht der eine hinter diesen blauen, fernen Gestalten noch eine Heimat, die sie ihm verhüllen, eine Geliebte seiner Jugend, Eltern und Geschwister, alte Freunde, liebe Vergangenheiten; der andre meint, da jenseits warteten unbekannte Herrlichkeiten seiner, eine lebensvolle Zukunft glaubt er dahinter versteckt und streckt verlangend seine Hände einer neuen Welt entgegen. Wenige bleiben bei dieser herrlichen Umgebung ruhig stehen und suchen sie nur selbst in ihrer Fülle und ihrer Verkettung zu erfassen, vergessen über der Vereinzelung den blitzenden Faden nicht, der reihenweise die Glieder knüpft und den heiligen Kronleuchter bildet, und finden sich beseligt in der Beschauung dieses lebendigen, über nächtlichen Tiefen schwebenden Schmucks. So entstehn mannigfache Naturbetrachtungen, und wenn an einem Ende die Naturempfindung ein lustiger Einfall, eine Mahlzeit wird, so sieht man sie dort zur andächtigsten Religion verwandelt, einem ganzen Leben Richtung, Haltung und Bedeutung geben. Schon unter den kindlichen Völkern gab's solche ernste Gemüter, denen die Natur das Antlitz einer Gottheit war, indessen andre, fröhliche Herzen sich nur auf sie zu Tische baten; die Luft war ihnen ein erquickender Trank, die Gestirne Lichter zum nächtlichen Tanz und Pflanzen und Tiere nur köstliche Speisen, und so kam ihnen die Natur nicht wie ein stiller, wundervoller Tempel, sondern wie eine lustige Küche und Speisekammer vor. Dazwischen waren andre, sinnigere Seelen, die in der gegenwärtigen Natur nur große, aber verwilderte Anlagen bemerkten und Tag und Nacht beschäftiget waren,

Vorbilder einer edleren Natur zu schaffen. — Sie teilten sich gesellig in das große Werk, die einen suchten die verstummten und verlornen Töne in Luft und Wäldern zu erwecken, andre legten ihre Ahndungen und Bilder schönerer Geschlechter in Erz und Steine nieder, bauten schönere Felsen zu Wohnungen wieder, brachten die verborgenen Schätze aus den Grüften der Erde wieder ans Licht; zähmten die ausgelassenen Ströme, bevölkerten das unwirtliche Meer, führten in öde Zonen alte, herrliche Pflanzen und Tiere zurück, hemmten die Waldüberschwemmungen und pflegten die edleren Blumen und Kräuter, öffneten die Erde den belebenden Berührungen der zeugenden Luft und des zündenden Lichts, lehrten die Farben zu reizenden Bildungen sich mischen und ordnen und Wald und Wiese, Quellen und Felsen wieder zu lieblichen Gärten zusammenzutreten, hauchten in die lebendigen Glieder Töne, um sie zu entfalten und in heitern Schwingungen zu bewegen, nahmen sich der armen, verlaßnen, für Menschensitte empfänglichen Tiere an und säuberten die Wälder von den schädlichen Ungeheuern, diesen Mißgeburten einer entarteten Phantasie. Bald lernte die Natur wieder freundlichere Sitten, sie ward sanfter und. erquicklicher und ließ sich willig zur Beförderung der menschlichen Wünsche finden. Allmählich fing ihr Herz wieder an, menschlich sich zu regen, ihre Phantasien wurden heitrer, sie ward wieder umgänglich und antwortete dem freundlichen Frager gern, und so scheint allmählich die alte goldne Zeit zurückzukommen, in der sie den Menschen Freundin, Trösterin, Priesterin und Wundertäterin war, als sie unter ihnen wohnte und ein himmlischer Umgang die Menschen zu Unsterblichen machte. Dann werden die Gestirne die Erde wieder besuchen, der sie gram geworden waren in jenen Zeiten der Verfinsterung; dann legt die Sonne ihren strengen Zepter nieder und wird wieder Stern unter Sternen, und alle Geschlechter der Welt kommen dann nach langer Trennung wieder zusammen. Dann finden sich die alten verwaisten Familien, und jeder Tag sieht neue Begrüßungen, neue Umarmungen; dann kommen die ehemaligen Bewohner der Erde zu ihr zurück, in jedem Hügel

regt sich neu erglimmende Asche, überall lodern Flammen des
Lebens empor, alte Wohnstätten werden neu erbaut, alte Zeiten
erneuert, und die Geschichte wird zum Traum einer unend-
lichen, unabsehlichen Gegenwart.

Wer dieses Stamms und dieses Glaubens ist und gern auch
das Seinige zu dieser Entwilderung der Natur beitragen will,
geht in den Werkstätten der Künstler umher, belauscht überall
die unvermutet in allen Ständen hervorbrechende Dichtkunst,
wird nimmer müde, die Natur zu betrachten und mit ihr
umzugehen, geht überall ihren Fingerzeigen nach, verschmäht
keinen mühseligen Gang, wenn sie ihm winkt, und sollte er auch
durch Modergrüfte gehen: er findet sicher unsägliche Schätze,
das Grubenlichtchen steht am Ende still, und wer weiß, in
welche himmlische Geheimnisse ihn dann eine reizende Be-
wohnerin des unterirdischen Reichs einweiht. Keiner irrt gewiß
weiter ab vom Ziele, als wer sich selbst einbildet, er kenne schon
das seltsame Reich und wisse mit wenig Worten seine Ver-
fassung zu ergründen und überall den rechten Weg zu finden.
Von selbst geht keinem, der los sich riß und sich zur Insel
machte, das Verständnis auf, auch ohne Mühe nicht. Nur
Kindern oder kindlichen Menschen, die nicht wissen, was sie
tun, kann dies begegnen. Langer, unablässiger Umgang, freie
und künstliche Betrachtung, Aufmerksamkeit auf leise Winke
und Züge, ein inneres Dichterleben, geübte Sinne, ein einfaches
und gottesfürchtiges Gemüt, das sind die wesentlichen Er-
fordernisse eines echten Naturfreundes, ohne welche keinem
sein Wunsch gedeihen wird. Nicht weise scheint es, eine
Menschenwelt ohne volle, aufgeblühte Menschheit begreifen
und verstehn zu wollen. Kein Sinn muß schlummern, und wenn
auch nicht alle gleich wach sind, so müssen sie doch alle angeregt
und nicht unterdrückt und erschlafft sein. So wie man einen
künftigen Maler in dem Knaben sieht, der alle Wände und jeden
ebenen Sand mit Zeichnungen füllt und Farben zu Figuren bunt
verknüpft, so sieht man einen künftigen Weltweisen in jenem,
der allen natürlichen Dingen ohne Rast nachspürt, nachfrägt,
auf alles achtet, jedes Merkwürdige zusammenträgt und froh

ist, wenn er einer neuen Erscheinung, einer neuen Kraft und Kenntnis Meister und Besitzer geworden ist.

Nun dünkt es einigen, es sei der Mühe gar nicht wert, den endlosen Zerspaltungen der Natur nachzugehn, und überdem ein gefährliches Unternehmen, ohne Frucht und Ausgang. So wie man nie das kleinste Korn der festen Körper, nie die einfachste Faser finden werde, weil alle Größe vor- und rückwärts sich ins Unendliche verliert, so sei es auch mit den Arten der Körper und Kräfte; auch hier gerate man auf neue Arten, neue Zusammensetzungen, neue Erscheinungen bis ins Unendliche. Sie schienen dann nur stillzustehn, wenn unser Fleiß ermatte, und so verschwende man die edle Zeit mit müßigen Betrachtungen und langweiligem Zählen, und werde dies zuletzt ein wahrer Wahnsinn, ein fester Schwindel an der entsetzlichen Tiefe. Auch bleibe die Natur, so weit man käme, immer eine furchtbare Mühle des Todes: überall ungeheurer Umschwung, unauflösliche Wirbelkette, ein Reich der Gefräßigkeit, des tollsten Übermuts, eine unglücksschwangere Unermeßlichkeit; die wenigen lichten Punkte beleuchten nur eine desto grausendere Nacht, und Schrecken aller Art müßten jeden Beobachter zur Gefühllosigkeit ängstigen. Wie ein Heiland stehe dem armen Menschengeschlechte der Tod zur Seite, denn ohne Tod wäre der Wahnsinnigste am glücklichsten. Gerade jenes Streben nach Ergründung dieses riesenmäßigen Triebwerks sei schon ein Zug in die Tiefe, ein beginnender Schwindel; denn jeder Reiz scheine ein wachsender Wirbel, der bald sich des Unglücklichen ganz bemächtige und ihn dann durch eine schreckenvolle Nacht mit sich fortreiße. Hier sei die listige Fallgrube des menschlichen Verstandes, den die Natur überall als ihren größten Feind zu vernichten suche. Heil der kindlichen Unwissenheit und Schuldlosigkeit der Menschen, welche sie die entsetzlichen Gefahren nicht gewahr werden ließe, die überall wie furchtbare Wetterwolken um ihre friedlichen Wohnsitze her lägen und jeden Augenblick über sie hereinzubrechen bereit wären. Nur innre Uneinigkeit der Naturkräfte habe die Menschen bis jetzo erhalten, indes könne jener große Zeitpunkt nicht ausbleiben, wo

sich die sämtlichen Menschen durch einen großen gemeinschaft-
lichen Entschluß aus dieser peinlichen Lage, aus diesem furcht-
baren Gefängnisse reißen und durch eine freiwillige Entsagung
ihrer hiesigen Besitztümer auf ewig ihr Geschlecht aus diesem
Jammer erlösen und in eine glücklichere Welt, zu ihrem alten
Vater retten würden. So endeten sie doch ihrer würdig und
kämen ihrer notwendigen, gewaltsamen Vertilgung oder einer
noch entsetzlicheren Ausartung in Tiere, durch stufenweise
Zerstörung der Denkorgane, durch Wahnsinn, zuvor. Umgang
mit Naturkräften, mit Tieren, Pflanzen, Felsen, Stürmen und
Wogen müsse notwendig die Menschen diesen Gegenständen
verähnlichen, und diese Verähnlichung, Verwandlung und
Auflösung des Göttlichen und Menschlichen in unbändige
Kräfte sei der Geist der Natur, dieser fürchterlich verschlingen-
den Macht; und sei nicht alles, was man sehe, schon ein Raub
des Himmels, eine große Ruine ehemaliger Herrlichkeiten,
Überbleibsel eines schrecklichen Mahls?

„Wohl", sagen Mutigere, „laßt unser Geschlecht einen
langsamen, wohldurchdachten Zerstörungskrieg mit dieser
Natur führen. Mit schleichenden Giften müssen wir ihr bei-
zukommen suchen. Der Naturforscher sei ein edler Held, der
sich in den geöffneten Abgrund stürze, um seine Mitbürger zu
erretten. Die Künstler haben ihr schon manchen geheimen
Streich beigebracht, fahrt nur so fort, bemächtigt euch der
heimlichen Fäden und macht sie lüstern nach sich selbst. Be-
nutzt jene Zwiste, um sie, wie jenen feuerspeienden Stier, nach
eurer Willkür lenken zu können. Euch untertänig muß sie
werden. Geduld und Glauben ziemt den Menschenkindern.
Entfernte Brüder sind zu *einem* Zweck mit uns vereint, das
Sternenrad wird das Spinnrad unsers Lebens werden, und dann
können wir durch unsere Sklaven ein neues Dschinnistan uns
bauen. Mit innerm Triumph laßt uns ihren Verwüstungen,
ihren Tumulten zusehn, sie soll an uns sich selbst verkaufen, und
jede Gewalttat soll ihr zur schweren Buße werden. In den
begeisternden Gefühlen unsrer Freiheit laßt uns leben und
sterben, hier quillt der Strom, der sie einst überschwemmen und

zähmen wird, und in ihm laßt uns baden und mit neuem Mut zu Heldentaten uns erfrischen. Bis hieher reicht die Wut des Ungeheuers nicht, ein Tropfen Freiheit ist genug, sie auf immer zu lähmen und ihren Verheerungen Maß und Ziel zu setzen."

„Sie haben recht", sprechen mehrere, „hier oder nirgends liegt der Talisman. Am Quell der Freiheit sitzen wir und spähn; er ist der große Zauberspiegel, in dem rein und klar die ganze Schöpfung sich enthüllt, in ihm baden die zarten Geister und Abbilder aller Naturen, und alle Kammern sehn wir hier aufgeschlossen. Was brauchen wir die trübe Welt der sichtbaren Dinge mühsam zu durchwandern? Die reinere Welt liegt ja in uns, in diesem Quell. Hier offenbart sich der wahre Sinn des großen, bunten, verwirrten Schauspiels; und treten wir von diesen Blicken voll in die Natur, so ist uns alles wohlbekannt, und sicher kennen wir jede Gestalt. Wir brauchen nicht erst lange nachzuforschen, eine leichte Vergleichung, nur wenige Züge im Sande sind genug, um uns zu verständigen. So ist uns alles eine große Schrift, wozu wir den Schlüssel haben, und nichts kommt uns unerwartet, weil wir voraus den Gang des großen Uhrwerks wissen. Nur wir genießen die Natur mit vollen Sinnen, weil sie uns nicht von Sinnen bringt, weil keine Fieberträume uns ängstigen und helle Besonnenheit uns zuversichtlich und ruhig macht."

„Die andern reden irre", sagt ein ernster Mann zu diesen. „Erkennen sie in der Natur nicht den treuen Abdruck ihrer selbst? Sie selbst verzehren sich in wilder Gedankenlosigkeit. Sie wissen nicht, daß ihre Natur ein Gedankenspiel, eine wüste Phantasie ihres Traumes ist. Ja, wohl ist sie ihnen ein entsetzliches Tier, eine seltsame, abenteuerliche Larve ihrer Begierden. Der wachende Mensch sieht ohne Schaudern diese Brut seiner regellosen Einbildungskraft, denn er weiß, daß es nichtige Gespenster seiner Schwäche sind. Er fühlt sich Herr der Welt, sein Ich schwebt mächtig über diesem Abgrund und wird in Ewigkeiten über diesem endlosen Wechsel erhaben schweben. Einklang strebt sein Inneres zu verkünden, zu verbreiten. Er wird in die Unendlichkeit hinaus stets einiger mit sich selbst und

seiner Schöpfung um sich her sein und mit jedem Schritte die
ewige Allwirksamkeit einer hohen sittlichen Weltordnung, der
Veste seines Ichs, immer heller hervortreten sehn. Der Sinn der
Welt ist die Vernunft; um derentwillen ist sie da, und wenn sie
erst der Kampfplatz einer kindlichen, aufblühenden Vernunft
ist, so wird sie einst zum göttlichen Bilde ihrer Tätigkeit, zum
Schauplatz einer wahren Kirche werden. Bis dahin ehre sie der
Mensch als Sinnbild seines Gemüts, das sich mit ihm in un-
bestimmbare Stufen veredelt. Wer also zur Kenntnis der Natur
gelangen will, übe seinen sittlichen Sinn, handle und bilde dem
edlen Kerne seines Innern gemäß, und wie von selbst wird die
Natur sich vor ihm öffnen. Sittliches Handeln ist jener große
und einzige Versuch, in welchem alle Rätsel der mannigfaltig-
sten Erscheinungen sich lösen. Wer ihn versteht und in strengen
Gedankenfolgen ihn zu zerlegen weiß, ist ewiger Meister der
Natur."

Der Lehrling hört mit Bangigkeit die sich kreuzenden Stim-
men. Es scheint ihm jede recht zu haben, und eine sonderbare
Verwirrung bemächtigt sich seines Gemüts. Allmählich legt
sich der innre Aufruhr, und über die dunkeln, sich aneinander
brechenden Wogen scheint ein Geist des Friedens heraufzu-
schweben, dessen Ankunft sich durch neuen Mut und über-
schauende Heiterkeit in der Seele des Jünglings ankündigt.

Ein muntrer Gespiele, dem Rosen und Winden die Schläfe
zierten, kam herbeigesprungen und sah ihn in sich gesenkt
sitzen. „Du Grübler", rief er, „bist auf ganz verkehrtem Wege.
So wirst du keine großen Fortschritte machen. Das Beste ist
überall die Stimmung. Ist das wohl eine Stimmung der Natur?
Du bist noch jung, und fühlst du nicht das Gebot der Jugend
in allen Adern? nicht Liebe und Sehnsucht deine Brust erfüllen?
Wie kannst du nur in der Einsamkeit sitzen? Sitzt die Natur
einsam? Den Einsamen flieht Freude und Verlangen: und ohne
Verlangen, was nützt dir die Natur? Nur unter Menschen wird
er einheimisch, der Geist, der sich mit tausend bunten Farben
in all deine Sinne drängt, der wie eine unsichtbare Geliebte dich
umgibt. Bei unsern Festen löst sich seine Zunge, er sitzt obenan

und stimmt Lieder des fröhlichsten Lebens an. Du hast noch
nicht geliebt, du Armer; beim ersten Kuß wird eine neue Welt
dir aufgetan, mit ihm fährt Leben in tausend Strahlen in dein
entzücktes Herz. Ein Märchen will ich dir erzählen, horche
wohl:

Vor langen Zeiten lebte weit gegen Abend ein blutjunger
Mensch. Er war sehr gut, aber auch über die Maßen wunderlich.
Er grämte sich unaufhörlich um nichts und wieder nichts, ging
immer still für sich hin, setzte sich einsam, wenn die andern
spielten und fröhlich waren, und hing seltsamen Dingen nach.
Höhlen und Wälder waren sein liebster Aufenthalt, und dann
sprach er immerfort mit Tieren und Vögeln, mit Bäumen und
Felsen, natürlich kein vernünftiges Wort, lauter närrisches
Zeug zum Totlachen. Er blieb aber immer mürrisch und
ernsthaft, ungeachtet sich das Eichhörnchen, die Meerkatze,
der Papagei und der Gimpel alle Mühe gaben, ihn zu zerstreuen
und ihn auf den richtigen Weg zu weisen. Die Gans erzählte
Märchen, der Bach klimperte eine Ballade dazwischen, ein
großer dicker Stein machte lächerliche Bockssprünge, die Rose
schlich sich freundlich hinter ihm herum, kroch durch seine
Locken, und der Efeu streichelte ihm die sorgenvolle Stirn.
Allein der Mißmut und Ernst waren hartnäckig. Seine Eltern
waren sehr betrübt, sie wußten nicht, was sie anfangen sollten.
Er war gesund und aß, nie hatten sie ihn beleidigt, er war auch
bis vor wenig Jahren fröhlich und lustig gewesen wie keiner; bei
allen Spielen voran, von allen Mädchen gern gesehn. Er war
recht bildschön, sah aus wie gemalt, tanzte wie ein Schatz.
Unter den Mädchen war eine, ein köstliches, bildschönes Kind,
sah aus wie Wachs, Haare wie goldne Seide, kirschrote Lippen,
wie ein Püppchen gewachsen, brandrabenschwarze Augen. Wer
sie sah, hätte mögen vergehn, so lieblich war sie. Damals war
Rosenblüte, so hieß sie, dem bildschönen Hyazinth, so hieß er,
von Herzen gut, und er hatte sie lieb zum Sterben. Die andern
Kinder wußten's nicht. Ein Veilchen hatte es ihnen zuerst
gesagt, die Hauskätzchen hatten es wohl gemerkt, die Häuser

ihrer Eltern lagen nahe beisammen. Wenn nun Hyazinth die
Nacht an seinem Fenster stand und Rosenblüte an ihrem und
die Kätzchen auf den Mäusefang da vorbeiliefen, da sahen sie
die beiden stehn und lachten und kickerten oft so laut, daß sie
es hörten und böse wurden. Das Veilchen hatte es der Erdbeere
im Vertrauen gesagt, die sagte es ihrer Freundin, der Sta-
chelbeere, die ließ nun das Sticheln nicht, wenn Hyazinth
gegangen kam; so erfuhr's denn bald der ganze Garten und
der Wald, und wenn Hyazinth ausging, so rief's von allen Sei-
ten: ‚Rosenblütchen ist mein Schätzchen!' Nun ärgerte sich
Hyazinth und mußte doch auch wieder aus Herzensgrunde
lachen, wenn das Eidechschen geschlüpft kam, sich auf einen
warmen Stein setzte, mit dem Schwänzchen wedelte und
sang:

> ‚Rosenblütchen, das gute Kind,
> Ist geworden auf einmal blind,
> Denkt, die Mutter sei Hyazinth,
> Fällt ihm um den Hals geschwind;
> Merkt sie aber das fremde Gesicht,
> Denkt nur an, da erschrickt sie nicht,
> Fährt, als merkte sie kein Wort,
> Immer nur mit Küssen fort.'

Ach! wie bald war die Herrlichkeit vorbei. Es kam ein Mann
aus fremden Landen gegangen, der war erstaunlich weit gereist,
hatte einen langen Bart, tiefe Augen, entsetzliche Augen-
brauen, ein wunderliches Kleid mit vielen Falten und seltsame
Figuren hineingewebt. Er setzte sich vor das Haus, das
Hyazinths Eltern gehörte. Nun war Hyazinth sehr neugierig
und setzte sich zu ihm und holte ihm Brot und Wein. Da tat
er seinen weißen Bart voneinander und erzählte bis tief in die
Nacht, und Hyazinth wich und wankte nicht und wurde auch
nicht müde zuzuhören. Soviel man nachher vernahm, so hat er
viel von fremden Ländern, unbekannten Gegenden, von
erstaunlich wunderbaren Sachen erzählt und ist drei Tage
dageblieben und mit Hyazinth in tiefe Schachten hinunter-

gekrochen. Rosenblütchen hat genug den alten Hexenmeister verwünscht, denn Hyazinth ist ganz versessen auf seine Gespräche gewesen und hat sich um nichts bekümmert; kaum daß er ein wenig Speise zu sich genommen. Endlich hat jener sich fortgemacht, doch dem Hyazinth ein Büchelchen dagelassen, das kein Mensch lesen konnte. Dieser hat ihm noch Früchte, Brot und Wein mitgegeben und ihn weit weg begleitet. Und dann ist er tiefsinnig zurückgekommen und hat einen ganz neuen Lebenswandel begonnen. Rosenblütchen hat recht zum Erbarmen um ihn getan, denn von der Zeit an hat er sich wenig aus ihr gemacht und ist immer für sich geblieben. Nun begab sich's, daß er einmal nach Hause kam und war wie neugeboren. Er fiel seinen Eltern um den Hals und weinte. ‚Ich muß fort in fremde Lande‘, sagte er, ‚die alte wunderliche Frau im Walde hat mir erzählt, wie ich gesund werden müßte, das Buch hat sie ins Feuer geworfen und hat mich getrieben, zu euch zu gehn und euch um euren Segen zu bitten. Vielleicht komme ich bald, vielleicht nie wieder. Grüßt Rosenblütchen. Ich hätte sie gern gesprochen, ich weiß nicht, wie mir ist, es drängt mich fort; wenn ich an die alten Zeiten zurückdenken will, so kommen gleich mächtigere Gedanken dazwischen, die Ruhe ist fort, Herz und Liebe mit, ich muß sie suchen gehn. Ich wollt euch gern sagen, wohin, ich weiß selbst nicht, dahin, wo die Mutter der Dinge wohnt, die verschleierte Jungfrau. Nach der ist mein Gemüt entzündet. Lebt wohl.‘ Er riß sich los und ging fort. Seine Eltern wehklagten und vergossen Tränen, Rosenblütchen blieb in ihrer Kammer und weinte bitterlich. Hyazinth lief nun, was er konnte, durch Täler und Wildnisse, über Berge und Ströme, dem geheimnisvollen Lande zu. Er fragte überall nach der heiligen Göttin (Isis) Menschen und Tiere, Felsen und Bäume. Manche lachten, manche schwiegen, nirgends erhielt er Bescheid. Im Anfange kam er durch rauhes, wildes Land, Nebel und Wolken warfen sich ihm in den Weg, es stürmte immerfort; dann fand er unabsehliche Sandwüsten, glühenden Staub, und wie er wandelte, so veränderte sich auch sein Gemüt, die Zeit wurde ihm lang, und die innre Unruhe legte sich, er wurde

sanfter und das gewaltige Treiben in ihm allgemach zu einem
leisen, aber starken Zuge, in den sein ganzes Gemüt sich auf-
löste. Es lag wie viele Jahre hinter ihm. Nun wurde die Gegend
auch wieder reicher und mannigfaltiger, die Luft lau und blau,
der Weg ebener, grüne Büsche lockten ihn mit anmutigem
Schatten, aber er verstand ihre Sprache nicht, sie schienen auch
nicht zu sprechen, und doch erfüllten sie auch sein Herz mit
grünen Farben und kühlem, stillem Wesen. Immer höher wuchs
jene süße Sehnsucht in ihm, und immer breiter und saftiger
wurden die Blätter, immer lauter und lustiger die Vögel und
Tiere, balsamischer die Früchte, dunkler der Himmel, wärmer
die Luft und heißer seine Liebe, die Zeit ging immer schneller,
als sähe sie sich nahe am Ziele. Eines Tages begegnete er einem
kristallnen Quell und einer Menge Blumen, die kamen in ein Tal
herunter zwischen schwarzen himmelhohen Säulen. Sie grüßten
ihn freundlich mit bekannten Worten. ‚Liebe Landsleute‘, sagte
er, ‚wo find ich wohl den geheiligten Wohnsitz der Isis? Hier-
herum muß er sein, und ihr seid vielleicht hier bekannter als ich.‘
— ‚Wir gehn auch nur hier durch‘, antworteten die Blumen; ‚eine
Geisterfamilie ist auf der Reise, und wir bereiten ihr Weg und
Quartier, indes sind wir vor kurzem durch eine Gegend ge-
kommen, da hörten wir ihren Namen nennen. Gehe nur auf-
wärts, wo wir herkommen, so wirst du schon mehr erfahren.‘
Die Blumen und die Quelle lächelten, wie sie das sagten, boten
ihm einen frischen Trunk und gingen weiter. Hyazinth folgte
ihrem Rat, frug und frug und kam endlich zu jener längst
gesuchten Wohnung, die unter Palmen und andern köstlichen
Gewächsen versteckt lag. Sein Herz klopfte in unendlicher
Sehnsucht, und die süßeste Bangigkeit durchdrang ihn in dieser
Behausung der ewigen Jahreszeiten. Unter himmlischen Wohl-
gedüften entschlummerte er, weil ihn nur der Traum in das
Allerheiligste führen durfte. Wunderlich führte ihn der Traum
durch unendliche Gemächer voll seltsamer Sachen auf lauter
reizenden Klängen und in abwechselnden Akkorden. Es dünkte
ihm alles so bekannt und doch in niegesehener Herrlichkeit, da
schwand auch der letzte irdische Anflug, wie in Luft verzehrt,

und er stand vor der himmlischen Jungfrau, da hob er den leichten, glänzenden Schleier, und Rosenblütchen sank in seine Arme. Eine ferne Musik umgab die Geheimnisse des liebenden Wiedersehns, die Ergießungen der Sehnsucht, und schloß alles Fremde von diesem entzückenden Orte aus. Hyazinth lebte nachher noch lange mit Rosenblütchen unter seinen frohen Eltern und Gespielen, und unzählige Enkel dankten der alten wunderlichen Frau für ihren Rat und ihr Feuer; denn damals bekamen die Menschen so viel Kinder, als sie wollten."

Die Lehrlinge umarmten sich und gingen fort. Die weiten hallenden Säle standen leer und hell da, und das wunderbare Gespräch in zahllosen Sprachen unter den tausendfaltigen Naturen, die in diesen Sälen zusammengebracht und in mannig-faltigen Ordnungen aufgestellt waren, dauerte fort. Ihre innern Kräfte spielten gegeneinander. Sie strebten in ihre Freiheit, in ihre alten Verhältnisse zurück. Wenige standen auf ihrem eigentlichen Platze und sahen in Ruhe dem mannigfaltigen Treiben um sich her zu. Die übrigen klagten über entsetzliche Qualen und Schmerzen und bejammerten das alte, herrliche Leben im Schoße der Natur, wo sie eine gemeinschaftliche Freiheit vereinigte und jedes von selbst erhielt, was es bedurfte. „Oh! daß der Mensch", sagten sie, „die innre Musik der Natur verstände und einen Sinn für äußere Harmonie hätte. Aber er weiß ja kaum, daß wir zusammengehören und keins ohne das andere bestehen kann. Er kann nichts liegen lassen, tyrannisch trennt er uns und greift in lauter Dissonanzen herum. Wie glücklich könnte er sein, wenn er mit uns freundlich umginge und auch in unsern großen Bund träte, wie ehemals in der gold-nen Zeit, wie er sie mit Recht nennt. In jener Zeit verstand er uns, wie wir ihn verstanden. Seine Begierde, Gott zu werden, hat ihn von uns getrennt, er sucht, was wir nicht wissen und ahnden können, und seitdem ist er keine begleitende Stimme, keine Mitbewegung mehr. Er ahndet wohl die unendliche Wollust, den ewigen Genuß in uns, und darum hat er eine so wunderbare Liebe zu einigen unter uns. Der Zauber des Goldes, die Ge-

heimnisse der Farben, die Freuden des Wassers sind ihm nicht
fremd, in den Antiken ahndet er die Wunderbarkeit der Steine,
und dennoch fehlt ihm noch die süße Leidenschaft für das
Weben der Natur, das Auge für unsre entzückenden Mysterien.
Lernt er nur einmal fühlen? Diesen himmlischen, diesen natür-
lichsten aller Sinne kennt er noch wenig; durch das Gefühl
würde die alte, ersehnte Zeit zurückkommen; das Element des
Gefühls ist ein inneres Licht, was sich in schönern, kräftigern
Farben bricht. Dann gingen die Gestirne in ihm auf, er lernte
die ganze Welt fühlen, klärer und mannigfaltiger, als ihm das
Auge jetzt Grenzen und Flächen zeigt. Er würde Meister eines
unendlichen Spiels und vergäße alle törichten Bestrebungen in
einem ewigen, sich selbst nährenden und immer wachsenden
Genusse. Das Denken ist nur ein Traum des Fühlens, ein
erstorbenes Fühlen, ein blaßgraues, schwaches Leben."

Wie sie so sprachen, strahlte die Sonne durch die hohen
Fenster, und in ein sanftes Säuseln verlor sich der Lärm des
Gesprächs; eine unendliche Ahndung durchdrang alle Ge-
stalten, die lieblichste Wärme verbreitete sich über alle, und der
wunderbarste Naturgesang erhob sich aus der tiefsten Stille.
Man hörte Menschenstimmen in der Nähe, die großen Flü-
geltüren nach dem Garten zu wurden geöffnet, und einige
Reisende setzten sich auf die Stufen der breiten Treppe, in den
Schatten des Gebäudes. Die reizende Landschaft lag in schöner
Erleuchtung vor ihnen, und im Hintergrunde verlor sich der
Blick an blauen Gebirgen hinauf. Freundliche Kinder brachten
mannigfaltige Speisen und Getränke, und bald begann ein leb-
haftes Gespräch unter ihnen.

„Auf alles, was der Mensch vornimmt, muß er seine *ungeteilte*
Aufmerksamkeit oder sein Ich richten", sagte endlich der
eine, „und wenn er dieses getan hat, so entstehn bald Gedan-
ken oder eine neue Art von Wahrnehmungen, die nichts als
zarte Bewegungen eines färbenden oder klappernden Stifts
oder wunderliche Zusammenziehungen und Figurationen einer
elastischen Flüssigkeit zu sein scheinen, auf eine wunderbare

Weise in ihm. Sie verbreiten sich von dem Punkte, wo er den Eindruck feststach, nach allen Seiten mit lebendiger Beweglichkeit und nehmen sein Ich mit fort. Er kann dieses Spiel oft gleich wieder vernichten, indem er seine Aufmerksamkeit wieder teilt oder nach Willkür herumschweifen läßt, denn sie scheinen nichts als Strahlen und Wirkungen, die jenes Ich nach allen Seiten zu in jenem elastischen Medium erregt, oder seine Brechungen in demselben oder überhaupt ein seltsames Spiel der Wellen dieses Meers mit der starren Aufmerksamkeit zu sein. Höchst merkwürdig ist es, daß der Mensch erst in diesem Spiele seine Eigentümlichkeit, seine spezifische Freiheit recht gewahr wird und daß es ihm vorkommt, als erwache er aus einem tiefen Schlafe, als sei er nun erst in der Welt zu Hause und verbreite jetzt erst das Licht des Tages sich über seine innere Welt. Er glaubt es am höchsten gebracht zu haben, wenn er, ohne jenes Spiel zu stören, zugleich die gewöhnlichen Geschäfte der Sinne vornehmen und empfinden und denken zugleich kann. Dadurch gewinnen beide Wahrnehmungen: die Außenwelt wird durchsichtig und die Innenwelt mannigfaltig und bedeutungsvoll, und so befindet sich der Mensch in einem innig lebendigen Zustande zwischen zwei Welten in der vollkommensten Freiheit und dem freudigsten Machtgefühl. Es ist natürlich, daß der Mensch diesen Zustand zu verewigen und ihn über die ganze Summe seiner Eindrücke zu verbreiten sucht; daß er nicht müde wird, diese Assoziationen beider Welten zu verfolgen und ihren Gesetzen und ihren Sympathien und Antipathien nachzuspüren. Den Inbegriff dessen, was uns rührt, nennt man die Natur, und also steht die Natur in einer unmittelbaren Beziehung auf die Gliedmaßen unsers Körpers, die wir Sinne nennen. Unbekannte und geheimnisvolle Beziehungen unsers Körpers lassen unbekannte und geheimnisvolle Verhältnisse der Natur vermuten, und so ist die Natur jene wunderbare Gemeinschaft, in die unser Körper uns einführt und die wir nach dem Maße seiner Einrichtungen und Fähigkeiten kennenlernen. Es frägt sich, ob wir die Natur der Naturen durch diese spezielle Natur wahrhaft begreifen lernen können und inwiefern unsre Ge-

danken und die Intensität unsrer Aufmerksamkeit durch dieselbe bestimmt werden oder sie bestimmen und dadurch von der Natur losreißen und vielleicht ihre zarte Nachgiebigkeit verderben. Man sieht wohl, daß diese innern Verhältnisse und Einrichtungen unsers Körpers vor allen Dingen erforscht werden müssen, ehe wir diese Frage zu beantworten und in die Natur der Dinge zu dringen hoffen können. Es ließe sich jedoch auch denken, daß wir überhaupt erst uns mannigfach im Denken müßten geübt haben, ehe wir uns an dem innern Zusammenhang unsers Körpers versuchen und seinen Verstand zum Verständnis der Natur gebrauchen könnten, und da wäre freilich nichts natürlicher, als alle mögliche Bewegungen des Denkens hervorzubringen und eine Fertigkeit in diesem Geschäft sowie eine Leichtigkeit zu erwerben, von einer zur andern überzugehen und sie mannigfach zu verbinden und zu zerlegen. Zu dem Ende müßte man alle Eindrücke aufmerksam betrachten, das dadurch entstehende Gedankenspiel ebenfalls genau bemerken, und sollten dadurch abermals neue Gedanken entstehn, auch diesen zusehn, um so allmählich ihren Mechanismus zu erfahren und durch eine oftmalige Wiederholung die mit jedem Eindruck beständig verbundnen Bewegungen von den übrigen unterscheiden und behalten zu lernen. Hätte man dann nur erst einige Bewegungen, als Buchstaben der Natur, herausgebracht, so würde das Dechiffrieren immer leichter vonstatten gehn und die Macht über die Gedankenerzeugung und Bewegung den Beobachter in Stand setzen, auch ohne vorhergegangenen wirklichen Eindruck Naturgedanken hervorzubringen und Naturkompositionen zu entwerfen, und dann wäre der Endzweck erreicht."

„Es ist wohl viel gewagt", sagte ein anderer, „so aus den äußerlichen Kräften und Erscheinungen der Natur sie zusammensetzen zu wollen und sie bald für ein ungeheures Feuer, bald für einen wunderbar gestalteten [B]all, bald für eine Zweiheit oder Dreiheit oder für irgendeine andere seltsamliche Kraft auszugeben. Es wäre denkbarer, daß sie das Erzeugnis eines unbegreiflichen Einverständnisses unendlich verschiedner

Wesen wäre, das wunderbare Band der Geisterwelt, der Vereinigungs- und Berührungspunkt unzähliger Welten."

„Laß es gewagt sein", sprach ein Dritter; „je willkürlicher das Netz gewebt ist, das der kühne Fischer auswirft, desto glücklicher ist der Fang. Man ermuntre nur jeden, seinen Gang so weit als möglich fortzusetzen, und jeder sei willkommen, der mit einer neuen Phantasie die Dinge überspinnt. Glaubst du nicht, daß es gerade die gut ausgeführten Systeme sein werden, aus denen der künftige Geograph der Natur die Data zu seiner großen Naturkarte nimmt? Sie wird er vergleichen, und diese Vergleichung wird uns das sonderbare Land erst kennen lehren. Die Erkenntnis der Natur wird aber noch himmelweit von ihrer Auslegung verschieden sein. Der eigentliche Chiffrierer wird vielleicht dahin kommen, mehrere Naturkräfte zugleich zu Hervorbringung herrlicher und nützlicher Erscheinungen in Bewegung zu setzen, er wird auf der Natur wie auf einem großen Instrument phantasieren können, und doch wird er die Natur nicht verstehn. Dies ist die Gabe des Naturhistorikers, des Zeitensehers, der, vertraut mit der Geschichte der Natur und bekannt mit der Welt, diesem höheren Schauplatz der Naturgeschichte, ihre Bedeutungen wahrnimmt und weissagend verkündigt. Noch ist dieses Gebiet ein unbekanntes, ein heiliges Feld. Nur göttliche Gesandte haben einzelne Worte dieser höchsten Wissenschaft fallen lassen, und es ist nur zu verwundern, daß die ahndungsvollen Geister sich diese Ahndung haben entgehn lassen und die Natur zur einförmigen Maschine, ohne Vorzeit und Zukunft, erniedrigt haben. Alles Göttliche hat eine Geschichte, und die Natur, dieses einzige Ganze, womit der Mensch sich vergleichen kann, sollte nicht so gut wie der Mensch in einer Geschichte begriffen sein oder, welches eins ist, einen Geist haben? Die Natur wäre nicht die Natur, wenn sie keinen Geist hätte, nicht jenes einzige Gegenbild der Menschheit, nicht die unentbehrliche Antwort dieser geheimnisvollen Frage oder die Frage zu dieser unendlichen Antwort."

„Nur die Dichter haben es gefühlt, was die Natur den

Menschen sein kann", begann ein schöner Jüngling, „und man
kann auch hier von ihnen sagen, daß sich die Menschheit in
ihnen in der vollkommensten Auflösung befindet und daher
jeder Eindruck durch ihre Spiegelhelle und Beweglichkeit rein
in allen seinen unendlichen Veränderungen nach allen Seiten
fortgepflanzt wird. Alles finden sie in der Natur. Ihnen allein
bleibt die Seele derselben nicht fremd, und sie suchen in ihrem
Umgang alle Seligkeiten der goldnen Zeit nicht umsonst. Für
sie hat die Natur alle Abwechselungen eines unendlichen
Gemüts, und mehr als der geistvollste, lebendigste Mensch
überrascht sie durch sinnreiche Wendungen und Einfälle, Be-
gegnungen und Abweichungen, große Ideen und Bizarrerien.
Der unerschöpfliche Reichtum ihrer Phantasie läßt keinen
vergebens ihren Umgang aufsuchen. Alles weiß sie zu ver-
schönern, zu beleben, zu bestätigen, und wenn auch im einzelnen
ein bewußtloser, nichtsbedeutender Mechanismus allein zu
herrschen scheint, so sieht doch das tiefer sehende Auge eine
wunderbare Sympathie mit dem menschlichen Herzen im
Zusammentreffen und in der Folge der einzelnen Zufälligkei-
ten. Der Wind ist eine Luftbewegung, die manche äußere
Ursachen haben kann, aber ist er dem einsamen, sehnsuchtsvol-
len Herzen nicht mehr, wenn er vorübersaust, von geliebten
Gegenden herweht und mit tausend dunkeln, wehmütigen
Lauten den stillen Schmerz in einen tiefen melodischen Seufzer
der ganzen Natur aufzulösen scheint? Fühlt nicht so auch im
jungen, bescheidnen Grün der Frühlingswiesen der junge
Liebende seine ganze blumenschwangre Seele mit entzückender
Wahrheit ausgesprochen, und ist je die Üppigkeit einer nach
süßer Auflösung in goldnen Wein lüsternen Seele köstlicher und
erwecklicher erschienen als in einer vollen, glänzenden Traube,
die sich unter den breiten Blättern halb versteckt? Man be-
schuldigt die Dichter der Übertreibung und hält ihnen ihre
bildliche uneigentliche Sprache gleichsam nur zugute, ja man
begnügt sich ohne tiefere Untersuchung, ihrer Phantasie jene
wunderliche Natur zuzuschreiben, die manches sieht und hört,
was andere nicht hören und sehen, und die in einem lieblichen

Wahnsinn mit der wirklichen Welt nach ihrem Belieben schaltet und waltet; aber mir scheinen die Dichter noch bei weitem nicht genug zu übertreiben, nur dunkel den Zauber jener Sprache zu ahnden und mit der Phantasie nur so zu spielen, wie ein Kind mit dem Zauberstabe seines Vaters spielt. Sie wissen nicht, welche Kräfte ihnen untertan sind, welche Welten ihnen gehorchen müssen. Ist es denn nicht wahr, daß Steine und Wälder der Musik gehorchen und, von ihr gezähmt, sich jedem Willen wie Haustiere fügen? — Blühen nicht wirklich die schönsten Blumen um die Geliebte und freuen sich, sie zu schmücken? Wird für sie der Himmel nicht heiter und das Meer nicht eben? — Drückt nicht die ganze Natur, so gut wie das Gesicht und die Gebärden, der Puls und die Farben, den Zustand eines jeden der höheren, wunderbaren Wesen aus, die wir Menschen nennen? Wird nicht der Fels ein eigentümliches Du, eben wenn ich ihn anrede? Und was bin ich anders als der Strom, wenn ich wehmütig in seine Wellen hinabschaue und die Gedanken in seinem Gleiten verliere? Nur ein ruhiges, genußvolles Gemüt wird die Pflanzenwelt, nur ein lustiges Kind oder ein Wilder die Tiere verstehn. — Ob jemand die Steine und Gestirne schon verstand, weiß ich nicht, aber gewiß muß dieser ein erhabnes Wesen gewesen sein. In jenen Statuen, die aus einer untergegangenen Zeit der Herrlichkeit des Menschengeschlechts übriggeblieben sind, leuchtet allein so ein tiefer Geist, so ein seltsames Verständnis der Steinwelt hervor und überzieht den sinnvollen Betrachter mit einer Steinrinde, die nach innen zu wachsen scheint. Das Erhabne wirkt versteinernd, und so dürften wir uns nicht über das Erhabne der Natur und seine Wirkungen wundern oder nicht wissen, wo es zu suchen sei. Könnte die Natur nicht über den Anblick Gottes zu Stein geworden sein? Oder vor Schrecken über die Ankunft des Menschen?"

Über diese Rede war der, welcher zuerst gesprochen hatte, in tiefe Betrachtung gesunken, die fernen Berge wurden buntgefärbt, und der Abend legte sich mit süßer Vertraulichkeit über die Gegend. Nach einer langen Stille hörte man ihn sagen: „Um die Natur zu begreifen, muß man die Natur innerlich in

ihrer ganzen Folge entstehen lassen. Bei dieser Unternehmung
muß man sich bloß von der göttlichen Sehnsucht nach Wesen,
die uns gleich sind, und den notwendigen Bedingungen, die-
selben zu vernehmen, bestimmen lassen, denn wahrhaftig, die
ganze Natur ist nur als Werkzeug und Medium des Einver-
ständnisses vernünftiger Wesen begreiflich. Der denkende
Mensch kehrt zur ursprünglichen Funktion seines Daseins, zur
schaffenden Betrachtung, zu jenem Punkte zurück, wo Her-
vorbringen und Wissen in der wundervollsten Wechselverbin-
dung standen, zu jenem schöpferischen Moment des eigent-
lichen Genusses, des innern Selbstempfängnisses. Wenn er nun
ganz in die *Beschauung* dieser Urerscheinung versinkt, so ent-
faltet sich vor ihm in neu entstehenden Zeiten und Räumen, wie
ein unermeßliches Schauspiel, die Erzeugungsgeschichte der
Natur, und jeder feste Punkt, der sich in der unendlichen Flüs-
sigkeit ansetzt, wird ihm eine neue Offenbarung des Genius der
Liebe, ein neues Band des Du und des Ich. Die sorgfältige
Beschreibung dieser innern Weltgeschichte ist die wahre
Theorie der Natur; durch den Zusammenhang seiner Ge-
dankenwelt in sich und ihrer Harmonie mit dem Universum
bildet sich von selbst ein Gedankensystem zur getreuen Ab-
bildung und Formel des Universums. Aber die Kunst des ru-
higen Beschauens, der schöpferischen Weltbetrachtung ist
schwer, unaufhörliches ernstes Nachdenken und strenge Nüch-
ternheit fordert die Ausführung, und die Belohnung wird kein
Beifall der mühescheuenden Zeitgenossen, sondern nur eine
Freude des Wissens und [M]achens, eine innigere Berührung des
Universums sein."

„Ja", sagte der Zweite, „nichts ist so bemerkenswert als das
große Zugleich in der Natur. Überall scheint die Natur ganz
gegenwärtig. In der Flamme eines Lichts sind alle Naturkräfte
tätig, und so repräsentiert und verwandelt sie sich überall und
unaufhörlich, treibt Blätter, Blüten und Früchte zusammen
und ist mitten in der Zeit gegenwärtig, vergangen und zukünftig
zugleich; und wer weiß, in welche eigne Art von Ferne sie
ebenfalls wirkt und ob nicht dieses Natursystem nur eine Sonne

ist im Universo, die durch Bande an dasselbe geknüpft ist, durch
ein Licht und einen Zug und Einflüsse, die zunächst in userm
Geiste sich deutlicher vernehmen lassen und aus ihm heraus den
Geist des Universums über diese Natur ausgießen und den
Geist dieser Natur an andere Natursysteme verteilen."

„Wenn der Denker", sprach der Dritte, „mit Recht als
Künstler den tätigen Weg betritt und durch eine geschickte
Anwendung seiner geistigen Bewegungen das Weltall auf eine
einfache, rätselhaft scheinende Figur zu reduzieren sucht — ja
man möchte sagen, die Natur tanzt — und mit Worten die Linien
der Bewegungen nachschreibt, so muß der Liebhaber der Natur
dieses kühne Unternehmen bewundern und sich auch über das
Gedeihen dieser menschlichen Anlage freuen. Billig stellt der
Künstler die Tätigkeit obenan, denn sein Wesen ist Tun und
Hervorbringen mit Wissen und Willen, und seine Kunst ist, sein
Werkzeug zu allem gebrauchen, die Welt auf seine Art nach-
bilden zu können, und darum wird das Prinzip seiner Welt
Tätigkeit und seine Welt seine Kunst. Auch hier wird die Natur
in neuer Herrlichkeit sichtbar, und nur der gedankenlose
Mensch wirft die unleserlichen, wunderlich gemischten Worte
mit Verachtung weg. Dankbar legt der Priester diese neue,
erhabene Meßkunst auf den Altar zu der magnetischen Nadel,
die sich nie verirrt und zahllose Schiffe auf dem pfadlosen
Ozean zu bewohnten Küsten und den Häfen des Vaterlandes
zurückführte. Außer dem Denker gibt es aber noch andre
Freunde des Wissens, die dem Hervorbringen durch Denken
nicht vorzüglich zugetan und also ohne Beruf zu dieser Kunst
lieber Schüler der Natur werden, ihre Freude im Lernen, nicht
im Lehren, im Erfahren, nicht im Machen, im Empfangen,
nicht im Geben finden. Einige sind geschäftig und nehmen im
Vertrauen auf die Allgegenwart und die innige Verwandtschaft
der Natur, mithin auch im voraus von der Unvollständigkeit
und der Kontinuität alles einzelnen überzeugt, irgendeine Er-
scheinung mit Sorgfalt auf und halten den in tausend Gestalten
sich verwandelnden Geist derselben mit stetem Blicke fest und
gehn dann an diesem Faden durch alle Schlupfwinkel der ge-

heimen Werkstätte, um eine vollständige Verzeichnung dieser labyrinthischen Gänge entwerfen zu können. Sind sie mit dieser mühseligen Arbeit fertig, so ist auch unvermerkt ein höherer Geist über sie gekommen, und es wird ihnen dann leicht, über die vorliegende Karte zu reden und jedem Suchenden seinen Weg vorzuschreiben. Unermeßlicher Nutzen segnet ihre mühsame Arbeit, und der Grundriß ihrer Karte wird auf eine überraschende Weise mit dem Systeme des Denkers übereinstimmen, und sie werden diesem zum Trost gleichsam den lebendigen Beweis seiner abstrakten Sätze unwillkürlich geführt haben. Die Müßigsten unter ihnen erwarten kindlich von liebevoller Mitteilung höherer, von ihnen mit Inbrunst verehrter Wesen die ihnen nützliche Kenntnis der Natur. Sie mögen Zeit und Aufmerksamkeit in diesem kurzen Leben nicht Geschäften widmen und dem Dienste der Liebe entziehn. Durch frommes Betragen suchen sie nur Liebe zu gewinnen, nur Liebe mitzuteilen, unbekümmert um das große Schauspiel der Kräfte, ruhig ihrem Schicksale in diesem Reiche der Macht ergeben, weil das innige Bewußtsein ihrer Unzertrennlichkeit von den geliebten Wesen sie erfüllt und die Natur sie nur als Abbild und Eigentum derselben rührt. Was brauchen diese glücklichen Seelen zu wissen, die das beste Teil erwählt haben und als reine Flamme der Liebe in dieser irdischen Welt nur auf den Spitzen der Tempel oder auf umhergetriebenen Schiffen als Zeichen des überströmenden himmlischen Feuers lodern? Oft erfahren diese liebenden Kinder in seligen Stunden herrliche Dinge aus den Geheimnissen der Natur und tun sie in unbewußter Einfalt kund. Ihren Tritten folgt der Forscher, um jedes Kleinod zu sammeln, was sie in ihrer Unschuld und Freude haben fallen lassen, ihrer Liebe huldigt der mitfühlende Dichter und sucht durch seine Gesänge diese Liebe, diesen Keim des goldnen Alters, in andre Zeiten und Länder zu verpflanzen."

„Wem regt sich nicht", rief der Jüngling mit funkelndem Auge, „das Herz in hüpfender Lust, wenn ihm das innerste Leben der Natur in seiner ganzen Fülle in das Gemüt kommt! wenn dann jenes mächtige Gefühl, wofür die Sprache keine

andere Namen als Liebe und Wollust hat, sich in ihm ausdehnt
wie ein gewaltiger, alles auflösender Dunst und er bebend in
süßer Angst in den dunkeln lockenden Schoß der Natur ver-
sinkt, die arme Persönlichkeit in den überschlagenden Wogen
der Lust sich verzehrt und nichts als ein Brennpunkt der un-
ermeßlichen Zeugungskraft, ein verschluckender Wirbel im
großen Ozean übrigbleibt! Was ist die überall erscheinende
Flamme? Eine innige Umarmung, deren süße Frucht in wol-
lüstigen Tropfen heruntertaut. Das Wasser, dieses erstgeborne
Kind luftiger Verschmelzungen, kann seinen wollüstigen Ur-
sprung nicht verleugnen und zeigt sich als Element der Liebe
und der Mischung mit himmlischer Allgewalt auf Erden. Nicht
unwahr haben alte Weisen im Wasser den Ursprung der Dinge
gesucht, und wahrlich, sie haben von einem höhern Wasser als
dem Meer- und Quellwasser gesprochen. In jenem offenbaret
sich nur das Urflüssige, wie es im flüssigen Metall zum Vor-
schein kommt, und darum mögen die Menschen es immer auch
nur göttlich verehren. Wie wenige haben sich noch in die
Geheimnisse des Flüssigen vertieft, und manchem ist diese
Ahndung des höchsten Genusses und Lebens wohl nie in der
trunkenen Seele aufgegangen. Im Durste offenbaret sich diese
Weltseele, diese gewaltige Sehnsucht nach dem Zerfließen. Die
Berauschten fühlen nur zu gut diese überirdische Wonne des
Flüssigen, und am Ende sind alle angenehme Empfindungen in
uns mannigfache Zerfließungen, Regungen jener Urgewässer in
uns. Selbst der Schlaf ist nichts als die Flut jenes unsichtbaren
Weltmeers, und das Erwachen das Eintreten der Ebbe. Wie
viele Menschen stehn an den berauschenden Flüssen und hö-
ren nicht das Wiegenlied dieser mütterlichen Gewässer und
genießen nicht das entzückende Spiel ihrer unendlichen Wellen!
Wie diese Wellen, lebten wir in der goldnen Zeit; in buntfar-
bigen Wolken, diesen schwimmenden Meeren und Urquellen des
Lebendigen auf Erden, liebten und erzeugten sich die Ge-
schlechter der Menschen in ewigen Spielen, wurden besucht von
den Kindern des Himmels, und erst in jener großen Begeben-
heit, welche heilige Sagen die Sündflut nennen, ging diese

blühende Welt unter; ein feindliches Wesen schlug die Erde
nieder, und einige Menschen blieben, geschwemmt auf die
Klippen der neuen Gebirge, in der fremden Welt zurück. Wie
seltsam, daß gerade die heiligsten und reizendsten Erscheinun-
gen der Natur in den Händen so toter Menschen sind, als die
Scheidekünstler zu sein pflegen! sie, die den schöpferischen Sinn
der Natur mit Macht erwecken, nur ein Geheimnis der Lie-
benden, Mysterien der höhern Menschheit sein sollten, werden
mit Schamlosigkeit und sinnlos von rohen Geistern hervorge-
rufen, die nie wissen werden, welche Wunder ihre Gläser
umschließen. Nur Dichter sollten mit dem Flüssigen umgehn
und von ihm der glühenden Jugend erzählen dürfen; die
Werkstätten wären Tempel, und mit neuer Liebe würden die
Menschen ihre Flamme und ihre Flüsse verehren und sich ihrer
rühmen. Wie glücklich würden die Städte sich wieder dünken,
die das Meer oder ein großer Strom bespült, und jede Quelle
würde wieder die Freistätte der Liebe und der Aufenthalt der
erfahrnen und geistreichen Menschen. Darum lockt auch die
Kinder nichts mehr als Feuer und Wasser, und jeder Strom
verspricht ihnen, in die bunte Ferne, in schönere Gegenden sie
zu führen. Es ist nicht bloß Widerschein, daß der Himmel im
Wasser liegt, es ist eine zarte Befreundung, ein Zeichen der
Nachbarschaft, und wenn der unerfüllte Trieb in die un-
ermeßliche Höhe will, so versinkt die glückliche Liebe gern in
die endlose Tiefe. Aber es ist umsonst, die Natur lehren und
predigen zu wollen. Ein Blindgeborner lernt nicht sehen, und
wenn man ihm noch soviel von Farben und Lichtern und fernen
Gestalten erzählen wollte. So wird auch keiner die Natur be-
greifen, der kein Naturorgan, kein innres naturerzeugendes und
absonderndes Werkzeug hat, der nicht, wie von selbst, überall
die Natur an allem erkennt und unterscheidet und mit an-
geborner Zeugungslust, in inniger mannigfaltiger Verwandt-
schaft mit allen Körpern, durch das Medium der Empfindung
sich mit allen Naturwesen vermischt, sich gleichsam in sie
hineinfühlt. Wer aber einen richtigen und geübten Natursinn
hat, der genießt die Natur, indem er sie studiert, und freut sich

ihrer unendlichen Mannigfaltigkeit, ihrer Unerschöpflichkeit
im Genusse und bedarf nicht, daß man ihn mit unnützen
Worten in seinen Genüssen störe. Ihm dünkt vielmehr, daß man
nicht heimlich genug mit der Natur umgehen, nicht zart genug
von ihr reden, nicht ungestört und aufmerksam genug sie be-
schauen kann. Er fühlt sich in ihr wie am Busen seiner züchtigen
Braut und vertraut auch nur dieser seine erlangten Einsichten
in süßen, vertraulichen Stunden. Glücklich preis ich diesen
Sohn, diesen Liebling der Natur, dem sie verstattet, sie in ihrer
Zweiheit, als erzeugende und gebärende Macht, und in ihrer
Einheit, als eine unendliche, ewigdauernde Ehe, zu betrachten.
Sein Leben wird eine Fülle aller Genüsse, eine Kette der Wollust
und seine Religion der eigentliche, echte Naturalismus sein.‟

Unter dieser Rede hatte sich der Lehrer mit seinen Lehrlingen
der Gesellschaft genähert. Die Reisenden standen auf und
begrüßten ihn ehrfurchtsvoll. Eine erfrischende Kühlung ver-
breitete sich aus den dunkeln Laubgängen über den Platz und
die Stufen. Der Lehrer ließ einen jener seltnen leuchtenden
Steine bringen, die man Karfunkel nennt, und ein hellrotes,
kräftiges Licht goß sich über die verschiednen Gestalten und
Kleidungen aus. Es entspann sich bald eine freundliche Mit-
teilung unter ihnen. Während eine Musik aus der Ferne sich
hören ließ und eine kühlende Flamme aus Kristallschalen in die
Lippen der Sprechenden hineinloderte, erzählten die Fremden
merkwürdige Erinnerungen ihrer weiten Reisen. Voll Sehnsucht
und Wißbegierde hatten sie sich aufgemacht, um die Spuren
jenes verlorengegangenen Urvolks zu suchen, dessen entartete
und verwilderte Reste die heutige Menschheit zu sein schiene,
dessen hoher Bildung sie noch die wichtigsten und unentbehr-
lichsten Kenntnisse und Werkzeuge zu danken hat. Vorzüglich
hatte sie jene heilige Sprache gelockt, die das glänzende Band
jener königlichen Menschen mit überirdischen Gegenden und
Bewohnern gewesen war und von der einige Worte, nach dem
Verlaut mannigfaltiger Sagen, noch im Besitz einiger glück-
lichen Weisen unter unsern Vorfahren gewesen sein mögen. Ihre

Aussprache war ein wunderbarer Gesang, dessen unwider-
stehliche Töne tief in das Innere jeder Natur eindrangen und
sie zerlegten. Jeder ihrer Namen schien das Losungswort für
die Seele jedes Naturkörpers. Mit schöpferischer Gewalt er-
regten diese Schwingungen alle Bilder der Welterscheinungen,
und von ihnen konnte man mit Recht sagen, daß das Leben des
Universums ein ewiges tausendstimmiges Gespräch sei; denn
in ihrem Sprechen schienen alle Kräfte, alle Arten der Tätigkeit
auf das Unbegreiflichste vereinigt zu sein. Die Trümmer dieser
Sprache, wenigstens alle Nachrichten von ihr, aufzusuchen war
ein Hauptzweck ihrer Reise gewesen, und der Ruf des Alter-
tums hatte sie auch nach Sais gezogen. Sie hofften hier von den
erfahrnen Vorstehern des Tempelarchivs wichtige Nachrichten
zu erhalten und vielleicht in den großen Sammlungen aller Art
selbst Aufschlüsse zu finden. Sie baten den Lehrer um die
Erlaubnis, eine Nacht im Tempel schlafen und seinen Lehr-
stunden einige Tage beiwohnen zu dürfen. Sie erhielten, was sie
wünschten, und freuten sich innig, wie der Lehrer aus dem
Schatze seiner Erfahrungen ihre Erzählungen mit mannig-
faltigen Bemerkungen begleitete und eine Reihe lehrreicher und
anmutiger Geschichten und Beschreibungen vor ihnen ent-
wickelte. Endlich kam er auch auf das Geschäft seines Alters,
den unterschiednen Natursinn in jungen Gemütern zu erwek-
ken, zu üben, zu schärfen und ihn mit den andern Anlagen zu
höheren Blüten und Früchten zu verknüpfen.

„Ein Verkündiger der Natur zu sein ist ein schönes und
heiliges Amt", sagte der Lehrer. „Nicht der bloße Umfang und
Zusammenhang der Kenntnisse, nicht die Gabe, diese Kennt-
nisse leicht und rein an bekannte Begriffe und Erfahrungen
anzuknüpfen und die eigentümlichen, fremd klingenden Worte
mit gewöhnlichen Ausdrücken zu vertauschen, selbst nicht die
Geschicklichkeit einer reichen Einbildungskraft, die Natur-
erscheinungen in leicht faßliche und treffend beleuchtete Ge-
mälde zu ordnen, die entweder durch den Reiz der Zusammen-
stellung und den Reichtum des Inhalts die Sinne spannen und

befriedigen oder den Geist durch eine tiefe Bedeutung ent-
zücken, alles dies macht noch nicht das echte Erfordernis eines
Naturkündigers aus. Wem es um etwas anders zu tun ist als um
die Natur, dem ist es vielleicht genug, aber wer eine innige
Sehnsucht nach der Natur spürt, wer in ihr alles sucht und
gleichsam ein empfindliches Werkzeug ihres geheimen Tuns ist,
der wird nur den für seinen Lehrer und für den Vertrauten der
Natur erkennen, der mit Andacht und Glauben von ihr spricht,
dessen Reden die wunderbare, unnachahmliche Eindringlich-
keit und Unzertrennlichkeit haben, durch die sich wahre
Evangelia, wahre Eingebungen ankündigen. Die ursprünglich
günstige Anlage eines solchen natürlichen Gemüts muß durch
unablässigen Fleiß von Jugend auf, durch Einsamkeit und
Stillschweigen, weil vieles Reden sich nicht mit der steten
Aufmerksamkeit verträgt, die ein solcher anwenden muß,
durch kindliches, bescheidnes Wesen und unermüdliche Geduld
unterstützt und ausgebildet sein. Die Zeit läßt sich nicht be-
stimmen, wie bald einer ihrer Geheimnisse teilhaftig wird.
Manche Beglückte gelangten früher, manche erst im hohen Alter
dazu. Ein wahrer Forscher wird nie alt, jeder ewige Trieb ist
außer dem Gebiete der Lebenszeit, und je mehr die äußere Hülle
verwittert, desto heller und glänzender und mächtiger wird der
Kern. Auch haftet diese Gabe nicht an äußerer Schönheit oder
Kraft oder Einsicht oder irgendeinem menschlichen Vorzug. In
allen Ständen, unter jedem Alter und Geschlecht, in allen
Zeitaltern und unter jedem Himmelsstriche hat es Menschen
gegeben, die von der Natur zu ihren Lieblingen ausersehn und
durch inneres Empfängnis beglückt waren. Oft schienen diese
Menschen einfältiger und ungeschickter zu sein als andere und
blieben ihr ganzes Leben hindurch in der Dunkelheit des großen
Haufens. Es ist sogar als eine rechte Seltenheit zu achten, wenn
man das wahre Naturverständnis bei großer Beredsamkeit,
Klugheit und einem prächtigen Betragen findet, da es gemei-
niglich die einfachen Worte, den geraden Sinn und ein schlichtes
Wesen hervorbringt oder begleitet. In den Werkstätten der
Handwerker und Künstler, und da, wo die Menschen in viel-

fältigem Umgang und Streit mit der Natur sind, als da ist beim
Ackerbau, bei der Schiffahrt, bei der Viehzucht, bei den Erz-
gruben, und so bei vielen andern Gewerben, scheint die Ent-
wickelung dieses Sinns am leichtesten und öftersten statt-
zufinden. Wenn jede Kunst in der Erkenntnis der Mittel, einen
gesuchten Zweck zu erreichen, eine bestimmte Wirkung und
Erscheinung hervorzubringen, und in der Fertigkeit, diese
Mittel zu wählen und anzuwenden, besteht, so muß derjenige,
der den innern Beruf fühlt, das Naturverständnis mehreren
Menschen gemein zu machen, diese Anlage in den Menschen
vorzüglich zu entwickeln und zu pflegen, zuerst auf die natür-
lichen Anlässe dieser Entwicklung sorgfältig zu achten und die
Grundzüge dieser Kunst der Natur abzulernen suchen. Mit
Hülfe dieser erlangten Einsichten wird er sich ein System der
Anwendung dieser Mittel bei jedem gegebenen Individuum, auf
Versuche, Zergliederung und Vergleichung gegründet, bilden,
sich dieses System bis zur andern Natur aneignen und dann mit
Enthusiasmus sein belohnendes Geschäft anfangen. Nur diesen
wird man mit Recht einen Lehrer der Natur nennen können,
da jeder andre bloße Naturalist nur zufällig und sympathetisch,
wie ein Naturerzeugnis selbst, den Sinn für die Natur erwecken
wird.“

HEINRICH VON OFTERDINGEN

Zueignung

Du hast in mir den edeln Trieb erregt,
 Tief ins Gemüt der weiten Welt zu schauen;
 Mit deiner Hand ergriff mich ein Vertrauen,
 Das sicher mich durch alle Stürme trägt.

Mit Ahndungen hast du das Kind gepflegt,
 Und zogst mit ihm durch fabelhafte Auen;
 Hast, als das Urbild zartgesinnter Frauen,
 Des Jünglings Herz zum höchsten Schwung bewegt.

Was fesselt mich an irdische Beschwerden?
 Ist nicht mein Herz und Leben ewig dein?
 Und schirmt mich deine Liebe nicht auf Erden?

Ich darf für dich der edlen Kunst mich weihn;
 Denn du, Geliebte, willst die Muse werden,
 Und stiller Schutzgeist meiner Dichtung sein.

In ewigen Verwandlungen begrüßt
 Uns des Gesangs geheime Macht hienieden,
 Dort segnet sie das Land als ew'ger Frieden,
 Indes sie hier als Jugend uns umfließt.

Sie ist's, die Licht in unsre Augen gießt,
 Die uns den Sinn für jede Kunst beschieden
 Und die das Herz der Frohen und der Müden
 In trunkner Andacht wunderbar genießt.

An ihrem vollen Busen trank ich Leben;
Ich ward durch sie zu allem, was ich bin,
Und durfte froh mein Angesicht erheben.

Noch schlummerte mein allerhöchster Sinn;
Da sah ich sie als Engel zu mir schweben
Und flog, erwacht, in ihrem Arm dahin.

ERSTER TEIL

DIE ERWARTUNG

ERSTES KAPITEL

Die Eltern lagen schon und schliefen, die Wanduhr schlug ihren einförmigen Takt, vor den klappernden Fenstern sauste der Wind; abwechselnd wurde die Stube hell von dem Schimmer des Mondes. Der Jüngling lag unruhig auf seinem Lager und gedachte des Fremden und seiner Erzählungen. „Nicht die Schätze sind es, die ein so unaussprechliches Verlangen in mir geweckt haben", sagte er zu sich selbst; „fernab liegt mir alle Habsucht: aber die blaue Blume sehn ich mich zu erblicken. Sie liegt mir unaufhörlich im Sinn, und ich kann nichts anders dichten und denken. So ist mir noch nie zumute gewesen; es ist, als hätt ich vorhin geträumt oder ich wäre in eine andere Welt hinübergeschlummert; denn in der Welt, in der ich sonst lebte, wer hätte da sich um Blumen bekümmert, und gar von einer so seltsamen Leidenschaft für eine Blume hab ich damals nie gehört. Wo eigentlich nur der Fremde herkam? Keiner von uns hat je einen ähnlichen Menschen gesehn; doch weiß ich nicht, warum nur ich von seinen Reden so ergriffen worden bin; die andern haben ja das nämliche gehört, und keinem ist so etwas begegnet. Daß ich auch nicht einmal von meinem wunderlichen Zustande reden kann! Es ist mir oft so entzückend wohl, und nur dann, wenn ich die Blume nicht recht gegenwärtig habe, befällt mich so ein tiefes, inniges Treiben; das kann und wird keiner verstehn. Ich glaubte, ich wäre wahnsinnig, wenn ich nicht so klar und hell sähe und dächte, mir ist seitdem alles viel bekannter. Ich hörte einst von alten

Zeiten reden, wie da die Tiere und Bäume und Felsen mit den Menschen gesprochen hätten. Mir ist grade so, als wollten sie allaugenblicklich anfangen und als könnte ich es ihnen ansehen, was sie mir sagen wollten. Es muß noch viel Worte geben, die ich nicht weiß; wüßte ich mehr, so könnte ich viel besser alles begreifen. Sonst tanzte ich gern; jetzt denke ich lieber nach der Musik." – Der Jüngling verlor sich allmählich in süßen Phantasien und entschlummerte. Da träumte ihm erst von unabsehlichen Fernen und wilden, unbekannten Gegenden. Er wanderte über Meere mit unbegreiflicher Leichtigkeit; wunderliche Tiere sah er; er lebte mit mannigfaltigen Menschen, bald im Kriege, in wildem Getümmel, in stillen Hütten. Er geriet in Gefangenschaft und die schmählichste Not. Alle Empfindungen stiegen bis zu einer niegekannten Höhe in ihm. Er durchlebte ein unendlich buntes Leben; starb und kam wieder, liebte bis zur höchsten Leidenschaft und war dann wieder auf ewig von seiner Geliebten getrennt. Endlich gegen Morgen, wie draußen die Dämmerung anbrach, wurde es stiller in seiner Seele, klarer und bleibender wurden die Bilder. Es kam ihm vor, als ginge er in einem dunkeln Walde allein. Nur selten schimmerte der Tag durch das grüne Netz. Bald kam er vor eine Felsenschlucht, die bergan stieg. Er mußte über bemooste Steine klettern, die ein ehemaliger Strom heruntergerissen hatte. Je höher er kam, desto lichter wurde der Wald. Endlich gelangte er zu einer kleinen Wiese, die am Hange des Berges lag. Hinter der Wiese erhob sich eine hohe Klippe, an deren Fuß er eine Öffnung erblickte, die der Anfang eines in den Felsen gehauenen Ganges zu sein schien. Der Gang führte ihn gemächlich eine Zeitlang eben fort, bis zu einer großen Weitung, aus der ihm schon von fern ein helles Licht entgegenglänzte. Wie er hineintrat, ward er einen mächtigen Strahl gewahr, der wie aus einem Springquell bis an die Decke des Gewölbes stieg und oben in unzählige Funken zerstäubte, die sich unten in einem großen Becken sammelten; der Strahl glänzte wie entzündetes Gold; nicht das mindeste Geräusch war zu hören, eine heilige Stille umgab das herrliche Schauspiel. Er näherte sich dem

Becken, das mit unendlichen Farben wogte und zitterte. Die Wände der Höhle waren mit dieser Flüssigkeit überzogen, die nicht heiß, sondern kühl war und an den Wänden nur ein mattes, bläuliches Licht von sich warf. Er tauchte seine Hand in das Becken und benetzte seine Lippen. Es war, als durchdränge ihn ein geistiger Hauch, und er fühlte sich innigst gestärkt und erfrischt. Ein unwiderstehliches Verlangen ergriff ihn, sich zu baden, er entkleidete sich und stieg in das Becken. Es dünkte ihn, als umflösse ihn eine Wolke des Abendrots; eine himmlische Empfindung überströmte sein Inneres; mit inniger Wollust strebten unzählbare Gedanken in ihm sich zu vermischen; neue, niegesehene Bilder entstanden, die auch ineinanderflossen und zu sichtbaren Wesen um ihn wurden, und jede Welle des lieblichen Elements schmiegte sich wie ein zarter Busen an ihn. Die Flut schien eine Auflösung reizender Mädchen, die an dem Jünglinge sich augenblicklich verkörperten.

Berauscht von Entzücken und doch jedes Eindrucks bewußt, schwamm er gemach dem leuchtenden Strome nach, der aus dem Becken in den Felsen hineinfloß. Eine Art von süßem Schlummer befiel ihn, in welchem er unbeschreibliche Begebenheiten träumte und woraus ihn eine andere Erleuchtung weckte. Er fand sich auf einem weichen Rasen am Rande einer Quelle, die in die Luft hinausquoll und sich darin zu verzehren schien. Dunkelblaue Felsen mit bunten Adern erhoben sich in einiger Entfernung; das Tageslicht, das ihn umgab, war heller und milder als das gewöhnliche, der Himmel war schwarzblau und völlig rein. Was ihn aber mit voller Macht anzog, war eine hohe lichtblaue Blume, die zunächst an der Quelle stand und ihn mit ihren breiten, glänzenden Blättern berührte. Rund um sie her standen unzählige Blumen von allen Farben, und der köstlichste Geruch erfüllte die Luft. Er sah nichts als die blaue Blume und betrachtete sie lange mit unnennbarer Zärtlichkeit. Endlich wollte er sich ihr nähern, als sie auf einmal sich zu bewegen und zu verändern anfing; die Blätter wurden glänzender und schmiegten sich an den wachsenden Stengel, die Blume neigte sich nach ihm zu, und die Blütenblätter zeigten

einen blauen ausgebreiteten Kragen, in welchem ein zartes Gesicht schwebte. Sein süßes Staunen wuchs mit der sonderbaren Verwandlung, als ihn plötzlich die Stimme seiner Mutter weckte und er sich in der elterlichen Stube fand, die schon die Morgensonne vergoldete. Er war zu entzückt, um unwillig über diese Störung zu sein; vielmehr bot er seiner Mutter freundlich guten Morgen und erwiderte ihre herzliche Umarmung.

„Du Langschläfer", sagte der Vater, „wie lange sitze ich schon hier und feile. Ich habe deinetwegen nichts hämmern dürfen; die Mutter wollte den lieben Sohn schlafen lassen. Aufs Frühstück habe ich auch warten müssen. Klüglich hast du den Lehrstand erwählt, für den wir wachen und arbeiten. Indes, ein tüchtiger Gelehrter, wie ich mir habe sagen lassen, muß auch Nächte zu Hülfe nehmen, um die großen Werke der weisen Vorfahren zu studieren." − „Lieber Vater", antwortete Heinrich, „werdet nicht unwillig über meinen langen Schlaf, den Ihr sonst nicht an mir gewohnt seid. Ich schlief erst spät ein und habe viele unruhige Träume gehabt, bis zuletzt ein anmutiger Traum mir erschien, den ich lange nicht vergessen werde und von dem mich dünkt, als sei es mehr als bloßer Traum gewesen." − „Lieber Heinrich", sprach die Mutter, „du hast dich gewiß auf den Rücken gelegt oder beim Abendsegen fremde Gedanken gehabt. Du siehst auch noch ganz wunderlich aus. Iß und trink, daß du munter wirst."

Die Mutter ging hinaus, der Vater arbeitete emsig fort und sagte: „Träume sind Schäume, mögen auch die hochgelahrten Herren davon denken, was sie wollen, und du tust wohl, wenn du dein Gemüt von dergleichen unnützen und schädlichen Betrachtungen abwendest. Die Zeiten sind nicht mehr, wo zu den Träumen göttliche Gesichte sich gesellten, und wir können und werden es nicht begreifen, wie es jenen auserwählten Männern, von denen die Bibel erzählt, zumute gewesen ist. Damals muß es eine andere Beschaffenheit mit den Träumen gehabt haben, so wie mit den menschlichen Dingen.

In dem Alter der Welt, wo wir leben, findet der unmittelbare Verkehr mit dem Himmel nicht mehr statt. Die alten Ge-

schichten und Schriften sind jetzt die einzigen Quellen, durch die uns eine Kenntnis von der überirdischen Welt, soweit wir sie nötig haben, zuteil wird; und statt jener ausdrücklichen Offenbarungen redet jetzt der Heilige Geist mittelbar durch den Verstand kluger und wohlgesinnter Männer und durch die Lebensweise und die Schicksale frommer Menschen zu uns. Unsre heutigen Wunderbilder haben mich nie sonderlich erbaut, und ich habe nie jene großen Taten geglaubt, die unsre Geistlichen davon erzählen. Indes mag sich daran erbauen, wer will, und ich hüte mich wohl, jemanden in seinem Vertrauen irrezumachen." — „Aber, lieber Vater, aus welchem Grunde seid Ihr so den Träumen entgegen, deren seltsame Verwandlungen und leichte zarte Natur doch unser Nachdenken gewißlich rege machen müssen? Ist nicht jeder, auch der verworrenste Traum, eine sonderliche Erscheinung, die, auch ohne noch an göttliche Schickung dabei zu denken, ein bedeutsamer Riß in den geheimnisvollen Vorhang ist, der mit tausend Falten in unser Inneres hereinfällt? In den weisesten Büchern findet man unzählige Traumgeschichten von glaubhaften Menschen, und erinnert Euch nur noch des Traums, den uns neulich der ehrwürdige Hofkaplan erzählte und der Euch selbst so merkwürdig vorkam.

Aber, auch ohne diese Geschichten, wenn Ihr zuerst in Eurem Leben einen Traum hättet, wie würdet Ihr nicht erstaunen und Euch die Wunderbarkeit dieser uns nur alltäglich gewordenen Begebenheit gewiß nicht abstreiten lassen! Mich dünkt der Traum eine Schutzwehr gegen die Regelmäßigkeit und Gewöhnlichkeit des Lebens, eine freie Erholung der gebundenen Phantasie, wo sie alle Bilder des Lebens durcheinanderwirft und die beständige Ernsthaftigkeit des erwachsenen Menschen durch ein fröhliches Kinderspiel unterbricht. Ohne die Träume würden wir gewiß früher alt, und so kann man den Traum, wenn auch nicht als unmittelbar von oben gegeben, doch als eine göttliche Mitgabe, einen freundlichen Begleiter auf der Wallfahrt zum heiligen Grabe betrachten. Gewiß ist der Traum, den ich heute Nacht träumte, kein unwirksamer Zufall in meinem

Leben gewesen, denn ich fühle es, daß er in meine Seele wie ein
weites Rad hineingreift und sie in mächtigem Schwunge fort-
treibt."

Der Vater lächelte freundlich und sagte, indem er die Mutter,
die eben hereintrat, ansah: „Mutter, Heinrich kann die Stunde
nicht verleugnen, durch die er in der Welt ist. In seinen Reden
kocht der feurige welsche Wein, den ich damals von Rom
mitgebracht hatte und der unsern Hochzeitsabend verherr-
lichte. Damals war ich auch noch ein andrer Kerl. Die südliche
Luft hatte mich aufgetaut, von Mut und Lust floß ich über,
und du warst auch ein heißes köstliches Mädchen. Bei deinem
Vater ging's damals herrlich zu; Spielleute und Sänger waren
weit und breit herzugekommen, und lange war in Augsburg
keine lustigere Hochzeit gefeiert worden."

„Ihr spracht vorhin von Träumen", sagte die Mutter, „weißt
du wohl, daß du mir damals auch von einem Traume erzähltest,
den du in Rom gehabt hattest und der dich zuerst auf den
Gedanken gebracht, zu uns nach Augsburg zu kommen und um
mich zu werben?" — „Du erinnerst mich eben zur rechten Zeit",
sagte der Alte; „ich habe diesen seltsamen Traum ganz ver-
gessen, der mich damals lange genug beschäftigte; aber eben er
ist mir ein Beweis dessen, was ich von den Träumen gesagt habe.
Es ist unmöglich, einen geordneteren und helleren zu haben;
noch jetzt entsinne ich mich jedes Umstandes ganz genau; und
doch, was hat er bedeutet? Daß ich von dir träumte und mich
bald darauf von Sehnsucht ergriffen fühlte, dich zu besitzen,
war ganz natürlich; denn ich kannte dich schon. Dein freund-
liches holdes Wesen hatte mich gleich anfangs lebhaft gerührt,
und nur die Lust nach der Fremde hielt damals meinen Wunsch
nach deinem Besitz noch zurück. Um die Zeit des Traums war
meine Neugierde schon ziemlich gestillt, und nun konnte die
Neigung leichter durchdringen."

„Erzählt uns doch jenen seltsamen Traum", sagte der Sohn. —
„Ich war eines Abends", fing der Vater an, „umhergestreift.
Der Himmel war rein, und der Mond bekleidete die alten Säulen
und Mauern mit seinem bleichen schauerlichen Lichte. Meine

Gesellen gingen den Mädchen nach, und mich trieb das Heimweh und die Liebe ins Freie. Endlich ward ich durstig und ging ins erste beste Landhaus hinein, um einen Trunk Wein oder Milch zu fordern. Ein alter Mann kam heraus, der mich wohl für einen verdächtigen Besuch halten mochte. Ich trug ihm mein Anliegen vor; und als er erfuhr, daß ich ein Ausländer und ein Deutscher sei, lud er mich freundlich in die Stube und brachte eine Flasche Wein. Er hieß mich niedersetzen und fragte mich nach meinem Gewerbe. Die Stube war voll Bücher und Altertümer. Wir gerieten in ein weitläufiges Gespräch; er erzählte mir viel von alten Zeiten, von Malern, Bildhauern und Dichtern. Noch nie hatte ich so davon reden hören. Es war mir, als sei ich in einer neuen Welt ans Land gestiegen. Er wies mir Siegelsteine und andre alte Kunstarbeiten; dann las er mir mit lebendigem Feuer herrliche Gedichte vor, und so verging die Zeit wie ein Augenblick. Noch jetzt heitert mein Herz sich auf, wenn ich mich des bunten Gewühls der wunderlichen Gedanken und Empfindungen erinnere, die mich in dieser Nacht erfüllten. In den heidnischen Zeiten war er wie zu Hause und sehnte sich mit unglaublicher Inbrunst in dies graue Altertum zurück. Endlich wies er mir eine Kammer an, wo ich den Rest der Nacht zubringen könnte, weil es schon zu spät sei, um noch zurückzukehren. Ich schlief bald, und da dünkte mich's, ich sei in meiner Vaterstadt und wanderte aus dem Tore. Es war, als müßte ich irgendwohin gehn, um etwas zu bestellen, doch wußte ich nicht, wohin und was ich verrichten solle. Ich ging nach dem Harze mit überaus schnellen Schritten, und wohl war mir, als sei es zur Hochzeit. Ich hielt mich nicht auf dem Wege, sondern immer feldein durch Tal und Wald, und bald kam ich an einen hohen Berg. Als ich oben war, sah ich die Goldne Aue vor mir und überschaute Thüringen weit und breit, also daß kein Berg in der Nähe umher mir die Aussicht wehrte. Gegenüber lag der Harz mit seinen dunklen Bergen, und ich sah unzählige Schlösser, Klöster und Ortschaften. Wie mir nun da recht wohl innerlich ward, fiel mir der alte Mann ein, bei dem ich schlief, und es gedäuchte mir, als sei das vor geraumer Zeit

geschehen, daß ich bei ihm gewesen sei. Bald gewahrte ich eine
Stiege, die in den Berg hinein ging, und ich machte mich hin-
unter. Nach langer Zeit kam ich in eine große Höhle, da saß
ein Greis in einem langen Kleide vor einem eisernen Tische und
schaute unverwandt nach einem wunderschönen Mädchen, die
in Marmor gehauen vor ihm stand. Sein Bart war durch den
eisernen Tisch gewachsen und bedeckte seine Füße. Er sah ernst
und freundlich aus und gemahnte mich wie ein alter Kopf, den
ich den Abend bei dem Manne gesehn hatte. Ein glänzendes
Licht war in der Höhle verbreitet. Wie ich so stand und den
Greis ansah, klopfte mir plötzlich mein Wirt auf die Schulter,
nahm mich bei der Hand und führte mich durch lange Gänge
mit sich fort. Nach einer Weile sah ich von weitem eine
Dämmerung, als wollte das Tageslicht einbrechen. Ich eilte
darauf zu und befand mich bald auf einem grünen Plane; aber
es schien mir alles ganz anders als in Thüringen. Ungeheure
Bäume mit großen glänzenden Blättern verbreiteten weit
umher Schatten. Die Luft war sehr heiß und doch nicht drük-
kend. Überall Quellen und Blumen, und unter allen Blumen
gefiel mir *eine* ganz besonders, und es kam mir vor, als neigten
sich die andern gegen sie."

„Ach! liebster Vater, sagt mir doch, welche Farbe sie hatte",
rief der Sohn mit heftiger Bewegung.

„Das entsinne ich mich nicht mehr, so genau ich mir auch
sonst alles eingeprägt habe."

„War sie nicht blau?"

„Es kann sein", fuhr der Alte fort, ohne auf Heinrichs
seltsame Heftigkeit Achtung zu geben. „Soviel weiß ich nur
noch, daß mir ganz unaussprechlich zumute war und ich mich
lange nicht nach meinem Begleiter umsah. Wie ich mich endlich
zu ihm wandte, bemerkte ich, daß er mich aufmerksam be-
trachtete und mir mit inniger Freude zulächelte. Auf welche
Art ich von diesem Orte wegkam, erinnere ich mir nicht mehr.
Ich war wieder oben auf dem Berge. Mein Begleiter stand bei
mir und sagte: ,Du hast das Wunder der Welt gesehn. Es steht
bei dir, das glücklichste Wesen auf der Welt und noch über das

ein berühmter Mann zu werden. Nimm wohl in acht, was ich dir sage: Wenn du am Tage Johannis gegen Abend wieder hieher kommst und Gott herzlich um das Verständnis dieses Traumes bittest, so wird dir das höchste irdische Los zuteil werden; dann gib nur acht auf ein blaues Blümchen, was du hier oben finden wirst, brich es ab und überlaß dich dann demütig der himmlischen Führung.' — Ich war darauf im Traume unter den herrlichsten Gestalten und Menschen, und unendliche Zeiten gaukelten mit mannigfaltigen Veränderungen vor meinen Augen vorüber. Wie gelöst war meine Zunge, und was ich sprach, klang wie Musik. Darauf ward alles wieder dunkel und eng und gewöhnlich; ich sah deine Mutter mit freundlichem, verschämten Blick vor mir; sie hielt ein glänzendes Kind in den Armen und reichte mir es hin, als auf einmal das Kind zusehends wuchs, immer heller und glänzender ward und sich endlich mit blendendweißen Flügeln über uns erhob, uns beide in seinen Arm nahm und so hoch mit uns flog, daß die Erde nur wie eine goldene Schüssel mit dem saubersten Schnitzwerk aussah. Dann erinnere ich mir nur, daß wieder jene Blume und der Berg und der Greis vorkamen; aber ich erwachte bald darauf und fühlte mich von heftiger Liebe bewegt. Ich nahm Abschied von meinem gastfreien Wirt, der mich bat, ihn oft wieder zu besuchen, was ich ihm zusagte und auch Wort gehalten haben würde, wenn ich nicht bald darauf Rom verlassen hätte und ungestüm nach Augsburg gereist wäre.“

ZWEITES KAPITEL

Johannis war vorbei, die Mutter hatte längst einmal nach Augsburg ins väterliche Haus kommen und dem Großvater den noch unbekannten lieben Enkel mitbringen sollen. Einige gute Freunde des alten Ofterdingen, ein paar Kaufleute, mußten in Handelsgeschäften dahin reisen. Da faßte die Mutter den Entschluß, bei dieser Gelegenheit jenen Wunsch auszuführen, und es lag ihr dies um so mehr am Herzen, weil sie seit einiger

Zeit merkte, daß Heinrich weit stiller und in sich gekehrter war
als sonst. Sie glaubte, er sei mißmütig oder krank und eine weite
Reise, der Anblick neuer Menschen und Länder und, wie sie
verstohlen ahndete, die Reize einer jungen Landsmännin wür-
den die trübe Laune ihres Sohnes vertreiben und wieder einen
so teilnehmenden und lebensfrohen Menschen aus ihm machen,
wie er sonst gewesen. Der Alte willigte in den Plan der Mutter,
und Heinrich war über die Maßen erfreut, in ein Land zu
kommen, was er schon lange, nach den Erzählungen seiner
Mutter und mancher Reisenden, wie ein irdisches Paradies sich
gedacht und wohin er oft vergeblich sich gewünscht hatte.

Heinrich war eben zwanzig Jahr alt geworden. Er war nie
über die umliegenden Gegenden seiner Vaterstadt hinausgekom-
men; die Welt war ihm nur aus Erzählungen bekannt. Wenig
Bücher waren ihm zu Gesichte gekommen. Bei der Hofhaltung
des Landgrafen ging es nach der Sitte der damaligen Zeiten
einfach und still zu; und die Pracht und Bequemlichkeit des
fürstlichen Lebens dürfte sich schwerlich mit den Annehmlich-
keiten messen, die in spätern Zeiten ein bemittelter Privatmann
sich und den Seinigen ohne Verschwendung verschaffen konnte.
Dafür war aber der Sinn für die Gerätschaften und Habselig-
keiten, die der Mensch zum mannigfachen Dienst seines Lebens
um sich her versammelt, desto zarter und tiefer. Sie waren den
Menschen werter und merkwürdiger. Zog schon das Geheimnis
der Natur und die Entstehung ihrer Körper den ahndenden
Geist an, so erhöhte die seltnere Kunst ihrer Bearbeitung, die
romantische Ferne, aus der man sie erhielt, und die Heiligkeit
ihres Altertums, da sie sorgfältiger bewahrt, oft das Besitztum
mehrerer Nachkommenschaften wurden, die Neigung zu diesen
stummen Gefährten des Lebens. Oft wurden sie zu dem Rang
von geweihten Pfändern eines besondern Segens und Schicksals
erhoben, und das Wohl ganzer Reiche und weitverbreiteter
Familien hing an ihrer Erhaltung. Eine *liebliche* Armut
schmückte diese Zeiten mit einer eigentümlichen ernsten und
unschuldigen Einfalt; und die sparsam verteilten Kleinodien
glänzten desto bedeutender in dieser Dämmerung und erfüllten

ein sinniges Gemüt mit wunderbaren Erwartungen. Wenn es wahr ist, daß erst eine geschickte Verteilung von Licht, Farbe und Schatten die verborgene Herrlichkeit der sichtbaren Welt offenbart und sich hier ein neues höheres Auge aufzutun scheint, so war damals überall eine ähnliche Verteilung und Wirtschaftlichkeit wahrzunehmen; da hingegen die neuere wohlhabendere Zeit das einförmige und unbedeutendere Bild eines allgemeinen Tages darbietet. In allen Übergängen scheint, wie in einem Zwischenreiche, eine höhere, geistliche Macht durchbrechen zu wollen; und wie auf der Oberfläche unseres Wohnplatzes die an unterirdischen und überirdischen Schätzen reichsten Gegenden in der Mitte zwischen den wilden, unwirt-lichen Urgebirgen und den unermeßlichen Ebenen liegen, so hat sich auch zwischen den rohen Zeiten der Barbarei und dem kunstreichen, vielwissenden und begüterten Weltalter eine tief-sinnige und romantische Zeit niedergelassen, die unter schlich-tem Kleide eine höhere Gestalt verbirgt. Wer wandelt nicht gern im Zwielichte, wenn die Nacht am Lichte und das Licht an der Nacht in höhere Schatten und Farben zerbricht; und also vertiefen wir uns willig in die Jahre, wo Heinrich lebte und jetzt neuen Begebenheiten mit vollem Herzen entgegenging. Er nahm Abschied von seinen Gespielen und seinem Lehrer, dem alten weisen Hofkaplan, der Heinrichs fruchtbare Anlagen kannte und ihn mit gerührtem Herzen und einem stillen Gebete entließ. Die Landgräfin war seine Patin; er war oft auf der Wartburg bei ihr gewesen. Auch jetzt beurlaubte er sich bei seiner Beschützerin, die ihm gute Lehren und eine goldene Halskette verehrte und mit freundlichen Äußerungen von ihm schied.

In wehmütiger Stimmung verließ Heinrich seinen Vater und seine Geburtsstadt. Es ward ihm jetzt erst deutlich, was Trennung sei; die Vorstellungen von der Reise waren nicht von dem sonderbaren Gefühle begleitet gewesen, was er jetzt emp-fand, als zuerst seine bisherige Welt von ihm gerissen und er wie auf ein fremdes Ufer gespült ward. Unendlich ist die ju-gendliche Trauer bei dieser ersten Erfahrung der Vergänglich-

keit der irdischen Dinge, die dem unerfahrnen Gemüt so not-
wendig und unentbehrlich, so fest verwachsen mit dem eigen-
tümlichsten Dasein und so unveränderlich wie dieses vor-
kommen müssen. Eine erste Ankündigung des Todes, bleibt die
erste Trennung unvergeßlich und wird, nachdem sie lange wie
ein nächtliches Gesicht den Menschen beängstigt hat, endlich
bei abnehmender Freude an den Erscheinungen des Tages und
zunehmender Sehnsucht nach einer bleibenden sichern Welt zu
einem freundlichen Wegweiser und einer tröstenden Bekannt-
schaft. Die Nähe seiner Mutter tröstete den Jüngling sehr. Die
alte Welt schien noch nicht ganz verloren, und er umfaßte sie
mit verdoppelter Innigkeit. Es war früh am Tage, als die
Reisenden aus den Toren von Eisenach fortritten, und die
Dämmerung begünstigte Heinrichs gerührte Stimmung. Je
heller es ward, desto bemerklicher wurden ihm die neuen un-
bekannten Gegenden; und als auf einer Anhöhe die verlassene
Landschaft von der aufgehenden Sonne auf einmal erleuchtet
wurde, so fielen dem überraschten Jüngling alte Melodien seines
Innern in den trüben Wechsel seiner Gedanken ein. Er sah sich
an der Schwelle der Ferne, in die er oft vergebens von den nahen
Bergen geschaut und die er sich mit sonderbaren Farben aus-
gemalt hatte. Er war im Begriff, sich in ihre blaue Flut zu
tauchen. Die Wunderblume stand vor ihm, und er sah nach
Thüringen, welches er jetzt hinter sich ließ, mit der seltsamen
Ahndung hinüber, als werde er nach langen Wanderungen von
der Weltgegend her, nach welcher sie jetzt reisten, in sein
Vaterland zurückkommen und als reise er daher diesem eigent-
lich zu. Die Gesellschaft, die anfänglich aus ähnlichen Ursachen
still gewesen war, fing nachgerade an aufzuwachen und sich mit
allerhand Gesprächen und Erzählungen die Zeit zu verkürzen.
Heinrichs Mutter glaubte ihren Sohn aus den Träumereien
reißen zu müssen, in denen sie ihn versunken sah, und fing an,
ihm von ihrem Vaterlande zu erzählen, von dem Hause ihres
Vaters und dem fröhlichen Leben in Schwaben. Die Kaufleute
stimmten mit ein und bekräftigten die mütterlichen Erzählun-
gen, rühmten die Gastfreiheit des alten Schwaning und konnten

nicht aufhören, die schönen Landsmänninnen ihrer Reise-
gefährtin zu preisen. „Ihr tut wohl", sagten sie, „daß Ihr Euren
Sohn dorthin führt. Die Sitten Eures Vaterlandes sind mil-
der und gefälliger. Die Menschen wissen das Nützliche zu
befördern, ohne das Angenehme zu verachten. Jedermann sucht
seine Bedürfnisse auf eine gesellige und reizende Art zu be-
friedigen. Der Kaufmann befindet sich wohl dabei und wird
geehrt. Die Künste und Handwerke vermehren und veredeln
sich, den Fleißigen dünkt die Arbeit leichter, weil sie ihm zu
mannigfachen Annehmlichkeiten verhilft und er, indem er eine
einförmige Mühe übernimmt, sicher ist, die bunten Früchte
mannigfacher und belohnender Beschäftigungen dafür mit-
zugenießen. Geld, Tätigkeit und Waren erzeugen sich gegen-
seitig und treiben sich in raschen Kreisen, und das Land und
die Städte blühen auf. Je eifriger der Erwerbfleiß die Tage
benutzt, desto ausschließlicher ist der Abend den reizenden
Vergnügungen der schönen Künste und des geselligen Umgangs
gewidmet. Das Gemüt sehnt sich nach Erholung und Ab-
wechselung, und wo sollte es diese auf eine anständigere und
reizendere Art finden, als in der Beschäftigung mit den freien
Spielen und Erzeugnissen seiner edelsten Kraft, des bildenden
Tiefsinns. Nirgends hört man so anmutige Sänger, findet so
herrliche Maler, und nirgends sieht man auf den Tanzsälen
leichtere Bewegungen und lieblichere Gestalten. Die Nach-
barschaft von Welschland zeigt sich in dem ungezwungenen
Betragen und den einnehmenden Gesprächen. Euer Geschlecht
darf die Gesellschaften schmücken und ohne Furcht vor Nach-
rede mit holdseligem Bezeigen einen lebhaften Wetteifer, seine
Aufmerksamkeit zu fesseln, erregen. Die rauhe Ernsthaftigkeit
und die wilde Ausgelassenheit der Männer macht einer milden
Lebendigkeit und sanfter bescheidner Freude Platz, und die
Liebe wird in tausendfachen Gestalten der leitende Geist der
glücklichen Gesellschaften. Weit entfernt, daß Ausschwei-
fungen und unziemende Grundsätze dadurch sollten herbei-
gelockt werden, scheint es, als flöhen die bösen Geister die
Nähe der Anmut, und gewiß sind in ganz Deutschland keine

unbescholtenere Mädchen und keine treuere Frauen als in Schwaben.

Ja, junger Freund, in der klaren warmen Luft des südlichen Deutschlands werdet Ihr Eure ernste Schüchternheit wohl ablegen; die fröhlichen Mädchen werden Euch wohl geschmeidig und gesprächig machen. Schon Euer Name, als Fremder, und Eure nahe Verwandtschaft mit dem alten Schwaning, der die Freude jeder fröhlichen Gesellschaft ist, werden die reizenden Augen der Mädchen auf sich ziehn; und wenn Ihr Eurem Großvater folgt, so werdet Ihr gewiß unsrer Vaterstadt eine ähnliche Zierde in einer holdseligen Frau mitbringen wie Euer Vater." — Mit freundlichem Erröten dankte Heinrichs Mutter für das schöne Lob ihres Vaterlandes und die gute Meinung von ihren Landsmänninnen, und der gedankenvolle Heinrich hatte nicht umhin gekonnt, aufmerksam und mit innigem Wohlgefallen der Schilderung des Landes, dessen Anblick ihm bevorstand, zuzuhören. „Wenn Ihr auch", fuhren die Kaufleute fort, „die Kunst Eures Vaters nicht ergreifen und lieber, wie wir gehört haben, Euch mit gelehrten Dingen befassen wollt, so braucht Ihr nicht Geistlicher zu werden und Verzicht auf die schönsten Genüsse dieses Lebens zu leisten. Es ist eben schlimm genug, daß die Wissenschaften in den Händen eines so von dem weltlichen Leben abgesonderten Standes und die Fürsten von so ungeselligen und wahrhaft unerfahrenen Männern beraten sind. In der Einsamkeit, in welcher sie nicht selbst teil an den Weltgeschäften nehmen, müssen ihre Gedanken eine unnütze Wendung erhalten und können nicht auf die wirklichen Vorfälle passen. In Schwaben trefft Ihr auch wahrhaft kluge und erfahrne Männer unter den Laien; und Ihr mögt nun wählen, welchen Zweig menschlicher Kenntnisse Ihr wollt, so wird es Euch nicht an den besten Lehrern und Ratgebern fehlen." Nach einer Weile sagte Heinrich, dem bei dieser Rede sein Freund, der Hofkaplan, in den Sinn gekommen war: „Wenn ich bei meiner Unkunde von der Beschaffenheit der Welt Euch auch eben nicht abfällig sein kann in dem, was Ihr von der Unfähigkeit der Geistlichen zu Führung und Beurtei-

lung weltlicher Angelegenheiten behauptet, so ist mir's doch wohl erlaubt, Euch an unsern trefflichen Hofkaplan zu erinnern, der gewiß ein Muster eines weisen Mannes ist und dessen Lehren und Ratschläge mir unvergessen sein werden."

„Wir ehren", erwiderten die Kaufleute, „diesen trefflichen Mann von ganzem Herzen; aber dennoch können wir nur insofern Eurer Meinung Beifall geben, daß er ein weiser Mann sei, wenn Ihr von jener Weisheit sprecht, die einen Gott wohlgefälligen Lebenswandel angeht. Haltet Ihr ihn für ebenso weltklug, als er in den Sachen des Heils geübt und unterrichtet ist, so erlaubt uns, daß wir Euch nicht beistimmen. Doch glauben wir, daß dadurch der heilige Mann nichts von seinem verdienten Lobe verliert, da er viel zu vertieft in der Kunde der überirdischen Welt ist, als daß er nach Einsicht und Ansehn in irdischen Dingen streben sollte."

„Aber", sagte Heinrich, „sollte nicht jene höhere Kunde ebenfalls geschickt machen, recht unparteiisch den Zügel menschlicher Angelegenheiten zu führen? Sollte nicht jene kindliche unbefangene Einfalt sicherer den richtigen Weg durch das Labyrinth der hiesigen Begebenheiten treffen als die durch Rücksicht auf eigenen Vorteil irregeleitete und gehemmte, von der unerschöpflichen Zahl neuer Zufälle und Verwickelungen geblendete Klugheit? Ich weiß nicht, aber mich dünkt, ich sähe zwei Wege, um zur Wissenschaft der menschlichen Geschichte zu gelangen. Der eine, mühsam und unabsehlich, mit unzähligen Krümmungen, der Weg der Erfahrung; der andere, fast *ein* Sprung nur, der Weg der innern Betrachtung. Der Wanderer des ersten muß eins aus dem andern in einer langwierigen Rechnung finden, wenn der andere die Natur jeder Begebenheit und jeder Sache gleich unmittelbar anschaut und sie in ihrem lebendigen, mannigfaltigen Zusammenhange betrachten und leicht mit allen übrigen, wie Figuren auf einer Tafel, vergleichen kann. Ihr müßt verzeihen, wenn ich wie aus kindischen Träumen vor Euch rede; nur das Zutrauen zu Eurer Güte und das Andenken meines Lehrers, der den zweiten Weg mir als seinen eignen von weitem gezeigt hat, machte mich so dreist."

„Wir gestehen Euch gern", sagten die gutmütigen Kauf-
leute, „daß wir Eurem Gedankengange nicht zu folgen ver-
mögen; doch freut es uns, daß Ihr so warm Euch des trefflichen
Lehrers erinnert und seinen Unterricht wohl gefaßt zu haben
scheint.

Es dünkt uns, Ihr habt Anlage zum Dichter. Ihr sprecht so
geläufig von den Erscheinungen Eures Gemüts, und es fehlt
Euch nicht an gewählten Ausdrücken und passenden Ver-
gleichungen. Auch neigt Ihr Euch zum Wunderbaren, als dem
Elemente der Dichter."

„Ich weiß nicht", sagte Heinrich, „wie es kommt. Schon oft
habe ich von Dichtern und Sängern sprechen gehört und habe
noch nie einen gesehn. Ja, ich kann mir nicht einmal einen
Begriff von ihrer sonderbaren Kunst machen, und doch habe
ich eine große Sehnsucht, davon zu hören. Es ist mir, als würde
ich manches besser verstehen, was jetzt nur dunkle Ahndung
in mir ist. Von Gedichten ist oft erzählt worden, aber nie habe
ich eins zu sehen bekommen, und mein Lehrer hat nie Gelegen-
heit gehabt, Kenntnisse von dieser Kunst einzuziehn. Alles, was
er mir davon gesagt, habe ich nicht deutlich begreifen können.
Doch meinte er immer, es sei eine edle Kunst, der ich mich ganz
ergeben würde, wenn ich sie einmal kennenlernte. In alten
Zeiten sei sie weit gemeiner gewesen und habe jedermann einige
Wissenschaft davon gehabt, jedoch einer vor dem andern. Sie
sei noch mit andern verlorengegangenen herrlichen Künsten
verschwistert gewesen. Die Sänger hätte göttliche Gunst hoch
geehrt, so daß sie, begeistert durch unsichtbaren Umgang,
himmlische Weisheit auf Erden in lieblichen Tönen verkündi-
gen können."

Die Kaufleute sagten darauf: „Wir haben uns freilich nie um
die Geheimnisse der Dichter bekümmert, wenn wir gleich mit
Vergnügen ihrem Gesange zugehört. Es mag wohl wahr sein,
daß eine besondere Gestirnung dazu gehört, wenn ein Dichter
zur Welt kommen soll; denn es ist gewiß eine recht wunderbare
Sache mit dieser Kunst. Auch sind die andern Künste gar sehr
davon unterschieden und lassen sich weit eher begreifen. Bei den

Malern und Tonkünstlern kann man leicht einsehn, wie es zugeht, und mit Fleiß und Geduld läßt sich beides lernen. Die Töne liegen schon in den Saiten, und es gehört nur eine Fertigkeit dazu, diese zu bewegen, um jene in einer reizenden Folge aufzuwecken. Bei den Bildern ist die Natur die herrlichste Lehrmeisterin. Sie erzeugt unzählige schöne und wunderliche Figuren, gibt die Farben, das Licht und den Schatten, und so kann eine geübte Hand, ein richtiges Auge und die Kenntnis von der Bereitung und Vermischung der Farben die Natur auf das vollkommenste nachahmen. Wie natürlich ist daher auch die Wirkung dieser Künste, das Wohlgefallen an ihren Werken, zu begreifen. Der Gesang der Nachtigall, das Sausen des Windes und die herrlichen Lichter, Farben und Gestalten gefallen uns, weil sie unsere Sinne angenehm beschäftigen; und da unsere Sinne dazu von der Natur, die auch jenes hervorbringt, so eingerichtet sind, so muß uns auch die künstliche Nachahmung der Natur gefallen. Die Natur will selbst auch einen Genuß von ihrer großen Künstlichkeit haben, und darum hat sie sich in Menschen verwandelt, wo sie nur selber sich über ihre Herrlichkeit freut, das Angenehme und Liebliche von den Dingen absondert und es auf solche Art allein hervorbringt, daß sie es auf mannigfaltigere Weise und zu allen Zeiten und allen Orten haben und genießen kann. Dagegen ist von der Dichtkunst sonst nirgends äußerlich etwas anzutreffen. Auch schafft sie nichts mit Werkzeugen und Händen; das Auge und das Ohr vernehmen nichts davon; denn das bloße Hören der Worte ist nicht die eigentliche Wirkung dieser geheimen Kunst. Es ist alles innerlich, und wie jene Künstler die äußern Sinne mit angenehmen Empfindungen erfüllen, so erfüllt der Dichter das inwendige Heiligtum des Gemüts mit neuen, wunderbaren und gefälligen Gedanken. Er weiß jene geheimen Kräfte in uns nach Belieben zu erregen und gibt uns durch Worte eine unbekannte herrliche Welt zu vernehmen. Wie aus tiefen Höhlen steigen alte und künftige Zeiten, unzählige Menschen, *wunderbare* Gegenden und die seltsamsten Begebenheiten in uns herauf und entreißen uns der bekannten Gegenwart. Man hört fremde

Worte und weiß doch, was sie bedeuten sollen. Eine magische
Gewalt üben die Sprüche des Dichters aus; auch die gewöhn-
lichen Worte kommen in reizenden Klängen vor und berauschen
die festgebannten Zuhörer."

„Ihr verwandelt meine Neugierde in heiße Ungeduld", sagte
Heinrich. „Ich bitte Euch, erzählt mir von allen Sängern, die
Ihr gehört habt. Ich kann nicht genug von diesen besondern
Menschen hören. Mir ist auf einmal, als hätte ich irgendwo
schon davon in meiner tiefsten Jugend reden hören, doch kann
ich mich schlechterdings nichts mehr davon entsinnen. Aber mir
ist das, was Ihr sagt, so klar, so bekannt, und Ihr macht mir ein
außerordentliches Vergnügen mit Euren schönen Beschreibun-
gen."

„Wir erinnern uns selbst gern", fuhren die Kaufleute fort,
„mancher frohen Stunden; die wir in Welschland, Frankreich
und Schwaben in der Gesellschaft von Sängern zugebracht
haben, und freuen uns, daß Ihr so lebhaften Anteil an unsern
Reden nehmet. Wenn man so in Gebirgen reist, spricht es sich
mit doppelter Annehmlichkeit, und die Zeit vergeht spielend.
Vielleicht ergötzt es Euch, einige artige Geschichten von
Dichtern zu hören, die wir auf unsern Reisen erfuhren. Von den
Gesängen selbst, die wir gehört haben, können wir wenig sagen,
da die Freude und der Rausch des Augenblicks das Gedächtnis
hindert, viel zu behalten, und die unaufhörlichen Handels-
geschäfte manches Andenken auch wieder verwischt haben.

In alten Zeiten muß die ganze Natur lebendiger und sinn-
voller gewesen sein als heutzutage. Wirkungen, die jetzt kaum
noch die Tiere zu bemerken scheinen und die Menschen eigent-
lich allein noch empfinden und genießen, bewegten damals
leblose Körper; und so war es möglich, daß kunstreiche Men-
schen allein Dinge möglich machten und Erscheinungen her-
vorbrachten, die uns jetzt völlig unglaublich und fabelhaft
dünken. So sollen vor uralten Zeiten in den Ländern des jetzigen
griechischen Kaisertums, wie uns Reisende berichtet, die diese
Sagen noch dort unter dem gemeinen Volke angetroffen haben,
Dichter gewesen sein, die durch den seltsamen Klang wunder-

barer Werkzeuge das geheime Leben der Wälder, die in den Stämmen verborgenen Geister aufgeweckt, in wüsten, verödeten Gegenden den toten Pflanzensamen erregt und blühende Gärten hervorgerufen, grausame Tiere gezähmt und verwilderte Menschen zu Ordnung und Sitte gewöhnt, sanfte Neigungen und Künste des Friedens in ihnen rege gemacht, reißende Flüsse in milde Gewässer verwandelt und selbst die totesten Steine in regelmäßige tanzende Bewegungen hingerissen haben. Sie sollen zugleich Wahrsager und Priester, Gesetzgeber und Ärzte gewesen sein, indem selbst die höhern Wesen durch ihre zauberische Kunst herabgezogen worden sind und sie in den Geheimnissen der Zukunft unterrichtet, das Ebenmaß und die natürliche Einrichtung aller Dinge, auch die innern Tugenden und Heilkräfte der Zahlen, Gewächse und aller Kreaturen ihnen offenbart. Seitdem sollen, wie die Sage lautet, erst die mannigfaltigen Töne und die sonderbaren Sympathien und Ordnungen in die Natur gekommen sein, indem vorher alles wild, unordentlich und feindselig gewesen ist. Seltsam ist nur hiebei, daß zwar diese schönen Spuren zum Andenken der Gegenwart jener wohltätigen Menschen geblieben sind, aber entweder ihre Kunst oder jene zarte Gefühligkeit der Natur verlorengegangen ist. In diesen Zeiten hat es sich unter andern einmal zugetragen, daß einer jener sonderbaren Dichter oder mehr Tonkünstler — wiewohl die Musik und Poesie wohl ziemlich eins sein mögen und vielleicht ebenso zusammengehören wie Mund und Ohr, da der erste nur ein bewegliches und antwortendes Ohr ist —, daß also dieser Tonkünstler übers Meer in ein fremdes Land reisen wollte. Er war reich an schönen Kleinodien und köstlichen Dingen, die ihm aus Dankbarkeit verehrt worden waren. Er fand ein Schiff am Ufer, und die Leute darin schienen bereitwillig, ihn für den verheißenen Lohn nach der verlangten Gegend zu fahren. Der Glanz und die Zierlichkeit seiner Schätze reizten aber bald ihre Habsucht so sehr, daß sie untereinander verabredeten, sich seiner zu bemächtigen, ihn ins Meer zu werfen und nachher seine Habe untereinander zu verteilen. Wie sie also mitten im Meere waren,

fielen sie über ihn her und sagten ihm, daß er sterben müsse, weil sie beschlossen hätten, ihn ins Meer zu werfen. Er bat sie auf die rührendste Weise um sein Leben, bot ihnen seine Schätze zum Lösegeld an und prophezeite ihnen großes Unglück, wenn sie ihren Vorsatz ausführen würden. Aber weder das eine, noch das andere konnte sie bewegen; denn sie fürchteten sich, daß er ihre bösliche Tat einmal verraten möchte. Da er sie nun einmal so fest entschlossen sah, bat er sie, ihm wenigstens zu erlauben, daß er noch vor seinem Ende seinen Schwanengesang spielen dürfe, dann wolle er mit seinem schlichten hölzernen Instrumente vor ihren Augen freiwillig ins Meer springen. Sie wußten recht wohl, daß, wenn sie seinen Zaubergesang hörten, ihre Herzen erweicht und sie von Reue ergriffen werden würden; daher nahmen sie sich vor, ihm zwar diese letzte Bitte zu gewähren, während des Gesanges aber sich die Ohren fest zu verstopfen, daß sie nichts davon vernähmen und so bei ihrem Vorhaben bleiben könnten. Dies geschah. Der Sänger stimmte einen herrlichen, unendlich rührenden Gesang an. Das ganze Schiff tönte mit, die Wellen klangen, die Sonne und die Gestirne erschienen zugleich am Himmel, und aus den grünen Fluten tauchten tanzende Scharen von Fischen und Meerungeheuern hervor. Die Schiffer standen feindselig allein mit festverstopften Ohren und warteten voll Ungeduld auf das Ende des Liedes. Bald war es vorüber. Da sprang der Sänger mit heitrer Stirn in den dunkeln Abgrund hin, sein wundertätiges Werkzeug im Arm. Er hatte kaum die glänzenden Wogen berührt, so hob sich der breite Rücken eines dankbaren Untiers unter ihm hervor, und es schwamm schnell mit dem erstaunten Sänger davon. Nach kurzer Zeit hatte es mit ihm die Küste erreicht, nach der er hingewollt hatte, und setzte ihn sanft im Schilfe nieder. Der Dichter sang seinem Retter ein frohes Lied und ging dankbar von dannen. Nach einiger Zeit ging er einmal am Ufer des Meers allein und klagte in süßen Tönen über seine verlorenen Kleinode, die ihm als Erinnerungen glücklicher Stunden und als Zeichen der Liebe und Dankbarkeit so wert gewesen waren. Indem er so sang, kam plötzlich sein alter Freund im Meere

fröhlich dahergerauscht und ließ aus seinem Rachen die geraubten Schätze auf den Sand fallen. Die Schiffer hatten nach des Sängers Sprung sich sogleich in seine Hinterlassenschaft zu teilen angefangen. Bei dieser Teilung war Streit unter ihnen entstanden und hatte sich in einen mörderischen Kampf geendigt, der den meisten das Leben gekostet; die wenigen, die übriggeblieben, hatten allein das Schiff nicht regieren können, und es war bald auf den Strand geraten, wo es scheiterte und unterging. Sie brachten mit genauer Not das Leben davon und kamen mit leeren Händen und zerrissenen Kleidern ans Land, und so kehrten durch die Hülfe des dankbaren Meertiers, das die Schätze im Meere aufsuchte, dieselben in die Hände ihres alten Besitzers zurück."

DRITTES KAPITEL

„Eine andere Geschichte", fuhren die Kaufleute nach einer Pause fort, „die freilich nicht so wunderbar und auch aus späteren Zeiten ist, wird Euch vielleicht doch gefallen und Euch mit den Wirkungen jener wunderbaren Kunst noch bekannter machen. Ein alter König hielt einen glänzenden Hof. Weit und breit strömten Menschen herzu, um teil an der Herrlichkeit seines Lebens zu haben, und es gebrach weder den täglichen Festen an Überfluß köstlicher Waren des Gaumens noch an Musik, prächtigen Verzierungen und Trachten und tausend abwechselnden Schauspielen und Zeitvertreiben, noch endlich an sinnreicher Anordnung, an klugen, gefälligen und unterrichteten Männern zur Unterhaltung und Beseelung der Gespräche und an schöner, anmutiger Jugend von beiden Geschlechtern, die die eigentliche Seele reizender Feste ausmachen. Der alte König, der sonst ein strenger und ernster Mann war, hatte zwei Neigungen, die der wahre Anlaß dieser prächtigen Hofhaltung waren und denen sie ihre schöne Einrichtung zu danken hatte. Eine war die Zärtlichkeit für seine Tochter, die ihm als Andenken seiner früh verstorbenen Gemahlin und als

ein unaussprechlich liebenswürdiges Mädchen unendlich teuer
war und für die er gern alle Schätze der Natur und alle Macht
des menschlichen Geistes aufgeboten hätte, um ihr einen
Himmel auf Erden zu verschaffen. Die andere war eine wahre
Leidenschaft für die Dichtkunst und ihre Meister. Er hatte von
Jugend auf die Werke der Dichter mit innigem Vergnügen
gelesen; an ihre Sammlung aus allen Sprachen großen Fleiß und
große Summen gewendet und von jeher den Umgang der Sänger
über alles geschätzt. Von allen Enden zog er sie an seinen Hof
und überhäufte sie mit Ehren. Er ward nicht müde, ihren
Gesängen zuzuhören, und vergaß oft die wichtigsten Angele-
genheiten, ja die Bedürfnisse des Lebens über einem neuen,
hinreißenden Gesange. Seine Tochter war unter Gesängen
aufgewachsen, und ihre ganze Seele war ein zartes Lied ge-
worden, ein einfacher Ausdruck der Wehmut und Sehnsucht.
Der wohltätige Einfluß der beschützten und geehrten Dichter
zeigte sich im ganzen Lande, besonders aber am Hofe. Man
genoß das Leben mit langsamen, kleinen Zügen wie einen
köstlichen Trank, und mit desto reinerem Wohlbehagen, da alle
widrige gehässige Leidenschaften wie Mißtöne von der sanften
harmonischen Stimmung verscheucht wurden, die in allen
Gemütern herrschend war. Frieden der Seele und innres seliges
Anschauen einer selbstgeschaffenen, glücklichen Welt war das
Eigentum dieser wunderbaren Zeit geworden, und die Zwie-
tracht erschien nur in den alten Sagen der Dichter als eine
ehemalige Feindin der Menschen. Es schien, als hätten die
Geister des Gesanges ihrem Beschützer kein lieblicheres Zei-
chen der Dankbarkeit geben können als seine Tochter, die alles
besaß, was die süßeste Einbildungskraft nur in der zarten
Gestalt eines Mädchens vereinigen konnte. Wenn man sie an
den schönen Festen unter einer Schar reizender Gespielen im
weißen glänzenden Gewande erblickte, wie sie den Wett-
gesängen der begeisterten Sänger mit tiefem Lauschen zuhörte
und errötend einen duftenden Kranz auf die Locken des Glück-
lichen drückte, dessen Lied den Preis gewonnen hatte, so hielt
man sie für die sichtbare Seele jener herrlichen Kunst, die jene

Zaubersprüche beschworen hätten, und hörte auf, sich über die Entzückungen und Melodien der Dichter zu wundern.

Mitten in diesem irdischen Paradies schien jedoch ein geheimnisvolles Schicksal zu schweben. Die einzige Sorge der Bewohner dieser Gegend betraf die Vermählung der aufblühenden Prinzessin, von der die Fortdauer dieser seligen Zeiten und das Verhängnis des ganzen Landes abhing. Der König ward immer älter. Ihm selbst schien diese Sorge lebhaft am Herzen zu liegen, und doch zeigte sich keine Aussicht zu einer Vermählung für sie, die allen Wünschen angemessen gewesen wäre. Die heilige Ehrfurcht für das königliche Haus erlaubte keinem Untertan, an die Möglichkeit zu denken, die Prinzessin zu besitzen. Man betrachtete sie wie ein überirdisches Wesen, und alle Prinzen aus andern Ländern, die sich mit Ansprüchen auf sie am Hofe gezeigt hatten, schienen so tief unter ihr zu sein, daß kein Mensch auf den Einfall kam, die Prinzessin oder der König werde die Augen auf einen unter ihnen richten. Das Gefühl des Abstandes hatte sie auch allmählich alle verscheucht, und das ausgesprengte Gerücht des ausschweifenden Stolzes dieser königlichen Familie schien andern alle Lust zu benehmen, sich ebenfalls gedemütigt zu sehn. Ganz ungegründet war auch dieses Gerücht nicht. Der König war bei aller Milde beinah unwillkürlich in ein Gefühl der Erhabenheit geraten, was ihm jeden Gedanken an die Verbindung seiner Tochter mit einem Manne von niedrigerem Stande und dunklerer Herkunft unmöglich oder unerträglich machte. Ihr hoher, einziger Wert hatte jenes Gefühl in ihm immer mehr bestätigt. Er war aus einer uralten morgenländischen Königsfamilie entsprossen. Seine Gemahlin war der letzte Zweig der Nachkommenschaft des berühmten Helden Rustan gewesen. Seine Dichter hatten ihm unaufhörlich von seiner Verwandtschaft mit den ehemaligen übermenschlichen Beherrschern der Welt vorgesungen, und in dem Zauberspiegel ihrer Kunst war ihm der Abstand seiner Herkunft von dem Ursprunge der andern Menschen, die Herrlichkeit seines Stammes noch heller erschienen, so daß es ihn dünkte, nur durch

die edlere Klasse der Dichter mit dem übrigen Menschen-
geschlechte zusammenzuhängen. Vergebens sah er sich mit
voller Sehnsucht nach einem zweiten Rustan um, indem er
fühlte, daß das Herz seiner aufblühenden Tochter, der Zustand
seines Reichs und sein zunehmendes Alter ihre Vermählung in
aller Absicht sehr wünschenswert machten.

Nicht weit von der Hauptstadt lebte auf einem abgelegenen
Landgute ein alter Mann, der sich ausschließlich mit der
Erziehung seines einzigen Sohnes beschäftigte und nebenher
den Landleuten in wichtigen Krankheiten Rat erteilte. Der
junge Mensch war ernst und ergab sich einzig der Wissenschaft
der Natur, in welcher ihn sein Vater von Kindheit auf unter-
richtete. Aus fernen Gegenden war der Alte vor mehreren
Jahren in dies friedliche und blühende Land gezogen und be-
gnügte sich, den wohltätigen Frieden, den der König um sich
verbreitete, in der Stille zu genießen. Er benutzte sie, die Kräfte
der Natur zu erforschen und diese hinreißenden Kenntnisse
seinem Sohne mitzuteilen, der viel Sinn dafür verriet und dessen
tiefem Gemüt die Natur bereitwillig ihre Geheimnisse anver-
traute. Die Gestalt des jungen Menschen schien gewöhnlich und
unbedeutend, wenn man nicht einen höhern Sinn für die ge-
heimere Bildung seines edlen Gesichts und die ungewöhnliche
Klarheit seiner Augen mitbrachte. Je länger man ihn ansah,
desto anziehender ward er, und man konnte sich kaum wieder
von ihm trennen, wenn man seine sanfte, eindringende Stimme
und seine anmutige Gabe zu sprechen hörte. Eines Tages hatte
die Prinzessin, deren Lustgärten an den Wald stießen, der das
Landgut des Alten in einem kleinen Tale verbarg, sich allein
zu Pferde in den Wald begeben, um desto ungestörter ihren
Phantasien nachhängen und einige schöne Gesänge sich
wiederholen zu können. Die Frische des hohen Waldes lockte
sie immer tiefer in seinen Schatten, und so kam sie endlich an
das Landgut, wo der Alte mit seinem Sohne lebte. Es kam ihr
die Lust an, Milch zu trinken, sie stieg ab, band ihr Pferd an
einen Baum und trat in das Haus, um sich einen Trunk Milch
auszubitten. Der Sohn war gegenwärtig und erschrak beinah

über diese zauberhafte Erscheinung eines majestätischen weib-
lichen Wesens, das mit allen Reizen der Jugend und Schönheit
geschmückt und von einer unbeschreiblich anziehenden Durch-
sichtigkeit der zartesten, unschuldigsten und edelsten Seele
beinah vergöttlicht wurde. Während er eilte, ihre wie Geisterge-
sang tönende Bitte zu erfüllen, trat ihr der Alte mit beschei-
dener Ehrfurcht entgegen und lud sie ein, an dem einfachen
Herde, der mitten im Hause stand und auf welchem eine leichte
blaue Flamme ohne Geräusch emporspielte, Platz zu nehmen.
Es fiel ihr, gleich beim Eintritt, der mit tausend seltenen Sachen
gezierte Hausraum, die Ordnung und Reinlichkeit des Ganzen,
und eine seltsame Heiligkeit des Ortes auf, deren Eindruck noch
durch den schlicht gekleideten ehrwürdigen Greis und den
bescheidenen Anstand des Sohnes erhöhet wurde. Der Alte hielt
sie gleich für eine zum Hof gehörige Person, wozu ihre kostbare
Tracht und ihr edles Betragen ihm Anlaß genug gab. Während
der Abwesenheit des Sohnes befragte sie ihn um einige Merk-
würdigkeiten, die ihr vorzüglich in die Augen fielen, worunter
besonders einige alte, sonderbare Bilder waren, die neben ihrem
Sitze auf dem Herde standen, und er war bereitwillig, sie auf
eine anmutige Art damit bekannt zu machen. Der Sohn kam
bald mit einem Kruge voll frischer Milch zurück und reichte ihr
denselben mit ungekünsteltem und ehrfurchtsvollem Wesen.
Nach einigen anziehenden Gesprächen mit den beiden dankte
sie auf die lieblichste Weise für die freundliche Bewirtung, bat
errötend den Alten um die Erlaubnis, wiederkommen und seine
lehrreichen Gespräche über die vielen wunderbaren Sachen
genießen zu dürfen, und ritt zurück, ohne ihren Stand verraten
zu haben, da sie bemerkte, daß Vater und Sohn sie nicht
kannten. Ohnerachtet die Hauptstadt so nahe lag, hatten beide,
in ihre Forschungen vertieft, das Gewühl der Menschen zu
vermeiden gesucht, und es war dem Jüngling nie eine Lust
angekommen, den Festen des Hofes beizuwohnen; besonders da
er seinen Vater höchstens auf eine Stunde zu verlassen pflegte,
um zuweilen im Walde nach Schmetterlingen, Käfern und
Pflanzen umherzugehn und die Eingebungen des stillen Na-

turgeistes durch den Einfluß seiner mannigfaltigen äußeren
Lieblichkeiten zu vernehmen. Dem Alten, der Prinzessin und
dem Jüngling war die einfache Begebenheit des Tages gleich
wichtig. Der Alte hatte leicht den neuen tiefen Eindruck be-
merkt, den die Unbekannte auf seinen Sohn machte. Er kannte
diesen genug, um zu wissen, daß jeder tiefe Eindruck bei ihm
ein lebenslänglicher sein würde. Seine Jugend und die Natur
seines Herzens mußten die erste Empfindung dieser Art zur
unüberwindlichen Neigung machen. Der Alte hatte lange eine
solche Begebenheit herannahen sehen. Die hohe Liebenswür-
digkeit der Erscheinung flößte ihm unwillkürlich eine innige
Teilnahme ein, und sein zuversichtliches Gemüt entfernte alle
Besorgnisse über die Entwickelung dieses sonderbaren Zufalls.
Die Prinzessin hatte sich nie in einem ähnlichen Zustande
befunden, wie der war, in welchem sie langsam nach Hause ritt.
Es konnte vor der einzigen, helldunklen wunderbar beweglichen
Empfindung einer neuen Welt kein eigentlicher Gedanke in ihr
entstehen. Ein magischer Schleier dehnte sich in weiten Falten
um ihr klares Bewußtsein. Es war ihr, als würde sie sich, wenn
er aufgeschlagen würde, in einer überirdischen Welt befinden.
Die Erinnerung an die Dichtkunst, die bisher ihre ganze Seele
beschäftigt hatte, war zu einem fernen Gesange geworden, der
ihren seltsam lieblichen Traum mit den ehemaligen Zeiten
verband. Wie sie zurück in den Palast kam, erschrak sie beinah
über seine Pracht und sein buntes Leben, noch mehr aber bei
der Bewillkommung ihres Vaters, dessen Gesicht zum ersten
Male in ihrem Leben eine scheue Ehrfurcht in ihr erregte. Es
schien ihr eine unabänderliche Notwendigkeit, nichts von ihrem
Abenteuer zu erwähnen. Man war ihre schwärmerische Ernst-
haftigkeit, ihren in Phantasien und tiefes Sinnen verlornen
Blick schon zu gewohnt, um etwas Außerordentliches darin zu
bemerken. Es war ihr jetzt nicht mehr so lieblich zumute; sie
schien sich unter lauter Fremden, und eine sonderbare Bänglich-
keit begleitete sie bis an den Abend, wo das frohe Lied eines
Dichters, der die Hoffnung pries und von den Wundern des
Glaubens an die Erfüllung unsrer Wünsche mit hinreißender

Begeisterung sang, sie mit süßem Trost erfüllte und in die angenehmsten Träume wiegte. Der Jüngling hatte sich gleich nach ihrem Abschiede in den Wald verloren. An der Seite des Weges war er in Gebüschen bis an die Pforten des Gartens ihr gefolgt und dann auf dem Wege zurückgegangen. Wie er so ging, sah er vor seinen Füßen einen hellen Glanz. Er bückte sich danach und hob einen dunkelroten Stein auf, der auf einer Seite außerordentlich funkelte und auf der andern eingegrabene unverständliche Chiffern zeigte. Er erkannte ihn für einen kostbaren Karfunkel und glaubte ihn in der Mitte des Halsbandes an der Unbekannten bemerkt zu haben. Er eilte mit beflügelten Schritten nach Hause, als wäre sie noch dort, und brachte den Stein seinem Vater. Sie wurden einig, daß der Sohn den andern Morgen auf den Weg zurückgehn und warten sollte, ob der Stein gesucht würde, wo er ihn dann zurückgeben könnte; sonst wollten sie ihn bis zu einem zweiten Besuche der Unbekannten aufheben, um ihr selbst ihn zu überreichen. Der Jüngling betrachtete fast die ganze Nacht den Karfunkel und fühlte gegen Morgen ein unwiderstehliches Verlangen, einige Worte auf den Zettel zu schreiben, in welchen er den Stein einwickelte. Er wußte selbst nicht genau, was er sich bei den Worten dachte, die er hinschrieb:

> Es ist dem Stein ein rätselhaftes Zeichen
> Tief eingegraben in sein glühend Blut,
> Er ist mit einem Herzen zu vergleichen,
> In dem das Bild der Unbekannten ruht.
> Man sieht um jenen tausend Funken streichen,
> Um dieses woget eine lichte Flut.
> In jenem liegt des Glanzes Licht begraben,
> Wird dieses auch das Herz des Herzens haben?

Kaum daß der Morgen anbrach, so begab er sich schon auf den Weg und eilte der Pforte des Gartens zu.

Unterdessen hatte die Prinzessin abends beim Auskleiden den teuren Stein in ihrem Halsbande vermißt, der ein Andenken ihrer Mutter und noch dazu ein Talisman war, dessen Besitz ihr

die Freiheit ihrer Person sicherte, indem sie damit nie in fremde Gewalt ohne ihren Willen geraten konnte.

Dieser Verlust befremdete sie mehr, als daß er sie erschreckt hätte. Sie erinnerte sich, ihn gestern bei dem Spazierritt noch gehabt zu haben, und glaubte fest, daß er entweder im Hause des Alten oder auf dem Rückwege im Walde verlorengegangen sein müsse; der Weg war ihr noch in frischem Andenken, und so beschloß sie, gleich früh den Stein aufzusuchen, und ward bei diesem Gedanken so heiter, daß es fast das Ansehn gewann, als sei sie gar nicht unzufrieden mit dem Verluste, weil er Anlaß gäbe, jenen Weg sogleich noch einmal zu machen. Mit dem Tage ging sie durch den Garten nach dem Walde, und weil sie eilfertiger ging als gewöhnlich, so fand sie es ganz natürlich, daß ihr das Herz lebhaft schlug und ihr die Brust beklomm. Die Sonne fing eben an, die Wipfel der alten Bäume zu vergolden, die sich mit sanftem Flüstern bewegten, als wollten sie sich gegenseitig aus nächtlichen Gesichtern erwecken, um die Sonne gemeinschaftlich zu begrüßen, als die Prinzessin, durch ein fernes Geräusch veranlaßt, den Weg hinunter und den Jüngling auf sich zueilen sah, der in demselben Augenblick ebenfalls sie bemerkte.

Wie angefesselt blieb er eine Weile stehn und blickte unverwandt sie an, gleichsam um sich zu überzeugen, daß ihre Erscheinung wirklich und keine Täuschung sei. Sie begrüßten sich mit einem zurückgehaltenen Ausdruck von Freude, als hätten sie sich schon lange gekannt und geliebt. Noch ehe die Prinzessin die Ursache ihres frühen Spazierganges ihm entdecken konnte, überreichte er ihr mit Erröten und Herzklopfen den Stein in dem beschriebenen Zettel. Es war, als ahndete die Prinzessin den Inhalt der Zeilen. Sie nahm ihn stillschweigend mit zitternder Hand und hing ihm zur Belohnung für seinen glücklichen Fund beinah unwillkürlich eine goldne Kette um, die sie um den Hals trug. Beschämt kniete er vor ihr und konnte, da sie sich nach seinem Vater erkundigte, einige Zeit keine Worte finden. Sie sagte ihm halbleise und mit niedergeschlagenen Augen, daß sie bald wieder zu ihnen kommen und die

Zusage des Vaters, sie mit seinen Seltenheiten bekannt zu machen, mit vieler Freude benutzen würde.

Sie dankte dem Jüngling noch einmal mit ungewöhnlicher Innigkeit und ging hierauf langsam, ohne sich umzusehen, zurück. Der Jüngling konnte kein Wort vorbringen. Er neigte sich ehrfurchtsvoll und sah ihr lange nach, bis sie hinter den Bäumen verschwand. Nach dieser Zeit vergingen wenig Tage bis zu ihrem zweiten Besuche, dem bald mehrere folgten. Der Jüngling ward unvermerkt ihr Begleiter bei diesen Spaziergängen. Er holte sie zu bestimmten Stunden am Garten ab und brachte sie dahin zurück. Sie beobachtete ein unverbrüchliches Stillschweigen über ihren Stand, so zutraulich sie auch sonst gegen ihren Begleiter wurde, dem bald kein Gedanke in ihrer himmlischen Seele verborgen blieb. Es war, als flößte ihr die Erhabenheit ihrer Herkunft eine geheime Furcht ein. Der Jüngling gab ihr ebenfalls seine ganze Seele. Vater und Sohn hielten sie für ein vornehmes Mädchen vom Hofe. Sie hing an dem Alten mit der Zärtlichkeit einer Tochter. Ihre Liebkosungen gegen ihn waren die entzückenden Vorboten ihrer Zärtlichkeit gegen den Jüngling. Sie ward bald einheimisch in dem wunderbaren Hause; und wenn sie dem Alten und dem Sohne, der zu ihren Füßen saß, auf ihrer Laute reizende Lieder mit einer überirdischen Stimme vorsang und letzteren in dieser lieblichen Kunst unterrichtete, so erfuhr sie dagegen von seinen begeisterten Lippen die Enträtselung der überall verbreiteten Naturgeheimnisse. Er lehrte ihr, wie durch wundervolle Sympathie die Welt entstanden sei und die Gestirne sich zu melodischen Reigen vereinigt hätten. Die Geschichte der Vorwelt ging durch seine heiligen Erzählungen in ihrem Gemüt auf; und wie entzückt war sie, wenn ihr Schüler, in der Fülle seiner Eingebungen, die Laute ergriff und mit unglaublicher Gelehrigkeit in die wundervollsten Gesänge ausbrach. Eines Tages, wo ein besonders kühner Schwung sich seiner Seele in ihrer Gesellschaft bemächtigt hatte und die mächtige Liebe auf dem Rückwege ihre jungfräuliche Zurückhaltung mehr als gewöhnlich überwand, so daß sie beide, ohne selbst zu wissen wie,

einander in die Arme sanken und der erste glühende Kuß sie
auf ewig zusammenschmelzte, fing mit einbrechender Däm-
merung ein gewaltiger Sturm in den Gipfeln der Bäume plötz-
lich zu toben an. Drohende Wetterwolken zogen mit tiefem
nächtlichen Dunkel über sie her. Er eilte, sie in Sicherheit vor
dem fürchterlichen Ungewitter und den brechenden Bäumen zu
bringen; aber er verfehlte in der Nacht und voll Angst wegen
seiner Geliebten den Weg und geriet immer tiefer in den Wald
hinein. Seine Angst wuchs, wie er seinen Irrtum bemerkte. Die
Prinzessin dachte an das Schrecken des Königs und des Hofes;
eine unnennbare Ängstlichkeit fuhr zuweilen, wie ein zerstö-
render Strahl, durch ihre Seele, und nur die Stimme ihres
Geliebten, der ihr unaufhörlich Trost zusprach, gab ihr Mut und
Zutrauen zurück und erleichterte ihre beklommne Brust. Der
Sturm wütete fort; alle Bemühungen, den Weg zu finden, waren
vergeblich, und sie priesen sich beide glücklich, bei der Er-
leuchtung eines Blitzes eine nahe Höhle an dem steilen Abhang
eines waldigen Hügels zu entdecken, wo sie eine sichere Zu-
flucht gegen die Gefahren des Ungewitters zu finden hofften
und eine Ruhestätte für ihre erschöpften Kräfte. Das Glück
begünstigte ihre Wünsche. Die Höhle war trocken und mit
reichlichem Moos bewachsen. Der Jüngling zündete schnell ein
Feuer von Reisern und Moos an, woran sie sich trocknen
konnten, und die beiden Liebenden sahen sich nun auf eine
wunderbare Weise von der Welt entfernt, aus einem gefahr-
vollen Zustande gerettet und auf einem bequemen, warmen
Lager allein nebeneinander.

Ein wilder Mandelstrauch hing mit Früchten beladen in die
Höhle hinein, und ein nahes Rieseln ließ sie frisches Wasser zur
Stillung ihres Durstes finden. Die Laute hatte der Jüngling
mitgenommen, und sie gewährte ihnen jetzt eine aufheiternde
und beruhigende Unterhaltung bei dem knisternden Feuer. Eine
höhere Macht schien den Knoten schneller lösen zu wollen und
brachte sie unter sonderbaren Umständen in diese romantische
Lage. Die Unschuld ihrer Herzen, die zauberhafte Stimmung
ihrer Gemüter und die verbundene unwiderstehliche Macht

ihrer süßen Leidenschaft und ihrer Jugend ließ sie bald die Welt und ihre Verhältnisse vergessen und wiegte sie unter dem Brautgesange des Sturms und den Hochzeitfackeln der Blitze in den süßesten Rausch ein, der je ein sterbliches Paar beseligt haben mag. Der Anbruch des lichten blauen Morgens war für sie das Erwachen in einer neuen seligen Welt. Ein Strom heißer Tränen, der jedoch bald aus den Augen der Prinzessin hervorbrach, verriet ihrem Geliebten die erwachenden tausendfachen Bekümmernisse ihres Herzens. Er war in dieser Nacht um mehrere Jahre älter, aus einem Jünglinge zum Manne geworden. Mit überschwenglicher Begeisterung tröstete er seine Geliebte, erinnerte sie an die Heiligkeit der wahrhaften Liebe und an den hohen Glauben, den sie einflöße, und bat sie, die heiterste Zukunft von dem Schutzgeist ihres Herzens mit Zuversicht zu erwarten. Die Prinzessin fühlte die Wahrheit seines Trostes und entdeckte ihm, sie sei die Tochter des Königs und nur bange wegen des Stolzes und der Bekümmernisse ihres Vaters. Nach langen reiflichen Überlegungen wurden sie über die zu fassende Entschließung einig, und der Jüngling machte sich sofort auf den Weg, um seinen Vater aufzusuchen und diesen mit ihrem Plane bekannt zu machen. Er versprach in kurzem wieder bei ihr zu sein und verließ sie beruhigt und in süßen Vorstellungen der künftigen Entwicklung dieser Begebenheiten. Der Jüngling hatte bald seines Vaters Wohnung erreicht, und der Alte war sehr erfreut, ihn unverletzt ankommen zu sehen. Er erfuhr nun die Geschichte und den Plan der Liebenden und bezeigte sich nach einigem Nachdenken bereitwillig, ihn zu unterstützen. Sein Haus lag ziemlich versteckt und hatte einige unterirdische Zimmer, die nicht leicht aufzufinden waren. Hier sollte die Wohnung der Prinzessin sein. Sie ward also in der Dämmerung abgeholt und mit tiefer Rührung von dem Alten empfangen. Sie weinte nachher oft in der Einsamkeit, wenn sie ihres traurigen Vaters gedachte; doch verbarg sie ihren Kummer vor ihrem Geliebten und sagte es nur dem Alten, der sie freundlich tröstete und ihr die nahe Rückkehr zu ihrem Vater vorstellte.

Unterdes war man am Hofe in große Bestürzung geraten, als abends die Prinzessin vermißt wurde. Der König war ganz außer sich und schickte überall Leute aus, sie zu suchen. Kein Mensch wußte sich ihr Verschwinden zu erklären. Keinem kam ein heimliches Liebesverständnis in die Gedanken, und so ahndete man keine Entführung, da ohnedies kein Mensch weiter fehlte. Auch nicht zu der entferntesten Vermutung war Grund da. Die ausgeschickten Boten kamen unverrichteter Sache zurück, und der König fiel in tiefe Traurigkeit. Nur wenn abends seine Sänger vor ihn kamen und schöne Lieder mitbrachten, war es, als ließe sich die alte Freude wieder vor ihm blicken; seine Tochter dünkte ihm nah, und er schöpfte Hoffnung, sie bald wiederzusehen. War er aber wieder allein, so zerriß es ihm von neuem das Herz, und er weinte laut. Dann gedachte er bei sich selbst: Was hilft mir nun alle die Herrlichkeit und meine hohe Geburt. Nun bin ich doch elender als die andern Menschen. Meine Tochter kann mir nichts ersetzen. Ohne sie sind auch die Gesänge nichts als leere Worte und Blendwerk. Sie war der Zauber, der ihnen Leben und Freude, Macht und Gestalt gab. Wollt ich doch lieber, ich wäre der geringste meiner Diener. Dann hätte ich meine Tochter noch; auch wohl einen Eidam dazu und Enkel, die mir auf den Knien säßen; dann wäre ich ein anderer König als jetzt. Es ist nicht die Krone und das Reich, was einen König macht. Es ist jenes volle, überfließende Gefühl der Glückseligkeit, der Sättigung mit irdischen Gütern, jenes Gefühl der überschwenglichen Gnüge. So werd ich nun für meinen Übermut bestraft. Der Verlust meiner Gattin hat mich noch nicht genug erschüttert. Nun hab ich auch ein grenzenloses Elend. So klagte der König in den Stunden der heißesten Sehnsucht. Zuweilen brach auch seine alte Strenge und sein Stolz wieder hervor. Er zürnte über seine Klagen; wie ein König wollte er dulden und schweigen. Er meinte dann, er leide mehr als alle anderen und gehöre ein großer Schmerz zum Königtum; aber wenn es dann dämmerte und er in die Zimmer seiner Tochter trat und sah ihre Kleider hängen und ihre kleineren Habseligkeiten stehn, als habe sie

eben das Zimmer verlassen, so vergaß er seine Vorsätze, ge-
bärdete sich wie ein trübseliger Mensch und rief seine geringsten
Diener um Mitleid an. Die ganze Stadt und das ganze Land
weinten und klagten von ganzem Herzen mit ihm. Sonderlich
war es, daß eine Sage umherging, die Prinzessin lebe noch und
werde bald mit einem Gemahl wiederkommen. Kein Mensch
wußte, woher die Sage kam; aber alles hing sich mit frohem
Glauben daran und sah mit ungeduldiger Erwartung ihrer
baldigen Wiederkunft entgegen. So vergingen mehrere Monden,
bis das Frühjahr wieder herankam. ‚Was gilt's‘, sagten einige
in wunderlichem Mute, ‚nun kommt auch die Prinzessin wie-
der.‘ Selbst der König ward heitrer und hoffnungsvoller. Die
Sage dünkte ihm wie die Verheißung einer gütigen Macht. Die
ehemaligen Feste fingen wieder an, und es schien zum völligen
Aufblühen der alten Herrlichkeit nur noch die Prinzessin zu
fehlen. Eines Abends, da es gerade jährig wurde, daß sie ver-
schwand, war der ganze Hof im Garten versammelt. Die Luft
war warm und heiter; ein leiser Wind tönte nur oben in den alten
Wipfeln, wie die Ankündigung eines fernen fröhlichen Zuges.
Ein mächtiger Springquell stieg zwischen den vielen Fackeln
mit zahllosen Lichtern hinauf in die Dunkelheit der tönenden
Wipfel und begleitete mit melodischem Plätschern die mannig-
faltigen Gesänge, die unter den Bäumen hervorklangen. Der
König saß auf einem köstlichen Teppich, und um ihn her war
der Hof in festlichen Kleidern versammelt. Eine zahlreiche
Menge erfüllte den Garten und umgab das prachtvolle Schau-
spiel. Der König saß eben in tiefen Gedanken. Das Bild seiner
verlornen Tochter stand mit ungewöhnlicher Klarheit vor ihm;
er gedachte der glücklichen Tage, die um diese Zeit im ver-
gangenen Jahre ein plötzliches Ende nahmen. Eine heiße Sehn-
sucht übermannte ihn, und es flossen häufige Tränen von seinen
ehrwürdigen Wangen; doch empfand er eine ungewöhnliche
Heiterkeit. Es dünkte ihm das traurige Jahr nur ein schwerer
Traum zu sein, und er hob die Augen auf, gleichsam um ihre
hohe, heilige, entzückende Gestalt unter den Menschen und den
Bäumen aufzusuchen. Eben hatten die Dichter geendigt, und

eine tiefe Stille schien das Zeichen der allgemeinen Rührung zu
sein, denn die Dichter hatten die Freuden des Wiedersehns, den
Frühling und die Zukunft besungen, wie sie die Hoffnung zu
schmücken pflegt.

Plötzlich wurde die Stille durch leise Laute einer unbekann-
ten schönen Stimme unterbrochen, die von einer uralten Eiche
herzukommen schienen. Alle Blicke richteten sich dahin, und
man sah einen Jüngling in einfacher, aber fremder Tracht
stehen, der eine Laute im Arm hielt und ruhig in seinem Ge-
sange fortfuhr, indem er jedoch, wie der König seinen Blick nach
ihm wandte, eine tiefe Verbeugung machte. Die Stimme war
außerordentlich schön, und der Gesang trug ein fremdes,
wunderbares Gepräge. Er handelte von dem Ursprunge der
Welt, von der Entstehung der Gestirne, der Pflanzen, Tiere und
Menschen, von der allmächtigen Sympathie der Natur, von der
uralten goldenen Zeit und ihren Beherrscherinnen, der Liebe
und Poesie, von der Erscheinung des Hasses und der Barbarei
und ihren Kämpfen mit jenen wohltätigen Göttinnen und
endlich von dem zukünftigen Triumph der letztern, dem Ende
der Trübsale, der Verjüngung der Natur und der Wiederkehr
eines ewigen goldenen Zeitalters. Die alten Dichter traten, selbst
von Begeisterung hingerissen, während des Gesanges näher um
den seltsamen Fremdling her. Ein niegefühltes Entzücken er-
griff die Zuschauer, und der König selbst fühlte sich wie auf
einem Strom des Himmels weggetragen. Ein solcher Gesang
war nie vernommen worden, und alle glaubten, ein himmlisches
Wesen sei unter ihnen erschienen, besonders da der Jüngling
unterm Singen immer schöner, immer herrlicher und seine
Stimme immer gewaltiger zu werden schien. Die Luft spielte
mit seinen goldenen Locken. Die Laute schien sich unter seinen
Händen zu beseelen, und sein Blick schien trunken in eine
geheimere Welt hinüberzuschauen. Auch die Kinderunschuld
und Einfalt seines Gesichts schien allen übernatürlich. Nun war
der herrliche Gesang geendigt. Die bejahrten Dichter drückten
den Jüngling mit Freudentränen an ihre Brust. Ein stilles in-
niges Jauchzen ging durch die Versammlung. Der König kam

gerührt auf ihn zu. Der Jüngling warf sich ihm bescheiden zu
Füßen. Der König hob ihn auf, umarmte ihn herzlich und hieß
ihn sich eine Gabe ausbitten. Da bat er mit glühenden Wangen
den König, noch ein Lied gnädig anzuhören und dann über seine
Bitte zu entscheiden. Der König trat einige Schritte zurück, und
der Fremdling fing an:

,Der Sänger geht auf rauhen Pfaden,
Zerreißt in Dornen sein Gewand;
Er muß durch Fluß und Sümpfe baden,
Und keins reicht hülfreich ihm die Hand.
Einsam und pfadlos fließt in Klagen
Jetzt über sein ermattet Herz;
Er kann die Laute kaum noch tragen,
Ihn übermannt ein tiefer Schmerz.

Ein traurig Los ward mir beschieden,
Ich irre ganz verlassen hier,
Ich brachte allen Lust und Frieden,
Doch keiner teilte sie mit mir.
Es wird ein jeder seiner Habe
Und seines Lebens froh durch mich;
Doch weisen sie mit karger Gabe
Des Herzens Forderung von sich.

Man läßt mich ruhig Abschied nehmen,
Wie man den Frühling wandern sieht;
Es wird sich keiner um ihn grämen,
Wenn er betrübt von dannen zieht.
Verlangend sehn sie nach den Früchten
Und wissen nicht, daß er sie sät;
Ich kann den Himmel für sie dichten,
Doch meiner denkt nicht *ein* Gebet.

Ich fühle dankbar Zaubermächte
An diese Lippen festgebannt.

Oh! knüpfte nur an meine Rechte
Sich auch der Liebe Zauberband.
Es kümmert keine sich des Armen,
Der dürftig aus der Ferne kam;
Welch Herz wird sein sich noch erbarmen
Und lösen seinen tiefen Gram?

Er sinkt im hohen Grase nieder
Und schläft mit nassen Wangen ein;
Da schwebt der hohe Geist der Lieder
In die beklemmte Brust hinein;
Vergiß anjetzt, was du gelitten,
In kurzem schwindet deine Last,
Was du umsonst gesucht in Hütten,
Das wirst du finden im Palast.

Du nahst dem höchsten Erdenlohne,
Bald endigt der verschlungne Lauf;
Der Myrtenkranz wird eine Krone,
Dir setzt die treuste Hand sie auf.
Ein Herz voll Einklang ist berufen
Zur Glorie um einen Thron;
Der Dichter steigt auf rauhen Stufen
Hinan und wird des Königs Sohn.'

So weit war er in seinem Gesange gekommen, und ein sonder-
bares Erstaunen hatte sich der Versammlung bemächtigt, als
während dieser Strophen ein alter Mann mit einer verschleierten
weiblichen Gestalt von edlem Wuchse, die ein wunderschönes
Kind auf dem Arme trug, das freundlich in der fremden Ver-
sammlung umhersah und lächelnd nach dem blitzenden Diadem
des Königs die kleinen Händchen streckte, zum Vorschein
kamen und sich hinter den Sänger stellten; aber das Staunen
wuchs, als plötzlich auf den Gipfeln der alten Bäume der Lieb-
lingsadler des Königs, den er immer um sich hatte, mit einer
goldenen Stirnbinde, die er aus seinen Zimmern entwandt haben

mußte, herabflog und sich auf das Haupt des Jünglings nieder-
ließ, so daß die Binde sich um seine Locken schlug. Der Fremd-
ling erschrak einen Augenblick; der Adler flog an die Seite des
Königs und ließ die Binde zurück. Der Jüngling reichte sie dem
Kinde, das darnach verlangte, ließ sich auf ein Knie gegen den
König nieder und fuhr in seinem Gesange mit bewegter Stimme
fort:

>,Der Sänger fährt aus schönen Träumen
> Mit froher Ungeduld empor;
> Er wandelt unter hohen Bäumen
> Zu des Palastes ehrnem Tor.
> Die Mauern sind wie Stahl geschliffen,
> Doch sie erklimmt sein Lied geschwind,
> Es steigt, von Lieb und Weh ergriffen,
> Zu ihm hinab des Königs Kind.
>
> Die Liebe drückt sie fest zusammen,
> Der Klang der Panzer treibt sie fort;
> Sie lodern auf in süßen Flammen
> Im nächtlich stillen Zufluchtsort.
> Sie halten furchtsam sich verborgen,
> Weil sie der Zorn des Königs schreckt,
> Und werden nun von jedem Morgen
> Zu Schmerz und Lust zugleich erweckt.
>
> Der Sänger spricht mit sanften Klängen
> Der neuen Mutter Hoffnung ein;
> Da tritt, gelockt von den Gesängen
> Der König in die Kluft hinein.
> Die Tochter reicht in goldnen Locken
> Den Enkel von der Brust ihm hin;
> Sie sinken reuig und erschrocken,
> Und mild zergeht sein strenger Sinn.
>
> Die Liebe weicht und dem Gesange
> Auch auf dem Thron ein Vaterherz

Und wandelt bald in süßem Drange
Zu ew'ger Lust den tiefen Schmerz.
Die Liebe gibt, was sie entrissen,
Mit reichem Wucher bald zurück,
Und unter den Versöhnungsküssen
Entfaltet sich ein himmlisch Glück.

Geist des Gesangs, komm du hernieder
Und steh auch jetzt der Liebe bei;
Bring die verlorne Tochter wieder,
Daß ihr der König Vater sei!
Daß er mit Freuden sie umschließet
Und seines Enkels sich erbarmt
Und, wenn das Herz ihm überfließet,
Den Sänger auch als Sohn umarmt.'

Der Jüngling hob mit bebender Hand bei diesen Worten, die
sanft in den dunklen Gängen verhallten, den Schleier. Die
Prinzessin fiel mit einem Strom von Tränen zu den Füßen des
Königs und hielt ihm das schöne Kind hin. Der Sänger kniete
mit gebeugtem Haupte an ihrer Seite. Eine ängstliche Stille
schien jeden Atem festzuhalten. Der König war einige Augen-
blicke sprachlos und ernst; dann zog er die Prinzessin an seine
Brust, drückte sie lange fest an sich und weinte laut. Er hob
nun auch den Jüngling zu sich auf und umschloß ihn mit herz-
licher Zärtlichkeit. Ein helles Jauchzen flog durch die Ver-
sammlung, die sich dicht zudrängte. Der König nahm das Kind
und reichte es mit rührender Andacht gen Himmel; dann be-
grüßte er freundlich den Alten. Unendliche Freudentränen
flossen. In Gesänge brachen die Dichter aus, und der Abend
ward ein heiliger Vorabend dem ganzen Lande, dessen Leben
fortan nur *ein* schönes Fest war. Kein Mensch weiß, wo das
Land hingekommen ist. Nur in Sagen heißt es, daß Atlantis von
mächtigen Fluten den Augen entzogen worden sei."

VIERTES KAPITEL

Einige Tagereisen waren ohne die mindeste Unterbrechung geendigt. Der Weg war fest und trocken, die Witterung erquickend und heiter und die Gegenden, durch die sie kamen, fruchtbar, bewohnt und mannigfaltig. Der furchtbare Thüringer Wald lag im Rücken; die Kaufleute hatten den Weg öfter gemacht, waren überall mit den Leuten bekannt und erfuhren die gastfreiste Aufnahme. Sie vermieden die abgelegenen und durch Räubereien bekannten Gegenden und nahmen, wenn sie ja gezwungen waren, solche zu durchreisen, ein hinlängliches Geleite mit. Einige Besitzer benachbarter Bergschlösser standen mit den Kaufleuten in gutem Vernehmen. Sie wurden besucht und bei ihnen nachgefragt, ob sie Bestellungen nach Augsburg zu machen hätten. Eine freundliche Bewirtung ward ihnen zuteil, und die Frauen und Töchter drängten sich mit herzlicher Neugier um die Fremdlinge. Heinrichs Mutter gewann sie bald durch ihre gutmütige Bereitwilligkeit und Teilnahme. Man war erfreut, eine Frau aus der Residenzstadt zu sehn, die ebenso willig die Neuigkeiten der Mode als die Zubereitung einiger schmackhafter Schüsseln mitteilte. Der junge Ofterdingen ward von Rittern und Frauen wegen seiner Bescheidenheit und seines ungezwungenen milden Betragens gepriesen, und die letztern verweilten gern auf seiner einnehmenden Gestalt, die wie das einfache Wort eines Unbekannten war, das man fast überhört, bis längst nach seinem Abschiede es seine tiefe unscheinbare Knospe immer mehr auftut und endlich eine herrliche Blume in allem Farbenglanze dichtverschlungener Blätter zeigt, so daß man es nie vergißt, nicht müde wird, es zu wiederholen, und einen unversieglichen, immer gegenwärtigen Schatz daran hat. Man besinnt sich nun genauer auf den Unbekannten und ahndet und ahndet, bis es auf einmal klar wird, daß es ein Bewohner der höhern Welt gewesen sei. — Die Kaufleute erhielten eine große Menge Bestellungen, und man trennte sich gegenseitig mit herzlichen Wünschen, einander bald wiederzusehn. Auf einem dieser Schlösser, wo sie gegen

Abend hinkamen, ging es fröhlich zu. Der Herr des Schlosses
war ein alter Kriegsmann, der die Muße des Friedens und die
Einsamkeit seines Aufenthalts mit öftern Gelagen feierte und
unterbrach und außer dem Kriegsgetümmel und der Jagd
keinen andern Zeitvertreib kannte als den gefüllten Becher.

Er empfing die Ankommenden mit brüderlicher Herzlich-
keit, mitten unter lärmenden Genossen. Die Mutter ward zur
Hausfrau geführt. Die Kaufleute und Heinrich mußten sich an
die lustige Tafel setzen, wo der Becher tapfer umherging.
Heinrichen ward auf vieles Bitten in Rücksicht seiner Jugend
das jedesmalige Bescheidtun erlassen, dagegen die Kaufleute
sich nicht faul finden, sondern sich den alten Frankenwein
tapfer schmecken ließen. Das Gespräch lief über ehmalige
Kriegsabenteuer hin. Heinrich hörte mit großer Aufmerksam-
keit den neuen Erzählungen zu. Die Ritter sprachen vom
Heiligen Lande, von den Wundern des heiligen Grabes, von den
Abenteuern ihres Zuges und ihrer Seefahrt, von den Sarazenen,
in deren Gewalt einige geraten gewesen waren, und dem fröh-
lichen und wunderbaren Leben im Felde und im Lager. Sie
äußerten mit großer Lebhaftigkeit ihren Unwillen, jene himm-
lische Geburtsstätte der Christenheit noch im frevelhaften
Besitz der Ungläubigkeit zu wissen. Sie erhoben die großen
Helden, die sich eine ewige Krone durch ihr tapfres, unermüd-
liches Bezeigen gegen dieses ruchlose Volk erworben hätten. Der
Schloßherr zeigte das kostbare Schwert, was er einem An-
führer derselben mit eigner Hand abgenommen, nachdem er
sein Kastell erobert, ihn getötet und seine Frau und Kinder zu
Gefangenen gemacht, welches ihm der Kaiser in seinem Wap-
pen zu führen vergönnet hatte. Alle besahen das prächtige
Schwert, auch Heinrich nahm es in seine Hand und fühlte sich
von einer kriegerischen Begeisterung ergriffen. Er küßte es mit
inbrünstiger Andacht. Die Ritter freuten sich über seinen
Anteil. Der Alte umarmte ihn und munterte ihn auf, auch seine
Hand auf ewig der Befreiung des heiligen Grabes zu widmen
und das wundertätige Kreuz auf seine Schultern befestigen zu
lassen. Er war überrascht, und seine Hand schien sich nicht von

dem Schwerte losmachen zu können. „Besinne dich, mein Sohn", rief der alte Ritter. „Ein neuer Kreuzzug ist vor der Tür. Der Kaiser selbst wird unsere Scharen in das Morgenland führen. Durch ganz Europa schallt von neuem der Ruf des Kreuzes, und heldenmütige Andacht regt sich aller Orten. Wer weiß, ob wir nicht übers Jahr in der großen weltherrlichen Stadt Jerusalem als frohe Sieger beieinander sitzen und uns bei vaterländischem Wein an unsere Heimat erinnern. Du kannst auch bei mir ein morgenländisches Mädchen sehn. Sie dünken uns Abendländern gar anmutig, und wenn du das Schwert gut zu führen verstehst, so kann es dir an schönen Gefangenen nicht fehlen." Die Ritter sangen mit lauter Stimme den Kreuzgesang, der damals in ganz Europa gesungen wurde:

> „Das Grab steht unter wilden Heiden;
> Das Grab, worin der Heiland lag,
> Muß Frevel und Verspottung leiden
> Und wird entheiligt jeden Tag.
> Es klagt heraus mit dumpfer Stimme:
> ‚Wer rettet mich von diesem Grimme!'

> Wo bleiben seine Heldenjünger?
> Verschwunden ist die Christenheit!
> Wer ist des Glaubens Wiederbringer?
> Wer nimmt das Kreuz in dieser Zeit?
> Wer bricht die schimpflichsten der Ketten
> Und wird das heil'ge Grab erretten?

> Gewaltig geht auf Land und Meeren
> In tiefer Nacht ein heil'ger Sturm;
> Die trägen Schläfer aufzustören,
> Umbraust er Lager, Stadt und Turm,
> Ein Klaggeschrei um alle Zinnen:
> ‚Auf, träge Christen, zieht von hinnen.'

Es lassen Engel aller Orten
Mit ernstem Antlitz stumm sich sehn,
Und Pilger sieht man vor den Pforten
Mit kummervollen Wangen stehn;
Sie klagen mit den bängsten Tönen
Die Grausamkeit der Sarazenen.

Es bricht ein Morgen, rot und trübe,
Im weiten Land der Christen an.
Der Schmerz der Wehmut und der Liebe
Verkündet sich bei jedermann.
Ein jedes greift nach Kreuz und Schwerte
Und zieht entflammt von seinem Herde.

Ein Feuereifer tobt im Heere,
Das Grab des Heilands zu befrein.
Sie eilen fröhlich nach dem Meere,
Um bald auf heil'gem Grund zu sein.
Auch Kinder kommen noch gelaufen
Und mehren den geweihten Haufen.

Hoch weht das Kreuz im Siegspaniere,
Und alte Helden stehn voran.
Des Paradieses sel'ge Türe
Wird frommen Kriegern aufgetan;
Ein jeder will das Glück genießen,
Sein Blut für Christus zu vergießen.

Zum Kampf, ihr Christen! Gottes Scharen
Ziehn mit in das Gelobte Land.
Bald wird der Heiden Grimm erfahren
Des Christengottes Schreckenshand.
Wir waschen bald in frohem Mute
Das heilige Grab mit Heidenblute.

Die Heil'ge Jungfrau schwebt, getragen
Von Engeln, ob der wilden Schlacht,
Wo jeder, den das Schwert geschlagen,
In ihrem Mutterarm erwacht.
Sie neigt sich mit verklärter Wange
Herunter zu dem Waffenklange.

Hinüber zu der heil'gen Stätte!
Des Grabes dumpfe Stimme tönt!
Bald wird mit Sieg und mit Gebete
Die Schuld der Christenheit versöhnt!
Das Reich der Heiden wird sich enden,
Ist erst das Grab in unsern Händen."

Heinrichs ganze Seele war in Aufruhr, das Grab kam ihm wie
eine bleiche, edle, jugendliche Gestalt vor, die auf einem großen
Stein mitten unter wildem Pöbel säße und auf eine entsetzliche
Weise gemißhandelt würde, als wenn sie mit kummervollem
Gesichte nach einem Kreuze blicke, was im Hintergrunde mit
lichten Zügen schimmerte und sich in den bewegten Wellen
eines Meeres unendlich vervielfältigte.

Seine Mutter schickt eben herüber, um ihn zu holen und der
Hausfrau des Ritters vorzustellen. Die Ritter waren in ihr
Gelag und ihre Vorstellungen des bevorstehenden Zuges ver-
tieft und bemerkten nicht, daß Heinrich sich entfernte. Er fand
seine Mutter in traulichem Gespräch mit der alten, gutmütigen
Frau des Schlosses, die ihn freundlich bewillkommte. Der
Abend war heiter, die Sonne begann sich zu neigen, und Hein-
rich, der sich nach Einsamkeit sehnte und von der goldenen
Ferne gelockt wurde, die durch die engen, tiefen Bogenfenster
in das düstre Gemach hineintrat, erhielt leicht die Erlaubnis,
sich außerhalb des Schlosses besehen zu dürfen. Er eilte ins
Freie, sein ganzes Gemüt war rege, er sah von der Höhe des alten
Felsen zunächst in das waldige Tal, durch das ein Bach her-
unterstürzte und einige Mühlen trieb, deren Geräusch man
kaum aus der gewaltigen Tiefe vernehmen konnte, und dann

in eine unabsehliche Ferne von Bergen, Wäldern und Niede-
rungen, und seine innere Unruhe wurde besänftigt. Das kriege-
rische Getümmel verlor sich, und es blieb nur eine klare bilder-
reiche Sehnsucht zurück. Er fühlte, daß ihm eine Laute
mangelte, so wenig er auch wußte, wie sie eigentlich gebaut sei
und welche Wirkung sie hervorbringe. Das heitere Schauspiel
des herrlichen Abends wiegte ihn in sanfte Phantasien; die
Blume seines Herzens ließ sich zuweilen wie ein Wetterleuchten
in ihm sehn. — Er schweifte durch das wilde Gebüsch und
kletterte über bemooste Felsenstücke, als auf einmal aus einer
nahen Tiefe ein zarter eindringender Gesang einer weiblichen
Stimme, von wunderbaren Tönen begleitet, erwachte. Es war
ihm gewiß, daß es eine Laute sei; er blieb verwunderungsvoll
stehen und hörte in gebrochner deutscher Aussprache folgendes
Lied:

>"Bricht das matte Herz noch immer
> Unter fremdem Himmel nicht?
> Kommt der Hoffnung bleicher Schimmer
> Immer mir noch zu Gesicht?
> Kann ich wohl noch Rückkehr wähnen?
> Stromweis stürzen meine Tränen,
> Bis mein Herz in Kummer bricht.
>
> Könnt ich dir die Myrten zeigen
> Und der Zeder dunkles Haar!
> Führen dich zum frohen Reigen
> Der geschwisterlichen Schar!
> Sähst du im gestickten Kleide,
> Stolz im köstlichen Geschmeide
> Deine Freundin, wie sie war.
>
> Edle Jünglinge verneigen
> Sich mit heißem Blick vor ihr;
> Zärtliche Gesänge steigen
> Mit dem Abendstern zu mir.
> Dem Geliebten darf man trauen;

Ew'ge Lieb und Treu den Frauen,
Ist der Männer Losung hier.

Hier, wo um kristallne Quellen
Liebend sich der Himmel legt
Und mit heißen Balsamwellen
Um den Hain zusammenschlägt,
Der in seinen Lustgebieten
Unter Früchten, unter Blüten
Tausend bunte Sänger hegt.

Fern sind jene Jugendträume!
Abwärts liegt das Vaterland!
Längst gefällt sind jene Bäume,
Und das alte Schloß verbrannt.
Fürchterlich, wie Meereswogen,
Kam ein rauhes Heer gezogen,
Und das Paradies verschwand.

Fürchterliche Gluten flossen
In die blaue Luft empor,
Und es drang auf stolzen Rossen
Eine wilde Schar ins Tor.
Säbel klirrten, unsre Brüder,
Unser Vater kam nicht wieder,
Und man riß uns wild hervor.

Meine Augen wurden trübe;
Fernes, mütterliches Land,
Ach! sie bleiben dir voll Liebe
Und voll Sehnsucht zugewandt!
Wäre nicht dies Kind vorhanden,
Längst hätt ich des Lebens Banden
Aufgelöst mit kühner Hand."

Heinrich hörte das Schluchzen eines Kindes und eine tröstende Stimme. Er stieg tiefer durch das Gebüsch hinab und fand ein bleiches, abgehärmtes Mädchen unter einer alten Eiche sitzen. Ein schönes Kind hing weinend an ihrem Halse, auch ihre Tränen flossen, und eine Laute lag neben ihr auf dem Rasen. Sie erschrak ein wenig, als sie den fremden Jüngling erblickte, der mit wehmütigem Gesicht sich ihr näherte.

„Ihr habt wohl meinen Gesang gehört", sagte sie freundlich. „Euer Gesicht dünkt mir bekannt, laßt mich besinnen. — Mein Gedächtnis ist schwach geworden, aber Euer Anblick erweckt in mir eine sonderbare Erinnerung aus frohen Zeiten. Oh! mir ist, als glicht Ihr einem meiner Brüder, der noch vor unserm Unglück von uns schied und nach Persien zu einem berühmten Dichter zog. Vielleicht lebt er noch und besingt traurig das Unglück seiner Geschwister. Wüßt ich nur noch einige seiner herrlichen Lieder, die er uns hinterließ! Er war edel und zärtlich und kannte kein größeres Glück als seine Laute." Das Kind war ein Mädchen von zehn bis zwölf Jahren, das den fremden Jüngling aufmerksam betrachtete und sich fest an den Busen der unglücklichen Zulima schmiegte. Heinrichs Herz war von Mitleid durchdrungen; er tröstete die Sängerin mit freundlichen Worten und bat sie, ihm umständlicher ihre Geschichte zu erzählen. Sie schien es nicht ungern zu tun. Heinrich setzte sich ihr gegenüber und vernahm ihre von häufigen Tränen unterbrochne Erzählung. Vorzüglich hielt sie sich bei dem Lobe ihrer Landsleute und ihres Vaterlandes auf. Sie schilderte den Edelmut derselben und ihre reine starke Empfänglichkeit für die Poesie des Lebens und die wunderbare, geheimnisvolle Anmut der Natur. Sie beschrieb die romantischen Schönheiten der fruchtbaren arabischen Gegenden, die wie glückliche Inseln in unwegsamen Sandwüsteneien lägen, wie Zufluchtsstätte der Bedrängten und Ruhebedürftigen, wie Kolonien des Paradieses, voll frischer Quellen, die über dichten Rasen und funkelnde Steine durch alte, ehrwürdige Haine rieselten, voll bunter Vögel mit melodischen Kehlen und anziehend durch mannigfaltige Überbleibsel ehemaliger denkwürdiger Zeiten. „Ihr würdet mit

Verwunderung", sagte sie, „die buntfarbigen, hellen, seltsamen Züge und Bilder auf den alten Steinplatten sehn. Sie scheinen so bekannt und nicht ohne Ursach so wohl erhalten zu sein. Man sinnt und sinnt, einzelne Bedeutungen ahnet man und wird um so begieriger, den tiefsinnigen Zusammenhang dieser uralten Schrift zu erraten. Der unbekannte Geist derselben erregt ein ungewöhnliches Nachdenken, und wenn man auch ohne den gewünschten Fund von dannen geht, so hat man doch tausend merkwürdige Entdeckungen in sich selbst gemacht, die dem Leben einen neuen Glanz und dem Gemüt eine lange, belohnende Beschäftigung geben. Das Leben auf einem längst bewohnten und ehemals schon durch Fleiß, Tätigkeit und Neigung verherrlichten Boden hat einen besondern Reiz. Die Natur scheint dort menschlicher und verständlicher geworden, eine dunkle Erinnerung unter der durchsichtigen Gegenwart wirft die Bilder der Welt mit scharfen Umrissen zurück, und so genießt man eine doppelte Welt, die eben dadurch das Schwere und Gewaltsame verliert und die zauberische Dichtung und Fabel unserer Sinne wird. Wer weiß, ob nicht auch ein unbegreiflicher Einfluß der ehemaligen, jetzt unsichtbaren Bewohner mit ins Spiel kommt, und vielleicht ist es dieser dunkle Zug, der die Menschen aus neuen Gegenden, sobald eine gewisse Zeit ihres Erwachens kömmt, mit so zerstörender Ungeduld nach der alten Heimat ihres Geschlechts treibt und sie Gut und Blut an den Besitz dieser Länder zu wagen anregt." Nach einer Pause fuhr sie fort: „Glaubt ja nicht, was man Euch von den Grausamkeiten meiner Landsleute erzählt hat. Nirgends wurden Gefangene großmütiger behandelt, und auch eure Pilger nach Jerusalem wurden mit Gastfreundschaft aufgenommen, nur daß sie selten derselben wert waren. Die meisten waren nichtsnutzige, böse Menschen, die ihre Wallfahrten mit Bubenstücken bezeichneten und dadurch freilich oft gerechter Rache in die Hände fielen. Wie ruhig hätten die Christen das heilige Grab besuchen können, ohne nötig zu haben, einen fürchterlichen, unnützen Krieg anzufangen, der alles erbittert, unendliches Elend verbreitet und auf immer das Morgenland

von Europa getrennt hat. Was lag an dem Namen des Besitzers?
Unsere Fürsten ehrten andachtsvoll das Grab eures Heiligen,
den auch wir für einen göttlichen Propheten halten; und wie
schön hätte sein heiliges Grab die Wiege eines glücklichen
Einverständnisses, der Anlaß ewiger wohltätiger Bündnisse
werden können!"

Der Abend war unter ihren Gesprächen herbeigekommen. Es
fing an, Nacht zu werden, und der Mond hob sich aus dem
feuchten Walde mit beruhigendem Glanze herauf. Sie stiegen
langsam nach dem Schlosse; Heinrich war voll Gedanken, die
kriegerische Begeisterung war gänzlich verschwunden. Er
merkte eine wunderliche Verwirrung in der Welt; der Mond
zeigte ihm das Bild eines tröstenden Zuschauers und erhob ihn
über die Unebenheiten der Erdoberfläche, die in der Höhe so
unbeträchtlich erschienen, so wild und unersteiglich sie auch
dem Wanderer vorkamen. Zulima ging still neben ihm her und
führte das Kind. Heinrich trug die Laute. Er suchte die sin-
kende Hoffnung seiner Begleiterin, ihr Vaterland dereinst
wiederzusehn, zu beleben, indem er innerlich einen heftigen
Beruf fühlte, ihr Retter zu sein, ohne zu wissen, auf welche Art
es geschehen könne. Eine besondere Kraft schien in seinen
einfachen Worten zu liegen, denn Zulima empfand eine un-
gewohnte Beruhigung und dankte ihm für seine Zusprache auf
die rührendste Weise. Die Ritter waren noch bei ihren Bechern
und die Mutter in häuslichen Gesprächen. Heinrich hatte keine
Lust, in den lärmenden Saal zurückzugehn. Er fühlte sich müde
und begab sich bald mit seiner Mutter in das angewiesene
Schlafgemach. Er erzählte ihr vor dem Schlafengehen, was ihm
begegnet sei, und schlief bald zu unterhaltenden Träumen ein.
Die Kaufleute hatten sich auch zeitig fortbegeben und waren
früh wieder munter. Die Ritter lagen in tiefer Ruhe, als sie
abreisten; die Hausfrau aber nahm zärtlichen Abschied. Zulima
hatte wenig geschlafen, eine innere Freude hatte sie wach er-
halten; sie erschien beim Abschiede und bediente die Reisenden
demütig und emsig. Als sie Abschied nahmen, brachte sie mit
vielen Tränen ihre Laute zu Heinrich und bat mit rührender

Stimme, sie zu Zulimas Andenken mitzunehmen. „Es war meines Bruders Laute", sagte sie, „der sie mir beim Abschied schenkte; es ist das einzige Besitztum, was ich gerettet habe. Sie schien Euch gestern zu gefallen, und Ihr laßt mir ein unschätzbares Geschenk zurück, süße Hoffnung. Nehmt dieses geringe Zeichen meiner Dankbarkeit und laßt es ein Pfand Eures Andenkens an die arme Zulima sein. Wir werden uns gewiß wiedersehn, und dann bin ich vielleicht glücklicher." Heinrich weinte; er weigerte sich, diese ihr so unentbehrliche Laute anzunehmen. „Gebt mir", sagte er, „das goldene Band mit den unbekannten Buchstaben aus Euren Haaren, wenn es nicht ein Andenken Eurer Eltern oder Geschwister ist, und nehmt dagegen einen Schleier an, den mir meine Mutter gern abtreten wird." Sie wich endlich seinem Zureden und gab ihm das Band, indem sie sagte: „Es ist mein Name in den Buchstaben meiner Muttersprache, den ich in bessern Zeiten selbst in dieses Band gestickt habe. Betrachtet es gern und denkt, daß es eine lange, kummervolle Zeit meine Haare festgehalten hat und mit seiner Besitzerin verbleicht ist." Heinrichs Mutter zog den Schleier heraus und reichte ihr ihn hin, indem sie sie an sich zog und weinend umarmte.

FÜNFTES KAPITEL

Nach einigen Tagereisen kamen sie an ein Dorf, am Fuße einiger spitzen Hügel, die von tiefen Schluchten unterbrochen waren. Die Gegend war übrigens fruchtbar und angenehm, ohngeachtet die Rücken der Hügel ein totes, abschreckendes Ansehn hatten. Das Wirtshaus war reinlich, die Leute bereitwillig, und eine Menge Menschen, teils Reisende, teils bloße Trinkgäste, saßen in der Stube und unterhielten sich von allerhand Dingen.

Unsre Reisenden gesellten sich zu ihnen und mischten sich in die Gespräche. Die Aufmerksamkeit der Gesellschaft war vorzüglich auf einen alten Mann gerichtet, der in fremder

Tracht an einem Tische saß und freundlich die neugierigen Fragen beantwortete, die an ihn geschahen. Er kam aus fremden Landen, hatte sich heute früh die Gegend umher genau betrachtet und erzählte nun von seinem Gewerbe und seinen heutigen Entdeckungen. Die Leute nannten ihn einen Schatzgräber. Er sprach aber sehr bescheiden von seinen Kenntnissen und seiner Macht, doch trugen seine Erzählungen das Gepräge der Seltsamkeit und Neuheit. Er erzählte, daß er aus Böhmen gebürtig sei. Von Jugend auf habe er eine heftige Neugierde gehabt, zu wissen, was in den Bergen verborgen sein müsse, wo das Wasser in den Quellen herkomme und wo das Gold und Silber und die köstlichen Steine gefunden würden, die den Menschen so unwiderstehlich an sich zögen. Er habe in der nahen Klosterkirche oft diese festen Lichter an den Bildern und Reliquien betrachtet und nur gewünscht, daß sie zu ihm reden könnten, um ihm von ihrer geheimnisvollen Herkunft zu erzählen. Er habe wohl zuweilen gehört, daß sie aus weit entlegenen Ländern kämen; doch habe er immer gedacht, warum es nicht auch in diesen Gegenden solche Schätze und Kleinodien geben könne. Die Berge seien doch nicht umsonst so weit im Umfange und erhaben und so fest verwahrt; auch habe es ihm verdünkt, wie wenn er zuweilen auf den Gebirgen glänzende und flimmernde Steine gefunden hätte. Er sei fleißig in den Felsenritzen und Höhlen umhergeklettert und habe sich mit unaussprechlichem Vergnügen in diesen uralten Hallen und Gewölben umgesehn. — Endlich sei ihm einmal ein Reisender begegnet, der zu ihm gesagt, er müsse ein Bergmann werden, da könne er die Befriedigung seiner Neugier finden. In Böhmen gäbe es Bergwerke. Er solle nur immer an dem Flusse hinuntergehn, nach zehn bis zwölf Tagen werde er in Eula sein, und dort dürfe er nur sprechen, daß er gern ein Bergmann werden wolle. Er habe sich dies nicht zweimal sagen lassen und sich gleich den andern Tag auf den Weg gemacht. „Nach einem beschwerlichen Gange von mehreren Tagen", fuhr er fort, „kam ich nach Eula. Ich kann euch nicht sagen, wie herrlich mir zumute ward, als ich von einem Hügel die Haufen von

Steinen erblickte, die mit grünen Gebüschen durchwachsen waren, auf denen bretterne Hütten standen, und als ich aus dem Tal unten die Rauchwolken über den Wald heraufziehn sah. Ein fernes Getöse vermehrte meine Erwartungen, und mit unglaublicher Neugierde und voll stiller Andacht stand ich bald auf einem solchen Haufen, den man Halde nennt, vor den dunklen Tiefen, die im Innern der Hütten steil in den Berg hineinführten. Ich eilte nach dem Tale und begegnete bald einigen schwarzgekleideten Männern mit Lampen, die ich nicht mit Unrecht für Bergleute hielt und mit schüchterner Ängstlichkeit ihnen mein Anliegen vortrug. Sie hörten mich freundlich an und sagten mir, daß ich nur hinunter nach den Schmelzhütten gehn und nach dem Steiger fragen sollte, welcher den Anführer und Meister unter ihnen vorstellt; dieser werde mir Bescheid geben, ob ich angenommen werden möge. Sie meinten, daß ich meinen Wunsch wohl erreichen würde, und lehrten mich den üblichen Gruß ,Glück auf', womit ich den Steiger anreden sollte. Voll fröhlicher Erwartungen setzte ich meinen Weg fort und konnte nicht aufhören, den neuen bedeutungsvollen Gruß mir beständig zu wiederholen. Ich fand einen alten, ehrwürdigen Mann, der mich mit vieler Freundlichkeit empfing und, nachdem ich ihm meine Geschichte erzählt und ihm meine große Lust, seine seltne, geheimnisvolle Kunst zu erlernen, bezeugt hatte, bereitwillig versprach, mir meinen Wunsch zu gewähren. Ich schien ihm zu gefallen, und er behielt mich in seinem Hause. Den Augenblick konnte ich kaum erwarten, wo ich in die Grube fahren und mich in der reizenden Tracht sehn würde. Noch denselben Abend brachte er mir ein Grubenkleid und erklärte mir den Gebrauch einiger Werkzeuge, die in einer Kammer aufbewahrt waren.

Abends kamen Bergleute zu ihm, und ich verfehlte kein Wort von ihren Gesprächen, so unverständlich und fremd mir sowohl die Sprache als der größte Teil des Inhalts ihrer Erzählungen vorkam. Das wenige jedoch, was ich zu begreifen glaubte, erhöhte die Lebhaftigkeit meiner Neugierde und beschäftigte mich des Nachts in seltsamen Träumen. Ich erwachte beizeiten

und fand mich bei meinem neuen Wirte ein, bei dem sich all-
mählich die Bergleute versammelten, um seine Verordnungen
zu vernehmen. Eine Nebenstube war zu einer kleinen Kapelle
vorgerichtet. Ein Mönch erschien und las eine Messe, nachher
sprach er ein feierliches Gebet, worin er den Himmel anrief, die
Bergleute in seine heilige Obhut zu nehmen, sie bei ihren ge-
fährlichen Arbeiten zu unterstützen, vor Anfechtungen und
Tücken böser Geister sie zu schützen und ihnen reiche An-
brüche zu bescheren. Ich hatte nie mit mehr Inbrunst gebetet
und nie die hohe Bedeutung der Messe lebhafter empfunden.
Meine künftigen Genossen kamen mir wie unterirdische Helden
vor, die tausend Gefahren zu überwinden hätten, aber auch ein
beneidenswertes Glück an ihren wunderbaren Kenntnissen
besäßen und in dem ernsten, stillen Umgange mit den uralten
Felsensöhnen der Natur, in ihren dunkeln, wunderbaren
Kammern zum Empfängnis himmlischer Gaben und zur freu-
digen Erhebung über die Welt und ihre Bedrängnisse aus-
gerüstet würden. Der Steiger gab mir nach geendigtem Gottes-
dienst eine Lampe und ein kleines hölzernes Kruzifix und ging
mit mir nach dem Schachte, wie wir die schroffen Eingänge in
die unterirdischen Gebäude zu nennen pflegen. Er lehrte mich
die Art des Hinabsteigens, machte mich mit den notwendigen
Vorsichtigkeitsregeln sowie mit den Namen der mannigfaltigen
Gegenstände und Teile bekannt. Er fuhr voraus und schurrte
auf dem runden Balken hinunter, indem er sich mit der einen
Hand an einem Seil anhielt, das in einem Knoten an einer
Seitenstange fortglitschte, und mit der andern die brennende
Lampe trug; ich folgte seinem Beispiel, und wir gelangten so
mit ziemlicher Schnelle bald in eine beträchtliche Tiefe. Mir war
seltsam feierlich zumute, und das vordere Licht funkelte wie
ein glücklicher Stern, der mir den Weg zu den verborgenen
Schatzkammern der Natur zeigte. Wir kamen unten in einen
Irrgarten von Gängen, und mein freundlicher Meister ward
nicht müde, meine neugierigen Fragen zu beantworten und mich
über seine Kunst zu unterrichten. Das Rauschen des Wassers,
die Entfernung von der bewohnten Oberfläche, die Dunkelheit

und Verschlungenheit der Gänge und das entfernte Geräusch der arbeitenden Bergleute ergötzte mich ungemein, und ich fühlte nun mit Freuden mich im vollen Besitz dessen, was von jeher mein sehnlichster Wunsch gewesen war. Es läßt sich auch diese volle Befriedigung eines angebornen Wunsches, diese wundersame Freude an Dingen, die ein näheres Verhältnis zu unserm geheimen Dasein haben mögen, zu Beschäftigungen, für die man von der Wiege an bestimmt und ausgerüstet ist, nicht erklären und beschreiben. Vielleicht daß sie jedem andern gemein, unbedeutend und abschreckend vorgekommen wären; aber mir scheinen sie so unentbehrlich zu sein wie die Luft der Brust und die Speise dem Magen. Mein alter Meister freute sich über meine innige Lust und verhieß mir, daß ich bei diesem Fleiße und dieser Aufmerksamkeit es weit bringen und ein tüchtiger Bergmann werden würde. Mit welcher Andacht sah ich zum erstenmal in meinem Leben am sechzehnten März, vor nunmehr fünfundvierzig Jahren, den König der Metalle in zarten Blättchen zwischen den Spalten des Gesteins. Es kam mir vor, als sei er hier wie in festen Gefängnissen eingesperrt und glänze freundlich dem Bergmann entgegen, der mit soviel Gefahren und Mühseligkeiten sich den Weg zu ihm durch die starken Mauern gebrochen, um ihn an das Licht des Tages zu fördern, damit er an königlichen Kronen und Gefäßen und an heiligen Reliquien zu Ehren gelangen und in geachteten und wohlverwahrten Münzen, mit Bildnissen geziert, die Welt beherrschen und leiten möge. Von der Zeit an blieb ich in Eula und stieg allmählich bis zum Häuer, welches der eigentliche Bergmann ist, der die Arbeiten auf dem Gestein betreibt, nachdem ich anfänglich bei der Ausförderung der losgehauenen Stufen in Körben angestellt gewesen war."

Der alte Bergmann ruhte ein wenig von seiner Erzählung aus und trank, indem ihm seine aufmerksamen Zuhörer ein fröhliches Glückauf zubrachten. Heinrichen erfreuten die Reden des alten Mannes ungemein, und er war sehr geneigt, noch mehr von ihm zu hören.

Die Zuhörer unterhielten sich von den Gefahren und

Seltsamkeiten des Bergbaus und erzählten wunderbare Sagen, über die der Alte oft lächelte und freundlich ihre sonderbaren Vorstellungen zu berichtigen bemüht war.

Nach einer Weile sagte Heinrich: „Ihr mögt seitdem viel seltsame Dinge gesehn und erfahren haben; hoffentlich hat Euch nie Eure gewählte Lebensart gereut? Wärt Ihr nicht so gefällig und erzählet uns, wie es Euch seitdem ergangen und auf welcher Reise Ihr jetzt begriffen seid? Es scheint, als hättet Ihr Euch weiter in der Welt umgesehn, und gewiß darf ich vermuten, daß Ihr jetzt mehr als einen gemeinen Bergmann vorstellt." — „Es ist mir selber lieb", sagte der Alte, „mich der verflossenen Zeiten zu erinnern, in denen ich Anlässe finde, mich der göttlichen Barmherzigkeit und Güte zu erfreun. Das Geschick hat mich durch ein frohes und heitres Leben geführt, und es ist kein Tag vorübergegangen, an welchem ich mich nicht mit dankbarem Herzen zur Ruhe gelegt hätte. Ich bin immer glücklich in meinen Verrichtungen gewesen, und unser aller Vater im Himmel hat mich vor dem Bösen behütet und in Ehren grau werden lassen. Nächst ihm habe ich alles meinem alten Meister zu verdanken, der nun lange zu seinen Vätern versammelt ist und an den ich nie ohne Tränen denken kann. Er war ein Mann aus der alten Zeit nach dem Herzen Gottes. Mit tiefen Einsichten war er begabt und doch kindlich und demütig in seinem Tun. Durch ihn ist das Bergwerk in großen Flor gekommen und hat dem Herzoge von Böhmen zu ungeheuren Schätzen verholfen. Die ganze Gegend ist dadurch bevölkert und wohlhabend und ein blühendes Land geworden. Alle Bergleute verehrten ihren Vater in ihm, und solange Eula steht, wird auch sein Name mit Rührung und Dankbarkeit genannt werden. Er war seiner Geburt nach ein Lausitzer und hieß Werner. Seine einzige Tochter war noch ein Kind, wie ich zu ihm ins Haus kam. Meine Emsigkeit, meine Treue und meine leidenschaftliche Anhänglichkeit an ihn gewannen mir seine Liebe mit jedem Tage mehr. Er gab mir seinen Namen und machte mich zu seinem Sohne. Das kleine Mädchen ward nachgerade ein wackres, muntres Geschöpf, deren Gesicht so

freundlich glatt und weiß war wie ihr Gemüt. Der Alte sagte
mir oft, wenn er sah, daß sie mir zugetan war, daß ich gern mit
ihr schäkerte und kein Auge von den ihrigen verwandte, die so
blau und offen wie der Himmel waren und wie die Kristalle
glänzten: wenn ich ein rechtlicher Bergmann werden würde,
wolle er sie mir nicht versagen; und er hielt Wort. — Den Tag,
wie ich Häuer wurde, legte er seine Hände auf uns und segnete
uns als Braut und Bräutigam ein, und wenige Wochen darauf
führte ich sie als meine Frau auf meine Kammer. Denselben Tag
hieb ich in der Frühschicht noch als Lehrhäuer, eben wie die
Sonne oben aufging, eine reiche Ader an. Der Herzog schickte
mir eine goldene Kette mit seinem Bildnis auf einer großen
Münze und versprach mir den Dienst meines Schwiegervaters.
Wie glücklich war ich, als ich sie am Hochzeittage meiner
Braut um den Hals hängen konnte und aller Augen auf sie
gerichtet waren. Unser alter Vater erlebte noch einige muntre
Enkel, und die Anbrüche seines Herbstes waren reicher, als
er gedacht hatte. Er konnte mit Freudigkeit seine Schicht be-
schließen und aus der dunkeln Grube dieser Welt fahren,
um in Frieden auszuruhen und den großen Lohntag zu er-
warten.

Herr", sagte der Alte, indem er sich zu Heinrichen wandte
und einige Tränen aus den Augen trocknete, „der Bergbau muß
von Gott gesegnet werden! Denn es gibt keine Kunst, die ihre
Teilhaber glücklicher und edler machte, die mehr den Glauben
an eine himmlische Weisheit und Fügung erweckte und die
Unschuld und Kindlichkeit des Herzens reiner erhielte als der
Bergbau. Arm wird der Bergmann geboren, und· arm gehet er
wieder dahin. Er begnügt sich, zu wissen, wo die metallischen
Mächte gefunden werden, und sie zu Tage zu fördern; aber ihr
blendender Glanz vermag nichts über sein lautres Herz. Un-
entzündet von gefährlichem Wahnsinn, freut er sich mehr über
ihre wunderlichen Bildungen und die Seltsamkeiten ihrer Her-
kunft und ihrer Wohnungen, als über ihren alles verheißenden
Besitz. Sie haben für ihn keinen Reiz mehr, wenn sie Waren
geworden sind, und er sucht sie lieber unter tausend Gefahren

und Mühseligkeiten in den Vesten der Erde, als daß er ihrem Rufe in die Welt folgen und auf der Oberfläche des Bodens durch täuschende, hinterlistige Künste nach ihnen trachten sollte. Jene Mühseligkeiten erhalten sein Herz frisch und seinen Sinn wacker; er genießt seinen kärglichen Lohn mit inniglichem Danke und steigt jeden Tag mit verjüngter Lebensfreude aus den dunkeln Grüften seines Berufs. Nur er kennt die Reize des Lichts und der Ruhe, die Wohltätigkeit der freien Luft und Aussicht um sich her; nur ihm schmeckt Trank und Speise recht erquicklich und andächtig, wie der Leib des Herrn; und mit welchem liebevollen und empfänglichen Gemüt tritt er nicht unter seinesgleichen oder herzt seine Frau und Kinder und ergötzt sich dankbar an der schönen Gabe des traulichen Gesprächs!

Sein einsames Geschäft sondert ihn vom Tage und dem Umgange mit Menschen einen großen Teil seines Lebens ab. Er gewöhnt sich nicht zu einer stumpfen Gleichgültigkeit gegen diese überirdischen tiefsinnigen Dinge und behält die kindliche Stimmung, in der ihm alles mit seinem eigentümlichsten Geiste und in seiner ursprünglichen bunten Wunderbarkeit erscheint. Die Natur will nicht der ausschließliche Besitz eines einzigen sein. Als Eigentum verwandelt sie sich in ein böses Gift, was die Ruhe verscheucht und die verderbliche Lust, alles in diesen Kreis des Besitzers zu ziehn, mit einem Gefolge von unendlichen Sorgen und wilden Leidenschaften herbeilockt. So untergräbt sie heimlich den Grund des Eigentümers und begräbt ihn bald in den einbrechenden Abgrund, um aus Hand in Hand zu gehen und so ihre Neigung, allen anzugehören, allmählich zu befriedigen.

Wie ruhig arbeitet dagegen der arme genügsame Bergmann in seinen tiefen Einöden, entfernt von dem unruhigen Tumult des Tages und einzig von Wißbegier und Liebe zur Eintracht beseelt. Er gedenkt in seiner Einsamkeit mit inniger Herzlichkeit seiner Genossen und seiner Familie und fühlt immer erneuert die gegenseitige Unentbehrlichkeit und Blutsverwandtschaft der Menschen. Sein Beruf lehrt ihn unermüdliche Geduld

und läßt nicht zu, daß sich seine Aufmerksamkeit in unnütze Gedanken zerstreue. Er hat mit einer wunderlichen harten und unbiegsamen Macht zu tun, die nur durch hartnäckigen Fleiß und beständige Wachsamkeit zu überwinden ist. Aber welches köstliche Gewächs blüht ihm auch in diesen schauerlichen Tiefen: das wahrhafte Vertrauen zu seinem himmlischen Vater, dessen Hand und Vorsorge ihm alle Tage in unverkennbaren Zeichen sichtbar wird. Wie unzähligemal habe ich nicht vor Ort gesessen und bei dem Schein meiner Lampe das schlichte Kruzifix mit der innigsten Andacht betrachtet! Da habe ich erst den heiligen Sinn dieses rätselhaften Bildnisses recht erfaßt und den edelsten Gang meines Herzens erschürft, der mir eine ewige Ausbeute gewährt hat."

Der Alte fuhr nach einer Weile fort und sagte: „Wahrhaftig, das muß ein göttlicher Mann gewesen sein, der den Menschen zuerst die edle Kunst des Bergbaus gelehrt und in dem Schoße der Felsen dieses ernste Sinnbild des menschlichen Lebens verborgen hat. Hier ist der Gang mächtig und gebräch, aber arm, dort drückt ihn der Felsen in eine armselige, unbedeutende Kluft zusammen, und gerade hier brechen die edelsten Geschicke ein. Andre Gänge verunedlen ihn, bis sich ein verwandter Gang freundlich mit ihm schart und seinen Wert unendlich erhöht. Oft zerschlägt er sich vor dem Bergmann in tausend Trümmern: aber der Geduldige läßt sich nicht schrekken, er verfolgt ruhig seinen Weg und sieht seinen Eifer belohnt, indem er ihn bald wieder in neuer Mächtigkeit und Höflichkeit ausrichtet. Oft lockt ihn ein betrügliches Trum aus der wahren Richtung; aber bald erkennt er den falschen Weg und bricht mit Gewalt querfeldein, bis er den wahren erzführenden Gang wiedergefunden hat. Wie bekannt wird hier nicht der Bergmann mit allen Launen des Zufalls, wie sicher aber auch, daß Eifer und Beständigkeit die einzigen untrüglichen Mittel sind, sie zu bemeistern und die von ihnen hartnäckig verteidigten Schätze zu heben."

„Es fehlt Euch gewiß nicht", sagte Heinrich, „an ermunternden Liedern. Ich sollte meinen, daß Euch Euer Beruf

unwillkürlich zu Gesängen begeistern und die Musik eine will-
kommne Begleiterin der Bergleute sein müßte."

„Da habt Ihr wahr gesprochen", erwiderte der Alte, „Gesang
und Zitherspiel gehört zum Leben des Bergmanns, und kein
Stand kann mit mehr Vergnügen die Reize derselben genießen
als der unsrige. Musik und Tanz sind eigentliche Freunde des
Bergmanns; sie sind wie ein fröhliches Gebet, und die Er-
innerungen und Hoffnungen desselben helfen die mühsame
Arbeit erleichtern und die lange Einsamkeit verkürzen.

Wenn es Euch gefällt, so will ich Euch gleich einen Gesang
zum besten geben, der fleißig in meiner Jugend gesungen
wurde.

 Der ist der Herr der Erde,
 Wer ihre Tiefen mißt
 Und jeglicher Beschwerde
 In ihrem Schoß vergißt.

 Wer ihrer Felsenglieder
 Geheimen Bau versteht
 Und unverdrossen nieder
 Zu ihrer Werkstatt geht.

 Er ist mit ihr verbündet
 Und inniglich vertraut
 Und wird von ihr entzündet,
 Als wär sie seine Braut.

 Er sieht ihr alle Tage
 Mit neuer Liebe zu
 Und scheut nicht Fleiß und Plage,
 Sie läßt ihm keine Ruh.

 Die mächtigen Geschichten
 Der längst verfloßnen Zeit,
 Ist sie ihm zu berichten
 Mit Freundlichkeit bereit.

Der Vorwelt heil'ge Lüfte
Umwehn sein Angesicht,
Und in die Nacht der Klüfte
Strahlt ihm ein ew'ges Licht.

Er trifft auf allen Wegen
Ein wohlbekanntes Land,
Und gern kommt sie entgegen
Den Werken seiner Hand.

Ihm folgen die Gewässer
Hülfreich den Berg hinauf;
Und alle Felsenschlösser
Tun ihre Schätz' ihm auf.

Er führt des Goldes Ströme
In seines Königs Haus
Und schmückt die Diademe
Mit edlen Steinen aus.

Zwar reicht er treu dem König
Den glückbegabten Arm,
Doch frägt er nach ihm wenig
Und bleibt mit Freuden arm.

Sie mögen sich erwürgen
Am Fuß um Gut und Geld;
Er bleibt auf den Gebirgen
Der frohe Herr der Welt."

Heinrichen gefiel das Lied ungemein, und er bat den Alten,
ihm noch eins mitzuteilen. Der Alte war auch gleich bereit und
sagte: „Ich weiß noch ein wunderliches Lied, was wir selbst
nicht wissen, wo es her ist.
Es brachte es ein reisender Bergmann mit, der weither kam
und ein sonderlicher Rutengänger war. Das Lied fand großen

Beifall, weil es so seltsamlich klang, beinah so dunkel und
unverständlich wie die Musik selbst, aber eben darum auch so
unbegreiflich anzog und im wachenden Zustande wie ein Traum
unterhielt.

Ich kenne wo ein festes Schloß,
Ein stiller König wohnt darinnen,
Mit einem wunderlichen Troß;
Doch steigt er nie auf seine Zinnen.
Verborgen ist sein Lustgemach,
Und unsichtbare Wächter lauschen;
Nur wohlbekannte Quellen rauschen
Zu ihm herab vom bunten Dach.

Was ihre hellen Augen sahn
In der Gestirne weiten Sälen,
Das sagen sie ihm treulich an
Und können sich nicht satt erzählen.
Er badet sich in ihrer Flut,
Wäscht sauber seine zarten Glieder
Und seine Strahlen blinken wieder
Aus seiner Mutter weißem Blut.

Sein Schloß ist alt und wunderbar,
Es sank herab aus tiefen Meeren,
Stand fest und steht noch immerdar,
Die Flucht zum Himmel zu verwehren.
Von innen schlingt ein heimlich Band
Sich um des Reiches Untertanen,
Und Wolken wehn wie Siegesfahnen
Herunter von der Felsenwand.

Ein unermeßliches Geschlecht
Umgibt die festverschlossenen Pforten,
Ein jeder spielt den treuen Knecht
Und ruft den Herrn mit süßen Worten.

Sie fühlen sich durch ihn beglückt
Und ahnden nicht, daß sie gefangen;
Berauscht von trüglichem Verlangen
Weiß keiner, wo der Schuh ihn drückt.

Nur wenige sind schlau und wach
Und dürsten nicht nach seinen Gaben;
Sie trachten unablässig nach,
Das alte Schloß zu untergraben.
Der Heimlichkeit urmächt'gen Bann
Kann nur die Hand der Einsicht lösen;
Gelingt's, das Innere zu entblößen,
So bricht der Tag der Freiheit an.

Dem Fleiß ist keine Wand zu fest,
Dem Mut kein Abgrund unzugänglich;
Wer sich auf Herz und Hand verläßt,
Spürt nach dem König unbedenklich.
Aus seinen Kammern holt er ihn,
Vertreibt die Geister durch die Geister,
Macht sich der wilden Fluten Meister
Und heißt sie selbst heraus sich ziehn.

Je mehr er nun zum Vorschein kömmt
Und wild umher sich treibt auf Erden:
Je mehr wird seine Macht gedämmt,
Je mehr die Zahl der Freien werden.
Am Ende wird, von Banden los,
Das Meer die leere Burg durchdringen
Und trägt auf weichen grünen Schwingen
Zurück uns in der Heimat Schoß.''

Es dünkte Heinrichen, wie der Alte geendigt hatte, als habe
er das Lied schon irgendwo gehört. Er ließ es sich wiederholen
und schrieb es sich auf. Der Alte ging nachher hinaus, und die
Kaufleute sprachen unterdessen mit den andern Gästen über
die Vorteile des Bergbaues und seine Mühseligkeiten. Einer

sagte: „Der Alte ist gewiß nicht umsonst hier. Er ist heute
zwischen den Hügeln umhergeklettert und hat gewiß gute
Anzeichen gefunden. Wir wollen ihn doch fragen, wenn er
wieder hereinkömmt." — „Wißt ihr wohl", sagte ein andrer,
„daß wir ihn bitten könnten, eine Quelle für unser Dorf zu
suchen? Das Wasser ist weit, und ein guter Brunnen wäre uns
sehr willkommen." — „Mir fällt ein", sagte ein dritter, „daß ich
ihn fragen möchte, ob er einen von meinen Söhnen mit sich
nehmen will, der mir schon das ganze Haus voll Steine getragen
hat. Der Junge wird gewiß ein tüchtiger Bergmann, und der
Alte scheint ein guter Mann zu sein, der wird schon was Rechtes
aus ihm ziehn." Die Kaufleute redeten, ob sie vielleicht durch
den Bergmann ein vorteilhaftes Verkehr mit Böhmen anspinnen
und Metalle daher zu guten Preisen erhalten möchten. Der Alte
trat wieder in die Stube, und alle wünschten seine Bekannt-
schaft zu benutzen. Er fing an und sagte: „Wie dumpf und
ängstlich ist es doch hier in der engen Stube. Der Mond steht
draußen in voller Herrlichkeit, und ich hätte große Lust, noch
einen Spaziergang zu machen. Ich habe heute bei Tage einige
merkwürdige Höhlen hier in der Nähe gesehn. Vielleicht ent-
schließen sich einige mitzugehn; und wenn wir nur Licht mit-
nehmen, so werden wir ohne Schwierigkeiten uns darin umsehn
können."

Den Leuten aus dem Dorfe waren diese Höhlen schon be-
kannt: aber bis jetzt hatte keiner gewagt hineinzusteigen; viel-
mehr trugen sie sich mit fürchterlichen Sagen von Drachen und
andern Untieren, die darin hausen sollten. Einige wollten sie
selbst gesehn haben und behaupteten, daß man Knochen an
ihrem Eingange von geraubten und verzehrten Menschen und
Tieren fände. Einige andre vermeinten, daß ein Geist dieselben
bewohne, wie sie denn einigemal aus der Ferne eine seltsame
menschliche Gestalt gesehn, auch zur Nachtzeit Gesänge da
herüber gehört haben wollten.

Der Alte schien ihnen keinen großen Glauben beizumessen
und versicherte lachend, daß sie unter dem Schutze eines Berg-
manns getrost mitgehn könnten, indem die Ungeheuer sich vor

ihm scheuen müßten, ein singender Geist aber gewiß ein wohl-
tätiges Wesen sei. Die Neugier machte viele beherzt genug,
seinen Vorschlag einzugehn; auch Heinrich wünschte ihn zu
begleiten, und seine Mutter gab endlich auf das Zureden und
Versprechen des Alten, genaue Acht auf Heinrichs Sicherheit
zu haben, seinen Bitten nach. Die Kaufleute waren ebenso
entschlossen. Es wurden lange Kienspäne zu Fackeln zusam-
mengeholt; ein Teil der Gesellschaft versah sich noch zum
Überfluß mit Leitern, Stangen, Stricken und allerhand Ver-
teidigungswerkzeugen, und so begann endlich die Wallfahrt
nach den nahen Hügeln. Der Alte ging mit Heinrich und den
Kaufleuten voran. Jener Bauer hatte seinen wißbegierigen Sohn
herbeigeholt, der voller Freude sich einer Fackel bemächtigte
und den Weg zu den Höhlen zeigte. Der Abend war heiter und
warm. Der Mond stand in mildem Glanze über den Hügeln und
ließ wunderliche Träume in allen Kreaturen aufsteigen. Selbst
wie ein Traum der Sonne, lag er über der in sich gekehrten
Traumwelt und führte die in unzählige Grenzen geteilte Natur
in jene fabelhafte Urzeit zurück, wo jeder Keim noch für sich
schlummerte und einsam und unberührt sich vergeblich sehnte,
die dunkle Fülle seines unermeßlichen Daseins zu entfalten. In
Heinrichs Gemüt spiegelte sich das Märchen des Abends. Es
war ihm, als ruhte die Welt aufgeschlossen in ihm und zeigte
ihm, wie einem Gastfreunde, alle ihre Schätze und verborgenen
Lieblichkeiten. Ihm dünkte die große einfache Erscheinung um
ihn so verständlich. Die Natur schien ihm nur deswegen so
unbegreiflich, weil sie das Nächste und Traulichste mit einer
solchen Verschwendung von mannigfachen Ausdrücken um den
Menschen her türmte. Die Worte des Alten hatten eine ver-
steckte Tapetentür in ihm geöffnet. Er sah sein kleines Wohn-
zimmer dicht an einen erhabenen Münster gebaut, aus dessen
steinernem Boden die ernste Vorwelt emporstieg, während von
der Kuppel die klare fröhliche Zukunft in goldnen Engelskin-
dern ihr singend entgegenschwebte. Gewaltige Klänge bebten
in den silbernen Gesang, und zu den weiten Toren traten alle
Kreaturen herein, von denen jede ihre innere Natur in einer

einfachen Bitte und in einer eigentümlichen Mundart vernehm-
lich aussprach. Wie wunderte er sich, daß ihm diese klare,
seinem Dasein schon unentbehrliche Ansicht so lange fremd
geblieben war. Nun übersah er auf einmal alle seine Verhältnisse
mit der weiten Welt um ihn her; fühlte, was er durch sie ge-
worden und was sie ihm werden würde, und begriff alle die
seltsamen Vorstellungen und Anregungen, die er schon oft in
ihrem Anschauen gespürt hatte. Die Erzählung der Kaufleute
von dem Jünglinge, der die Natur so emsig betrachtete und der
Eidam des Königs wurde, kam ihm wieder zu Gedanken, und
tausend andere Erinnerungen seines Lebens knüpften sich von
selbst an einen zauberischen Faden. Während der Zeit, daß
Heinrich seinen Betrachtungen nachhing, hatte sich die Ge-
sellschaft der Höhle genähert. Der Eingang war niedrig, und
der Alte nahm eine Fackel und kletterte über einige Steine
zuerst hinein. Ein ziemlich fühlbarer Luftstrom kam ihm ent-
gegen, und der Alte versicherte, daß sie getrost folgen könnten.
Die Furchtsamen gingen zuletzt und hielten ihre Waffen in
Bereitschaft. Heinrich und die Kaufleute waren hinter dem
Alten, und der Knabe wanderte munter an seiner Seite. Der
Weg lief anfänglich in einem ziemlich schmalen Gange, welcher
sich aber bald in eine sehr weite und hohe Höhle endigte, die
der Fackelglanz nicht völlig zu erleuchten vermochte; doch sah
man im Hintergrunde einige Öffnungen sich in die Felsenwand
verlieren. Der Boden war weich und ziemlich eben; die Wände
sowie die Decke waren ebenfalls nicht rauh und unregelmäßig;
aber was die Aufmerksamkeit aller vorzüglich beschäftigte, war
die unzählige Menge von Knochen und Zähnen, die den Boden
bedeckten. Viele waren völlig erhalten, an andern sah man
Spuren der Verwesung, und die, welche aus den Wänden hin
und wieder hervorragten, schienen steinartig geworden zu sein.
Die meisten waren von ungewöhnlicher Größe und Stärke. Der
Alte freute sich über diese Überbleibsel einer uralten Zeit; nur
den Bauern war nicht wohl dabei zumute, denn sie hielten sie
für deutliche Spuren naher Raubtiere, so überzeugend ihnen
auch der Alte die Zeichen eines undenklichen Altertums daran

aufwies und sie fragte, ob sie je etwas von Verwüstungen unter ihren Herden und vom Raube benachbarter Menschen gespürt hätten und ob sie jene Knochen für Knochen bekannter Tiere oder Menschen halten könnten. Der Alte wollte nun weiter in den Berg, aber die Bauern fanden für ratsam, sich vor die Höhle zurückzuziehn und dort seine Rückkunft abzuwarten. Heinrich, die Kaufleute und der Knabe blieben bei dem Alten und versahen sich mit Stricken und Fackeln. Sie gelangten bald in eine zweite Höhle, wobei der Alte nicht vergaß, den Gang, aus dem sie hereingekommen waren, durch eine Figur von Knochen, die er davor hinlegte, zu bezeichnen. Die Höhle glich der vorigen und war ebenso reich an tierischen Resten. Heinrichen war schauerlich und wunderbar zumute; es gemahnte ihn, als wandle er durch die Vorhöfe des innern Erdenpalastes. Himmel und Leben lag ihm auf einmal weit entfernt, und diese dunkeln weiten Hallen schienen zu einem unterirdischen seltsamen Reiche zu gehören. Wie, dachte er bei sich selbst, wäre es möglich, daß unter unsern Füßen eine eigene Welt in einem ungeheuern Leben sich bewegte? daß unerhörte Geburten in den Vesten der Erde ihr Wesen trieben, die das innere Feuer des dunkeln Schoßes zu riesenmäßigen und geistesgewaltigen Gestalten auftriebe? Könnten dereinst diese schauerlichen Fremden, von der eindringenden Kälte hervorgetrieben, unter uns erscheinen, während vielleicht zu gleicher Zeit himmlische Gäste, lebendige, redende Kräfte der Gestirne über unsern Häuptern sichtbar würden? Sind diese Knochen Überreste ihrer Wanderungen nach der Oberfläche oder Zeichen einer Flucht in die Tiefe?

Auf einmal rief der Alte die andern herbei und zeigte ihnen eine ziemlich frische Menschenspur auf dem Boden. Mehrere konnten sie nicht finden, und so glaubte der Alte, ohne fürchten zu müssen, auf Räuber zu stoßen, der Spur nachgehen zu können. Sie waren eben im Begriff, dies auszuführen, als auf einmal, wie unter ihren Füßen, aus einer fernen Tiefe ein ziemlich vernehmlicher Gesang anfing. Sie erstaunten nicht wenig, doch horchten sie genau auf:

„Gern verweil ich noch im Tale,
Lächelnd in der tiefen Nacht,
Denn der Liebe volle Schale
Wird mir täglich dargebracht.

Ihre heil'gen Tropfen heben
Meine Seele hoch empor,
Und ich steh in diesem Leben
Trunken an des Himmels Tor.

Eingewiegt in sel'ges Schauen,
Ängstigt mein Gemüt kein Schmerz.
Oh! die Königin der Frauen
Gibt mir ihr getreues Herz.

Bangverweinte Jahre haben
Diesen schlechten Ton verklärt
Und ein Bild ihm eingegraben,
Das ihm Ewigkeit gewährt.

Jene lange Zahl von Tagen
Dünkt mir nur ein Augenblick;
Werd ich einst von hier getragen,
Schau ich dankbar noch zurück."

Alle waren auf das angenehmste überrascht und wünschten
sehnlichst, den Sänger zu entdecken.

Nach einigem Suchen trafen sie in einem Winkel der rechten
Seitenwand einen abwärts gesenkten Gang, in welchen die
Fußtapfen zu führen schienen. Bald dünkte es ihnen, eine
Hellung zu bemerken, die stärker wurde, je näher sie kamen.
Es tat sich ein neues Gewölbe von noch größerem Umfange als
die vorherigen auf, in dessen Hintergrunde sie bei einer Lampe
eine menschliche Gestalt sitzen sahen, die vor sich auf einer
steinernen Platte ein großes Buch liegen hatte, in welchem sie
zu lesen schien.

Sie drehte sich nach ihnen zu, stand auf und ging ihnen

entgegen. Es war ein Mann, dessen Alter man nicht erraten
konnte. Er sah weder alt noch jung aus, keine Spuren der Zeit
bemerkte man an ihm, als schlichte silberne Haare, die auf der
Stirn gescheitelt waren. In seinen Augen lag eine unausssprech-
liche Heiterkeit, als sähe er von einem hellen Berge in einen
unendlichen Frühling hinein. Er hatte Sohlen an die Füße
gebunden und schien keine andere Kleidung zu haben als einen
weiten Mantel, der um ihn hergeschlungen war und seine edle
große Gestalt noch mehr heraushob. Über ihre unvermutete
Ankunft schien er nicht im mindesten verwundert; wie ein
Bekannter begrüßte er sie. Es war, als empfing er erwartete
Gäste in seinem Wohnhause. „Es ist doch schön, daß ihr mich
besucht", sagte er; „ihr seid die ersten Freunde, die ich hier sehe,
solange ich auch schon hier wohne. Scheint es doch, als finge
man an, unser großes wunderbares Haus genauer zu betrach-
ten." Der Alte erwiderte: „Wir haben nicht vermutet, einen so
freundlichen Wirt hier zu finden. Von wilden Tieren und
Geistern war uns erzählt, und nun sehen wir uns auf das an-
mutigste getäuscht. Wenn wir Euch in Eurer Andacht und in
Euren tiefsinnigen Betrachtungen gestört haben, so verzeiht es
unserer Neugierde." — „Könnte eine Betrachtung erfreulicher
sein", sagte der Unbekannte, „als die froher uns zusagender
Menschengesichter? Haltet mich nicht für einen Menschen-
feind, weil ihr mich in dieser Einöde trefft. Ich habe die Welt
nicht geflohen, sondern ich habe nur eine Ruhestätte gesucht,
wo ich ungestört meinen Betrachtungen nachhängen könnte."
— „Hat Euch Euer Entschluß nie gereut, und kommen nicht
zuweilen Stunden, wo Euch bange wird und Euer Herz nach
einer Menschenstimme verlangt?" — „Jetzt nicht mehr. Es war
eine Zeit in meiner Jugend, wo eine heiße Schwärmerei mich
veranlaßte, Einsiedler zu werden. Dunkle Ahndungen be-
schäftigten meine jugendliche Phantasie. Ich hoffte, volle
Nahrung meines Herzens in der Einsamkeit zu finden. Un-
erschöpflich dünkte mir die Quelle meines innern Lebens. Aber
ich merkte bald, daß man eine Fülle von Erfahrungen dahin
mitbringen muß, daß ein junges Herz nicht allein sein kann, ja

daß der Mensch erst durch vielfachen Umgang mit seinem Geschlecht eine gewisse Selbständigkeit erlangt."

„Ich glaube selbst", erwiderte der Alte, „daß es einen gewissen natürlichen Beruf zu jeder Lebensart gibt, und vielleicht, daß die Erfahrungen eines zunehmenden Alters von selbst auf eine Zurückziehung aus der menschlichen Gesellschaft führen. Scheint es doch, als sei dieselbe der Tätigkeit, sowohl zum Gewinst als zur Erhaltung, gewidmet. Eine große Hoffnung, ein gemeinschaftlicher Zweck treibt sie mit Macht; und Kinder und Alte scheinen nicht dazu zu gehören. Unbehülflichkeit und Unwissenheit schließen die ersten davon aus, während die letztern jene Hoffnung erfüllt, jenen Zweck erreicht sehen und, nun nicht mehr von ihnen in den Kreis jener Gesellschaft verflochten, in sich selbst zurückkehren und genug zu tun finden, sich auf eine höhere Gemeinschaft würdig vorzubereiten. Indes scheinen bei Euch noch besondere Ursachen stattgefunden zu haben, Euch so gänzlich von den Menschen abzusondern und Verzicht auf alle Bequemlichkeiten der Gesellschaft zu leisten. Mich dünkt, daß die Spannung Eures Gemüts doch oft nachlassen und Euch dann unbehaglich zumute werden müßte."

„Ich fühlte das wohl, indes habe ich es glücklich durch eine strenge Regelmäßigkeit meines Lebens zu vermeiden gewußt. Dabei suche ich mich durch Bewegung gesund zu erhalten, und dann hat es keine Not. Jeden Tag gehe ich mehrere Stunden herum und genieße den Tag und die Luft, soviel ich kann. Sonst halte ich mich in diesen Hallen auf und beschäftige mich zu gewissen Stunden mit Korbflechten und Schnitzen. Für meine Waren tausche ich mir in entlegenen Ortschaften Lebensmittel ein, Bücher hab ich mir mitgebracht, und so vergeht die Zeit wie ein Augenblick. In jenen Gegenden habe ich einige Bekannte, die um meinen Aufenthalt wissen und von denen ich erfahre, was in der Welt geschieht. Diese werden mich begraben, wenn ich tot bin, und meine Bücher zu sich nehmen."

Er führte sie näher an seinen Sitz, der nahe an der Höhlenwand war. Sie sahen mehrere Bücher auf der Erde liegen, auch eine Zither, und an der Wand hing eine völlige Rüstung, die

ziemlich kostbar zu sein schien. Der Tisch bestand aus fünf großen steinernen Platten, die wie ein Kasten zusammengesetzt waren. Auf der obersten lagen eine männliche und weibliche Figur in Lebensgröße eingehauen, die einen Kranz von Lilien und Rosen angefaßt hatten; an den Seiten stand:

Friedrich und Marie von Hohenzollern
kehrten auf dieser Stelle in ihr Vaterland zurück.

Der Einsiedler fragte seine Gäste nach ihrem Vaterlande und wie sie in diese Gegenden gekommen wären. Er war sehr freundlich und offen und verriet eine große Bekanntschaft mit der Welt. Der Alte sagte: „Ich sehe, Ihr seid ein Kriegsmann gewesen, die Rüstung verrät Euch." — „Die Gefahren und Wechsel des Krieges, der hohe poetische Geist, der ein Kriegsheer begleitet, rissen mich aus meiner jugendlichen Einsamkeit und bestimmten die Schicksale meines Lebens. Vielleicht, daß das lange Getümmel, die unzähligen Begebenheiten, denen ich beiwohnte, mir den Sinn für die Einsamkeit noch mehr geöffnet haben; die zahllosen Erinnerungen sind eine unterhaltende Gesellschaft, und dies um so mehr, je veränderter der Blick ist, mit dem wir sie überschauen und der nun erst ihren wahren Zusammenhang, den Tiefsinn ihrer Folge und die Bedeutung ihrer Erscheinungen entdeckt. Der eigentliche Sinn für die Geschichten der Menschen entwickelt sich erst spät und mehr unter den stillen Einflüssen der Erinnerung als unter den gewaltsameren Eindrücken der Gegenwart. Die nächsten Ereignisse scheinen nur locker verknüpft, aber sie sympathisieren desto wunderbarer mit entfernteren; und nur dann, wenn man imstande ist, eine lange Reihe zu übersehn und weder alles buchstäblich zu nehmen, noch auch mit mutwilligen Träumen die eigenliche Ordnung zu verwirren, bemerkt man die geheime Verkettung des Ehemaligen und Künftigen und lernt die Geschichte aus Hoffnung und Erinnerung zusammensetzen. Indes nur dem, welchem die ganze Vorzeit gegenwärtig ist, mag es gelingen, die einfache Regel der Geschichte zu entdecken. Wir kommen nur zu unvollständigen und beschwerlichen Formeln

und können froh sein, nur für uns selbst eine brauchbare Vor-
schrift zu finden, die uns hinlängliche Aufschlüsse über unser
eigenes kurzes Leben verschafft. Ich darf aber wohl sagen, daß
jede sorgfältige Betrachtung der Schicksale des Lebens einen
tiefen, unerschöpflichen Genuß gewährt und unter allen Ge-
danken uns am meisten über die irdischen Übel erhebt. Die
Jugend liest die Geschichte nur aus Neugier, wie ein unter-
haltendes Märchen; dem reiferen Alter wird sie eine himmlische
tröstende und erbauende Freundin, die ihn durch ihre weisen
Gespräche sanft zu einer höheren, umfassenderen Laufbahn
vorbereitet und mit der unbekannten Welt ihn in faßlichen
Bildern bekannt macht. Die Kirche ist das Wohnhaus der
Geschichte, und der stille Hof ihr sinnbildlicher Blumengarten.
Von der Geschichte sollten nur alte, gottesfürchtige Leute
schreiben, deren Geschichte selbst zu Ende ist und die nichts
mehr zu hoffen haben als die Verpflanzung in den Garten.
Nicht finster und trübe wird ihre Beschreibung sein; vielmehr
wird ein Strahl aus der Kuppel alles in der richtigsten und
schönsten Erleuchtung zeigen, und heiliger Geist wird über
diesen seltsam bewegten Gewässern schweben."

 „Wie wahr und einleuchtend ist Eure Rede", setzte der Alte
hinzu. „Man sollte gewiß mehr Fleiß darauf wenden, das
Wissenswürdige seiner Zeit treulich aufzuzeichnen und es als
ein andächtiges Vermächtnis den künftigen Menschen zu
hinterlassen. Es gibt tausend entferntere Dinge, denen Sorgfalt
und Mühe gewidmet wird, und gerade um das Nächste und
Wichtigste, um die Schicksale unsers eigenen Lebens, unserer
Angehörigen, unsers Geschlechts, deren leise Planmäßigkeit
wir in den Gedanken einer Vorsehung aufgefaßt haben, be-
kümmern wir uns so wenig und lassen sorglos alle Spuren in
unserm Gedächtnisse verwischen. Wie Heiligtümer wird eine
weisere Nachkommenschaft jede Nachricht, die von den Be-
gebenheiten der Vergangenheit handelt, aufsuchen, und selbst
das Leben eines einzelnen unbedeutenden Mannes wird ihr nicht
gleichgültig sein, da gewiß sich das große Leben seiner Zeit-
genossenschaft darin mehr oder weniger spiegelt."

„Es ist nur so schlimm", sagte der Graf von Hohenzollern, „daß selbst die wenigen, die sich der Aufzeichnungen der Taten und Vorfälle ihrer Zeit unterzogen, nicht über ihr Geschäft nachdachten und ihren Beobachtungen keine Vollständigkeit und Ordnung zu geben suchten, sondern nur aufs Geratewohl bei der Auswahl und Sammlung ihrer Nachrichten verfuhren. Ein jeder wird leicht an sich bemerken, daß er nur dasjenige deutlich und vollkommen beschreiben kann, was er genau kennt, dessen Teile, dessen Entstehung und Folge, dessen Zweck und Gebrauch ihm gegenwärtig sind: denn sonst wird keine Beschreibung, sondern ein verwirrtes Gemisch von unvollständigen Bemerkungen entstehn. Man lasse ein Kind eine Maschine, einen Landmann ein Schiff beschreiben, und gewiß wird kein Mensch aus ihren Worten einigen Nutzen und Unterricht schöpfen können, und so ist es mit den meisten Geschichtschreibern, die vielleicht fertig genug im Erzählen und bis zum Überdruß weitschweifig sind, aber doch gerade das Wissenswürdigste vergessen, dasjenige, was erst die Geschichte zur Geschichte macht und die mancherlei Zufälle zu einem angenehmen und lehrreichen Ganzen verbindet. Wenn ich das alles recht bedenke, so scheint es mir, als wenn ein Geschichtschreiber notwendig auch ein Dichter sein müßte, denn nur die Dichter mögen sich auf jene Kunst, Begebenheiten schicklich zu verknüpfen, verstehn. In ihren Erzählungen und Fabeln habe ich mit stillem Vergnügen ihr zartes Gefühl für den geheimnisvollen Geist des Lebens bemerkt. Es ist mehr Wahrheit in ihren Märchen als in gelehrten Chroniken. Sind auch ihre Personen und deren Schicksale erfunden, so ist doch der Sinn, in dem sie erfunden sind, wahrhaft und natürlich. Es ist für unsern Genuß und unsere Belehrung gewissermaßen einerlei, ob die Personen, in deren Schicksalen wir den unsrigen nachspüren, wirklich einmal lebten oder nicht. Wir verlangen nach der Anschauung der großen einfachen Seele der Zeiterscheinungen, und finden wir diesen Wunsch gewährt, so kümmern wir uns nicht um die zufällige Existenz ihrer äußern Figuren."

„Auch ich bin den Dichtern", sagte der Alte, „von jeher deshalb zugetan gewesen. Das Leben und die Welt ist mir klarer und anschaulicher durch sie geworden. Es dünkte mich, sie müßten befreundet mit den scharfen Geistern des Lichtes sein, die alle Naturen durchdringen und sondern und einen eigentümlichen, zartgefärbten Schleier über jede verbreiten. Meine eigene Natur fühlte ich bei ihren Liedern leicht entfaltet, und es war, als könnte sie sich nun freier bewegen, ihrer Geselligkeit und ihres Verlangens froh werden, mit stiller Lust ihre Glieder gegeneinander schwingen und tausenderlei anmutige Wirkungen hervorrufen."

„Wart Ihr so glücklich, in Eurer Gegend einige Dichter zu haben?" fragte der Einsiedler.

„Es haben sich wohl zuweilen einige bei uns eingefunden; aber sie schienen Gefallen am Reisen zu finden, und so hielten sie sich meist nicht lange auf. Indes habe ich auf meinen Wanderungen nach Illyrien, nach Sachsen und Schwedenland nicht selten welche gefunden, deren Andenken mich immer erfreuen wird."

„So seid Ihr ja weit umhergekommen und müßt viele denkwürdige Dinge erlebt haben."

„Unsere Kunst macht es fast nötig, daß man sich weit auf dem Erdboden umsieht, und es ist, als triebe den Bergmann ein unterirdisches Feuer umher. Ein Berg schickt ihn dem andern. Er wird nie mit Sehen fertig und hat seine ganze Lebenszeit an jener wunderlichen Baukunst zu lernen, die unsern Fußboden so seltsam gegründet und ausgetäfelt hat. Unsere Kunst ist uralt und weit verbreitet. Sie mag wohl aus Morgen, mit der Sonne, wie unser Geschlecht, nach Abend gewandert sein und von der Mitte nach den Enden zu. Sie hat überall mit andern Schwierigkeiten zu kämpfen gehabt, und da immer das Bedürfnis den menschlichen Geist zu klugen Erfindungen gereizt, so kann der Bergmann überall seine Einsichten und seine Geschicklichkeit vermehren und mit nützlichen Erfahrungen seine Heimat bereichern."

„Ihr seid beinah verkehrte Astrologen", sagte der Einsiedler.

„Wenn diese den Himmel unverwandt betrachten und seine unermeßlichen Räume durchirren, so wendet ihr euren Blick auf den Erdboden und erforscht seinen Bau. Jene studieren die Kräfte und Einflüsse der Gestirne, und ihr untersucht die Kräfte der Felsen und Berge und die mannigfaltigen Wirkungen der Erd- und Steinschichten. Jenen ist der Himmel das Buch der Zukunft, während euch die Erde Denkmale der Urwelt zeigt."

„Es ist dieser Zusammenhang nicht ohne Bedeutung", sagte der Alte lächelnd. „Die leuchtenden Propheten spielen vielleicht eine Hauptrolle in jener alten Geschichte des wunderlichen Erdbaus. Man wird vielleicht sie aus ihren Werken und ihre Werke aus ihnen mit der Zeit besser kennen und erklären lernen. Vielleicht zeigen die großen Gebirgsketten die Spuren ihrer ehemaligen Straßen und hatten selbst Lust, sich auf ihre eigene Hand zu nähren und ihren eigenen Gang am Himmel zu gehn. Manche hoben sich kühn genug, um auch Sterne zu werden, und müssen nun dafür die schöne grüne Bekleidung der niedrigern Gegend entbehren. Sie haben dafür nichts erhalten, als daß sie ihren Vätern das Wetter machen helfen und Propheten für das tiefere Land sind, das sie bald schützen, bald mit Ungewittern überschwemmen."

„Seitdem ich in dieser Höhle wohne", fuhr der Einsiedler fort, „habe ich mehr über die alte Zeit nachdenken gelernt. Es ist unbeschreiblich, was diese Betrachtung anzieht, und ich kann mir die Liebe vorstellen, die ein Bergmann für sein Handwerk hegen muß. Wenn ich die seltsamen alten Knochen ansehe, die hier in so gewaltiger Menge versammelt sind; wenn ich mir die wilde Zeit denke, wo diese fremdartigen, ungeheuren Tiere in dichten Scharen sich in diese Höhlen hereindrängten, von Furcht und Angst vielleicht getrieben, und hier ihren Tod fanden; wenn ich dann wieder bis zu den Zeiten hinaufsteige, wo diese Höhlen zusammenwuchsen und ungeheure Fluten das Land bedeckten: so komme ich mir selbst wie ein Traum der Zukunft, wie ein Kind des ewigen Friedens vor. Wie ruhig und friedfertig, wie mild und klar ist gegen diese gewaltsamen,

riesenmäßigen Zeiten die heutige Natur! und das furchtbarste
Gewitter, das entsetzlichste Erdbeben in unsern Tagen ist nur
ein schwacher Nachhall jener grausenvollen Geburtswehen.
Vielleicht, daß auch die Pflanzen- und Tierwelt, ja die dama-
ligen Menschen selbst, wenn es auf einzelnen Eilanden in diesem
Ozean welche gab, eine andere festere und rauhere Bauart
hatten — wenigstens dürfte man die alten Sagen von einem
Riesenvolke dann keiner Erdichtungen zeihen."

„Es ist erfreulich", sagte der Alte, „jene allmähliche Be-
ruhigung der Natur zu bemerken. Ein immer innigeres Ein-
verständnis, eine friedlichere Gemeinschaft, eine gegenseitige
Unterstützung und Belebung scheint sich allmählich gebildet
zu haben, und wir können immer besseren Zeiten entgegensehn.
Es wäre vielleicht möglich, daß hin und wieder noch alter
Sauerteig gärte und noch einige heftige Erschütterungen er-
folgten; indes sieht man doch das allmächtige Streben nach
freier, einträchtiger Verfassung, und in diesem Geiste wird jede
Erschütterung vorübergehen und dem großen Ziele näher füh-
ren. Mag es sein, daß die Natur nicht mehr so fruchtbar ist, daß
heutzutage keine Metalle und Edelsteine, keine Felsen und
Berge mehr entstehn, daß Pflanzen und Tiere nicht mehr zu so
erstaunlichen Größen und Kräften aufquellen; je mehr sich ihre
erzeugende Kraft erschöpft hat, desto mehr haben ihre bilden-
den, veredelnden und geselligen Kräfte zugenommen, ihr
Gemüt ist empfänglicher und zarter, ihre Phantasie mannig-
faltiger und sinnbildlicher, ihre Hand leichter und kunstreicher
geworden. Sie nähert sich dem Menschen, und wenn sie ehmals
ein wildgebärender Fels war, so ist sie jetzt eine stille, treibende
Pflanze, eine stumme menschliche Künstlerin. Wozu wäre auch
eine Vermehrung jener Schätze nötig, deren Überfluß auf
undenkliche Zeiten ausreicht. Wie klein ist der Raum, den ich
durchwandert bin, und welche mächtige Vorräte habe ich nicht
gleich auf den ersten Blick gefunden, deren Benutzung der
Nachwelt überlassen bleibt. Welche Reichtümer verschließen
nicht die Gebirge nach Norden, welche günstige Anzeichen
fand ich nicht in meinem Vaterlande überall, in Ungarn, am

Fuße der Karpatischen Gebirge und in den Felsentälern von
Tirol, Östreich und Bayern. Ich könnte ein reicher Mann sein,
wenn ich das hätte mit mir nehmen können, was ich nur auf-
zuheben, nur abzuschlagen brauchte. An manchen Orten sah
ich mich wie in einem Zaubergarten. Was ich ansah, war von
köstlichen Metallen und auf das kunstreichste gebildet. In den
zierlichen Locken und Ästen des Silbers hingen glänzende,
rubinrote, durchsichtige Früchte, und die schweren Bäumchen
standen auf kristallenem Grunde, der ganz unnachahmlich
ausgearbeitet war. Man traute kaum seinen Sinnen an diesen
wunderbaren Orten und ward nicht müde, diese reizenden
Wildnisse zu durchstreifen und sich an ihren Kleinodien zu
ergötzen. Auch auf meiner jetzigen Reise habe ich viele Merk-
würdigkeiten gesehn, und gewiß ist in andern Ländern die Erde
ebenso ergiebig und verschwenderisch."

„Wenn man", sagte der Unbekannte, „die Schätze bedenkt,
die im Orient zu Hause sind, so ist daran kein Zweifel, und ist
das ferne Indien, Afrika und Spanien nicht schon im Altertum
durch Reichtümer seines Bodens bekannt gewesen? Als Kriegs-
mann gibt man freilich nicht so genau auf die Adern und Klüfte
der Berge acht, indes habe ich doch zuweilen meine Betrach-
tungen über diese glänzenden Streifen gehabt, die wie seltsame
Knospen auf eine unerwartete Blüte und Frucht deuten. Wie
hätte ich damals denken können, wenn ich, froh über das Licht
des Tages, an diesen dunkeln Behausungen vorbeizog, daß ich
noch im Schoße eines Berges mein Leben beschließen würde.
Meine Liebe trug mich stolz über den Erdboden, und in ihrer
Umarmung hoffte ich in späten Jahren zu entschlafen. Der
Krieg endigte, und ich zog nach Hause, voll froher Erwartungen
eines erquicklichen Herbstes. Aber der Geist des Krieges schien
der Geist meines Glücks zu sein. Meine Marie hatte mir zwei
Kinder im Orient geboren. Sie waren die Freude unsers Lebens.
Die Seefahrt und die rauhere abendländische Luft störte ihre
Blüte. Ich begrub sie wenig Tage nach meiner Ankunft in
Europa. Kummervoll führte ich meine trostlose Gattin nach
meiner Heimat. Ein stiller Gram mochte den Faden ihres

Lebens mürbe gemacht haben. Auf einer Reise, die ich bald
darauf unternehmen mußte, auf der sie mich wie immer be-
gleitete, verschied sie sanft und plötzlich in meinen Armen. Es
war hier nahebei, wo unsere irdische Wallfahrt zu Ende ging.
Mein Entschluß war im Augenblick reif. Ich fand, was ich nie
erwartet hatte; eine göttliche Erleuchtung kam über mich, und
seit dem Tage, da ich sie hier selbst begrub, nahm eine himm-
lische Hand allen Kummer von meinem Herzen. Das Grabmal
habe ich nachher errichten lassen. Oft scheint eine Begebenheit
sich zu endigen, wenn sie erst eigentlich beginnt, und dies hat
bei meinem Leben stattgefunden. Gott verleihe euch allen ein
seliges Alter und ein so ruhiges Gemüt wie mir."

Heinrich und die Kaufleute hatten aufmerksam dem Ge-
spräche zugehört, und der erstere fühlte besonders neue Ent-
wickelungen seines ahndungsvollen Innern. Manche Worte,
manche Gedanken fielen wie belebender Fruchtstaub in seinen
Schoß und rückten ihn schnell aus dem engen Kreise seiner
Jugend auf die Höhe der Welt. Wie lange Jahre lagen die eben
vergangenen Stunden hinter ihm, und er glaubte nie anders
gedacht und empfunden zu haben.

Der Einsiedler zeigte ihnen seine Bücher. Es waren alte
Historien und Gedichte. Heinrich blätterte in den großen
schöngemalten Schriften; die kurzen Zeilen der Verse, die
Überschriften, einzelne Stellen und die saubern Bilder, die hier
und da, wie verkörperte Worte, zum Vorschein kamen, um die
Einbildungskraft des Lesers zu unterstützen, reizten mächtig
seine Neugierde. Der Einsiedler bemerkte seine innere Lust und
erklärte ihm die sonderbaren Vorstellungen. Die mannigfaltig-
sten Lebensszenen waren abgebildet. Kämpfe, Leichenbe-
gängnisse, Hochzeitfeierlichkeiten; Schiffbrüche, Höhlen und
Paläste; Könige, Helden, Priester, alte und junge Leute, Men-
schen in fremden Trachten und seltsame Tiere kamen in ver-
schiedenen Abwechselungen und Verbindungen vor. Hein-
rich konnte sich nicht satt sehen und hätte nichts mehr ge-
wünscht, als bei dem Einsiedler, der ihn unwiderstehlich anzog,
zu bleiben und von ihm über diese Bücher unterrichtet zu

werden. Der Alte fragte unterdes, ob es noch mehr Höhlen gäbe,
und der Einsiedler sagte ihm, daß noch einige sehr große in der
Nähe lägen, wohin er ihn begleiten wollte. Der Alte war dazu
bereit, und der Einsiedler, der die Freude merkte, die Heinrich
an seinen Büchern hatte, veranlaßte ihn, zurückzubleiben und
sich während dieser Zeit weiter unter denselben umzusehn.
Heinrich blieb mit Freuden bei den Büchern und dankte ihm
innig für seine Erlaubnis. Er blätterte mit unendlicher Lust
umher. Endlich fiel ihm ein Buch in die Hände, das in einer
fremden Sprache geschrieben war, die ihm einige Ähnlichkeit
mit der lateinischen und italienischen zu haben schien. Er hätte
sehnlichst gewünscht, die Sprache zu kennen, denn das Buch
gefiel ihm vorzüglich, ohne daß er eine Silbe davon verstand.
Es hatte keinen Titel, doch fand er noch beim Suchen einige
Bilder. Sie dünkten ihm ganz wunderbar bekannt, und wie er
recht zusah, entdeckte er seine eigene Gestalt ziemlich kenntlich
unter den Figuren. Er erschrak und glaubte zu träumen, aber
beim wiederholten Ansehn konnte er nicht mehr an der voll-
kommenen Ähnlichkeit zweifeln. Er traute kaum seinen Sin-
nen, als er bald auf einem Bilde die Höhle, den Einsiedler und
den Alten neben sich entdeckte. Allmählich fand er auf den
andern Bildern die Morgenländerin, seine Eltern, den Land-
grafen und die Landgräfin von Thüringen, seinen Freund, den
Hofkaplan, und manche andere seiner Bekannten; doch waren
ihre Kleidungen verändert und schienen aus einer andern Zeit
zu sein. Eine große Menge Figuren wußte er nicht zu nennen,
doch deuchten sie ihm bekannt. Er sah sein Ebenbild in ver-
schiedenen Lagen. Gegen das Ende kam er sich größer und edler
vor. Die Guitarre ruhte in seinen Armen, und die Landgräfin
reichte ihm einen Kranz. Er sah sich am kaiserlichen Hofe, zu
Schiffe, in trauter Umarmung mit einem schlanken lieblichen
Mädchen, in einem Kampfe mit wildaussehenden Männern und
in freundlichen Gesprächen mit Sarazenen und Mohren. Ein
Mann von ernstem Ansehn kam häufig in seiner Gesellschaft
vor. Er fühlte tiefe Ehrfurcht vor dieser hohen Gestalt und war
froh, sich Arm in Arm mit ihm zu sehn. Die letzten Bilder waren

dunkel und unverständlich; doch überraschten ihn einige Ge-
stalten seines Traumes mit dem innigsten Entzücken; der
Schluß des Buches schien zu fehlen. Heinrich war sehr be-
kümmert und wünschte nichts sehnlicher, als das Buch lesen zu
können und vollständig zu besitzen. Er betrachtete die Bilder
zu wiederholten Malen und war bestürzt, wie er die Gesellschaft
zurückkommen hörte. Eine wunderliche Scham befiel ihn. Er
getraute sich nicht, seine Entdeckung merken zu lassen, machte
das Buch zu und fragte den Einsiedler nur obenhin nach dem
Titel und der Sprache desselben, wo er denn erfuhr, daß es in
provenzalischer Sprache geschrieben sei. „Es ist lange, daß ich
es gelesen habe", sagte der Einsiedler. „Ich kann mich nicht
genau mehr des Inhalts entsinnen. Soviel ich weiß, ist es ein
Roman von den wunderbaren Schicksalen eines Dichters, worin
die Dichtkunst in ihren mannigfachen Verhältnissen dargestellt
und gepriesen wird. Der Schluß fehlt an dieser Handschrift, die
ich aus Jerusalem mitgebracht habe, wo ich sie in der Verlas-
senschaft eines Freundes fand und zu seinem Andenken auf-
hob."

Sie nahmen nun voneinander Abschied, und Heinrich war bis
zu Tränen gerührt. Die Höhle war ihm so merkwürdig, der
Einsiedler so lieb geworden.

Alle umarmten diesen herzlich, und er selbst schien sie lieb-
gewonnen zu haben. Heinrich glaubte zu bemerken, daß er ihn
mit einem freundlichen durchdringenden Blick ansehe. Seine
Abschiedsworte gegen ihn waren sonderbar bedeutend. Er
schien von seiner Entdeckung zu wissen und darauf anzuspie-
len. Bis zum Eingang der Höhlen begleitete er sie, nachdem er
sie und besonders den Knaben gebeten hatte, nichts von ihm
gegen die Bauern zu erwähnen, weil er sonst ihren Zudringlich-
keiten ausgesetzt sein würde.

Sie versprachen es alle. Wie sie von ihm schieden und sich
seinem Gebet empfahlen, sagte er: „Wie lange wird es währen,
so sehn wir uns wieder und werden über unsere heutigen Reden
lächeln. Ein himmlischer Tag wird uns umgeben, und wir
werden uns freuen, daß wir einander in diesen Tälern der

Prüfung freundlich begrüßten und von gleichen Gesinnungen und Ahndungen beseelt waren. Sie sind die Engel, die uns hier sicher geleiten. Wenn euer Auge fest am Himmel haftet, so werdet ihr nie den Weg zu eurer Heimat verlieren." − Sie trennten sich mit stiller Andacht, fanden bald ihre zaghaften Gefährten und erreichten unter allerlei Erzählungen in kurzem das Dorf, wo Heinrichs Mutter, die in Sorgen gewesen war, sie mit tausend Freuden empfing.

SECHSTES KAPITEL

Menschen, die zum Handeln, zur Geschäftigkeit geboren sind, können nicht früh genug alles selbst betrachten und beleben. Sie müssen überall selbst Hand anlegen und viele Verhältnisse durchlaufen, ihr Gemüt gegen die Eindrücke einer neuen Lage, gegen die Zerstreuungen vieler und mannigfaltiger Gegenstände gewissermaßen abhärten und sich gewöhnen, selbst im Drange großer Begebenheiten den Faden ihres Zwecks festzuhalten und ihn gewandt hindurchzuführen. Sie dürfen nicht den Einladungen einer stillen Betrachtung nachgeben. Ihre Seele darf keine in sich gekehrte Zuschauerin, sie muß unablässig nach außen gerichtet und eine emsige, schnell entscheidende Dienerin des Verstandes sein. Sie sind Helden, und um sie her drängen sich die Begebenheiten, die geleitet und gelöst sein wollen. Alle Zufälle werden zu Geschichten unter ihrem Einfluß, und ihr Leben ist eine ununterbrochene Kette merkwürdiger und glänzender, verwickelter und seltsamer Ereignisse.

Anders ist es mit jenen ruhigen, unbekannten Menschen, deren Welt ihr Gemüt, deren Tätigkeit die Betrachtung, deren Leben ein leises Bilden ihrer innern Kräfte ist. Keine Unruhe treibt sie nach außen. Ein stiller Besitz genügt ihnen, und das unermeßliche Schauspiel außer ihnen reizt sie nicht, selbst darin aufzutreten, sondern kommt ihnen bedeutend und wunderbar genug vor, um seiner Betrachtung ihre Muße zu widmen.

Verlangen nach dem Geiste desselben hält sie in der Ferne, und er ist es, der sie zu der geheimnisvollen Rolle des Gemüts in dieser menschlichen Welt bestimmte, während jene die äußeren Gliedmaßen und Sinne und die ausgehenden Kräfte derselben vorstellen.

Große und vielfache Begebenheiten würden sie stören. Ein einfaches Leben ist ihr Los, und nur aus Erzählungen und Schriften müssen sie mit dem reichen Inhalt und den zahllosen Erscheinungen der Welt bekannt werden. Nur selten darf im Verlauf ihres Lebens ein Vorfall sie auf einige Zeit in seine raschen Wirbel mit hereinziehn, um durch einige Erfahrungen sie von der Lage und dem Charakter der handelnden Menschen genauer zu unterrichten. Dagegen wird ihr empfindlicher Sinn schon genug von nahen unbedeutenden Erscheinungen be- schäftigt, die ihm jene große Welt verjüngt darstellen, und sie werden keinen Schritt tun, ohne die überraschendsten Ent- deckungen in sich selbst über das Wesen und die Bedeutung derselben zu machen. Es sind die Dichter, diese seltenen Zug- menschen, die zuweilen durch unsere Wohnsitze wandeln und überall den alten ehrwürdigen Dienst der Menschheit und ihrer ersten Götter, der Gestirne, des Frühlings, der Liebe, des Glücks, der Fruchtbarkeit, der Gesundheit und des Frohsinns erneuern; sie, die schon hier im Besitz der himmlischen Ruhe sind und, von keinen törichten Begierden umhergetrieben, nur den Duft der irdischen Früchte einatmen, ohne sie zu verzehren und dann unwiderruflich an die Unterwelt gekettet zu sein. Freie Gäste sind sie, deren goldener Fuß nur leise auftritt und deren Gegenwart in allen unwillkürlich die Flügel ausbreitet. Ein Dichter läßt sich, wie ein guter König, frohen und klaren Gesichtern nach aufsuchen, und er ist es, der allein den Namen eines Weisen mit Recht führt. Wenn man ihn mit dem Helden vergleicht, so findet man, daß die Gesänge der Dichter nicht selten den Heldenmut in jugendlichen Herzen erweckt, Hel- dentaten aber wohl nie den Geist der Poesie in ein neues Gemüt gerufen haben.

Heinrich war von Natur zum Dichter geboren. Mannigfaltige

Zufälle schienen sich zu seiner Bildung zu vereinigen, und noch hatte nichts seine innere Regsamkeit gestört. Alles, was er sah und hörte, schien nur neue Riegel in ihm wegzuschieben und neue Fenster ihm zu öffnen. Er sah die Welt in ihren großen und abwechselnden Verhältnissen vor sich liegen. Noch war sie aber stumm und ihre Seele, das Gespräch, noch nicht erwacht. Schon nahte sich ein Dichter, ein liebliches Mädchen an der Hand, um durch Laute der Muttersprache und durch Berührung eines süßen zärtlichen Mundes die blöden Lippen aufzuschließen und den einfachen Akkord in unendliche Melodien zu entfalten.

Diese Reise war nun geendigt. Es war gegen Abend, als unsere Reisenden wohlbehalten und fröhlich in der weltberühmten Stadt Augsburg anlangten und voller Erwartung durch die hohen Gassen nach dem ansehnlichen Hause des alten Schwaning ritten.

Heinrichen war schon die Gegend sehr reizend vorgekommen. Das lebhafte Getümmel der Stadt und die großen, steinernen Häuser befremdeten ihn angenehm. Er freute sich inniglich über seinen künftigen Aufenthalt. Seine Mutter war sehr vergnügt, nach der langen, mühseligen Reise sich hier in ihrer geliebten Vaterstadt zu sehen, bald ihren Vater und ihre alten Bekannten wieder zu umarmen, ihren Heinrich ihnen vorstellen und einmal alle Sorgen des Hauswesens bei den traulichen Erinnerungen ihrer Jugend ruhig vergessen zu können. Die Kaufleute hofften sich bei den dortigen Lustbarkeiten für die Unbequemlichkeiten des Weges zu entschädigen und einträgliche Geschäfte zu machen.

Das Haus des alten Schwaning fanden sie erleuchtet, und eine lustige Musik tönte ihnen entgegen. „Was gilt's", sagten die Kaufleute, „Euer Großvater gibt ein fröhliches Fest. Wir kommen wie gerufen. Wie wird er über die ungeladenen Gäste erstaunen. Er läßt es sich wohl nicht träumen, daß das wahre Fest nun erst angehn wird." Heinrich fühlte sich verlegen, und seine Mutter war nur wegen ihres Anzugs in Sorgen. Sie stiegen ab, die Kaufleute blieben bei den Pferden, und Heinrich und

seine Mutter traten in das prächtige Haus. Unten war kein
Hausgenosse zu sehen. Sie mußten die breite Wendeltreppe
hinauf. Einige Diener liefen vorüber, die sie baten, dem alten
Schwaning die Ankunft einiger Fremden anzusagen, die ihn zu
sprechen wünschten. Die Diener machten anfangs einige
Schwierigkeiten; die Reisenden sahen nicht zum besten aus;
doch meldeten sie es dem Herrn des Hauses. Der alte Schwaning
kam heraus. Er kannte sie nicht gleich und fragte nach ihrem
Namen und Anliegen. Heinrichs Mutter weinte und fiel ihm um
den Hals. „Kennt Ihr Eure Tochter nicht mehr?" rief sie
weinend. „Ich bringe Euch meinen Sohn." Der alte Vater war
äußerst gerührt. Er drückte sie lange an seine Brust; Heinrich
sank auf ein Knie und küßte ihm zärtlich die Hand. Er hob ihn
zu sich und hielt Mutter und Sohn umarmt. „Geschwind her-
ein", sagte Schwaning, „ich habe lauter Freunde und Bekannte
bei mir, die sich herzlich mit mir freuen werden." Heinrichs
Mutter schien einige Zweifel zu haben. Sie hatte keine Zeit, sich
zu besinnen. Der Vater führte beide in den hohen, erleuchteten
Saal. „Da bringe ich meine Tochter und meinen Enkel aus
Eisenach", rief Schwaning in das frohe Getümmel glänzend
gekleideter Menschen. Alle Augen kehrten sich nach der Tür,
alles lief herzu, die Musik schwieg, und die beiden Reisenden
standen verwirrt und geblendet in ihren staubigen Kleidern,
mitten in der bunten Schar. Tausend freudige Ausrufungen
gingen von Mund zu Mund. Alte Bekannte drängten sich um
die Mutter. Es gab unzählige Fragen. Jedes wollte zuerst ge-
kannt und bewillkommet sein. Während der ältere Teil der
Gesellschaft sich mit der Mutter beschäftigte, heftete sich die
Aufmerksamkeit des jüngeren Teils auf den fremden Jüngling,
der mit gesenktem Blick dastand und nicht das Herz hatte, die
unbekannten Gesichter wieder zu betrachten. Sein Großvater
machte ihn mit der Gesellschaft bekannt und erkundigte sich
nach seinem Vater und den Vorfällen ihrer Reise.

Die Mutter gedachte der Kaufleute, die unten aus Gefällig-
keit bei den Pferden geblieben waren. Sie sagte es ihrem Vater,
welcher sogleich hinunterschickte und sie einladen ließ her-

aufzukommen. Die Pferde wurden in die Ställe gebracht, und die Kaufleute erschienen.

Schwaning dankte ihnen herzlich für die freundschaftliche Geleitung seiner Tochter. Sie waren mit vielen Anwesenden bekannt und begrüßten sich freundlich mit ihnen. Die Mutter wünschte sich reinlich ankleiden zu dürfen. Schwaning nahm sie auf sein Zimmer, und Heinrich folgte ihnen in gleicher Absicht.

Unter der Gesellschaft war Heinrichen ein Mann aufgefallen, den er in jenem Buche oft an seiner Seite gesehn zu haben glaubte. Sein edles Ansehn zeichnete ihn vor allen aus. Ein heitrer Ernst war der Geist seines Gesichts; eine offene schön gewölbte Stirn, große, schwarze, durchdringende und feste Augen, ein schalkhafter Zug um den fröhlichen Mund und durchaus klare, männliche Verhältnisse machten es bedeutend und anziehend. Er war stark gebaut, seine Bewegungen waren ruhig und ausdrucksvoll, und wo er stand, schien er ewig stehen zu wollen. Heinrich fragte seinen Großvater nach ihm. „Es ist mir lieb", sagte der Alte, „daß du ihn gleich bemerkt hast. Es ist mein trefflicher Freund Klingsohr, der Dichter. Auf seine Bekanntschaft und Freundschaft kannst du stolzer sein als auf die des Kaisers. Aber wie steht's mit deinem Herzen? Er hat eine schöne Tochter; vielleicht, daß sie den Vater bei dir aussticht. Es sollte mich wundern, wenn du sie nicht gesehn hättest." Heinrich errötete. „Ich war zerstreut, lieber Großvater. Die Gesellschaft war zahlreich, und ich betrachtete nur Euren Freund." — „Man merkt es, daß du aus Norden kömmst", erwiderte Schwaning. „Wir wollen dich hier schon auftauen. Du sollst schon lernen, nach hübschen Augen sehn."

Sie waren nun fertig und begaben sich zurück in den Saal, wo indes die Zurüstungen zum Abendessen gemacht worden waren. Der alte Schwaning führte Heinrichen auf Klingsohr zu und erzählte ihm, daß Heinrich ihn gleich bemerkt und den lebhaftesten Wunsch habe, mit ihm bekannt zu sein.

Heinrich war beschämt. Klingsohr redete freundlich zu ihm

von seinem Vaterlande und seiner Reise. Es lag soviel Zu-
trauliches in seiner Stimme, daß Heinrich bald ein Herz faßte
und sich freimütig mit ihm unterhielt. Nach einiger Zeit kam
Schwaning wieder zu ihnen und brachte die schöne Mathilde.
„Nehmt Euch meines schüchternen Enkels freundlich an und
verzeiht es ihm, daß er eher Euren Vater als Euch gesehn hat.
Eure glänzenden Augen werden schon die schlummernde Ju-
gend in ihm wecken. In seiner Vaterstadt kommt der Frühling
spät."

Heinrich und Mathilde wurden rot. Sie sahen sich einander
mit Verwunderung an. Sie fragte ihn mit kaum hörbaren leisen
Worten, ob er gern tanze. Eben als er die Frage bejahte, fing
eine fröhliche Tanzmusik an. Er bot ihr schweigend seine Hand;
sie gab ihm die ihrige, und sie mischten sich in die Reihe der
walzenden Paare. Schwaning und Klingsohr sahen zu. Die
Mutter und die Kaufleute freuten sich über Heinrichs Be-
hendigkeit und seine liebliche Tänzerin. Die Mutter hatte genug
mit ihren Jugendfreundinnen zu sprechen, die ihr zu einem so
wohlgebildeten und so hoffnungsvollen Sohn Glück wünschten.
Klingsohr sagte zu Schwaning: „Euer Enkel hat ein anziehen-
des Gesicht. Es zeigt ein klares und umfassendes Gemüt, und
seine Stimme kommt tief aus dem Herzen." — „Ich hoffe",
erwiderte Schwaning, „daß er Euer gelehriger Schüler sein wird.
Mich deucht, er ist zum Dichter geboren. Euer Geist komme
über ihn. Er sieht seinem Vater ähnlich; nur scheint er weniger
heftig und eigensinnig. Jener war in seiner Jugend voll glück-
licher Anlagen. Eine gewisse Freisinnigkeit fehlte ihm. Es hätte
mehr aus ihm werden können als ein fleißiger und fertiger
Künstler." — Heinrich wünschte den Tanz nie zu endigen. Mit
innigem Wohlgefallen ruhte sein Auge auf den Rosen seiner
Tänzerin. Ihr unschuldiges Auge vermied ihn nicht. Sie schien
der Geist ihres Vaters in der lieblichsten Verkleidung. Aus ihren
großen ruhigen Augen sprach ewige Jugend. Auf einem licht-
himmelblauen Grunde lag der milde Glanz der braunen Sterne.
Stirn und Nase senkten sich zierlich um sie her. Eine nach der
aufgehenden Sonne geneigte Lilie war ihr Gesicht, und von dem

schlanken, weißen Halse schlängelten sich blaue Adern in reizenden Windungen um die zarten Wangen. Ihre Stimme war wie ein fernes Echo, und das braune lockige Köpfchen schien über der leichten Gestalt nur zu schweben.

Die Schüsseln kamen herein, und der Tanz war aus. Die älteren Leute setzten sich auf die eine Seite, und die jüngern nahmen die andere ein.

Heinrich blieb bei Mathilden. Eine junge Verwandte setzte sich zu seiner Linken, und Klingsohr saß ihm gerade gegenüber. So wenig Mathilde sprach, so gesprächig war Veronika, seine andere Nachbarin. Sie tat gleich mit ihm vertraut und machte ihn in kurzem mit allen Anwesenden bekannt. Heinrich verhörte manches. Er war noch bei seiner Tänzerin und hätte sich gern öfters rechts gewandt. Klingsohr machte ihrem Plaudern ein Ende. Er fragte ihn nach dem Bande mit sonderbaren Figuren, was Heinrich an seinem Leibrock befestigt hatte. Heinrich erzählte von der Morgenländerin mit vieler Rührung. Mathilde weinte, und Heinrich konnte nun seine Tränen kaum verbergen. Er geriet darüber mit ihr ins Gespräch. Alle unterhielten sich; Veronika lachte und scherzte mit ihren Bekannten. Mathilde erzählte ihm von Ungarn, wo ihr Vater sich oft aufhielt, und von dem Leben in Augsburg. Alle waren vergnügt. Die Musik verscheuchte die Zurückhaltung und reizte alle Neigungen zu einem muntern Spiel. Blumenkörbe dufteten in voller Pracht auf dem Tische, und der Wein schlich zwischen den Schüsseln und Blumen umher, schüttelte seine goldnen Flügel und stellte bunte Tapeten zwischen die Welt und die Gäste. Heinrich begriff erst jetzt, was ein Fest sei. Tausend frohe Geister schienen ihm um den Tisch zu gaukeln und in stiller Sympathie mit den fröhlichen Menschen von ihren Freuden zu leben und mit ihren Genüssen sich zu berauschen. Der Lebensgenuß stand wie ein klingender Baum voll goldener Früchte vor ihm. Das Übel ließ sich nicht sehen, und es dünkte ihm unmöglich, daß je die menschliche Neigung von diesem Baume zu der gefährlichen Frucht des Erkenntnisses, zu dem Baume des Krieges sich gewendet haben sollte. Er verstand nun

den Wein und die Speisen. Sie schmeckten ihm überaus köstlich.
Ein himmlisches Öl würzte sie ihm, und aus dem Becher
funkelte die Herrlichkeit des irdischen Lebens. Einige Mädchen
brachten dem alten Schwaning einen frischen Kranz. Er setzte
ihn auf, küßte sie und sagte: „Auch unserm Freund Klingsohr
müßt ihr einen bringen, wir wollen beide zum Dank euch ein
paar neue Lieder lehren. Das meinige sollt ihr gleich haben."
Er gab der Musik ein Zeichen und sang mit lauter Stimme:

>"Sind wir nicht geplagte Wesen?
>Ist nicht unser Los betrübt?
>Nur zu Zwang und Not erlesen,
>In Verstellung nur geübt,
>Dürfen selbst nicht unsre Klagen
>Sich aus unserm Busen wagen.

>Allem, was die Eltern sprechen,
>Widerspricht das volle Herz.
>Die verbotne Frucht zu brechen
>Fühlen wir der Sehnsucht Schmerz;
>Möchten gern die süßen Knaben
>Fest an unserm Herzen haben.

>Wäre dies zu denken Sünde?
>Zollfrei sind Gedanken doch.
>Was bleibt einem armen Kinde
>Außer süßen Träumen noch?
>Will man sie auch gern verbannen,
>Nimmer ziehen sie von dannen.

>Wenn wir auch des Abends beten.
>Schreckt uns doch die Einsamkeit,
>Und zu unsern Küssen treten
>Sehnsucht und Gefälligkeit.
>Könnten wir wohl widerstreben,
>Alles, alles hinzugeben?

Unsere Reize zu verhüllen,
Schreibt die strenge Mutter vor.
Ach! was hilft der gute Willen,
Quellen sie nicht selbst empor?
Bei der Sehnsucht innrem Beben
Muß das beste Band sich geben.

Jede Neigung zu verschließen,
Hart und kalt zu sein wie Stein,
Schöne Augen nicht zu grüßen,
Fleißig und allein zu sein,
Keiner Bitte nachzugeben:
Heißt das wohl ein Jugendleben?

Groß sind eines Mädchens Plagen,
Ihre Brust ist krank und wund,
Und zum Lohn für stille Klagen
Küßt sie noch ein welker Mund.
Wird denn nie das Blatt sich wenden,
Und das Reich der Alten enden?"

Die alten Leute und die Jünglinge lachten. Die Mädchen
erröteten und lächelten abwärts. Unter tausend Neckereien
wurde ein zweiter Kranz geholt und Klingsohren aufgesetzt. Sie
baten aber inständigst um keinen so leichtfertigen Gesang.
„Nein", sagte Klingsohr, „ich werde mich wohl hüten, so
frevelhaft von euren Geheimnissen zu reden. Sagt selbst, was
ihr für ein Lied haben wollt." — „Nur nichts von Liebe", riefen
die Mädchen, „ein Weinlied, wenn es Euch ansteht." Klingsohr
sang:

Auf grünen Bergen wird geboren,
Der Gott, der uns den Himmel bringt.
Die Sonne hat ihn sich erkoren,
Daß sie mit Flammen ihn durchdringt.

Er wird im Lenz mit Lust empfangen,
Der zarte Schoß quillt still empor,
Und wenn des Herbstes Früchte prangen,
Springt auch das goldne Kind hervor.

Sie legen ihn in enge Wiegen
Ins unterirdische Geschoß.
Er träumt von Festen und von Siegen
Und baut sich manches luft'ge Schloß.

Es nahe keiner seiner Kammer,
Wenn er sich ungeduldig drängt
Und jedes Band und jede Klammer
Mit jugendlichen Kräften sprengt.

Denn unsichtbare Wächter stellen,
Solang er träumt, sich um ihn her;
Und wer betritt die heil'gen Schwellen,
Den trifft ihr luftumwundner Speer.

So wie die Schwingen sich entfalten,
Läßt er die lichten Augen sehn,
Läßt ruhig seine Priester schalten
Und kommt heraus, wenn sie ihm flehn.

Aus seiner Wiege dunklem Schoße
Erscheint er in Kristallgewand;
Verschwiegener Eintracht volle Rose
Trägt er bedeutend in der Hand.

Und überall um ihn versammeln
Sich seine Jünger hocherfreut;
Und tausend frohe Zungen stammeln
Ihm ihre Lieb und Dankbarkeit.

Er sprützt in ungezählten Strahlen
Sein innres Leben in die Welt,
Die Liebe nippt aus seinen Schalen
Und bleibt ihm ewig zugesellt.

Er nahm als Geist der goldnen Zeiten
Von jeher sich des Dichters an,
Der immer seine Lieblichkeiten
In trunknen Liedern aufgetan.

Er gab ihm, seine Treu zu ehren,
Ein Recht auf jeden hübschen Mund,
Und daß es keine darf ihm wehren,
Macht Gott durch ihn es allen kund."

„Ein schöner Prophet!" riefen die Mädchen. Schwaning
freute sich herzlich. Sie machten noch einige Einwendungen,
aber es half nichts. Sie mußten ihm die süßen Lippen hinreichen.
Heinrich schämte sich nur vor seiner ernsten Nachbarin, sonst
hätte er sich laut über das Vorrecht der Dichter gefreut. Ve-
ronika war unter den Kranzträgerinnen. Sie kam fröhlich zurück
und sagte zu Heinrich: „Nicht wahr, es ist hübsch, wenn man
ein Dichter ist?" Heinrich getraute sich nicht, diese Frage zu
benutzen. Der Übermut der Freude und der Ernst der ersten
Liebe kämpften in seinem Gemüt. Die reizende Veronika
scherzte mit den andern, und so gewann er Zeit, den ersten
etwas zu dämpfen. Mathilde erzählte ihm, daß sie die Guitarre
spiele. „Ach!" sagte Heinrich, „von Euch möchte ich sie lernen.
Ich habe mich lange darnach gesehnt." — „Mein Vater hat mich
unterrichtet. Er spielt sie unvergleichlich", sagte sie errötend.
— „Ich glaube doch", erwiderte Heinrich, „daß ich sie schneller
bei Euch lerne. Wie freue ich mich, Euren Gesang zu hören."
— „Stellt Euch nur nicht zu viel vor." — „Oh!" sagte Heinrich,
„was sollte ich nicht erwarten können, da Eure bloße Rede
schon Gesang ist und Eure Gestalt eine himmlische Musik
verkündigt."

Mathilde schwieg. Ihr Vater fing ein Gespräch mit ihm an, in welchem Heinrich mit der lebhaftesten Begeisterung sprach. Die Nächsten wunderten sich über des Jünglings Beredsamkeit, über die Fülle seiner bildlichen Gedanken. Mathilde sah ihn mit stiller Aufmerksamkeit an. Sie schien sich über seine Reden zu freuen, die sein Gesicht mit den sprechendsten Mienen noch mehr erklärte. Seine Augen glänzten ungewöhnlich. Er sah sich zuweilen nach Mathilden um, die über den Ausdruck seines Gesichts erstaunte. Im Feuer des Gesprächs ergriff er unvermerkt ihre Hand, und sie konnte nicht umhin, manches, was er sagte, mit einem leisen Druck zu bestätigen. Klingsohr wußte seinen Enthusiasmus zu unterhalten und lockte allmählich seine ganze Seele auf die Lippen. Endlich stand alles auf. Alles schwärmte durcheinander. Heinrich war an Mathildens Seite geblieben. Sie standen unbemerkt abwärts. Er hielt ihre Hand und küßte sie zärtlich. Sie ließ sie ihm und blickte ihn mit unbeschreiblicher Freundlichkeit an. Er konnte sich nicht halten, neigte sich zu ihr und küßte ihre Lippen. Sie war überrascht und erwiderte unwillkürlich seinen heißen Kuß. „Gute Mathilde!" — „Lieber Heinrich!" das war alles, was sie einander sagen konnten. Sie drückte seine Hand und ging unter die andern. Heinrich stand wie im Himmel. Seine Mutter kam auf ihn zu. Er ließ seine ganze Zärtlichkeit an ihr aus. Sie sagte: „Ist es nicht gut, daß wir nach Augsburg gereist sind? Nicht wahr, es gefällt dir?" — „Liebe Mutter", sagte Heinrich, „so habe ich mir es doch nicht vorgestellt. Es ist ganz herrlich."

Der Rest des Abends verging in unendlicher Fröhlichkeit. Die Alten spielten, plauderten und sahen den Tänzen zu. Die Musik wogte wie ein Lustmeer im Saale und hob die berauschte Jugend.

Heinrich fühlte die entzückenden Weissagungen der ersten Lust und Liebe zugleich. Auch Mathilde ließ sich willig von den schmeichelnden Wellen tragen und verbarg ihr zärtliches Zutrauen, ihre aufkeimende Neigung zu ihm nur hinter einem leichten Flor. Der alte Schwaning bemerkte das kommende Verständnis und neckte beide.

Klingsohr hatte Heinrichen liebgewonnen und freute sich seiner Zärtlichkeit. Die andern Jünglinge und Mädchen hatten es bald bemerkt. Sie zogen die ernste Mathilde mit dem jungen Thüringer auf und verhehlten nicht, daß es ihnen lieb sei, Mathildens Aufmerksamkeit nicht mehr bei ihren Herzensgeschäften scheuen zu dürfen.

Es war tief in der Nacht, als die Gesellschaft auseinanderging. „Das erste und einzige Fest meines Lebens", sagte Heinrich zu sich selbst, als er allein war und seine Mutter sich ermüdet zur Ruhe gelegt hatte. „Ist mir nicht zumute wie in jenem Traume, beim Anblick der blauen Blume? Welcher sonderbare Zusammenhang ist zwischen Mathilden und dieser Blume? Jenes Gesicht, das aus dem Kelche sich mir entgegenneigte, es war Mathildens himmlisches Gesicht, und nun erinnere ich mich auch, es in jenem Buche gesehn zu haben. Aber warum hat es dort mein Herz nicht so bewegt? Oh! sie ist der sichtbare Geist des Gesanges, eine würdige Tochter ihres Vaters. Sie wird mich in Musik auflösen. Sie wird meine innerste Seele, die Hüterin meines heiligen Feuers sein. Welche Ewigkeit von Treue fühle ich in mir! Ich ward nur geboren, um sie zu verehren, um ihr ewig zu dienen, um sie zu denken und zu empfinden. Gehört nicht ein eigenes ungeteiltes Dasein zu ihrer Anschauung und Anbetung? und bin ich der Glückliche, dessen Wesen das Echo, der Spiegel des ihrigen sein darf? Es war kein Zufall, daß ich sie am Ende meiner Reise sah, daß ein seliges Fest den höchsten Augenblick meines Lebens umgab. Es konnte nicht anders sein; macht ihre Gegenwart nicht alles festlich?"

Er trat ans Fenster. Das Chor der Gestirne stand am dunkeln Himmel, und im Morgen kündigte ein weißer Schein den kommenden Tag an.

Mit vollem Entzücken rief Heinrich aus: „Euch, ihr ewigen Gestirne, ihr stillen Wandrer, euch rufe ich zu Zeugen meines heiligen Schwurs an. Für Mathilden will ich leben, und ewige Treue soll mein Herz an das ihrige knüpfen. Auch mir bricht der Morgen eines ewigen Tages an. Die Nacht ist vorüber. Ich

zünde der aufgehenden Sonne mich selbst zum nieverglühenden
Opfer an."

Heinrich war erhitzt, und nur spät gegen Morgen schlief er
ein. In wunderliche Träume flossen die Gedanken seiner Seele
zusammen. Ein tiefer blauer Strom schimmerte aus der grünen
Ebene herauf. Auf der glatten Fläche schwamm ein Kahn.
Mathilde saß und ruderte. Sie war mit Kränzen geschmückt,
sang ein einfaches Lied und sah nach ihm mit süßer Wehmut
herüber. Seine Brust war beklommen. Er wußte nicht warum.
Der Himmel war heiter, die Flut ruhig. Ihr himmlisches Gesicht
spiegelte sich in den Wellen. Auf einmal fing der Kahn an sich
umzudrehen. Er rief ihr ängstlich zu. Sie lächelte und legte das
Ruder in den Kahn, der sich immerwährend drehte. Eine un-
geheure Bangigkeit ergriff ihn. Er stürzte sich in den Strom;
aber er konnte nicht fort, das Wasser trug ihn. Sie winkte, sie
schien ihm etwas sagen zu wollen, der Kahn schöpfte schon
Wasser; doch lächelte sie mit einer unsäglichen Innigkeit und
sah heiter in den Wirbel hinein. Auf einmal zog es sie hinunter.
Eine leise Luft strich über den Strom, der ebenso ruhig und
glänzend floß wie vorher. Die entsetzliche Angst raubte ihm
das Bewußtsein. Das Herz schlug nicht mehr. Er kam erst zu
sich, als er sich auf trocknem Boden fühlte. Er mochte weit
geschwommen sein. Es war eine fremde Gegend. Er wußte
nicht, wie ihm geschehen war. Sein Gemüt war verschwunden.
Gedankenlos ging er tiefer ins Land. Entsetzlich matt fühlte
er sich. Eine kleine Quelle kam aus einem Hügel, sie tönte wie
lauter Glocken. Mit der Hand schöpfte er einige Tropfen und
netzte seine dürren Lippen. Wie ein banger Traum lag die
schreckliche Begebenheit hinter ihm. Immer weiter und weiter
ging er, Blumen und Bäume redeten ihn an. Ihm wurde so wohl
und heimatlich zu Sinne. Da hörte er jenes einfache Lied wieder.
Er lief den Tönen nach. Auf einmal hielt ihn jemand am
Gewande zurück. „Lieber Heinrich", rief eine bekannte
Stimme. Er sah sich um, und Mathilde schloß ihn in ihre Arme.
„Warum liefst du vor mir, liebes Herz?" sagte sie tiefatmend.
„Kaum konnte ich dich einholen." Heinrich weinte. Er drückte

sie an sich. — „Wo ist der Strom?" rief er mit Tränen. — „Siehst
du nicht seine blauen Wellen über uns?" Er sah hinauf, und der
blaue Strom floß leise über ihrem Haupte. „Wo sind wir, liebe
Mathilde?" — „Bei unsern Eltern." — „Bleiben wir zusam-
men?" — „Ewig", versetzte sie, indem sie ihre Lippen an die
seinigen drückte und ihn so umschloß, daß sie nicht wieder von
ihm konnte. Sie sagte ihm ein wunderbares geheimes Wort in
den Mund, was sein ganzes Wesen durchklang. Er wollte es
wiederholen, als sein Großvater rief und er aufwachte. Er hätte
sein Leben darum geben mögen, das Wort noch zu wissen.

SIEBENTES KAPITEL

Klingsohr stand vor seinem Bette und bot ihm freundlich guten
Morgen. Er ward munter und fiel Klingsohr um den Hals. „Das
gilt Euch nicht", sagte Schwaning. Heinrich lächelte und
verbarg sein Erröten an den Wangen seiner Mutter.

„Habt Ihr Lust, mit mir vor der Stadt auf einer schönen
Anhöhe zu frühstücken?" sagte Klingsohr. „Der herrliche
Morgen wird Euch erfrischen. Kleidet Euch an. Mathilde
wartet schon auf uns."

Heinrich dankte mit tausend Freuden für diese willkommene
Einladung. In einem Augenblick war er fertig und küßte
Klingsohr mit vieler Inbrust die Hand.

Sie gingen zu Mathilden, die in ihrem einfachen Morgenkleide
wunderlieblich aussah und ihn freundlich grüßte. Sie hatte
schon das Frühstück in ein Körbchen gepackt, das sie an den
einen Arm hing, und die andere Hand unbefangen Heinrichen
reichte. Klingsohr folgte ihnen, und so wandelten sie durch die
Stadt, die schon voller Lebendigkeit war, nach einem kleinen
Hügel am Flusse, wo sich unter einigen hohen Bäumen eine
weite und volle Aussicht öffnete.

„Habe ich doch schon oft", rief Heinrich aus, „mich an dem
Aufgang der bunten Natur, an der friedlichen Nachbarschaft
ihres mannigfaltigen Eigentums ergötzt; aber eine so schöpfe-

rische und gediegene Heiterkeit hat mich noch nie erfüllt wie
heute. Jene Fernen sind mir so nah, und die reiche Landschaft
ist mir wie eine innere Phantasie. Wie veränderlich ist die
Natur, so unwandelbar auch ihre Oberfläche zu sein scheint.
Wie anders ist sie, wenn ein Engel, wenn ein kräftiger Geist
neben uns ist, als wenn ein Notleidender vor uns klagt oder ein
Bauer uns erzählt, wie ungünstig die Witterung ihm sei und wie
nötig er düstre Regentage für seine Saat brauche. Euch,
teuerster Meister, bin ich dieses Vergnügen schuldig; ja dieses
Vergnügen, denn es gibt kein anderes Wort, was wahrhafter den
Zustand meines Herzens ausdrückte. Freude, Lust und Ent-
zücken sind nur die Glieder des Vergnügens, das sie zu einem
höhern Leben verknüpft." Er drückte Mathildens Hand an sein
Herz und versank mit einem feurigen Blick in ihr mildes,
empfängliches Auge.

„Die Natur", versetzte Klingsohr, „ist für unser Gemüt, was
ein Körper für das Licht ist. Er hält es zurück; er bricht es in
eigentümliche Farben; er zündet auf seiner Oberfläche oder in
seinem Innern ein Licht an, das, wenn es seiner Dunkelheit
gleichkommt, ihn klar und durchsichtig macht, wenn es sie
überwiegt, von ihm ausgeht, um andere Körper zu erleuchten.
Aber selbst der dunkelste Körper kann durch Wasser, Feuer und
Luft dahin gebracht werden, daß er hell und glänzend wird."

„Ich verstehe Euch, lieber Meister. Die Menschen sind
Kristalle für unser Gemüt. Sie sind die durchsichtige Natur.
Liebe Mathilde, ich möchte Euch einen köstlichen lautern
Saphir nennen. Ihr seid klar und durchsichtig wie der Himmel,
Ihr erleuchtet mit dem mildesten Lichte. Aber sagt mir, lieber
Meister, ob ich recht habe: mich dünkt, daß man, gerade wenn
man am innigsten mit der Natur vertraut ist, am wenigsten von
ihr sagen könnte und möchte."

„Wie man das nimmt", versetzte Klingsohr; „ein anderes ist
es mit der Natur für unsern Genuß und unser Gemüt, ein
anderes mit der Natur für unsern Verstand, für das leitende
Vermögen unserer Weltkräfte. Man muß sich wohl hüten, nicht
eins über das andere zu vergessen. Es gibt viele, die nur die eine

Seite kennen und die andere geringschätzen. Aber beide kann man vereinigen, und man wird sich wohl dabei befinden. Schade, daß so wenige darauf denken, sich in ihrem Innern frei und geschickt bewegen zu können und durch eine gehörige Trennung sich den zweckmäßigsten und natürlichsten Gebrauch ihrer Gemütskräfte zu sichern. Gewöhnlich hindert eine die andere, und so entsteht allmählich eine unbehülfliche Trägheit, daß, wenn nun solche Menschen einmal mit gesamten Kräften aufstehen wollen, eine gewaltige Verwirrung und Streit beginnt und alles übereinander ungeschickt herstolpert. Ich kann Euch nicht genug anrühmen, Euren Verstand, Euren natürlichen Trieb, zu wissen, wie alles sich begibt und untereinander nach Gesetzen der Folge zusammenhängt, mit Fleiß und Mühe zu unterstützen. Nichts ist dem Dichter unentbehrlicher als Einsicht in die Natur jedes Geschäfts, Bekanntschaft mit den Mitteln, jeden Zweck zu erreichen, und Gegenwart des Geistes, nach Zeit und Umständen die schicklichsten zu wählen. Begeisterung ohne Verstand ist unnütz und gefährlich, und der Dichter wird wenig Wunder tun können, wenn er selbst über Wunder erstaunt."

„Ist aber dem Dichter nicht ein inniger Glaube an die menschliche Regierung des Schicksals unentbehrlich?"

„Unentbehrlich allerdings, weil er sich das Schicksal nicht anders vorstellen kann, wenn er reiflich darüber nachdenkt; aber wie entfernt ist diese heitere Gewißheit von jener ängstlichen Ungewißheit, von jener blinden Furcht des Aberglaubens. Und so ist auch die kühle, belebende Wärme eines dichterischen Gemüts gerade das Widerspiel von jener wilden Hitze eines kränklichen Herzens. Diese ist arm, betäubend und vorübergehend; jene sondert alle Gestalten rein ab, begünstigt die Ausbildung der mannigfaltigsten Verhältnisse und ist ewig durch sich selbst. Der junge Dichter kann nicht kühl, nicht besonnen genug sein. Zur wahren, melodischen Gesprächigkeit gehört ein weiter, aufmerksamer und ruhiger Sinn. Es wird ein verworrenes Geschwätz, wenn ein reißender Sturm in der Brust tobt und die Aufmerksamkeit in eine zitternde Gedankenlosig-

keit auflöst. Nochmals wiederhole ich, das echte Gemüt ist wie
das Licht, ebenso ruhig und empfindlich, ebenso elastisch und
durchdringlich, ebenso mächtig und ebenso unmerklich wirk-
sam als dieses köstliche Element, das auf alle Gegenstände sich
mit feiner Abgemessenheit verteilt und sie alle in reizender
Mannigfaltigkeit erscheinen läßt. Der Dichter ist reiner Stahl,
ebenso empfindlich wie ein zerbrechlicher Glasfaden und
ebenso hart wie ein ungeschmeidiger Kiesel."

„Ich habe das schon zuweilen gefühlt", sagte Heinrich, „daß
ich in den innigsten Minuten weniger lebendig war als zu andern
Zeiten, wo ich frei umhergehn und alle Beschäftigungen mit
Lust treiben konnte. Ein geistiges scharfes Wesen durchdrang
mich dann, und ich durfte jeden Sinn nach Gefallen brauchen,
jeden Gedanken, wie einen wirklichen Körper, umwenden und
von allen Seiten betrachten. Ich stand mit stillem Anteil an der
Werkstatt meines Vaters und freute mich, wenn ich ihm helfen
und etwas geschickt zustande bringen konnte. Geschicklichkeit
hat einen ganz besondern stärkenden Reiz, und es ist wahr, ihr
Bewußtsein verschafft einen dauerhafteren und deutlicheren
Genuß als jenes überfließende Gefühl einer unbegreiflichen,
überschwenglichen Herrlichkeit."

„Glaubt nicht", sagte Klingsohr, „daß ich das letztere tadle;
aber es muß von selbst kommen und nicht gesucht werden. Seine
sparsame Erscheinung ist wohltätig; öfterer wird sie ermüdend
und schwächend. Man kann nicht schnell genug sich aus der
süßen Betäubung reißen, die es hinterläßt, und zu einer re-
gelmäßigen und mühsamen Beschäftigung zurückkehren. Es ist
wie mit den anmutigen Morgenträumen, aus deren einschläfern-
dem Wirbel man nur mit Gewalt sich herausziehen kann, wenn
man nicht in immer drückendere Müdigkeit geraten und so in
krankhafter Erschöpfung nachher den ganzen Tag hinschlep-
pen will.

Die Poesie will vorzüglich", fuhr Klingsohr fort, „als strenge
Kunst getrieben werden. Als bloßer Genuß hört sie auf, Poesie
zu sein. Ein Dichter muß nicht den ganzen Tag müßig um-
herlaufen und auf Bilder und Gefühle Jagd machen. Das ist

ganz der verkehrte Weg. Ein reines offenes Gemüt, Gewandtheit im Nachdenken und Betrachten und Geschicklichkeit, alle seine Fähigkeiten in eine gegenseitig belebende Tätigkeit zu versetzen und darin zu erhalten, das sind die Erfordernisse unserer Kunst. Wenn Ihr Euch mir überlassen wollt, so soll kein Tag Euch vergehn, wo Ihr nicht Eure Kenntnisse bereichert und einige nützliche Einsichten erlangt habt. Die Stadt ist reich an Künstlern aller Art. Es gibt einige erfahrne Staatsmänner, einige gebildete Kaufleute hier. Man kann ohne große Umstände mit allen Ständen, mit allen Gewerben, mit allen Verhältnissen und Erfordernissen der menschlichen Gesellschaft sich bekannt machen. Ich will Euch mit Freuden in dem Handwerksmäßigen unserer Kunst unterrichten und die merkwürdigsten Schriften mit Euch lesen. Ihr könnt Mathildens Lehrstunden teilen, und sie wird Euch gern die Guitarre spielen lehren. Jede Beschäftigung wird die übrigen vorbereiten, und wenn Ihr so Euren Tag gut angelegt habt, so werden Euch das Gespräch und die Freuden des gesellschaftlichen Abends und die Ansichten der schönen Landschaft umher mit den heitersten Genüssen immer wieder überraschen."

„Welches herrliche Leben schließt Ihr mir auf, liebster Meister. Unter Eurer Leitung werde ich erst merken, welches edle Ziel vor mir steht und wie ich es nur durch Euren Rat zu erreichen hoffen darf."

Klingsohr umarmte ihn zärtlich. Mathilde brachte ihnen das Frühstück, und Heinrich fragte sie mit zärtlicher Stimme, ob sie ihn gern zum Begleiter ihres Unterrichts und zum Schüler annehmen wollte. „Ich werde wohl ewig Euer Schüler bleiben", sagte er, indem sich Klingsohr nach einer anderen Seite wandte. Sie neigte sich unmerklich zu ihm hin. Er umschlang sie und küßte den weichen Mund des errötenden Mädchens. Nur sanft bog sie sich von ihm weg, doch reichte sie ihm mit der kindlichsten Anmut eine Rose, die sie am Busen trug. Sie machte sich mit ihrem Körbchen zu tun. Heinrich sah ihr mit stillem Entzücken nach, küßte die Rose, heftete sie an seine Brust und ging an Klingsohrs Seite, der nach der Stadt hinübersah.

„Wo seid Ihr hergekommen?" fragte Klingsohr. — „Über
jenen Hügel herunter", erwiderte Heinrich. „In jene Ferne
verliert sich unser Weg." — „Ihr müßt schöne Gegenden gesehn
haben." — „Fast ununterbrochen sind wir durch reizende
Landschaften gereiset." — „Auch Eure Vaterstadt hat wohl
eine anmutige Lage?" — „Die Gegend ist abwechselnd genug;
doch ist sie noch wild, und ein großer Fluß fehlt ihr. Die Ströme
sind die Augen einer Landschaft." — „Die Erzählung Eurer
Reise", sagte Klingsohr, „hat mir gestern abend eine angenehme
Unterhaltung gewährt. Ich habe wohl gemerkt, daß der Geist
der Dichtkunst Euer freundlicher Begleiter ist. Eure Gefährten
sind unbemerkt seine Stimmen geworden. In der Nähe des
Dichters bricht die Poesie überall aus. Das Land der Poesie, das
romantische Morgenland, hat Euch mit seiner süßen Wehmut
begrüßt; der Krieg hat Euch in seiner wilden Herrlichkeit
angeredet, und die Natur und Geschichte sind Euch unter der
Gestalt eines Bergmanns und eines Einsiedlers begegnet."

„Ihr vergeßt das Beste, lieber Meister, die himmlische Er-
scheinung der Liebe. Es hängt nur von Euch ab, diese Er-
scheinung mir auf ewig festzuhalten." — „Was meinst du", rief
Klingsohr, indem er sich zu Mathilden wandte, die eben auf ihn
zukam. „Hast du Lust, Heinrichs unzertrennliche Gefährtin zu
sein? Wo du bleibst, bleibe ich auch." Mathilde erschrak, sie flog
in die Arme ihres Vaters. Heinrich zitterte in unendlicher
Freude. „Wird er mich denn ewig geleiten wollen, lieber Vater?"
— „Frage ihn selbst", sagte Klingsohr gerührt. Sie sah Hein-
richen mit der innigsten Zärtlichkeit an. „Meine Ewigkeit ist
ja dein Werk", rief Heinrich, indem ihm die Tränen über die
blühenden Wangen stürzten. Sie umschlangen sich zugleich.
Klingsohr faßte sie in seine Arme. „Meine Kinder", rief er, „seid
einander treu bis in den Tod! Liebe und Treue werden euer
Leben zur ewigen Poesie machen."

ACHTES KAPITEL

Nachmittags führte Klingsohr seinen neuen Sohn, an dessen Glück seine Mutter und Großvater den zärtlichsten Anteil nahmen und Mathilden wie seinen Schutzgeist verehrten, in seine Stube und machte ihn mit den Büchern bekannt. Sie sprachen nachher von Poesie.

„Ich weiß nicht", sagte Klingsohr, „warum man es für Poesie nach gemeiner Weise hält, wenn man die Natur für einen Poeten ausgibt. Sie ist es nicht zu allen Zeiten. Es ist in ihr, wie in dem Menschen, ein entgegengesetztes Wesen, die dumpfe Begierde und die stumpfe Gefühllosigkeit und Trägheit, die einen rastlosen Streit mit der Poesie führen. Es wäre ein schöner Stoff zu einem Gedicht, dieser gewaltige Kampf. Manche Länder und Zeiten scheinen, wie die meisten Menschen, ganz unter der Botmäßigkeit dieser Feindin der Poesie zu stehen, dagegen in andern die Poesie einheimisch und überall sichtbar ist. Für den Geschichtschreiber sind die Zeiten dieses Kampfes äußerst merkwürdig, ihre Darstellung ein reizendes und belohnendes Geschäft. Es sind gewöhnlich die Geburtszeiten der Dichter. Der Widersacherin ist nichts unangenehmer, als daß sie der Poesie gegenüber selbst zu einer poetischen Person wird und nicht selten in der Hitze die Waffen mit ihr tauscht und von ihrem eigenen heimtückischen Geschosse heftig getroffen wird, dahingegen die Wunden der Poesie, die sie von ihren eigenen Waffen erhält, leicht heilen und sie nur noch reizender und gewaltiger machen."

„Der Krieg überhaupt", sagte Heinrich, „scheint mir eine poetische Wirkung. Die Leute glauben sich für irgendeinen armseligen Besitz schlagen zu müssen und merken nicht, daß sie der romantische Geist aufregt, um die unnützen Schlechtigkeiten durch sich selbst zu vernichten. Sie führen die Waffen für die Sache der Poesie, und beide Heere folgen *einer* unsichtbaren Fahne."

„Im Kriege", versetzte Klingsohr, „regt sich das Urgewässer. Neue Weltteile sollen entstehen, neue Geschlechter sollen aus

der großen Auflösung anschießen. Der wahre Krieg ist der
Religionskrieg; der geht gerade zu auf Untergang, und der
Wahnsinn der Menschen erscheint in seiner völligen Gestalt.
Viele Kriege, besonders die vom Nationalhaß entspringen,
gehören in diese Klasse mit, und sie sind echte Dichtungen. Hier
sind die wahren Helden zu Hause, die das edelste Gegenbild der
Dichter, nichts anders als unwillkürlich von Poesie durch-
drungene Weltkräfte sind. Ein Dichter, der zugleich Held wäre,
ist schon ein göttlicher Gesandter, aber seiner Darstellung ist
unsere Poesie nicht gewachsen."

„Wie versteht Ihr das, lieber Vater?" sagte Heinrich. „Kann
ein Gegenstand zu überschwenglich für die Poesie sein?"

„Allerdings. Nur kann man im Grunde nicht sagen, für die
Poesie, sondern nur für unsere irdischen Mittel und Werkzeuge.
Wenn es schon für einen einzelnen Dichter nur ein eigentüm-
liches Gebiet gibt, innerhalb dessen er bleiben muß, um nicht
alle Haltung und den Atem zu verlieren, so gibt es auch für die
ganze Summe menschlicher Kräfte eine bestimmte Grenze der
Darstellbarkeit, über welche hinaus die Darstellung die nötige
Dichtigkeit und Gestaltung nicht behalten kann und in ein
leeres täuschendes Unding sich verliert. Besonders als Lehrling
kann man nicht genug sich vor diesen Ausschweifungen hüten,
da eine lebhafte Phantasie nur gar zu gern nach den Grenzen
sich begibt und übermütig das Unsinnliche, Übermäßige zu
ergreifen und auszusprechen sucht. Reifere Erfahrung lehrt
erst, jene Unverhältnismäßigkeit der Gegenstände zu vermei-
den und die Aufspürung des Einfachsten und Höchsten der
Weltweisheit zu überlassen. Der ältere Dichter steigt nicht
höher, als er es gerade nötig hat, um seinen mannigfaltigen
Vorrat in eine leichtfaßliche Ordnung zu stellen, und hütet sich
wohl, die Mannigfaltigkeit zu verlassen, die ihm Stoff genug
und auch die nötigen Vergleichspunkte darbietet. Ich möchte
fast sagen, das Chaos muß in jeder Dichtung durch den re-
gelmäßigen Flor der Ordnung schimmern. Den Reichtum der
Erfindung macht nur eine leichte Zusammenstellung faßlich
und anmutig, dagegen auch das bloße Ebenmaß die unange-

nehme Dürre einer Zahlenfigur hat. Die beste Poesie liegt uns ganz nahe, und ein gewöhnlicher Gegenstand ist nicht selten ihr liebster Stoff. Für den Dichter ist die Poesie an beschränkte Werkzeuge gebunden, und eben dadurch wird sie zur Kunst. Die Sprache überhaupt hat ihren bestimmten Kreis. Noch enger ist der Umfang einer besondern Volkssprache. Durch Übung und Nachdenken lernt der Dichter seine Sprache kennen. Er weiß, was er mit ihr leisten kann, genau und wird keinen törichten Versuch machen, sie über ihre Kräfte anzuspannen. Nur selten wird er alle ihre Kräfte in *einen* Punkt zusammendrängen, denn sonst wird er ermüdend und vernichtet selbst die kostbare Wirkung einer gutangebrachten Kraftäußerung. Auf seltsame Sprünge richtet sie nur ein Gaukler, kein Dichter ab. Überhaupt können die Dichter nicht genug von den Musikern und Malern lernen. In diesen Künsten wird es recht auffallend, wie nötig es ist, wirtschaftlich mit den Hülfsmitteln der Kunst umzugehn, und wie viel auf geschickte Verhältnisse ankommt. Dagegen könnten freilich jene Künstler auch von uns die poetische Unabhängigkeit und den innern Geist jeder Dichtung und Erfindung, jedes echten Kunstwerks überhaupt, dankbar annehmen. Sie sollten poetischer und wir musikalischer und malerischer sein — beides nach der Art und Weise unserer Kunst. Der Stoff ist nicht der Zweck der Kunst, aber die Ausführung ist es. Du wirst selbst sehen, welche Gesänge dir am besten geraten, gewiß die, deren Gegenstände dir am geläufigsten und gegenwärtigsten sind. Daher kann man sagen, daß die Poesie ganz auf Erfahrung beruht. Ich weiß selbst, daß mir in jungen Jahren ein Gegenstand nicht leicht zu entfernt und zu unbekannt sein konnte, den ich nicht am liebsten besungen hätte. Was wurde es? Ein leeres, armseliges Wortgeräusch, ohne einen Funken wahrer Poesie. Daher ist auch ein Märchen eine sehr schwierige Aufgabe, und selten wird ein junger Dichter sie gut lösen."

„Ich möchte gern eins von dir hören", sagte Heinrich. „Die wenigen, die ich gehört habe, haben mich unbeschreiblich ergötzt, so unbedeutend sie auch sein mochten."

„Ich will heute abend deinen Wunsch befriedigen. Es ist mir eins erinnerlich, was ich noch in ziemlich jungen Jahren machte, wovon es auch noch deutliche Spuren an sich trägt, indes wird es dich vielleicht desto lehrreicher unterhalten und dich an manches erinnern, was ich dir gesagt habe."

„Die Sprache", sagte Heinrich, „ist wirklich eine kleine Welt in Zeichen und Tönen. Wie der Mensch sie beherrscht, so möchte er gern die große Welt beherrschen und sich frei darin ausdrücken können. Und eben in dieser Freude, das, was außer der Welt ist, in ihr zu offenbaren, das tun zu können, was eigentlich der ursprüngliche Trieb unsers Daseins ist, liegt der Ursprung der Poesie."

„Es ist recht übel", sagte Klingsohr, „daß die Poesie einen besondern Namen hat und die Dichter eine besondere Zunft ausmachen. Es ist gar nichts Besonderes. Es ist die eigentümliche Handlungsweise des menschlichen Geistes. Dichtet und trachtet nicht jeder Mensch in jeder Minute?" — Eben trat Mathilde ins Zimmer, als Klingsohr noch sagte: „Man betrachte nur die Liebe. Nirgends wird wohl die Notwendigkeit der Poesie zum Bestand der Menschheit so klar, als in ihr. Die Liebe ist stumm, nur die Poesie kann für sie sprechen. Oder die Liebe ist selbst nichts als die höchste Naturpoesie. Doch ich will dir nicht Dinge sagen, die du besser weißt als ich."

„Du bist ja der Vater der Liebe", sagte Heinrich, indem er Mathilden umschlang und beide seine Hand küßten.

Klingsohr umarmte sie und ging hinaus. „Liebe Mathilde", sagte Heinrich nach einem langen Kusse, „es ist mir wie ein Traum, daß du mein bist, aber noch wunderbarer ist mir es, daß du es nicht immer gewesen bist." — „Mich dünkt", sagte Mathilde, „ich kennte dich seit undenklichen Zeiten." — „Kannst du mich denn lieben?" — „Ich weiß nicht, was Liebe ist, aber das kann ich dir sagen, daß mir ist, als finge ich erst jetzt zu leben an, und daß ich dir so gut bin, daß ich gleich für dich sterben wollte." — „Meine Mathilde, erst jetzt fühle ich, was es heißt, unsterblich zu sein." — „Lieber Heinrich, wie unendlich gut bist du, welcher herrliche Geist spricht aus dir.

Ich bin ein armes, unbedeutendes Mädchen." — „Wie du mich
tief beschämst! bin ich doch nur durch dich, was ich bin. Ohne
dich wäre ich nichts. Was ist ein Geist ohne Himmel, und du
bist der Himmel, der mich trägt und erhält." — „Welches selige
Geschöpf wäre ich, wenn du so treu wärst wie mein Vater.
Meine Mutter starb kurz nach meiner Geburt. Mein Vater
weint fast alle Tage noch um sie." — „Ich verdiene es nicht, aber
möchte ich glücklicher sein als er." — „Ich lebte gern recht lange
an deiner Seite, lieber Heinrich. Ich werde durch dich gewiß viel
besser." — „Ach! Mathilde, auch der Tod wird uns nicht tren-
nen." — „Nein, Heinrich, wo ich bin, wirst du sein." — „Ja, wo
du bist, Mathilde, werd ich ewig sein." — „Ich begreife nichts
von der Ewigkeit, aber ich dächte, das müßte die Ewigkeit sein,
was ich empfinde, wenn ich an dich denke." — „Ja, Mathilde,
wir sind ewig, weil wir uns lieben." — „Du glaubst nicht, Lieber,
wie inbrünstig ich heute früh, wie wir nach Hause kamen, vor
dem Bilde der himmlischen Mutter niederkniete, wie unsäglich
ich zu ihr gebetet habe. Ich glaubte in Tränen zu zerfließen. Es
kam mir vor, als lächelte sie mir zu. Nun weiß ich erst, was
Dankbarkeit ist." — „O Geliebte, der Himmel hat dich mir zur
Verehrung gegeben. Ich bete dich an. Du bist die Heilige, die
meine Wünsche zu Gott bringt, durch die er sich mir offenbart,
durch die er mir die Fülle seiner Liebe kundtut. Was ist die
Religion, als ein unendliches Einverständnis, eine ewige Ver-
einigung liebender Herzen? Wo zwei versammelt sind, ist er ja
unter ihnen. Ich habe ewig an dir zu atmen; meine Brust wird
nie aufhören, dich in sich zu ziehn. Du bist die göttliche Herr-
lichkeit, das ewige Leben in der lieblichsten Hülle." — „Ach!
Heinrich, du weißt das Schicksal der Rosen; wirst du auch die
welken Lippen, die bleichen Wangen mit Zärtlichkeit an deine
Lippen drücken? Werden die Spuren des Alters nicht die Spuren
der vorübergegangenen Liebe sein?" — „Oh! könntest du durch
meine Augen in mein Gemüt sehn! aber du liebst mich und so
glaubst du mir auch. Ich begreife das nicht, was man von der
Vergänglichkeit der Reize sagt. Oh! sie sind unverwelklich. Was
mich so unzertrennlich zu dir zieht, was ein ewiges Verlangen

in mir geweckt hat, das ist nicht aus dieser Zeit. Könntest du
nur sehn, wie du mir erscheinst, welches wunderbare Bild deine
Gestalt durchdringt und mir überall entgegenleuchtet, du
würdest kein Alter fürchten. Deine irdische Gestalt ist nur ein
Schatten dieses Bildes. Die irdischen Kräfte ringen und quellen,
um es festzuhalten, aber die Natur ist noch unreif; das Bild ist
ein ewiges Urbild, ein Teil der unbekannten heiligen Welt." —
„Ich verstehe dich, lieber Heinrich, denn ich sehe etwas Ähn-
liches, wenn ich dich anschaue." — „Ja, Mathilde, die höhere
Welt ist uns näher, als wir gewöhnlich denken. Schon hier leben
wir in ihr, und wir erblicken sie auf das innigste mit der irdischen
Natur verwebt." — „Du wirst mir noch viel herrliche Sachen
offenbaren, Geliebtester." — „Oh! Mathilde, von dir allein
kommt mir die Gabe der Weissagung. Alles ist ja dein, was ich
habe; deine Liebe wird mich in die Heiligtümer des Lebens, in
das Allerheiligste des Gemüts führen; du wirst mich zu den
höchsten Anschauungen begeistern. Wer weiß, ob unsre Liebe
nicht dereinst noch zu Flammenfittichen wird, die uns aufheben
und uns in unsre himmlische Heimat tragen, ehe das Alter und
der Tod uns erreichen. Ist es nicht schon ein Wunder, daß du
mein bist, daß ich dich in meinen Armen halte, daß du mich
liebst und ewig mein sein willst?" — „Auch mir ist jetzt alles
glaublich, und ich fühle ja so deutlich eine stille Flamme in mir
lodern; wer weiß, ob sie uns nicht verklärt und die irdischen
Banden allmählich auflöst. Sage mir nur, Heinrich, ob du auch
schon das grenzenlose Vertrauen zu mir hast, was ich zu dir
habe. Noch nie hab ich so etwas gefühlt, selbst nicht gegen
meinen Vater, den ich doch so unendlich liebe." — „Liebe
Mathilde, es peinigt mich ordentlich, daß ich dir nicht alles auf
einmal sagen, daß ich dir nicht gleich mein ganzes Herz auf
einmal hingeben kann. Es ist auch zum erstenmal in meinem
Leben, daß ich ganz offen bin. Keinen Gedanken, keine
Empfindung kann ich vor dir mehr geheim haben; du mußt alles
wissen. Mein ganzes Wesen soll sich mit dem deinigen ver-
mischen. Nur die grenzenloseste Hingebung kann meiner Liebe
genügen. In ihr besteht sie ja. Sie ist ja ein geheimnisvolles

Zusammenfließen unsers geheimsten und eigentümlichsten Daseins." — „Heinrich, so können sich noch nie zwei Menschen geliebt haben." — „Ich kann's nicht glauben. Es gab ja noch keine Mathilde." — „Auch keinen Heinrich." — „Ach! schwör es mir noch einmal, daß du ewig mein bist; die Liebe ist eine endlose Wiederholung." — „Ja, Heinrich, ich schwöre, ewig dein zu sein, bei der unsichtbaren Gegenwart meiner guten Mutter." — „Ich schwöre, ewig dein zu sein, Mathilde, so wahr die Liebe, die Gegenwart Gottes, bei uns ist." Eine lange Umarmung, unzählige Küsse besiegelten den ewigen Bund des seligen Paars.

NEUNTES KAPITEL

Abends waren einige Gäste da; der Großvater trank die Gesundheit des jungen Brautpaars und versprach, bald ein schönes Hochzeitfest auszurichten. „Was hilft das lange Zaudern", sagte der Alte. „Frühe Hochzeiten, lange Liebe. Ich habe immer gesehn, daß Ehen, die früh geschlossen wurden, am glücklichsten waren. In spätern Jahren ist gar keine solche Andacht mehr im Ehestande, als in der Jugend. Eine gemeinschaftlich genoßne Jugend ist ein unzerreißliches Band. Die Erinnerung ist der sicherste Grund der Liebe." Nach Tische kamen mehrere. Heinrich bat seinen neuen Vater um die Erfüllung seines Versprechens. Klingsohr sagte zu der Gesellschaft: „Ich habe heute Heinrichen versprochen, ein Märchen zu erzählen. Wenn ihr es zufrieden seid, so bin ich bereit." — „Das ist ein kluger Einfall von Heinrich", sagte Schwaning. „Ihr habt lange nichts von Euch hören lassen." Alle setzten sich um das lodernde Feuer im Kamin. Heinrich saß dicht bei Mathilden und schlang seinen Arm um sie. Klingsohr begann:

„Die lange Nacht war eben angegangen. Der alte Held schlug an seinen Schild, daß es weit umher in den öden Gassen der Stadt erklang. Er wiederholte das Zeichen dreimal. Da fingen die hohen bunten Fenster des Palastes an, von innen heraus helle zu werden, und ihre Figuren bewegten sich. Sie bewegten sich

lebhafter, je stärker das rötliche Licht ward, das die Gassen zu erleuchten begann. Auch sah man allmählich die gewaltigen Säulen und Mauern selbst sich erhellen. Endlich standen sie im reinsten, milchblauen Schimmer und spielten mit den sanftesten Farben. Die ganze Gegend ward nun sichtbar, und der Widerschein der Figuren, das Getümmel der Spieße, der Schwerter, der Schilder und der Helme, die sich nach hier und da erscheinenden Kronen von allen Seiten neigten und endlich, wie diese verschwanden und einem schlichten, grünen Kranze Platz machten, um diesen her einen weiten Kreis schlossen: alles dies spiegelte sich in dem starren Meere, das den Berg umgab, auf dem die Stadt lag, und auch der ferne hohe Berggürtel, der sich rund um das Meer herzog, ward bis in die Mitte mit einem milden Abglanz überzogen. Man konnte nichts deutlich unterscheiden; doch hörte man ein wunderliches Getöse herüber, wie aus einer fernen ungeheuren Werkstatt. Die Stadt erschien dagegen hell und klar. Ihre glatten, durchsichtigen Mauern warfen die schönen Strahlen zurück, und das vortreffliche Ebenmaß, der edle Stil aller Gebäude und ihre schöne Zusammenordnung kam zum Vorschein. Vor allen Fenstern standen zierliche Gefäße von Ton, voll der mannigfaltigsten Eis- und Schneeblumen, die auf das anmutigste funkelten.

Am herrlichsten nahm sich auf dem großen Platze vor dem Palaste der Garten aus, der aus Metallbäumen und Kristallpflanzen bestand und mit bunten Edelsteinblüten und Früchten übersäet war. Die Mannigfaltigkeit und Zierlichkeit der Gestalten und die Lebhaftigkeit der Lichter und Farben gewährten das herrlichste Schauspiel, dessen Pracht durch einen hohen Springquell in der Mitte des Gartens, der zu Eis erstarrt war, vollendet wurde. Der alte Held ging vor den Toren des Palastes langsam vorüber. Eine Stimme rief seinen Namen im Innern. Er lehnte sich an das Tor, das mit einem sanften Klange sich öffnete, und trat in den Saal. Seinen Schild hielt er vor die Augen. ‚Hast du noch nichts entdeckt?‘ sagte die schöne Tochter Arkturs mit klagender Stimme. Sie lag an seidnen Polstern auf einem Throne, der von einem großen Schwefelkristall

künstlich erbaut war, und einige Mädchen rieben emsig ihre zarten Glieder, die wie aus Milch und Purpur zusammengeflossen schienen. Nach allen Seiten strömte unter den Händen der Mädchen das reizende Licht von ihr aus, was den Palast so wundersam erleuchtete. Ein duftender Wind wehte im Saale. Der Held schwieg. ‚Laß mich deinen Schild berühren', sagte sie sanft. Er näherte sich dem Throne und betrat den köstlichen Teppich. Sie ergriff seine Hand, drückte sie mit Zärtlichkeit an ihren himmlischen Busen und rührte seinen Schild an. Seine Rüstung klang, und eine durchdringende Kraft beseelte seinen Körper. Seine Augen blitzten, und das Herz pochte hörbar an den Panzer. Die schöne Freya schien heiterer, und das Licht ward brennender, das von ihr ausströmte. ‚Der König kommt', rief ein prächtiger Vogel, der im Hintergrunde des Thrones saß. Die Dienerinnen legten eine himmelblaue Decke über die Prinzessin, die sie bis über den Busen bedeckte. Der Held senkte seinen Schild und sah nach der Kuppel hinauf, zu welcher zwei breite Treppen von beiden Seiten des Saals sich hinaufschlangen. Eine leise Musik ging dem Könige voran, der bald mit einem zahlreichen Gefolge in der Kuppel erschien und herunterkam.

Der schöne Vogel entfaltete seine glänzenden Schwingen, bewegte sie sanft und sang, wie mit tausend Stimmen, dem Könige entgegen:

‚Nicht lange wird der schöne Fremde säumen.
Die Wärme naht, die Ewigkeit beginnt.
Die Königin erwacht aus langen Träumen,
Wenn Meer und Land in Liebesglut zerrinnt.
Die kalte Nacht wird diese Stätte räumen,
Wenn Fabel erst das alte Recht gewinnt.
In Freyas Schoß wird sich die Welt entzünden
Und jede Sehnsucht ihre Sehnsucht finden.'

Der König umarmte seine Tochter mit Zärtlichkeit. Die Geister der Gestirne stellten sich um den Thron, und der Held

nahm in der Reihe seinen Platz ein. Eine unzählige Menge
Sterne füllten den Saal in zierlichen Gruppen. Die Dienerinnen
brachten einen Tisch und ein Kästchen, worin eine Menge
Blätter lagen, auf denen heilige tiefsinnige Zeichen standen, die
aus lauter Sternbildern zusammengesetzt waren. Der König
küßte ehrfurchtsvoll diese Blätter, mischte sie sorgfältig unter-
einander und reichte seiner Tochter einige zu. Die andern be-
hielt er für sich. Die Prinzessin zog sie nach der Reihe heraus
und legte sie auf den Tisch, dann betrachtete der König die
seinigen genau und wählte mit vielem Nachdenken, ehe er eins
dazu hinlegte. Zuweilen schien er gezwungen zu sein, dies oder
jenes Blatt zu wählen. Oft aber sah man ihm die Freude an,
wenn er durch ein gutgetroffenes Blatt eine schöne Harmonie
der Zeichen und Figuren legen konnte. Wie das Spiel anfing,
sah man an allen Umstehenden Zeichen der lebhaftesten Teil-
nahme und die sonderbarsten Mienen und Gebärden, gleichsam
als hätte jeder ein unsichtbares Werkzeug in Händen, womit er
eifrig arbeite. Zugleich ließ sich eine sanfte, aber tief bewegende
Musik in der Luft hören, die von den im Saale sich wunderlich
durcheinanderschlingenden Sternen und den übrigen sonder-
baren Bewegungen zu entstehen schien. Die Sterne schwangen
sich, bald langsam, bald schnell, in beständig veränderten Li-
nien umher und bildeten, nach dem Gange der Musik, die
Figuren der Blätter auf das kunstreichste nach. Die Musik
wechselte, wie die Bilder auf dem Tische, unaufhörlich, und so
wunderlich und hart auch die Übergänge nicht selten waren, so
schien doch nur *ein* einfaches Thema das Ganze zu verbinden.
Mit einer unglaublichen Leichtigkeit flogen die Sterne den
Bildern nach. Sie waren bald alle in *einer* großen Verschlingung,
bald wieder in einzelne Haufen schön geordnet, bald zerstäubte
der lange Zug, wie ein Strahl, in unzählige Funken, bald kam
durch immer wachsende kleinere Kreise und Muster wieder *eine*
große, überraschende Figur zum Vorschein. Die bunten Ge-
stalten in den Fenstern blieben während dieser Zeit ruhig
stehen. Der Vogel bewegte unaufhörlich die Hülle seiner kost-
baren Federn auf die mannigfaltigste Weise. Der alte Held

hatte bisher auch sein unsichtbares Geschäft emsig betrieben, als auf einmal der König voll Freuden ausrief: ,Es wird alles gut. Eisen, wirf du dein Schwert in die Welt, daß sie erfahren, wo der Friede ruht.' Der Held riß das Schwert von der Hüfte, stellte es mit der Spitze gen Himmel, dann ergriff er es und warf es aus dem geöffneten Fenster über die Stadt und das Eismeer. Wie ein Komet flog es durch die Luft und schien an dem Berggürtel mit hellem Klange zu zersplittern, denn es fiel in lauter Funken herunter.

Zu der Zeit lag der schöne Knabe Eros in seiner Wiege und schlummerte sanft, während Ginnistan, seine Amme, die Wiege schaukelte und seiner Milchschwester Fabel die Brust reichte. Ihr buntes Halstuch hatte sie über die Wiege ausgebreitet, daß die hellbrennende Lampe, die der Schreiber vor sich stehen hatte, das Kind mit ihrem Scheine nicht beunruhigen möchte. Der Schreiber schrieb unverdrossen, sah sich nur zuweilen mürrisch nach den Kindern um und schnitt der Amme finstere Gesichter, die ihn gutmütig anlächelte und schwieg.

Der Vater der Kinder ging immer ein und aus, indem er jedesmal die Kinder betrachtete und Ginnistan freundlich begrüßte. Er hatte unaufhörlich dem Schreiber etwas zu sagen. Dieser vernahm ihn genau, und wenn er es aufgezeichnet hatte, reichte er die Blätter einer edlen, göttergleichen Frau hin, die sich an einen Altar lehnte, auf welchem eine dunkle Schale mit klarem Wasser stand, in welches sie mit heiterm Lächeln blickte. Sie tauchte die Blätter jedesmal hinein, und wenn sie beim Herausziehn gewahr wurde, daß einige Schrift stehengeblieben und glänzend geworden war, so gab sie das Blatt dem Schreiber zurück, der es in ein großes Buch heftete und oft verdrießlich zu sein schien, wenn seine Mühe vergeblich gewesen und alles ausgelöscht war. Die Frau wandte sich zuzeiten gegen Ginnistan und die Kinder, tauchte den Finger in die Schale und sprützte einige Tropfen auf sie hin, die, sobald sie die Amme, das Kind oder die Wiege berührten, in einen blauen Dunst zerrannen, der tausend seltsame Bilder zeigte und beständig um sie herzog und sich veränderte. Traf einer davon

zufällig auf den Schreiber, so fielen eine Menge Zahlen und geometrische Figuren nieder, die er mit vieler Emsigkeit auf einen Faden zog und sich zum Zierrat um den magern Hals hing. Die Mutter des Knaben, die wie die Anmut und Lieblichkeit selbst aussah, kam oft herein. Sie schien beständig beschäftigt und trug immer irgendein Stück Hausgeräte mit sich hinaus; bemerkte es der argwöhnische und mit spähenden Blicken sie verfolgende Schreiber, so begann er eine lange Strafrede, auf die aber kein Mensch achtete. Alle schienen seiner unnützen Wider-reden gewohnt. Die Mutter gab auf einige Augenblicke der kleinen Fabel die Brust; aber bald ward sie wieder abgerufen, und dann nahm Ginnistan das Kind zurück, das an ihr lieber zu trinken schien. Auf einmal brachte der Vater ein zartes eisernes Stäbchen herein, das er im Hofe gefunden hatte. Der Schreiber besah es und drehte es mit vieler Lebhaftigkeit herum und brachte bald heraus, daß es sich von selbst, in der Mitte an einem Faden aufgehängt, nach Norden drehe. Ginnistan nahm es auch in die Hand, bog es, drückte es, hauchte es an und hatte ihm bald die Gestalt einer Schlange gegeben, die sich nun plötzlich in den Schwanz biß. Der Schreiber war bald des Betrachtens überdrüssig. Er schrieb alles genau auf und war sehr weitläuftig über den Nutzen, den dieser Fund gewähren könne. Wie ärgerlich war er aber, als sein ganzes Schreibwerk die Probe nicht bestand und das Papier weiß aus der Schale hervorkam. Die Amme spielte fort. Zuweilen berührte sie die Wiege damit, da fing der Knabe an wach zu werden, schlug die Decke zurück, hielt die eine Hand gegen das Licht und langte mit der andern nach der Schlange. Wie er sie erhielt, sprang er rüstig, daß Ginnistan erschrak und der Schreiber beinah vor Entsetzen vom Stuhle fiel, aus der Wiege, stand, nur von seinen langen goldenen Haaren bedeckt, im Zimmer und betrachtete mit unaussprechlicher Freude das Kleinod, das sich in seinen Händen nach Norden ausstreckte und ihn heftig im Innern zu bewegen schien. Zusehends wuchs er.

,Sophie', sagte er mit rührender Stimme zu der Frau, ,laß mich aus der Schale trinken.' Sie reichte sie ihm ohne Anstand,

und er konnte nicht aufhören zu trinken, indem die Schale sich immer voll zu erhalten schien. Endlich gab er sie zurück, indem er die edle Frau innig umarmte. Er herzte Ginnistan und bat sie um das bunte Tuch, das er sich anständig um die Hüften band. Die kleine Fabel nahm er auf den Arm. Sie schien unendliches Wohlgefallen an ihm zu haben und fing zu plaudern an. Ginnistan machte sich viel um ihn zu schaffen. Sie sah äußerst reizend und leichtfertig aus und drückte ihn mit der Innigkeit einer Braut an sich. Sie zog ihn mit heimlichen Worten nach der Kammertür, aber Sophie winkte ernsthaft und deutete nach der Schlange; da kam die Mutter herein, auf die er sogleich zuflog und sie mit heißen Tränen bewillkommte. Der Schreiber war ingrimmig fortgegangen. Der Vater trat herein, und wie er Mutter und Sohn in stiller Umarmung sah, trat er hinter ihren Rücken zur reizenden Ginnistan und liebkoste ihr. Sophie stieg die Treppe hinauf. Die kleine Fabel nahm die Feder des Schreibers und fing zu schreiben an. Mutter und Sohn vertieften sich in ein leises Gespräch, und der Vater schlich sich mit Ginnistan in die Kammer, um sich von den Geschäften des Tags in ihren Armen zu erholen. Nach geraumer Zeit kam Sophie zurück. Der Schreiber trat herein. Der Vater kam aus der Kammer und ging an seine Geschäfte. Ginnistan kam mit glühenden Wangen zurück. Der Schreiber jagte die kleine Fabel mit vielen Schmähungen von seinem Sitze und hatte einige Zeit nötig, seine Sachen in Ordnung zu bringen. Er reichte Sophien die von Fabel vollgeschriebenen Blätter, um sie rein zurückzuerhalten, geriet aber bald in den äußersten Unwillen, wie Sophie die Schrift völlig glänzend und unversehrt aus der Schale zog und sie ihm hinlegte. Fabel schmiegte sich an ihre Mutter, die sie an die Brust nahm und das Zimmer aufputzte, die Fenster öffnete, frische Luft hereinließ und Zubereitungen zu einem köstlichen Mahle machte. Man sah durch die Fenster die herrlichsten Aussichten und einen heitern Himmel über die Erde gespannt. Auf dem Hofe war der Vater in voller Tätigkeit. Wenn er müde war, sah er hinauf ans Fenster, wo Ginnistan stand und ihm allerhand Näschereien herunterwarf. Die Mutter

und der Sohn gingen hinaus, um überall zu helfen und den
gefaßten Entschluß vorzubereiten. Der Schreiber rührte die
Feder und machte immer eine Fratze, wenn er genötigt war,
Ginnistan um etwas zu fragen, die ein sehr gutes Gedächtnis
hatte und alles behielt, was sich zutrug. Eros kam bald in
schöner Rüstung, um die das bunte Tuch wie eine Schärpe
gebunden war, zurück und bat Sophie um Rat, wann und wie
er seine Reise antreten solle. Der Schreiber war vorlaut und
wollte gleich mit einem ausführlichen Reiseplan dienen, aber
seine Vorschläge wurden überhört. ,Du kannst sogleich reisen;
Ginnistan mag dich begleiten‘, sagte Sophie; ,sie weiß mit den
Wegen Bescheid und ist überall gut bekannt. Sie wird die
Gestalt deiner Mutter annehmen, um dich nicht in Versuchung
zu führen. Findest du den König, so denke an mich; dann
komme ich, um dir zu helfen.‘

Ginnistan tauschte ihre Gestalt mit der Mutter, worüber der
Vater sehr vergnügt zu sein schien; der Schreiber freute sich,
daß die beiden fortgingen; besonders da ihm Ginnistan ihr
Taschenbuch zum Abschiede schenkte, worin die Chronik des
Hauses umständlich aufgezeichnet war; nur blieb ihm die kleine
Fabel ein Dorn im Auge, und er hätte, um seiner Ruhe und
Zufriedenheit willen, nichts mehr gewünscht, als daß auch sie
unter der Zahl der Abreisenden sein möchte. Sophie segnete die
Niederknienden ein und gab ihnen ein Gefäß voll Wasser aus
der Schale mit; die Mutter war sehr bekümmert. Die kleine
Fabel wäre gern mitgegangen, und der Vater war zu sehr außer
dem Hause beschäftigt, als daß er lebhaften Anteil hätte
nehmen sollen. Es war Nacht, wie sie abreisten, und der Mond
stand hoch am Himmel. ,Lieber Eros‘, sagte Ginnistan, ,wir
müssen eilen, daß wir zu meinem Vater kommen, der mich lange
nicht gesehn und so sehnsuchtsvoll mich überall auf der Erde
gesucht hat. Siehst du wohl sein bleiches abgehärmtes Gesicht?
Dein Zeugnis wird mich ihm in der fremden Gestalt kenntlich
machen.‘

Die Liebe ging auf dunkler Bahn,
Vom Monde nur erblickt,
Das Schattenreich war aufgetan
Und seltsam aufgeschmückt.

Ein blauer Dunst umschwebte sie
Mit einem goldnen Rand,
Und eilig zog die Phantasie
Sie über Strom und Land.

Es hob sich ihre volle Brust
In wunderbarem Mut;
Ein Vorgefühl der künft'gen Lust
Besprach die wilde Glut.

Die Sehnsucht klagt' und wußt' es nicht,
Daß Liebe näher kam,
Und tiefer grub in ihr Gesicht
Sich hoffnungsloser Gram.

Die kleine Schlange blieb getreu:
Sie wies nach Norden hin,
Und beide folgten sorgenfrei
Der schönen Führerin.

Die Liebe ging durch Wüstenein
Und durch der Wolken Land,
Trat in den Hof des Mondes ein,
Die Tochter an der Hand.

Er saß auf seinem Silberthron,
Allein mit seinem Harm;
Da hört' er seines Kindes Ton
Und sank in ihren Arm.

Eros stand gerührt bei den zärtlichen Umarmungen. Endlich sammelte sich der alte erschütterte Mann und bewillkommte seinen Gast. Er ergriff sein großes Horn und stieß mit voller Macht hinein. Ein gewaltiger Ruf dröhnte durch die uralte Burg. Die spitzen Türme mit ihren glänzenden Knöpfen und die tiefen schwarzen Dächer schwankten. Die Burg stand still, denn sie war auf das Gebirge jenseits des Meers gekommen. Von allen Seiten strömten seine Diener herzu, deren seltsame Gestalten und Trachten Ginnistan unendlich ergötzten und den tapfern Eros nicht erschreckten. Erstere grüßte ihre alten Bekannten, und alle erschienen vor ihr mit neuer Stärke und in der ganzen Herrlichkeit ihrer Naturen. Der ungestüme Geist der Flut folgte der sanften Ebbe. Die alten Orkane legten sich an die klopfende Brust der heißen leidenschaftlichen Erdbeben. Die zärtlichen Regenschauer sahen sich nach dem bunten Bogen um, der, von der Sonne, die ihn mehr anzieht, entfernt, bleich dastand. Der rauhe Donner schalt über die Torheiten der Blitze hinter den unzähligen Wolken hervor, die mit tausend Reizen dastanden und die feurigen Jünglinge lockten. Die beiden lieblichen Schwestern, Morgen und Abend, freuten sich vorzüglich über die beiden Ankömmlinge. Sie weinten sanfte Tränen in ihren Umarmungen. Unbeschreiblich war der Anblick dieses wunderlichen Hofstaats. Der alte König konnte sich an seiner Tochter nicht satt sehen. Sie fühlte sich zehnfach glücklich in ihrer väterlichen Burg und ward nicht müde, die bekannten Wunder und Seltenheiten zu beschauen. Ihre Freude war ganz unbeschreiblich, als ihr der König den Schlüssel zur Schatzkammer und die Erlaubnis gab, ein Schauspiel für Eros darin zu veranstalten, das ihn so lange unterhalten könnte, bis das Zeichen des Aufbruchs gegeben würde. Die Schatzkammer war ein großer Garten, dessen Mannigfaltigkeit und Reichtum alle Beschreibung übertraf. Zwischen den ungeheuren Wetterbäumen lagen unzählige Luftschlösser von überraschender Bauart, eins immer köstlicher als das andere. Große Herden von Schäfchen mit silberweißer, goldner und rosenfarbner Wolle irrten umher, und die sonderbarsten Tiere belebten den Hain. Merk-

würdige Bilder standen hie und da, und die festlichen Aufzüge, die seltsamen Wagen, die überall zum Vorschein kamen, beschäftigten die Aufmerksamkeit unaufhörlich. Die Beete standen voll der buntesten Blumen. Die Gebäude waren gehäuft voll von Waffen aller Art, voll der schönsten Teppiche, Tapeten, Vorhänge, Trinkgeschirre und aller Arten von Geräten und Werkzeugen in unübersehlichen Reihen. Auf einer Anhöhe erblickten sie ein romantisches Land, das mit Städten und Burgen, mit Tempeln und Begräbnissen übersäet war und alle Anmut bewohnter Ebenen mit den furchtbaren Reizen der Einöde und schroffer Felsengegenden vereinigte. Die schönsten Farben waren in den glücklichsten Mischungen. Die Bergspitzen glänzten wie Lustfeuer in ihren Eis- und Schneehüllen. Die Ebene lachte im frischesten Grün. Die Ferne schmückte sich mit allen Veränderungen von Blau, und aus der Dunkelheit des Meeres wehten unzählige bunte Wimpel von zahlreichen Flotten. Hier sah man einen Schiffbruch im Hintergrunde und vorne ein ländliches fröhliches Mahl von Landleuten; dort den schrecklich schönen Ausbruch eines Vulkans, die Verwüstungen des Erdbebens und im Vordergrunde ein liebendes Paar unter schattenden Bäumen in den süßesten Liebkosungen. Abwärts eine fürchterliche Schlacht und unter ihr ein Theater voll der lächerlichsten Masken. Nach einer andern Seite im Vordergrunde einen jugendlichen Leichnam auf der Bahre, die ein trostloser Geliebter festhielt, und die weinenden Eltern daneben; im Hintergrunde eine liebliche Mutter mit dem Kinde an der Brust und Engel sitzend zu ihren Füßen und aus den Zweigen über ihrem Haupte herunterblickend. Die Szenen verwandelten sich unaufhörlich und flossen endlich in eine große geheimnisvolle Vorstellung zusammen. Himmel und Erde waren in vollem Aufruhr. Alle Schrecken waren losgebrochen. Eine gewaltige Stimme rief zu den Waffen. Ein entsetzliches Heer von Totengerippen, mit schwarzen Fahnen, kam wie ein Sturm von dunkeln Bergen herunter und griff das Leben an, das mit seinen jugendlichen Scharen in der hellen Ebene in muntern Festen begriffen war und sich keines Angriffs versah.

Es entstand ein entsetzliches Getümmel, die Erde zitterte; der Sturm brauste, und die Nacht ward von fürchterlichen Meteoren erleuchtet. Mit unerhörten Grausamkeiten zerriß das Heer der Gespenster die zarten Glieder der Lebendigen. Ein Scheiterhaufen türmte sich empor, und unter dem grausenvollsten Geheul wurden die Kinder des Lebens von den Flammen verzehrt. Plötzlich brach aus dem dunklen Aschenhaufen ein milchblauer Strom nach allen Seiten aus. Die Gespenster wollten die Flucht ergreifen, aber die Flut wuchs zusehends und verschlang die scheußliche Brut. Bald waren alle Schrecken vertilgt. Himmel und Erde flossen in süße Musik zusammen. Eine wunderschöne Blume schwamm glänzend auf den sanften Wogen. Ein glänzender Bogen schloß sich über die Flut, auf welchem göttliche Gestalten auf prächtigen Thronen, nach beiden Seiten herunter, saßen. Sophie saß zuoberst, die Schale in der Hand, neben einem herrlichen Manne mit einem Eichenkranz um die Locken und einer Friedenspalme statt des Zepters in der Rechten. Ein Lilienblatt bog sich über den Kelch der schwimmenden Blume; die kleine Fabel saß auf demselben und sang zur Harfe die süßesten Lieder. In dem Kelche lag Eros selbst, über ein schönes schlummerndes Mädchen hergebeugt, die ihn fest umschlungen hielt. Eine kleinere Blüte schloß sich um beide her, so daß sie von den Hüften an in *eine* Blume verwandelt zu sein schienen.

Eros dankte Ginnistan mit tausend Entzücken. Er umarmte sie zärtlich, und sie erwiderte seine Liebkosungen. Ermüdet von der Beschwerde des Weges und den mannigfaltigen Gegenständen, die er gesehen hatte, sehnte er sich nach Bequemlichkeit und Ruhe. Ginnistan, die sich von dem schönen Jüngling lebhaft angezogen fühlte, hütete sich wohl, des Trankes zu erwähnen, den Sophie ihm mitgegeben hatte. Sie führte ihn zu einem abgelegenen Bade, zog ihm die Rüstung aus und zog selbst ein Nachtkleid an, in welchem sie fremd und verführerisch aussah. Eros tauchte sich in die gefährlichen Wellen und stieg berauscht wieder heraus. Ginnistan trocknete ihn und rieb seine starken, von Jugendkraft gespannten Glieder. Er gedachte mit

glühender Sehnsucht seiner Geliebten und umfaßte in süßem
Wahne die reizende Ginnistan. Unbesorgt überließ er sich seiner
ungestümen Zärtlichkeit und schlummerte endlich nach den
wollüstigsten Genüssen an dem reizenden Busen seiner Be-
gleiterin ein.

Unterdessen war zu Hause eine traurige Veränderung vor-
gegangen. Der Schreiber hatte das Gesinde in eine gefährliche
Verschwörung verwickelt. Sein feindseliges Gemüt hatte längst
Gelegenheit gesucht, sich des Hausregiments zu bemächtigen
und sein Joch abzuschütteln. Er hatte sie gefunden. Zuerst
bemächtigte sich sein Anhang der Mutter, die in eiserne Bande
gelegt wurde. Der Vater ward bei Wasser und Brot ebenfalls
hingesetzt. Die kleine Fabel hörte den Lärm im Zimmer. Sie
verkroch sich hinter dem Altare, und wie sie bemerkte, daß eine
Tür an seiner Rückseite verborgen war, so öffnete sie dieselbe
mit vieler Behendigkeit und fand, daß eine Treppe in ihm
hinunterging. Sie zog die Tür nach sich und stieg im Dunkeln
die Treppe hinunter. Der Schreiber stürzte mit Ungestüm her-
ein, um sich an der kleinen Fabel zu rächen und Sophien gefan-
genzunehmen. Beide waren nicht zu finden. Die Schale fehlte
auch, und in seinem Grimme zerschlug er den Altar in tausend
Stücke, ohne jedoch die heimliche Treppe zu entdecken.

Die kleine Fabel stieg geraume Zeit. Endlich kam sie auf
einen freien Platz hinaus, der rundherum mit einer prächtigen
Kolonnade geziert und durch ein großes Tor geschlossen war.
Alle Figuren waren hier dunkel. Die Luft war wie ein un-
geheurer Schatten; am Himmel stand ein schwarzer strahlender
Körper. Man konnte alles auf das deutlichste unterscheiden,
weil jede Figur einen andern Anstrich von Schwarz zeigte und
einen lichten Schein hinter sich warf; Licht und Schatten
schienen hier ihre Rollen vertauscht zu haben. Fabel freute sich,
in einer neuen Welt zu sein. Sie besah alles mit kindlicher
Neugierde. Endlich kam sie an das Tor, vor welchem auf einem
massiven Postument eine schöne Sphinx lag.

‚Was suchst du?‘ sagte die Sphinx. ‚Mein Eigentum‘, er-
widerte Fabel. — ‚Wo kommst du her?‘ — ‚Aus alten Zeiten.‘

— ‚Du bist noch ein Kind.‘ — ‚Und werde ewig ein Kind sein.‘ — ‚Wer wird dir beistehn?‘ — ‚Ich stehe für mich. Wo sind die Schwestern?‘ fragte Fabel. — ‚Überall und nirgends‘, gab die Sphinx zur Antwort. — ‚Kennst du mich?‘ — ‚Noch nicht.‘ — ‚Wo ist die Liebe?‘ — ‚In der Einbildung.‘ — ‚Und Sophie?‘ — Die Sphinx murmelte unvernehmlich vor sich hin und rauschte mit den Flügeln. ‚Sophie und Liebe‘, rief triumphierend Fabel und ging durch das Tor. Sie trat in die ungeheure Höhle und ging fröhlich auf die alten Schwestern zu, die bei der kärglichen Nacht einer schwarzbrennenden Lampe ihr wunderliches Geschäft trieben. Sie taten nicht, als ob sie den kleinen Gast bemerkten, der mit artigen Liebkosungen sich geschäftig um sie erzeigte. Endlich krächzte die eine mit rauhen Worten und scheelem Gesicht: ‚Was willst du hier, Müßiggängerin? wer hat dich eingelassen? Dein kindisches Hüpfen bewegt die stille Flamme. Das Öl verbrennt unnützerweise. Kannst du dich nicht hinsetzen und etwas vornehmen?‘ — ‚Schöne Base‘, sagte Fabel, ‚am Müßiggehn ist mir nichts gelegen. Ich mußte recht über eure Türhüterin lachen. Sie hätte mich gern an die Brust genommen, aber sie mußte zuviel gegessen haben, sie konnte nicht aufstehn. Laßt mich vor der Tür sitzen, und gebt mir etwas zu spinnen; denn hier kann ich nicht gut sehen, und wenn ich spinne, muß ich singen und plaudern dürfen; und das könnte euch in euren ernsthaften Gedanken stören.‘ — ‚Hinaus sollst du nicht, aber in der Nebenkammer bricht ein Strahl der Oberwelt durch die Felsritzen, da magst du spinnen, wenn du so geschickt bist; hier liegen ungeheure Haufen von alten Enden, die drehe zusammen; aber hüte dich: wenn du saumselig spinnst oder der Faden reißt, so schlingen sich die Fäden um dich her und ersticken dich.‘ — Die Alte lachte hämisch und spann. Fabel raffte einen Arm voll Fäden zusammen, nahm Wocken und Spindel und hüpfte singend in die Kammer. Sie sah durch die Öffnung hinaus und erblickte das Sternbild des Phönixes. Froh über das glückliche Zeichen, fing sie an, lustig zu spinnen, ließ die Kammertür ein wenig offen und sang halbleise:

‚Erwacht in euren Zellen,
Ihr Kinder alter Zeit;
Laßt eure Ruhestellen,
Der Morgen ist nicht weit.

Ich spinne eure Fäden
In *einen* Faden ein;
Aus ist die Zeit der Fehden.
Ein Leben sollt ihr sein.

Ein jeder lebt in allen
Und all' in jedem auch.
Ein Herz wird in euch wallen,
Von *einem* Lebenshauch.

Noch seid ihr nichts als Seele,
Nur Traum und Zauberei.
Geht furchtbar in die Höhle
Und neckt die heil'ge Drei.'

Die Spindel schwang sich mit unglaublicher Behendigkeit
zwischen den kleinen Füßen, während sie mit beiden Händen
den zarten Faden drehte. Unter dem Liede wurden unzählige
Lichterchen sichtbar, die aus der Türspalte schlüpften und
durch die Höhle in scheußlichen Larven sich verbreiteten. Die
Alten hatten während der Zeit immer mürrisch fortgesponnen
und auf das Jammergeschrei der kleinen Fabel gewartet, aber
wie entsetzten sie sich, als auf einmal eine erschreckliche Nase
über ihre Schultern guckte und, wie sie sich umsahen, die ganze
Höhle voll der gräßlichsten Figuren war, die tausenderlei Unfug
trieben. Sie fuhren ineinander, heulten mit fürchterlicher
Stimme und wären vor Schrecken zu Stein geworden, wenn
nicht in diesem Augenblicke der Schreiber in die Höhle getreten
wäre und eine Alraunwurzel bei sich gehabt hätte. Die Lich-
terchen verkrochen sich in die Felsklüfte, und die Höhle wurde
ganz hell, weil die schwarze Lampe in der Verwirrung um-

gefallen und ausgelöscht war. Die Alten waren froh, wie sie den
Schreiber kommen hörten, aber voll Ingrimms gegen die kleine
Fabel. Sie riefen sie heraus, schnarchten sie fürchterlich an und
verboten ihr fortzuspinnen. Der Schreiber schmunzelte höh-
nisch, weil er die kleine Fabel nun in seiner Gewalt zu haben
glaubte, und sagte: ‚Es ist gut, daß du hier bist und zur Arbeit
angehalten werden kannst. Ich hoffe, daß es an Züchtigungen
nicht fehlen soll. Dein guter Geist hat dich hergeführt. Ich
wünsche dir langes Leben und viel Vergnügen.‘ — ‚Ich danke
dir für deinen guten Willen‘, sagte Fabel; ‚man sieht dir jetzt
die gute Zeit an; dir fehlt nur noch das Stundenglas und die
Hippe, so siehst du ganz wie der Bruder meiner schönen Basen
aus. Wenn du Gänsespulen brauchst, so zupfe ihnen nur eine
Handvoll zarten Pflaum aus den Wangen.‘ Der Schreiber schien
Miene zu machen, über sie herzufallen. Sie lächelte und sagte:
‚Wenn dir dein schöner Haarwuchs und dein geistreiches Auge
lieb sind, so nimm dich in acht; bedenke meine Nägel, du hast
nicht viel mehr zu verlieren.‘ Er wandte sich mit verbißner Wut
zu den Alten, die sich die Augen wischten und nach ihren
Wocken umhertappten. Sie konnten nichts finden, da die
Lampe ausgelöscht war, und ergossen sich in Schimpfreden
gegen Fabel. ‚Laßt sie doch gehn‘, sprach er tückisch, ‚daß sie
euch Taranteln fange zur Bereitung eures Öls. Ich wollte euch
zu euerm Troste sagen, daß Eros ohne Rast umherfliegt und
eure Schere fleißig beschäftigen wird. Seine Mutter, die euch
so oft zwang, die Fäden länger zu spinnen, wird morgen ein
Raub der Flammen.‘ Er kitzelte sich, um zu lachen, wie er sah,
daß Fabel einige Tränen bei dieser Nachricht vergoß, gab ein
Stück von der Wurzel der Alten und ging naserümpfend von
dannen. Die Schwestern hießen der Fabel mit zorniger Stimme
Taranteln suchen, ohngeachtet sie noch Öl vorrätig hatten, und
Fabel eilte fort. Sie tat, als öffne sie das Tor, warf es ungestüm
wieder zu und schlich sich leise nach dem Hintergrunde der
Höhle, wo eine Leiter herunterhing. Sie kletterte schnell hinauf
und kam bald vor eine Falltür, die sich in Arkturs Gemach
öffnete.

Der König saß umringt von seinen Räten, als Fabel erschien. Die nördliche Krone zierte sein Haupt. Die Lilie hielt er mit der Linken, die Waage in der Rechten. Der Adler und Löwe saßen zu seinen Füßen. ‚Monarch‘, sagte die Fabel, indem sie sich ehrfurchtsvoll vor ihm neigte; ‚Heil deinem festgegründeten Throne! Frohe Botschaft deinem verwundeten Herzen! Baldige Rückkehr der Weisheit! Ewiges Erwachen dem Frieden! Ruhe der rastlosen Liebe! Verklärung des Herzens! Leben dem Altertum und Gestalt der Zukunft!‘ Der König berührte ihre offene Stirn mit der Lilie: ‚Was du bittest, sei dir gewährt.‘ — ‚Dreimal werde ich bitten, wenn ich zum vierten Male komme, so ist die Liebe vor der Tür. Jetzt gib mir die Leier.‘ — ‚Eridanus! bringe sie her‘, rief der König. Rauschend strömte Eridanus von der Decke, und Fabel zog die Leier aus seinen blinkenden Fluten.

Fabel tat einige weissagende Griffe; der König ließ ihr den Becher reichen, aus dem sie nippte und mit vielen Danksagungen hinwegeilte. Sie glitt in reizenden Bogenschwüngen über das Eismeer, indem sie fröhliche Musik aus den Saiten lockte.

Das Eis gab unter ihren Tritten die herrlichsten Töne von sich. Der Felsen der Trauer hielt sie für Stimmen seiner suchenden rückkehrenden Kinder und antwortete in einem tausendfachen Echo.

Fabel hatte bald das Gestade erreicht. Sie begegnete ihrer Mutter, die abgezehrt und bleich aussah, schlank und ernst geworden war und in edlen Zügen die Spuren eines hoffnungslosen Grams und rührender Treue verriet.

‚Was ist aus dir geworden, liebe Mutter?‘ sagte Fabel, ‚du scheinst mir gänzlich verändert; ohne inneres Anzeichen hätt ich dich nicht erkannt. Ich hoffte mich an deiner Brust einmal wieder zu erquicken; ich habe lange nach dir geschmachtet.‘ Ginnistan liebkoste sie zärtlich und sah heiter und freundlich aus. ‚Ich dachte es gleich‘, sagte sie, ‚daß dich der Schreiber nicht würde gefangen haben. Dein Anblick erfrischt mich. Es geht mir schlimm und knapp genug, aber ich tröste mich bald. Viel-

leicht habe ich einen Augenblick Ruhe. Eros ist in der Nähe, und wenn er dich sieht und du ihm vorplauderst, verweilt er vielleicht einige Zeit. Indes kannst du dich an meine Brust legen; ich will dir geben, was ich habe.' Sie nahm die Kleine auf den Schoß, reichte ihr die Brust und fuhr fort, indem sie lächelnd auf die Kleine hinuntersah, die es sich gut schmecken ließ: ‚Ich bin selbst Ursach, daß Eros so wild und unbeständig geworden ist. Aber mich reut es dennoch nicht, denn jene Stunden, die ich in seinen Armen zubrachte, haben mich zur Unsterblichen gemacht. Ich glaubte unter seinen feurigen Liebkosungen zu zerschmelzen. Wie ein himmlischer Räuber schien er mich grausam vernichten und stolz über sein bebendes Opfer trium-phieren zu wollen. Wir erwachten spät aus dem verbotenen Rausche, in einem sonderbar vertauschten Zustande. Lange silberweiße Flügel bedeckten seine weißen Schultern und die reizende Fülle und Biegung seiner Gestalt. Die Kraft, die ihn so plötzlich aus einem Knaben zum Jünglinge quellend getrie-ben, schien sich ganz in die glänzenden Schwingen gezogen zu haben, und er war wieder zum Knaben geworden. Die stille Glut seines Gesichts war in das tändelnde Feuer eines Irrlichts, der heilige Ernst in verstellte Schalkheit, die bedeutende Ruhe in kindische Unstetigkeit, der edle Anstand in drollige Be-weglichkeit verwandelt. Ich fühlte mich von einer ernsthaften Leidenschaft unwiderstehlich zu dem mutwilligen Knaben gezogen und empfand schmerzlich seinen lächelnden Hohn und seine Gleichgültigkeit gegen meine rührendsten Bitten. Ich sah meine Gestalt verändert. Meine sorglose Heiterkeit war ver-schwunden und hatte einer traurigen Bekümmernis, einer zärt-lichen Schüchternheit Platz gemacht. Ich hätte mich mit Eros vor allen Augen verbergen mögen. Ich hatte nicht das Herz, in seine beleidigenden Augen zu sehn, und fühlte mich entsetzlich beschämt und erniedrigt. Ich hatte keinen andern Gedanken als ihn und hätte mein Leben hingegeben, um ihn von seinen Unarten zu befreien. Ich mußte ihn anbeten, so tief er auch alle meine Empfindungen kränkte.

Seit der Zeit, wo er sich aufmachte und mir entfloh, so

rührend ich auch mit den heißesten Tränen ihn beschwor, bei mir zu bleiben, bin ich ihm überall gefolgt. Er scheint es ordentlich darauf anzulegen, mich zu necken. Kaum habe ich ihn erreicht, so fliegt er tückisch weiter. Sein Bogen richtet überall Verwüstungen an. Ich habe nichts zu tun, als die Unglücklichen zu trösten, und habe doch selbst Trost nötig. Ihre Stimmen, die mich rufen, zeigen mir seinen Weg, und ihre wehmütigen Klagen, wenn ich sie wieder verlassen muß, gehen mir tief zu Herzen. Der Schreiber verfolgt uns mit entsetzlicher Wut und rächt sich an den armen Getroffenen. Die Frucht jener geheimnisvollen Nacht waren eine zahlreiche Menge wunderlicher Kinder, die ihrem Großvater ähnlich sehn und nach ihm genannt sind. Geflügelt wie ihr Vater, begleiten sie ihn beständig und plagen die Armen, die sein Pfeil trifft. Doch da kömmt der fröhliche Zug. Ich muß fort; lebe wohl, süßes Kind. Seine Nähe erregt meine Leidenschaft. Sei glücklich in deinem Vorhaben.'
— Eros zog weiter, ohne Ginnistan, die auf ihn zueilte, einen zärtlichen Blick zu gönnen. Aber zu Fabel wandte er sich freundlich, und seine kleinen Begleiter tanzten fröhlich um sie her. Fabel freute sich, ihren Milchbruder wiederzusehn, und sang zu ihrer Leier ein munteres Lied. Eros schien sich besinnen zu wollen und ließ den Bogen fallen. Die Kleinen entschliefen auf dem Rasen. Ginnistan konnte ihn fassen, und er litt ihre zärtlichen Liebkosungen. Endlich fing Eros auch an zu nicken, schmiegte sich an Ginnistans Schoß und schlummerte ein, indem er seine Flügel über sie ausbreitete. Unendlich froh war die müde Ginnistan und verwandte kein Auge von dem holden Schläfer. Während des Gesanges waren von allen Seiten Taranteln zum Vorschein gekommen, die über die Grashalme ein glänzendes Netz zogen und lebhaft nach dem Takte sich an ihren Fäden bewegten. Fabel tröstete nun ihre Mutter und versprach ihr baldige Hülfe. Vom Felsen tönte der sanfte Widerhall der Musik und wiegte die Schläfer ein. Ginnistan sprengte aus dem wohlverwahrten Gefäß einige Tropfen in die Luft, und die anmutigsten Träume fielen auf sie nieder. Fabel nahm das Gefäß mit und setzte ihre Reise fort. Ihre Saiten

ruhten nicht, und die Taranteln folgten auf schnellgesponnenen
Fäden den bezaubernden Tönen.

Sie sah bald von weitem die hohe Flamme des Scheiterhau-
fens, die über den grünen Wald emporstieg. Traurig sah sie gen
Himmel und freute sich, wie sie Sophiens blauen Schleier
erblickte, der wallend über der Erde schwebte und auf ewig die
ungeheure Gruft bedeckte. Die Sonne stand feuerrot vor Zorn
am Himmel, die gewaltige Flamme sog an ihrem geraubten
Lichte, und so heftig sie es auch an sich zu halten schien, so ward
sie doch immer bleicher und fleckiger. Die Flamme ward weißer
und mächtiger, je fahler die Sonne ward. Sie sog das Licht immer
stärker in sich, und bald war die Glorie um das Gestirn des
Tages verzehrt, und nur als eine matte, glänzende Scheibe stand
es noch da, indem jede neue Regung des Neides und der Wut
den Ausbruch der entfliehenden Lichtwellen vermehrte. End-
lich war nichts von der Sonne mehr übrig als eine schwarze
ausgebrannte Schlacke, die herunter ins Meer fiel. Die Flamme
war über allen Ausdruck glänzend geworden. Der Scheiterhau-
fen war verzehrt. Sie hob sich langsam in die Höhe und zog nach
Norden. Fabel trat in den Hof, der verödet aussah; das Haus
war unterdes verfallen. Dornsträuche wuchsen in den Ritzen
der Fenstergesimse, und Ungeziefer aller Art kribbelte auf den
zerbrochenen Stiegen. Sie hörte im Zimmer einen entsetzlichen
Lärm; der Schreiber und seine Gesellen hatten sich an dem
Flammentode der Mutter geweidet, waren aber gewaltig er-
schrocken, wie sie den Untergang der Sonne wahrgenommen
hatten.

Sie hatten sich vergeblich angestrengt, die Flamme zu
löschen, und waren bei dieser Gelegenheit nicht ohne Be-
schädigungen geblieben. Der Schmerz und die Angst preßte
ihnen entsetzliche Verwünschungen und Klagen aus. Sie er-
schraken noch mehr, als Fabel ins Zimmer trat, und stürmten
mit wütendem Geschrei auf sie ein, um an ihr den Grimm
auszulassen. Fabel schlüpfte hinter die Wiege, und ihre Ver-
folger traten ungestüm in das Gewebe der Taranteln, die sich
durch unzählige Bisse an ihnen rächten. Der ganze Haufen fing

nun toll an zu tanzen, wozu Fabel ein lustiges Lied spielte. Mit
vielem Lachen über ihre possierlichen Fratzen ging sie auf die
Trümmer des Altars zu und räumte sie weg, um die verborgene
Treppe zu finden, auf der sie mit ihrem Tarantelgefolge hin-
unterstieg. Die Sphinx fragte: ‚Was kommt plötzlicher als der
Blitz?‘ — ‚Die Rache‘, sagte Fabel. — ‚Was ist am vergänglich-
sten?‘ — ‚Unrechter Besitz.‘ — ‚Wer kennt die Welt?‘ — ‚Wer sich
selbst kennt.‘ — ‚Was ist das ewige Geheimnis?‘ — ‚Die Liebe.‘
— ‚Bei wem ruht es?‘ — ‚Bei Sophien.‘ Die Sphinx krümmte
sich kläglich, und Fabel trat in die Höhle.

‚Hier bringe ich euch Taranteln‘, sagte sie zu den Alten, die
ihre Lampe wieder angezündet hatten und sehr emsig arbeite-
ten. Sie erschraken, und die eine lief mit der Schere auf sie zu,
um sie zu erstechen. Unversehens trat sie auf eine Tarantel, und
diese stach sie in den Fuß. Sie schrie erbärmlich. Die andern
wollten ihr zu Hülfe kommen und wurden ebenfalls von den
erzürnten Taranteln gestochen. Sie konnten sich nun nicht an
Fabel vergreifen und sprangen wild umher. ‚Spinn uns gleich‘,
riefen sie grimmig der Kleinen zu, ‚leichte Tanzkleider. Wir
können uns in den steifen Röcken nicht rühren und vergehn fast
vor Hitze, aber mit Spinnensaft mußt du den Faden einweichen,
daß er nicht reißt, und wirke Blumen hinein, die im Feuer
gewachsen sind, sonst bist du des Todes.‘ — ‚Recht gern‘, sagte
Fabel und ging in die Nebenkammer.

‚Ich will euch drei tüchtige Fliegen verschaffen‘, sagte sie zu
den Kreuzspinnen, die ihre luftigen Gewebe rundum an der
Decke und den Wänden angeheftet hatten, ‚aber ihr müßt mir
gleich drei hübsche, leichte Kleider spinnen. Die Blumen, die
hineingewirkt werden sollen, will ich auch gleich bringen.‘ Die
Kreuzspinnen waren bereit und fingen rasch zu weben an. Fabel
schlich sich zur Leiter und begab sich zu Arktur. ‚Monarch‘,
sagte sie, ‚die Bösen tanzen, die Guten ruhn. Ist die Flamme
angekommen?‘ — ‚Sie ist angekommen‘, sagte der König. ‚Die
Nacht ist vorbei, und das Eis schmilzt. Meine Gattin zeigt sich
von weitem. Meine Feindin ist versenkt. Alles fängt zu leben
an. Noch darf ich mich nicht sehn lassen, denn allein bin ich

nicht König. Bitte, was du willst.' — ,Ich brauche', sagte Fabel, ,Blumen, die im Feuer gewachsen sind. Ich weiß, du hast einen geschickten Gärtner, der sie zu ziehen versteht.' — ,Zink', rief der König, ,gib uns Blumen.' Der Blumengärtner trat aus der Reihe, holte einen Topf voll Feuer und säete glänzenden Samenstaub hinein. Es währte nicht lange, so flogen die Blumen empor. Fabel sammelte sie in ihre Schürze und machte sich auf den Rückweg. Die Spinnen waren fleißig gewesen, und es fehlte nichts mehr als das Anheften der Blumen, welches sie sogleich mit vielem Geschmack und Behendigkeit begannen. Fabel hütete sich wohl, die Enden abzureißen, die noch an den Weberinnen hingen.

Sie trug die Kleider den ermüdeten Tänzerinnen hin, die triefend von Schweiß umgesunken waren und sich einige Augenblicke von der ungewohnten Anstrengung erholten. Mit vieler Geschicklichkeit entkleidete sie die hagern Schönheiten, die es an Schmähungen der kleinen Dienerin nicht fehlen ließen, und zog ihnen die neuen Kleider an, die sehr niedlich gemacht waren und vortrefflich paßten. Sie pries während dieses Geschäftes die Reize und den liebenswürdigen Charakter ihrer Gebieterinnen, und die Alten schienen ordentlich erfreut über die Schmeicheleien und die Zierlichkeit des Anzuges. Sie hatten sich unterdes erholt und fingen, von neuer Tanzlust beseelt, wieder an, sich munter umherzudrehen, indem sie heimtückisch der Kleinen langes Leben und große Belohnungen versprachen. Fabel ging in die Kammer zurück und sagte zu den Kreuzspinnen: ,Ihr könnt nun die Fliegen getrost verzehren, die ich in eure Weben gebracht habe.' Die Spinnen waren so schon ungeduldig über das Hin- und Herreißen, da die Enden noch in ihnen waren und die Alten so toll umhersprangen; sie rannten also hinaus und fielen über die Tänzerinnen her; diese wollten sich mit der Schere verteidigen, aber Fabel hatte sie in aller Stille mitgenommen. Sie unterlagen also ihren hungrigen Handwerksgenossen, die lange keine so köstlichen Bissen geschmeckt hatten und sie bis auf das Mark aussaugten. Fabel sah durch die Felsenkluft hinaus und erblickte den Perseus mit

dem großen eisernen Schilde. Die Schere flog von selbst dem Schilde zu, und Fabel bat ihn, Eros' Flügel damit zu verschneiden und dann mit seinem Schilde die Schwestern zu verewigen und das große Werk zu vollenden.

Sie verließ nun das unterirdische Reich und stieg fröhlich zu Arkturs Palaste.

‚Der Flachs ist versponnen. Das Leblose ist wieder entseelt. Das Lebendige wird regieren und das Leblose bilden und gebrauchen. Das Innere wird offenbart und das Äußre verborgen. Der Vorhang wird sich bald heben und das Schauspiel seinen Anfang nehmen. Noch einmal bitte ich, dann spinne ich Tage der Ewigkeit.' − ‚Glückliches Kind', sagte der gerührte Monarch, ‚du bist unsre Befreierin.' − ‚Ich bin nichts als Sophiens Pate', sagte die Kleine. ‚Erlaube, daß Turmalin, der Blumengärtner und Gold mich begleiten. Die Asche meiner Pflegemutter muß ich sammeln, und der alte Träger muß wieder aufstehn, daß die Erde wieder schwebe und nicht auf dem Chaos liege.'

Der König rief allen dreien und befahl ihnen, die Kleine zu begleiten. Die Stadt war hell, und auf den Straßen war ein lebhafter Verkehr. Das Meer brach sich brausend an der hohlen Klippe, und Fabel fuhr auf des Königs Wagen mit ihren Begleitern hinüber. Turmalin sammelte sorgfältig die auffliegende Asche. Sie gingen rund um die Erde, bis sie an den alten Riesen kamen, an dessen Schultern sie hinunterklimmten. Er schien vom Schlage gelähmt und konnte kein Glied rühren. Gold legte ihm eine Münze in den Mund, und der Blumengärtner schob eine Schüssel unter seine Lenden. Fabel berührte ihm die Augen und goß das Gefäß auf seiner Stirn aus. Sowie das Wasser über das Auge in den Mund und herunter über ihn in die Schüssel floß, zuckte ein Blitz des Lebens ihm in allen Muskeln. Er schlug die Augen auf und hob sich rüstig empor. Fabel sprang zu ihren Begleitern auf die steigende Erde und bot ihm freundlich guten Morgen. ‚Bist du wieder da, liebliches Kind?' sagte der Alte; ‚habe ich doch immer von dir geträumt. Ich dachte immer, du würdest erscheinen, ehe mir die Erde und

die Augen zu schwer würden. Ich habe wohl lange geschlafen.'
— ,Die Erde ist wieder leicht, wie sie es immer den Guten war',
sagte Fabel. ,Die alten Zeiten kehren zurück. In kurzem bist
du wieder unter alten Bekannten. Ich will dir fröhliche Tage
spinnen, und an einem Gehülfen soll es auch nicht fehlen, damit
du zuweilen an unsern Freuden teilnehmen und im Arm einer
Freundin Jugend und Stärke einatmen kannst. Wo sind unsere
alten Gastfreundinnen, die Hesperiden?' — ,An Sophiens Seite.
Bald wird ihr Garten wieder blühen und die goldne Frucht
duften. Sie gehen umher und sammeln die schmachtenden
Pflanzen.'

Fabel entfernte sich und eilte dem Hause zu. Es war zu
völligen Ruinen geworden. Efeu umzog die Mauern. Hohe
Büsche beschatteten den ehmaligen Hof, und weiches Moos
polsterte die alten Stiegen. Sie trat ins Zimmer. Sophie stand
am Altar, der wieder aufgebaut war. Eros lag zu ihren Füßen
in voller Rüstung, ernster und edler als jemals. Ein prächtiger
Kronleuchter hing von der Decke. Mit bunten Steinen war der
Fußboden ausgelegt und zeigte einen großen Kreis um den Altar
her, der aus lauter edlen bedeutungsvollen Figuren bestand.
Ginnistan bog sich über ein Ruhebett, worauf der Vater in
tiefem Schlummer zu liegen schien, und weinte. Ihre blühende
Anmut war durch einen Zug von Andacht und Liebe unendlich
erhöht. Fabel reichte die Urne, worin die Asche gesammelt war,
der heiligen Sophie, die sie zärtlich umarmte.

,Liebliches Kind', sagte sie, ,dein Eifer und deine Treue haben
dir einen Platz unter den ewigen Sternen erworben. Du hast das
Unsterbliche in dir gewählt. Der Phönix gehört dir. Du wirst
die Seele unsers Lebens sein. Jetzt wecke den Bräutigam auf.
Der Herold ruft, und Eros soll Freya suchen und aufwecken.'

Fabel freute sich unbeschreiblich bei diesen Worten. Sie rief
ihren Begleitern Gold und Zink und nahte sich dem Ruhebette.
Ginnistan sah erwartungsvoll ihrem Beginnen zu. Gold schmolz
die Münze und füllte das Behältnis, worin der Vater lag, mit
einer glänzenden Flut. Zink schlang um Ginnistans Busen eine
Kette. Der Körper schwamm auf den zitternden Wellen. ,Bücke

dich, liebe Mutter', sagte Fabel, ,und lege die Hand auf das Herz des Geliebten.'

Ginnistan bückte sich. Sie sah ihr vielfaches Bild. Die Kette berührte die Flut, ihre Hand sein Herz; er erwachte und zog die entzückte Braut an seine Brust. Das Metall gerann und ward ein heller Spiegel. Der Vater erhob sich, seine Augen blitzten, und so schön und bedeutend auch seine Gestalt war, so schien doch sein ganzer Körper eine feine unendlich bewegliche Flüssigkeit zu sein, die jeden Eindruck in den mannigfaltigsten und reizendsten Bewegungen verriet.

Das glückliche Paar näherte sich Sophien, die Worte der Weihe über sie aussprach und sie ermahnte, den Spiegel fleißig zu Rate zu ziehn, der alles in seiner wahren Gestalt zurückwerfe, jedes Blendwerk vernichte und ewig das ursprüngliche Bild festhalte. Sie ergriff nun die Urne und schüttete die Asche in die Schale auf dem Altar. Ein sanftes Brausen verkündigte die Auflösung, und ein leiser Wind wehte in den Gewändern und Locken der Umstehenden.

Sophie reichte die Schale dem Eros und dieser den andern. Alle kosteten den göttlichen Trank und vernahmen die freundliche Begrüßung der Mutter in ihrem Innern mit unsäglicher Freude. Sie war jedem gegenwärtig, und ihre geheimnisvolle Anwesenheit schien alle zu verklären.

Die Erwartung war erfüllt und übertroffen. Alle merkten, was ihnen gefehlt habe, und das Zimmer war ein Aufenthalt der Seligen geworden. Sophie sagte: ,Das große Geheimnis ist allen offenbart und bleibt ewig unergründlich. Aus Schmerzen wird die neue Welt geboren, und in Tränen wird die Asche zum Trank des ewigen Lebens aufgelöst. In jedem wohnt die himmlische Mutter, um jedes Kind ewig zu gebären. Fühlt ihr die süße Geburt im Klopfen eurer Brust?'

Sie goß in den Altar den Rest aus der Schale hinunter. Die Erde bebte in ihren Tiefen. Sophie sagte: ,Eros, eile mit deiner Schwester zu deiner Geliebten. Bald seht ihr mich wieder.'

Fabel und Eros gingen mit ihrer Begleitung schnell hinweg. Es war ein mächtiger Frühling über die Erde verbreitet. Alles

hob und regte sich. Die Erde schwebte näher unter dem
Schleier. Der Mond und die Wolken zogen mit fröhlichem
Getümmel nach Norden. Die Königsburg strahlte mit herr-
lichem Glanze über das Meer, und auf ihren Zinnen stand der
König in voller Pracht mit seinem Gefolge. Überall erblickten
sie Staubwirbel, in denen sich bekannte Gestalten zu bilden
schienen. Sie begegneten zahlreichen Scharen von Jünglingen
und Mädchen, die nach der Burg strömten und sie mit Jauchzen
bewillkommten. Auf manchen Hügeln saß ein glückliches eben
erwachtes Paar in lang entbehrter Umarmung, hielt die neue
Welt für einen Traum und konnte nicht aufhören, sich von der
schönen Wahrheit zu überzeugen.

Die Blumen und Bäume wuchsen und grünten mit Macht.
Alles schien beseelt. Alles sprach und sang. Fabel grüßte überall
alte Bekannte. Die Tiere nahten sich mit freundlichen Grüßen
den erwachten Menschen. Die Pflanzen bewirteten sie mit
Früchten und Düften und schmückten sie auf das zierlichste.
Kein Stein lag mehr auf einer Menschenbrust, und alle Lasten
waren in sich selbst zu einem festen Fußboden zusammen-
gesunken. Sie kamen an das Meer. Ein Fahrzeug von geschlif-
fenem Stahl lag am Ufer festgebunden. Sie traten hinein und
lösten das Tau. Die Spitze richtete sich nach Norden, und das
Fahrzeug durchschnitt, wie im Fluge, die buhlenden Wellen.
Lispelndes Schilf hielt seinen Ungestüm auf, und es stieß leise
an das Ufer. Sie eilten die breiten Treppen hinan. Die Liebe
wunderte sich über die königliche Stadt und ihre Reichtümer.
Im Hofe sprang der lebendiggewordne Quell, der Hain be-
wegte sich mit den süßesten Tönen, und ein wunderbares Leben
schien in seinen heißen Stämmen und Blättern, in seinen
funkelnden Blumen und Früchten zu quellen und zu treiben.
Der alte Held empfing sie an den Toren des Palastes. ‚Ehr-
würdiger Alter‘, sagte Fabel, ‚Eros bedarf dein Schwert. Gold
hat ihm eine Kette gegeben, die mit einem Ende in das Meer
hinunterreicht und mit dem andern um seine Brust geschlungen
ist. Fasse sie mit mir an, und führe uns in den Saal, wo die
Prinzessin ruht.‘ Eros nahm aus der Hand des Alten das

Schwert, setzte den Knopf auf seine Brust und neigte die Spitze vorwärts. Die Flügeltüren des Saals flogen auf, und Eros nahte sich entzückt der schlummernden Freya. Plötzlich geschah ein gewaltiger Schlag. Ein heller Funken fuhr von der Prinzessin nach dem Schwerte; das Schwert und die Kette leuchteten, der Held hielt die kleine Fabel, die beinah umgesunken wäre. Eros' Helmbusch wallte empor. ‚Wirf das Schwert weg‘, rief Fabel, ‚und erwecke deine Geliebte.‘ Eros ließ das Schwert fallen, flog auf die Prinzessin zu und küßte feurig ihre süßen Lippen. Sie schlug ihre großen dunkeln Augen auf und erkannte den Geliebten. Ein langer Kuß versiegelte den ewigen Bund.

Von der Kuppel herunter kam der König mit Sophien an der Hand. Die Gestirne und die Geister der Natur folgten in glänzenden Reihen. Ein unaussprechlich heitrer Tag erfüllte den Saal, den Palast, die Stadt und den Himmel. Eine zahllose Menge ergoß sich in den weiten königlichen Saal und sah mit stiller Andacht die Liebenden vor dem Könige und der Königin knien, die sie feierlich segneten. Der König nahm sein Diadem vom Haupte und band es um Eros' goldene Locken. Der alte Held zog ihm die Rüstung ab, und der König warf seinen Mantel um ihn her. Dann gab er ihm die Lilie in die linke Hand, und Sophie knüpfte ein köstliches Armband um die verschlungenen Hände der Liebenden, indem sie zugleich ihre Krone auf Freyas braune Haare setzte.

‚Heil unsern alten Beherrschern‘, rief das Volk. ‚Sie haben immer unter uns gewohnt, und wir haben sie nicht erkannt! Heil uns! Sie werden uns ewig beherrschen! Segnet uns auch!‘ Sophie sagte zu der neuen Königin: ‚Wirf du das Armband eures Bundes in die Luft, daß das Volk und die Welt euch verbunden bleiben.‘ Das Armband zerfloß in der Luft, und bald sah man lichte Ringe um jedes Haupt, und ein glänzendes Band zog sich über die Stadt und das Meer und die Erde, die ein ewiges Fest des Frühlings feierte. Perseus trat herein und trug eine Spindel und ein Körbchen. Er brachte dem neuen Könige das Körbchen. ‚Hier‘, sagte er, ‚sind die Reste deiner Feinde.‘ Eine steinerne Platte mit schwarzen und weißen Feldern lag darin und da-

neben eine Menge Figuren von Alabaster und schwarzem Marmor. ‚Es ist ein Schachspiel‘, sagte Sophie; ‚aller Krieg ist auf diese Platte und in diese Figuren gebannt. Es ist ein Denkmal der alten trüben Zeit.‘ Perseus wandte sich zu Fabeln und gab ihr die Spindel. ‚In deinen Händen wird diese Spindel uns ewig erfreuen, und aus dir selbst wirst du uns einen goldnen unzerreißlichen Faden spinnen.‘ Der Phönix flog mit melodischem Geräusch zu ihren Füßen, spreizte seine Fittiche vor ihr aus, auf die sie sich setzte, und schwebte mit ihr über den Thron, ohne sich wieder niederzulassen. Sie sang ein himmlisches Lied und fing zu spinnen an, indem der Faden aus ihrer Brust sich hervorzuwinden schien. Das Volk geriet in neues Entzücken, und aller Augen hingen an dem lieblichen Kinde. Ein neues Jauchzen kam von der Tür her. Der alte Mond kam mit seinem wunderlichen Hofstaat herein, und hinter ihm trug das Volk Ginnistan und ihren Bräutigam wie im Triumphe einher.

Sie waren mit Blumenkränzen umwunden; die königliche Familie empfing sie mit der herzlichsten Zärtlichkeit, und das neue Königspaar rief sie zu seinen Statthaltern auf Erden aus.

‚Gönnet mir‘, sagte der Mond, ‚das Reich der Parzen, dessen seltsame Gebäude eben auf dem Hofe des Palastes aus der Erde gestiegen sind. Ich will euch mit Schauspielen darin ergötzen, wozu die kleine Fabel mir behülflich sein wird.‘

Der König willigte in die Bitte, die kleine Fabel nickte freundlich, und das Volk freute sich auf den seltsamen unterhaltenden Zeitvertreib. Die Hesperiden ließen zur Thronbesteigung Glück wünschen und um Schutz in ihren Gärten bitten. Der König ließ sie bewillkommen, und so folgten sich unzählige fröhliche Botschaften. Unterdessen hatte sich unmerklich der Thron verwandelt und war ein prächtiges Hochzeitbett geworden, über dessen Himmel der Phönix mit der kleinen Fabel schwebte. Drei Karyatiden aus dunkelm Porphyr trugen es hinten, und vorn ruhte dasselbe auf einer Sphinx aus Basalt. Der König umarmte seine errötende Geliebte, und das Volk folgte dem Beispiel des Königs und liebkoste sich untereinander. Man hörte nichts als zärtliche Namen und ein Kuß-

geflüster. Endlich sagte Sophie: ,Die Mutter ist unter uns, ihre
Gegenwart wird uns ewig beglücken. Folgt uns in unsere
Wohnung, in dem Tempel dort werden wir ewig wohnen und
das Geheimnis der Welt bewahren.' Die Fabel spann emsig und
sang mit lauter Stimme:

> ,Gegründet ist das Reich der Ewigkeit,
> In Lieb und Frieden endigt sich der Streit,
> Vorüber ging der lange Traum der Schmerzen,
> Sophie ist ewig Priesterin der Herzen.' "

ZWEITER TEIL

DIE ERFÜLLUNG

DAS KLOSTER ODER DER VORHOF

Astralis

An einem Sommermorgen ward ich jung,
Da fühlt ich meines eignen Lebens Puls
Zum erstenmal — und wie die Liebe sich
In tiefere Entzückungen verlor,
Erwacht ich immer mehr, und das Verlangen
Nach innigerer gänzlicher Vermischung
Ward dringender mit jedem Augenblick.
Wollust ist meines Daseins Zeugungskraft.
Ich bin der Mittelpunkt, der heil'ge Quell,
Aus welchem jede Sehnsucht stürmisch fließt,
Wohin sich jede Sehnsucht, mannigfach
Gebrochen, wieder still zusammenzieht.
Ihr kennt mich nicht und saht mich werden —
Wart ihr nicht Zeugen, wie ich, noch
Nachtwandler, mich zum ersten Male traf
An jenem frohen Abend? Flog euch nicht
Ein süßer Schauer der Entzündung an? —
Versunken lag ich ganz in Honigkelchen.
Ich duftete, die Blume schwankte still
In goldner Morgenluft. Ein innres Quellen
War ich, ein sanftes Ringen, alles floß
Durch mich und über mich und hob mich leise.
Da sank das erste Stäubchen in die Narbe,
Denkt an den Kuß nach aufgehobnem Tisch.

Ich quoll in meine eigne Flut zurück —
Es war ein Blitz — nun konnt ich schon mich regen,
Die zarten Fäden und den Kelch bewegen,
Schnell schossen, wie ich selber mich begann,
Zu irdischen Sinnen die Gedanken an.
Noch war ich blind, doch schwankten lichte Sterne
Durch meines Wesens wunderbare Ferne,
Nichts war noch nah, ich fand mich nur von weiten,
Ein Anklang alter so wie künft'ger Zeiten.
Aus Wehmut, Lieb und Ahndungen entsprungen
War der Besinnung Wachstum nur ein Flug,
Und wie die Wollust Flammen in mir schlug,
Ward ich zugleich vom höchsten Weh durchdrungen.
Die Welt lag blühend um den hellen Hügel,
Die Worte des Propheten wurden Flügel,
Nicht einzeln mehr nur Heinrich und Mathilde,
Vereinten beide sich zu *einem* Bilde. —
Ich hob mich nun gen Himmel neugeboren,
Vollendet war das irdische Geschick
Im seligen Verklärungsaugenblick,
Es hatte nun die Zeit ihr Recht verloren
Und forderte, was sie geliehn, zurück.

Es bricht die neue Welt herein
Und verdunkelt den hellsten Sonnenschein,
Man sieht nun aus bemoosten Trümmern
Eine wunderseltsame Zukunft schimmern,
Und was vordem alltäglich war,
Scheint jetzo fremd und wunderbar.
Der Liebe Reich ist aufgetan,
Die Fabel fängt zu spinnen an.
Das Urspiel jeder Natur beginnt,
Auf kräftige Worte jedes sinnt,
Und so das große Weltgemüt
Überall sich regt und unendlich blüht.
Alles muß ineinandergreifen,

Eins durch das andre gedeihn und reifen;
Jedes in allen dar sich stellt,
Indem es sich mit ihnen vermischet
Und gierig in ihre Tiefen fällt,
Sein eigentümliches Wesen erfrischet
Und tausend neue Gedanken erhält.
Die Welt wird Traum, der Traum wird Welt,
Und was man geglaubt, es sei geschehn,
Kann man von weitem erst kommen sehn.
Frei soll die Phantasie erst schalten,
Nach ihrem Gefallen die Fäden verweben,
Hier manches verschleiern, dort manches entfalten
Und endlich in magischen Dunst verschweben.
Wehmut und Wollust, Tod und Leben
Sind hier in innigster Sympathie —
Wer sich der höchsten Lieb ergeben,
Genest von ihren Wunden nie.
Schmerzhaft muß jenes Band zerreißen,
Was sich ums innre Auge zieht,
Einmal das treuste Herz verwaisen,
Eh es der trüben Welt entflieht.
Der Leib wird aufgelöst in Tränen,
Zum weiten Grabe wird die Welt,
In das, verzehrt von bangem Sehnen,
Das Herz als Asche niederfällt.

Auf dem schmalen Fußsteige, der ins Gebürg hinauflief, ging
ein Pilgrim in tiefen Gedanken. Mittag war vorbei. Ein starker
Wind sauste durch die blaue Luft. Seine dumpfen, mannig-
faltigen Stimmen verloren sich, wie sie kamen. War er vielleicht
durch die Gegenden der Kindheit geflogen? Oder durch andre
redende Länder? Es waren Stimmen, deren Echo nach im
Innersten klang, und dennoch schien sie der Pilgrim nicht zu
kennen. Er hatte nun das Gebürg erreicht, wo er das Ziel seiner
Reise zu finden hoffte. — Hoffte? — Er hoffte gar nichts mehr.

Die entsetzliche Angst und dann die trockne Kälte der gleich-
gültigsten Verzweiflung trieben ihn, die wilden Schrecknisse des
Gebürgs aufzusuchen. Der mühselige Gang beruhigte das zer-
störende Spiel der innern Gewalten. Er war matt, aber still.
Noch sah er nichts, was um ihn her sich allmählich gehäuft
hatte, als er sich auf einen Stein setzte und den Blick rückwärts
wandte. Es dünkte ihm, als träume er jetzt oder habe er ge-
träumt. Eine unübersehliche Herrlichkeit schien sich vor ihm
aufzutun. Bald flossen seine Tränen, indem sein Innres plötzlich
brach. Er wollte sich in die Ferne verweinen, daß auch keine
Spur seines Daseins übrigbliebe. Unter dem heftigen Schluchzen
schien er zu sich selbst zu kommen; die weiche, heitre Luft
durchdrang ihn, seinen Sinnen ward die Welt wieder gegen-
wärtig, und alte Gedanken fingen tröstlich zu reden an.

Dort lag Augsburg mit seinen Türmen. Fern am Gesichts-
kreis blinkte der Spiegel des furchtbaren, geheimnisvollen
Stroms. Der ungeheure Wald bog sich mit tröstlichem Ernst zu
dem Wanderer – das gezackte Gebürg ruhte so bedeutend über
der Ebene, und beide schienen zu sagen: „Eile nur, Strom, du
entfliehst uns nicht. – Ich will dir folgen mit geflügelten
Schiffen. Ich will dich brechen und halten und dich verschluk-
ken in meinen Schoß. Vertraue du uns, Pilgrim, es ist auch unser
Feind, den wir selbst erzeugten. – Laß ihn eilen mit seinem
Raub, er entflieht uns nicht."

Der arme Pilgrim gedachte der alten Zeiten und ihrer un-
säglichen Entzückungen. – Aber wie matt gingen diese köst-
lichen Erinnerungen vorüber. Der breite Hut verdeckte ein
jugendliches Gesicht. Es war bleich wie eine Nachtblume. In
Tränen hatte sich der Balsamsaft des jungen Lebens, in tiefe
Seufzer sein schwellender Hauch verwandelt. In ein fahles
Aschgrau waren alle seine Farben verschossen.

Seitwärts am Gehänge schien ihm ein Mönch unter einem
alten Eichbaum zu knien. „Sollte das der alte Hofkaplan sein?"
so dachte er bei sich ohne große Verwunderung. Der Mönch
kam ihm größer und ungestalter vor, je näher er zu ihm trat.
Er bemerkte nun seinen Irrtum, denn es war ein einzelner

Felsen, über den sich der Baum herbog. Stillgerührt faßte er den
Stein in seine Arme und drückte ihn lautweinend an seine Brust:
„Ach, daß doch jetzt deine Reden sich bewährten und die heil'ge
Mutter ein Zeichen an mir täte. Bin ich doch so ganz elend und
verlassen. Wohnt in meiner Wüste kein Heiliger, der mir sein
Gebet liehe? Bete du, teurer Vater, jetzt in diesem Augenblick
für mich."

Wie er so bei sich dachte, fing der Baum an zu zittern. Dumpf
dröhnte der Felsen, und wie aus tiefer, unterirdischer Ferne
erhoben sich einige klare Stimmchen und sangen:

> „Ihr Herz war voller Freuden,
> Von Freuden sie nur wußt,
> Sie wußt von keinem Leiden,
> Druckt 's Kindelein an ihr' Brust.
> Sie küßt ihm seine Wangen,
> Sie küßt es mannigfalt,
> Mit Liebe ward sie umfangen
> Durch Kindleins schöne Gestalt."

Die Stimmchen schienen mit unendlicher Lust zu singen. Sie
wiederholten den Vers einigemal. Es ward alles wieder ruhig,
und nun hörte der erstaunte Pilger, daß jemand aus dem Baume
sagte:

„Wenn du ein Lied zu meinen Ehren auf deiner Laute spielen
wirst, so wird ein armes Mädchen herfürkommen. Nimm sie mit
und laß sie nicht von dir. Gedenke meiner, wenn du zum Kaiser
kommst. Ich habe mir diese Stätte ausersehn, um mit meinem
Kindlein hier zu wohnen. Laß mir ein starkes, warmes Haus
hier bauen. Mein Kindlein hat den Tod überwunden. Härme
dich nicht. Ich bin bei dir. Du wirst noch eine Weile auf Erden
bleiben, aber das Mädchen wird dich trösten, bis du auch stirbst
und zu unsern Freuden eingehst." — „Es ist Mathildens
Stimme", rief der Pilger und fiel auf seine Knie, um zu beten.
Da drang durch die Äste ein langer Strahl zu seinen Augen, und
er sah durch den Strahl in eine ferne, kleine, wundersame

Herrlichkeit hinein, welche nicht zu beschreiben, noch kunst-
reich mit Farben nachzubilden möglich gewesen wäre. Es waren
überaus feine Figuren, und die innigste Lust und Freude, ja eine
himmlische Glückseligkeit war darin überall zu schauen, sogar
daß die leblosen Gefäße, das Säulwerk, die Teppiche, Zieraten,
kurzum alles, was zu sehn war, nicht gemacht, sondern wie ein
vollsaftiges Kraut aus eigner Lustbegierde also gewachsen und
zusammengekommen zu sein schien. Es waren die schönsten
menschlichen Gestalten, die dazwischen umhergingen und sich
über die Maßen freundlich und holdselig gegeneinander erzeig-
ten. Ganz vorn stand die Geliebte des Pilgers, und hatt es das
Ansehn, als wolle sie mit ihm sprechen. Doch war nichts zu
hören, und betrachtete der Pilger nur mit tiefer Sehnsucht ihre
anmutigen Züge und wie sie so freundlich und lächelnd ihm
zuwinkte und die Hand auf ihre linke Brust legte. Der Anblick
war unendlich tröstend und erquickend, und der Pilger lag noch
lang in seliger Entzückung, als die Erscheinung wieder hin-
weggenommen war. Der heilige Strahl hatte alle Schmerzen und
Bekümmernisse aus seinem Herzen gesogen, so daß sein Gemüt
wieder rein und leicht und sein Geist wieder frei und fröhlich
war wie vordem. Nichts war übriggeblieben als ein stilles inniges
Sehnen und ein wehmütiger Klang im Allerinnersten. Aber die
wilden Qualen der Einsamkeit, die herbe Pein eines unsäglichen
Verlustes, die trübe, entsetzliche Leere, die irdische Ohnmacht
war gewichen, und der Pilgrim sah sich wieder in einer vollen,
bedeutsamen Welt. Stimme und Sprache waren wieder lebendig
bei ihm geworden, und es dünkte ihm nunmehr alles viel be-
kannter und weissagender als ehemals, so daß ihm der Tod wie
eine höhere Offenbarung des Lebens erschien und er sein eignes,
schnell vorübergehendes Dasein mit kindlicher, heitrer Rüh-
rung betrachtete. Zukunft und Vergangenheit hatten sich in
ihm berührt und einen innigen Verein geschlossen. Er stand weit
außer der Gegenwart, und die Welt ward ihm erst teuer, wie
er sie verloren hatte und sich nur als Fremdling in ihr fand, der
ihre weiten, bunten Säle noch eine kurze Weile durchwandern
sollte. Es war Abend geworden, und die Erde lag vor ihm wie

ein altes, liebes Wohnhaus, was er nach langer Entfernung
verlassen wiederfände. Tausend Erinnerungen wurden ihm
gegenwärtig. Jeder Stein, jeder Baum, jede Anhöhe wollte
wiedergekannt sein. Jedes war das Merkmal einer alten Ge-
schichte.

Der Pilger ergriff seine Laute und sang:

> „Liebeszähren, Liebesflammen,
> Fließt zusammen;
> Heiligt diese Wunderstätten,
> Wo der Himmel mir erschienen,
> Schwärmt um diesen Baum wie Bienen
> In unzähligen Gebeten.
>
> Er hat froh sie aufgenommen,
> Als sie kommen,
> Sie geschützt vor Ungewittern;
> Sie wird einst in ihrem Garten
> Ihn begießen und ihn warten,
> Wunder tun mit seinen Splittern.
>
> Auch der Felsen ist gesunken
> Freudentrunken
> Zu der sel'gen Mutter Füßen.
> Ist die Andacht auch in Steinen,
> Sollte da der Mensch nicht weinen
> Und sein Blut für sie vergießen?
>
> Die Bedrängten müssen ziehen
> Und hier knien,
> Alle werden hier genesen.
> Keiner wird fortan noch klagen,
> Alle werden fröhlich sagen:
> ,Einst sind wir betrübt gewesen.'

Ernste Mauern werden stehen
Auf den Höhen.
In den Tälern wird man rufen,
Wenn die schwersten Zeiten kommen:
,Keinem sei das Herz beklommen,
Nur hinan zu jenen Stufen.'

Gottes Mutter und Geliebte,
Der Betrübte
Wandelt nun verklärt von hinnen.
Ew'ge Güte, ew'ge Milde,
Oh! ich weiß, du bist Mathilde
Und das Ziel von meinem Sinnen.

Ohne mein verwegnes Fragen
Wirst mir sagen,
Wenn ich zu dir soll gelangen.
Gern will ich in tausend Weisen
Noch der Erde Wunder preisen,
Bis du kommst, mich zu umfangen.

Alte Wunder, künftige Zeiten,
Seltsamkeiten,
Weichet nie aus meinem Herzen.
Unvergeßlich sei die Stelle,
Wo des Lichtes heil'ge Quelle
Weggespült den Traum der Schmerzen."

Unter seinem Gesang war er nichts gewahr worden. Wie er
aber aufsah, stand ein junges Mädchen nah bei ihm am Felsen,
die ihn freundlich wie einen alten Bekannten grüßte und ihn
einlud, mit zu ihrer Wohnung zu gehn, wo sie ihm schon ein
Abendessen zubereitet habe. Er schloß sie zärtlich in seinen
Arm. Ihr ganzes Wesen und Tun war ihm befreundet. Sie bat
ihn, noch einige Augenblicke zu verziehn, trat unter den Baum,
sah mit einem unaussprechlichen Lächeln hinauf und schüttete
aus ihrer Schürze viele Rosen auf das Gras. Sie kniete still

daneben, stand aber bald wieder auf und führte den Pilger fort. „Wer hat dir von mir gesagt?" frug der Pilgrim. „Unsre Mutter." — „Wer ist deine Mutter?" — „Die Mutter Gottes." — „Seit wann bist du hier?" — „Seitdem ich aus dem Grabe gekommen bin." — „Warst du schon einmal gestorben?" — „Wie könnt ich denn leben?" — „Lebst du hier ganz allein?" — „Ein alter Mann ist zu Hause, doch kenn ich noch viele, die gelebt haben." — „Hast du Lust, bei mir zu bleiben?" — „Ich habe dich ja lieb." — „Woher kennst du mich?" — „Oh! von alten Zeiten; auch erzählte mir meine ehemalige Mutter zeither immer von dir." — „Hast du noch eine Mutter?" — „Ja, aber es ist eigentlich dieselbe." — „Wie hieß sie?" — „Maria." — „Wer war dein Vater?" — „Der Graf von Hohenzollern." — „Den kenn ich auch." — „Wohl mußt du ihn kennen, denn er ist auch dein Vater." — „Ich habe ja meinen Vater in Eisenach." — „Du hast mehr Eltern." — „Wo gehn wir denn hin?" — „Immer nach Hause."

Sie waren jetzt auf einen geräumigen Platz im Holze ge-kommen, auf welchem einige verfallne Türme hinter tiefen Gräben standen. Junges Gebüsch schlang sich um die alten Mauern wie ein jugendlicher Kranz um das Silberhaupt eines Greises. Man sah in die Unermeßlichkeit der Zeiten und erblickte die weitesten Geschichten in kleine glänzende Minu-ten zusammengezogen, wenn man die grauen Steine, die blitz-ähnlichen Risse und die hohen, schaurigen Gestalten betrach-tete. So zeigt uns der Himmel unendliche Räume in dunkles Blau gekleidet und wie milchfarbne Schimmer, so unschuldig wie die Wangen eines Kindes, die fernsten Heere seiner schweren ungeheuren Welten. Sie gingen durch ein altes Tor-weg, und der Pilger war nicht wenig erstaunt, als er sich nun von lauter seltenen Gewächsen umringt und die Reize des anmutigsten Gartens unter diesen Trümmern versteckt sah. Ein kleines steinernes Häuschen von neuer Bauart mit großen hellen Fenstern lag dahinter. Dort stand ein alter Mann hinter den breitblättrigen Stauden und band die schwanken Zweige an Stäbchen. Den Pilgrim führte seine Begleiterin zu ihm und

sagte: „Hier ist Heinrich, nach dem du mich oft gefragt hast."
Wie sich der Alte zu ihm wandte, glaubte Heinrich den Berg-
mann vor sich zu sehn. „Du siehst den Arzt Sylvester", sagte
das Mädchen. Sylvester freute sich, ihn zu sehn, und sprach: „Es
ist eine geraume Zeit her, daß ich deinen Vater ebenso jung bei
mir sah. Ich ließ es mir damals angelegen sein, ihn mit den
Schätzen der Vorwelt, mit der kostbaren Hinterlassenschaft
einer zu früh abgeschiedenen Welt bekannt zu machen. Ich
bemerkte in ihm die Anzeichen eines großen Bildkünstlers. Sein
Auge regte sich voll Lust, ein wahres Auge, ein schaffendes
Werkzeug zu werden. Sein Gesicht zeugte von innrer Festigkeit
und ausdauerndem Fleiß. Aber die gegenwärtige Welt hatte zu
tiefe Wurzeln schon bei ihm geschlagen. Er wollte nicht
Achtung geben auf den Ruf seiner eigensten Natur. Die trübe
Strenge seines vaterländischen Himmels hatte die zarten Spit-
zen der edelsten Pflanze in ihm verdorben. Er ward ein ge-
schickter Handwerker, und die Begeisterung ist ihm zur Torheit
geworden."

„Wohl", versetzte Heinrich, „hab ich in ihm oft mit
Schmerzen einen stillen Mißmut bemerkt. Er arbeitet unauf-
hörlich aus Gewohnheit und nicht aus innrer Lust. Es scheint
ihm etwas zu fehlen, was die friedliche Stille seines Lebens, die
Bequemlichkeiten seines Auskommens, die Freude, sich geehrt
und geliebt von seinen Mitbürgern zu sehn und in allen Stadt-
angelegenheiten zu Rate gezogen zu werden, ihm nicht ersetzen
kann. Seine Bekannten halten ihn für sehr glücklich, aber sie
wissen nicht, wie lebenssatt er ist, wie leer ihm oft die Welt
vorkommt, wie sehnlich er sich hinwegwünscht und wie er nicht
aus Erwerblust, sondern um diese Stimmung zu verscheuchen,
so fleißig arbeitet."

„Was mich am meisten wundert", versetzte Sylvester, „daß
er Eure Erziehung ganz in den Händen Eurer Mutter gelassen
hat und sorgfältig sich gehütet, in Eure Entwicklung sich zu
mischen oder Euch zu irgendeinem bestimmten Stande an-
zuhalten. Ihr habt von Glück zu sagen, daß Ihr habt auf-
wachsen dürfen, ohne von Euren Eltern die mindeste Be-

schränkung zu leiden, denn die meisten Menschen sind nur Überbleibsel eines vollen Gastmahls, das Menschen von verschiedenem Appetit und Geschmack geplündert haben."

„Ich weiß selbst nicht", erwiderte Heinrich, „was Erziehung heißt, wenn es nicht das Leben und die Sinnesweise meiner Eltern ist oder der Unterricht meines Lehrers, des Hofkaplans. Mein Vater scheint mir, bei aller seiner kühlen und durchaus festen Denkungsart, die ihn alle Verhältnisse wie ein Stück Metall und eine künstliche Arbeit ansehn läßt, doch unwillkürlich und ohne es daher selbst zu wissen, eine stille Ehrfurcht und Gottesfurcht vor allen unbegreiflichen und höhern Erscheinungen zu haben und daher das Aufblühen eines Kindes mit demütiger Selbstverleugnung zu betrachten. Ein Geist ist hier geschäftig, der frisch aus der unendlichen Quelle kommt, und dieses Gefühl der Überlegenheit eines Kindes in den allerhöchsten Dingen, der unwiderstehliche Gedanke einer nähern Führung dieses unschuldigen Wesens, das jetzt im Begriff steht, eine so bedenkliche Laufbahn anzutreten bei seinen nähern Schritten, das Gepräge einer wunderbaren Welt, was noch keine irdische Flut unkenntlich gemacht hat, und endlich die Sympathie der Selbsterinnerung jener fabelhaften Zeiten, wo die Welt uns heller, freundlicher und seltsamer dünkte und der Geist der Weissagung fast sichtbar uns begleitete, alles dies hat meinen Vater gewiß zu der andächtigsten und bescheidensten Behandlung vermocht."

„Laß uns hieher auf die Rasenbank unter die Blumen setzen", unterbrach ihn der Alte. „Cyane wird uns rufen, wenn unser Abendessen bereit ist, und wenn ich Euch bitten darf, so fahrt fort, mir von Eurem frühern Leben etwas zu erzählen. Wir Alten hören am liebsten von den Kinderjahren reden, und es dünkt mich, als ließt Ihr mich den Duft einer Blume einziehn, den ich seit meiner Kindheit nicht wieder eingeatmet hätte. Nur sagt mir noch vorher, wie Euch meine Einsiedelei und mein Garten gefällt, denn diese Blumen sind meine Freundinnen. Mein Herz ist in diesem Garten. Ihr seht nichts, was mich nicht liebt und von mir nicht zärtlich geliebt wird. Ich bin hier mitten

unter meinen Kindern und komme mir vor wie ein alter Baum, aus dessen Wurzeln diese muntre Jugend ausgeschlagen sei."

„Glücklicher Vater", sagte Heinrich, „Euer Garten ist die Welt. Ruinen sind die Mütter dieser blühenden Kinder. Die bunte, lebendige Schöpfung zieht ihre Nahrung aus den Trümmern vergangner Zeiten. Aber mußte die Mutter sterben, daß die Kinder gedeihen können, und bleibt der Vater zu ewigen Tränen allein an ihrem Grabe sitzen?"

Sylvester reichte dem schluchzenden Jünglinge die Hand und stand auf, um ihm ein eben aufgeblühtes Vergißmeinnicht zu holen, das er an einen Zypressenzweig band und ihm brachte. Wunderlich rührte der Abendwind die Wipfel der Kiefern, die jenseits den Ruinen standen. Ihr dumpfes Brausen tönte herüber. Heinrich verbarg sein Gesicht in Tränen an dem Halse des guten Sylvester, und wie er sich wieder erhob, trat eben der Abendstern in voller Glorie über den Wald herüber.

Nach einiger Stille fing Sylvester an: „Ich möcht Euch wohl in Eisenach unter Euren Gespielen gesehn haben. Eure Eltern, die vortreffliche Landgräfin, die biedern Nachbarn Eures Vaters und der alte Hofkaplan machen eine schöne Gesellschaft aus. Ihre Gespräche müssen frühzeitig auf Euch gewürkt haben, besonders da Ihr das einzige Kind wart. Auch stell ich mir die Gegend äußerst anmutig und bedeutsam vor."

„Ich lerne", versetzte Heinrich, „meine Gegend erst recht kennen, seit ich weg bin und viele andre Gegenden gesehn habe. Jede Pflanze, jeder Baum, jeder Hügel und Berg hat seinen besondern Gesichtskreis, seine eigentümliche Gegend. Sie gehört zu ihm, und sein Bau, seine ganze Beschaffenheit wird durch sie erklärt. Nur das Tier und der Mensch können zu allen Gegenden kommen; alle Gegenden sind die ihrigen. So machen alle zusammen eine große Weltgegend, einen unendlichen Gesichtskreis aus, dessen Einfluß auf den Menschen und das Tier ebenso sichtbar ist wie der Einfluß der engern Umgebung auf die Pflanze. Daher Menschen, die viel gereist sind, Zugvögel und Raubtiere unter den übrigen sich durch besondern Verstand und andre wunderbare Gaben und Arten auszeichnen. Doch

gibt es auch gewiß mehr oder weniger Fähigkeit unter ihnen, von diesen Weltkreisen und ihrem mannigfaltigen Inhalt und Ordnung gerührt und gebildet zu werden. Auch fehlt bei den Menschen wohl manchen die nötige Aufmerksamkeit und Gelassenheit, um den Wechsel der Gegenstände und ihre Zusammenstellung erst gehörig zu betrachten und dann darüber nachzudenken und die nötigen Vergleichungen anzustellen. Oft fühl ich jetzt, wie mein Vaterland meine frühsten Gedanken mit unvergänglichen Farben angehaucht hat und sein Bild eine seltsame Andeutung meines Gemüts geworden ist, die ich immer mehr errate, je tiefer ich einsehe, daß Schicksal und Gemüt Namen *eines* Begriffs sind." — „Auf mich", sagte Sylvester, „hat freilich die lebendige Natur, die regsame Überkleidung der Gegend immer am meisten gewirkt. Ich bin nicht müde geworden, besonders die verschiedene Pflanzennatur auf das sorgfältigste zu betrachten. Die Gewächse sind so die unmittelbarste Sprache des Bodens. Jedes neue Blatt, jede sonderbare Blume ist irgendein Geheimnis, was sich hervordrängt und das, weil es sich vor Liebe und Lust nicht bewegen und nicht zu Worten kommen kann, eine stumme, ruhige Pflanze wird. Findet man in der Einsamkeit eine solche Blume, ist es da nicht, als wäre alles umher verklärt und hielten sich die kleinen befiederten Töne am liebsten in ihrer Nähe auf? Man möchte für Freuden weinen und abgesondert von der Welt nur seine Hände und Füße in die Erde stecken, um Wurzeln zu treiben und nie diese glückliche Nachbarschaft zu verlassen. Über die ganze trockne Welt ist dieser grüne, geheimnisvolle Teppich der Liebe gezogen. Mit jedem Frühjahr wird er erneuert, und seine seltsame Schrift ist nur dem Geliebten lesbar, wie der Blumenstrauß des Orients. Ewig wird er lesen und sich nicht satt lesen und täglich neue Bedeutungen, neue entzückendere Offenbarungen der liebenden Natur gewahr werden. Dieser unendliche Genuß ist der geheime Reiz, den die Begehung der Erdfläche für mich hat, indem mir jede Gegend andre Rätsel löst und mich immer mehr erraten läßt, woher der Weg komme und wohin er gehe."

„Ja", sagte Heinrich, „wir haben von Kinderjahren an-
gefangen zu reden und von der Erziehung, weil wir in Eurem
Garten waren und die eigentliche Offenbarung der Kindheit,
die unschuldige Blumenwelt, unmerklich in unser Gedächtnis
und auf unsre Lippen die Erinnerung der alten Blumenschaft
brachte. Mein Vater ist auch ein großer Freund des Garten-
lebens, und die glücklichsten Stunden seines Lebens bringt er
unter den Blumen zu. Dies hat auch gewiß seinen Sinn für die
Kinder so offen erhalten, da Blumen die Ebenbilder der Kinder
sind. Den vollen Reichtum des unendlichen Lebens, die ge-
waltigen Mächte der spätern Zeit, die Herrlichkeit des Welt-
endes und die goldne Zukunft aller Dinge sehn wir hier noch
innig ineinandergeschlungen, aber doch auf das deutlichste und
klarste in zarter Verjüngung. Schon treibt die allmächtige
Liebe, aber sie zündet noch nicht. Es ist keine verzehrende
Flamme; es ist ein zerrinnender Duft, und so innig die Ver-
einigung der zärtlichen Seelen auch ist, so ist sie doch von keiner
heftigen Bewegung und keiner fressenden Wut begleitet wie bei
den Tieren. So ist die Kindheit in der Tiefe zunächst an der
Erde, da hingegen die Wolken vielleicht die Erscheinungen der
zweiten, höhern Kindheit, des wiedergefundnen Paradieses
sind und darum so wohltätig auf die erstere heruntertauen."

„Es ist gewiß etwas sehr Geheimnisvolles in den Wolken",
sagte Sylvester, „und eine gewisse Bewölkung hat oft einen ganz
wunderbaren Einfluß auf uns. Sie ziehn und wollen uns mit
ihren kühlen Schatten auf und davon nehmen, und wenn ihre
Bildung lieblich und bunt wie ein ausgehauchter Wunsch unsers
Innern ist, so ist auch ihre Klarheit, das herrliche Licht, was
dann auf Erden herrscht, wie die Vorbedeutung einer un-
bekannten, unsäglichen Herrlichkeit. Aber es gibt auch düstre
und ernste und entsetzliche Umwölkungen, in denen alle
Schrecken der alten Nacht zu drohen scheinen. Nie scheint sich
der Himmel wieder aufheitern zu wollen, das heitre Blau ist
vertilgt, und ein fahles Kupferrot auf schwarzgrauem Grunde
weckt Grauen und Angst in jeder Brust. Wenn dann die ver-
derblichen Strahlen herunterzucken und mit höhnischem Ge-

lächter die schmetternden Donnerschläge hinterdreinfallen, so werden wir bis ins Innerste beängstigt, und wenn in uns dann nicht das erhabene Gefühl unsrer sittlichen Obermacht entsteht, so glauben wir den Schrecknissen der Hölle, der Gewalt böser Geister überliefert zu sein.

Es sind Nachhalle der alten unmenschlichen Natur, aber auch weckende Stimmen der höhern Natur, des himmlischen Gewissens in uns. Das Sterbliche dröhnt in seinen Grundvesten, aber das Unsterbliche fängt heller zu leuchten an und erkennt . sich selbst."

„Wann wird es doch", sagte Heinrich, „gar keiner Schrecken, keiner Schmerzen, keiner Not und keines Übels mehr im Weltall bedürfen?"

„Wenn es nur *eine* Kraft gibt — die Kraft des Gewissens. — Wenn die Natur züchtig und sittlich geworden ist. Es gibt nur *eine* Ursache des Übels — die allgemeine *Schwäche,* und diese Schwäche ist nichts als geringe sittliche Empfänglichkeit und Mangel an Reiz der Freiheit."

„Macht mir doch die Natur des Gewissens begreiflich."

„Wenn ich das könnte, so wär ich Gott, denn indem man das Gewissen begreift, entsteht es. Könnt Ihr mir das Wesen der Dichtkunst begreiflich machen?"

„Etwas Persönliches läßt sich nicht bestimmt abfragen."

„Wieviel weniger also das Geheimnis der höchsten Unteilbarkeit. Läßt sich Musik dem Tauben erklären?"

„Also wäre der Sinn ein Anteil an der neuen, durch ihn eröffneten Welt selbst? Man verstünde die Sache nur, wenn man sie hätte?"

„Das Weltall zerfällt in unendliche, immer von größern Welten wieder befaßte Welten. Alle Sinne sind am Ende *ein* Sinn. *Ein* Sinn führt wie *eine* Welt allmählich zu allen Welten. Aber alles hat seine Zeit und seine Weise. Nur die Person des Weltalls vermag das Verhältnis unsrer Welt einzusehn. Es ist schwer zu sagen, ob wir innerhalb der sinnlichen Schranken unsers Körpers wirklich unsre Welt mit neuen Welten, unsre Sinne mit neuen Sinnen vermehren können oder ob jeder Zu-

wachs unsrer Erkenntnis, jede neuerworbene Fähigkeit nur zur
Ausbildung unsers gegenwärtigen Weltsinns zu rechnen ist."

„Vielleicht ist beides *eins*", sagte Heinrich. „Ich weiß nur so
viel, daß für mich die Fabel Gesamtwerkzeug meiner gegen-
wärtigen Welt ist. Selbst das Gewissen, diese Sinn und Welten
erzeugende Macht, dieser Keim aller Persönlichkeit, erscheint
mir wie der Geist des Weltgedichts, wie der Zufall der ewigen
romantischen Zusammenkunft, des unendlich veränderlichen
Gesamtlebens."

„Werter Pilger", versetzte Sylvester, „das Gewissen er-
scheint in jeder ernsten Vollendung, in jeder gebildeten Wahr-
heit. Jede durch Nachdenken zu einem Weltbild ausgearbeitete
Neigung und Fertigkeit wird zu einer Erscheinung, zu einer
Verwandlung des Gewissens. Alle Bildung führt zu dem, was
man nicht anders wie Freiheit nennen kann, ohnerachtet damit
nicht ein bloßer Begriff, sondern der schaffende Grund alles
Daseins bezeichnet werden soll. Diese Freiheit ist Meister-
schaft. Der Meister übt freie Gewalt nach Absicht und in
bestimmter und überdachter Folge aus. Die Gegenstände seiner
Kunst sind sein und stehn in seinem Belieben, und er wird von
ihnen nicht gefesselt oder gehemmt. Und gerade diese allum-
fassende Freiheit, Meisterschaft oder Herrschaft ist das Wesen,
der Trieb des Gewissens. In ihm offenbart sich die heilige
Eigentümlichkeit, das unmittelbare Schaffen der Persönlich-
keit, und jede Handlung des Meisters ist zugleich Kundwerdung
der hohen, einfachen, unverwickelten Welt — Gottes Wort."

„Also ist auch das, was ehemals, wie mich deucht, Tugend-
lehre genannt wurde, nur die Religion, als Wissenschaft, die
sogenannte Theologie im eigentlichsten Sinn? Nur eine Gesetz-
ordnung, die sich zur Gottesverehrung verhält wie die Natur
zu Gott? Ein Wortbau, eine Gedankenfolge, die die Oberwelt
bezeichnet, vorstellt und sie auf einer gewissen Stufe der Bil-
dung vertritt? Die Religion für das Vermögen der Einsicht und
des Urteils, der Richtspruch, das Gesetz der Auflösung und
Bestimmung aller möglichen Verhältnisse eines persönlichen
Wesens?"

„Allerdings ist das Gewissen", sagte Sylvester, „der ein-
geborne Mittler jedes Menschen. Es vertritt die Stelle Gottes
auf Erden und ist daher so vielen das Höchste und Letzte.
Aber wie entfernt war die bisherige Wissenschaft, die man
Tugend- oder Sittenlehre nannte, von der reinen Gestalt die-
ses erhabenen, weitumfassenden persönlichen Gedankens. Das
Gewissen ist der Menschen eigenstes Wesen in voller Verklä-
rung, der himmlische Urmensch. Es ist nicht dies und jenes, es
gebietet nicht in allgemeinen Sprüchen, es besteht nicht aus
einzelnen Tugenden. Es gibt nur *eine* Tugend — den reinen,
ernsten Willen, der im Augenblick der Entscheidung unmit-
telbar sich entschließt und wählt. In lebendiger, eigentümlicher
Unteilbarkeit bewohnt es und beseelt es das zärtliche Sinnbild
des menschlichen Körpers und vermag alle geistigen Glied-
maßen in die wahrhafteste Tätigkeit zu versetzen."

„Oh! trefflicher Vater", unterbrach ihn Heinrich, „mit
welcher Freude erfüllt mich das Licht, was aus Euren Worten
ausgeht. Also ist der wahre Geist der Fabel eine freundliche
Verkleidung des Geistes der Tugend und der eigentliche Zweck
der untergeordneten Dichtkunst, die Regsamkeit des höchsten,
eigentümlichsten Daseins. Eine überraschende Selbstheit ist
zwischen einem wahrhaften Liede und einer edeln Handlung.
Das müßige Gewissen in einer glatten, nicht widerstehenden
Welt wird zum fesselnden Gespräch, zur alleserzählenden
Fabel. In den Fluren und Hallen dieser Urwelt lebt der Dichter,
und die Tugend ist der Geist seiner irdischen Bewegungen und
Einflüsse. So wie diese die unmittelbar wirkende Gottheit unter
den Menschen und das wunderbare Widerlicht der höhern Welt
ist, so ist es auch die Fabel. Wie sicher kann nun der Dichter
den Eingebungen seiner Begeisterung oder, wenn auch er einen
höhern überirdischen Sinn hat, höheren Wesen folgen und sich
seinem Berufe mit kindlicher Demut überlassen. Auch in ihm
redet die höhere Stimme des Weltalls und ruft mit bezaubernden
Sprüchen in erfreulichere, bekanntere Welten. Wie sich die
Religion zur Tugend verhält, so die Begeisterung zur Fabellehre,
und wenn in heiligen Schriften die Geschichten der Offen-

barung aufbehalten sind, so bildet in den Fabellehren das Leben
einer höhern Welt sich in wunderbar entstandnen Dichtungen
auf mannigfache Weise ab. Fabel und Geschichte begleiten sich
in den innigsten Beziehungen auf den verschlungensten Pfaden
und in den seltsamsten Verkleidungen, und die Bibel und die
Fabellehre sind Sternbilder *eines* Umlaufs."

„Ihr redet völlig wahr", sagte Sylvester, „und nun wird es
Euch wohl begreiflich sein, daß die ganze Natur nur durch den
Geist der Tugend besteht und immer beständiger werden soll.
Er ist das allzündende, allbelebende Licht innerhalb der ir-
dischen Umfassung. Vom Sternhimmel, diesem erhabenen Dom
des Steinreichs, bis zu dem krausen Teppich einer bunten Wiese
wird alles durch ihn erhalten, durch ihn mit uns verknüpft und
uns verständlich gemacht und durch ihn die unbekannte Bahn
der unendlichen Naturgeschichte bis zur Verklärung fortgelei-
tet."

„Ja, und Ihr habt vorher so schön für mich die Tugend an
die Religion angeschlossen. Alles, was die Erfahrung und die
irdische Wirksamkeit begreift, macht den Bezirk des Gewissens
aus, welches diese Welt mit höhern Welten verbindet. Bei
höhern Sinnen entsteht Religion, und was vorher unbegreifliche
Notwendigkeit unserer innersten Natur schien, ein Allgesetz
ohne bestimmten Inhalt, wird nun zu einer wunderbaren, ein-
heimischen, unendlich mannigfaltigen und durchaus befrie-
digenden Welt, zu einer unbegreiflich innigen Gemeinschaft
aller Seligen in Gott und zur vernehmlichen, vergötternden
Gegenwart des allerpersönlichsten Wesens oder seines Willens,
seiner Liebe in unserm tiefsten Selbst."

„Die Unschuld Eures Herzens macht Euch zum Propheten",
erwiderte Sylvester. „Euch wird alles verständlich werden, und
die Welt und ihre Geschichte verwandelt sich Euch in die
Heilige Schrift, so wie Ihr an der Heiligen Schrift das große
Beispiel habt, wie in einfachen Worten und Geschichten das
Weltall offenbart werden kann; wenn auch nicht geradezu, doch
mittelbar durch Anregung und Erweckung höherer Sinne.
Mich hat die Beschäftigung mit der Natur dahin geführt,

wohin Euch die Lust und Begeisterung der Sprache gebracht
hat. Kunst und Geschichte hat mich die Natur kennen gelehrt.
Meine Eltern wohnten in Sizilien unweit dem weltberühmten
Berge Ätna. Ein bequemes Haus von vormaliger Bauart,
welches, verdeckt von uralten Kastanienbäumen, dicht an den
felsigen Ufern des Meers die Zierde eines mit mannigfaltigen
Gewächsen besetzten Gartens ausmachte, war ihre Wohnung.
In der Nähe lagen viele Hütten, in denen sich Fischer, Hirten
und Winzer aufhielten. Unsre Kammern und Keller waren mit
allem, was das Leben erhält und erhöht, reichlich versehn, und
unser Hausgeräte ward durch wohlerdachte Arbeit auch den
verborgenen Sinnen angenehm. Es fehlte auch sonst nicht an
mannigfaltigen Gegenständen, deren Betrachtung und Ge-
brauch das Gemüt über das gewöhnliche Leben und seine
Bedürfnisse erhoben und es zu einem angemessenern Zustande
vorzubereiten, ihm den lautern Genuß seiner vollen eigen-
tümlichen Natur zu versprechen und zu gewähren schienen.
Man sah steinerne Menschenbilder, mit Geschichten bemalte
Gefäße, kleinere Steine mit den deutlichsten Figuren und andre
Gerätschaften mehr, die aus andern und erfreulicheren Zeiten
zurückgeblieben sein mochten. Auch lagen in Fächern über-
einander viele Pergamentrollen, auf denen in langen Reihen
Buchstaben die Kenntnisse und Gesinnungen, die Geschichten
und Gedichte jener Vergangenheit in anmutigen und künst-
lichen Ausdrücken bewahrt standen. Der Ruf meines Vaters,
den er sich als ein geschickter Sterndeuter zuwege brachte, zog
ihm zahlreiche Anfragen und Besuche, selbst aus entlegenern
Ländern, zu, und da das Vorwissen der Zukunft den Menschen
eine sehr seltne und köstliche Gabe dünkt, so glaubten sie ihre
Mitteilungen gut belohnen zu müssen, so daß mein Vater durch
die erhaltnen Geschenke in den Stand gesetzt wurde, die Kosten
seiner bequemen und genußreichen Lebensart hinreichend
bestreiten zu können."

TIECKS BERICHT ÜBER
DIE FORTSETZUNG

Weiter ist der Verfasser nicht in Ausarbeitung dieses zweiten Teils gekommen. Diesen nannte er „Die Erfüllung", so wie den ersten „Erwartung", weil hier alles aufgelöst und erfüllt werden sollte, was jener hatte ahnden lassen. Es war die Absicht des Dichters, nach Vollendung des „Ofterdingen" noch sechs Romane zu schreiben, in denen er seine Ansichten der Physik, des bürgerlichen Lebens, der Handlung, der Geschichte, der Politik und der Liebe, so wie im „Ofterdingen" der Poesie, niederlegen wollte. Ohne mein Erinnern wird der unterrichtete Leser sehn, daß der Verfasser sich in diesem Gedichte nicht genau an die Zeit oder an die Person jenes bekannten Minnesängers gebunden hat, obgleich alles an ihn und sein Zeitalter erinnern soll. Nicht nur für die Freunde des Verfassers, sondern für die Kunst selbst ist es ein unersetzlicher Verlust, daß er diesen Roman nicht hat beendigen können, dessen Originalität und große Absicht sich im zweiten Teile noch mehr als im ersten würde gezeigt haben. Denn es war ihm nicht darum zu tun, diese oder jene Begebenheit darzustellen, eine Seite der Poesie aufzufassen und sie durch Figuren und Geschichten zu erklären, sondern er wollte, wie auch schon im letzten Kapitel des ersten Teils bestimmt angedeutet ist, das eigentliche Wesen der Poesie aussprechen und ihre innerste Absicht erklären. Darum verwandelt sich Natur, Historie, der Krieg und das bürgerliche Leben mit seinen gewöhnlichsten Vorfällen in Poesie, weil diese der Geist ist, der alle Dinge belebt.

Ich will den Versuch machen, soviel es mir aus Gesprächen mit meinem Freunde erinnerlich ist und soviel ich aus seinen hinterlassenen Papieren ersehen kann, dem Leser einen Begriff

von dem Plan und dem Inhalte des zweiten Teiles dieses Werkes zu verschaffen.

Dem Dichter, welcher das Wesen seiner Kunst im Mittelpunkt ergriffen hat, erscheint nichts widersprechend und fremd, ihm sind die Rätsel gelöst, durch die Magie der Phantasie kann er alle Zeitalter und Welten verknüpfen, die Wunder verschwinden, und alles verwandelt sich in Wunder; so ist dieses Buch gedichtet, und besonders findet der Leser in dem Märchen, welches den ersten Teil beschließt, die kühnsten Verknüpfungen; hier sind alle Unterschiede aufgehoben, durch welche Zeitalter voneinander getrennt erscheinen und eine Welt der andern als feindselig begegnet. Durch dieses Märchen wollte sich der Dichter hauptsächlich den Übergang zum zweiten Teile machen, in welchem die Geschichte unaufhörlich aus dem Gewöhnlichsten in das Wundervollste überschweift und sich beides gegenseitig erklärt und ergänzt; der Geist, welcher den Prolog in Versen hält, sollte nach jedem Kapitel wiederkehren und diese Stimmung, diese wunderbare Ansicht der Dinge fortsetzen. Durch dieses Mittel blieb die unsichtbare Welt mit dieser sichtbaren in ewiger Verknüpfung. Dieser sprechende Geist ist die Poesie selber, aber zugleich der siderische Mensch, der mit der Umarmung Heinrichs und Mathildens geboren ist. In folgendem Gedichte, welches seine Stelle im „Ofterdingen" finden sollte, hat der Verfasser auf die leichteste Weise den innern Geist seiner Bücher ausgedrückt:

> Wenn nicht mehr Zahlen und Figuren
> Sind Schlüssel aller Kreaturen,
> Wenn die, so singen oder küssen,
> Mehr als die Tiefgelehrten wissen,
> Wenn sich die Welt ins freie Leben
> Und in die Welt wird zurückbegeben,
> Wenn dann sich wieder Licht und Schatten
> Zu echter Klarheit werden gatten
> Und man in Märchen und Gedichten
> Erkennt die ew'gen Weltgeschichten,

Dann fliegt vor *einem* geheimen Wort
Das ganze verkehrte Wesen fort.

Der Gärtner, welchen Heinrich spricht, ist derselbe alte
Mann, der schon einmal Ofterdingens Vater aufgenommen
hatte; das junge Mädchen, welche Cyane heißt, ist nicht sein
Kind, sondern die Tochter des Grafen von Hohenzollern, sie ist
aus dem Morgenlande gekommen, zwar früh, aber doch kann
sie sich ihrer Heimat erinnern, sie hat lange in Gebirgen, in
welchen sie von ihrer verstorbenen Mutter erzogen ist, ein
wunderliches Leben geführt; einen Bruder hat sie früh verloren,
einmal ist sie selbst in einem Grabgewölbe dem Tode sehr nahe
gewesen, aber hier hat sie ein alter Arzt auf eine seltsame Weise
vom Tode errettet. Sie ist heiter und freundlich und mit dem
Wunderbaren sehr vertraut. Sie erzählt dem Dichter seine
eigene Geschichte, als wenn sie dieselbe einst von ihrer Mutter
so gehört hätte. — Sie schickt ihn nach einem entlegenen Kloster,
dessen Mönche als eine Art von Geisterkolonie erscheinen, alles
ist hier wie eine mystische, magische Loge. Sie sind die Priester
des heiligen Feuers in jungen Gemütern. Er hört den fernen
Gesang der Brüder; in der Kirche selbst hat er eine Vision. Mit
einem alten Mönch spricht Heinrich über Tod und Magie, er
hat Ahndungen vom Tode und dem Stein der Weisen; er besucht
den Klostergarten und den Kirchhof; über den letztern findet
sich folgendes Gedicht:

Lobt doch unsre stillen Feste,
Unsre Gärten, unsre Zimmer,
Das bequeme Hausgeräte,
Unser Hab und Gut.
Täglich kommen neue Gäste,
Diese früh, die andern späte,
Auf den weiten Herden immer
Lodert neue Lebensglut.

Tausend zierliche Gefäße,
Einst betaut mit tausend Tränen,
Goldne Ringe, Sporen, Schwerter
Sind in unserm Schatz;
Viel Kleinodien und Juwelen
Wissen wir in dunkeln Höhlen,
Keiner kann den Reichtum zählen,
Zählt' er auch ohn Unterlaß.

Kinder der Vergangenheiten,
Helden aus den grauen Zeiten,
Der Gestirne Riesengeister,
Wunderlich gesellt,
Holde Frauen, ernste Meister,
Kinder und verlebte Greise
Sitzen hier in *einem* Kreise,
Wohnen in der alten Welt.

Keiner wird sich je beschweren,
Keiner wünschen fortzugehen,
Wer an unsern vollen Tischen
Einmal fröhlich saß.
Klagen sind nicht mehr zu hören,
Keine Wunder mehr zu sehen,
Keine Tränen abzuwischen;
Ewig läuft das Stundenglas.

Tiefgerührt von heil'ger Güte
Und versenkt in sel'ges Schauen
Steht der Himmel im Gemüte,
Wolkenloses Blau;
Lange fliegende Gewande
Tragen uns durch Frühlingsauen,
Und es weht in diesem Lande
Nie ein Lüftchen kalt und rauh.

Süßer Reiz der Mitternächte,
Stiller Kreis geheimer Mächte,
Wollust rätselhafter Spiele,
Wir nur kennen euch.
Wir nur sind am hohen Ziele,
Bald in Strom uns zu ergießen,
Dann in Tropfen zu zerfließen
Und zu nippen auch zugleich.

Uns ward erst die Liebe Leben;
Innig wie die Elemente
Mischen wir des Daseins Fluten,
Brausend Herz mit Herz.
Lüstern scheiden sich die Fluten,
Denn der Kampf der Elemente
Ist der Liebe höchstes Leben
Und des Herzens eignes Herz.

Leiser Wünsche süßes Plaudern
Hören wir allein und schauen
Immerdar in sel'ge Augen,
Schmecken nichts als Mund und Kuß.
Alles, was wir nur berühren,
Wird zu heißen Balsamfrüchten,
Wird zu weichen zarten Brüsten,
Opfern kühner Lust.

Immer wächst und blüht Verlangen,
Am Geliebten festzuhangen,
Ihn im Innern zu empfangen,
Eins mit ihm zu sein,
Seinem Durste nicht zu wehren,
Sich im Wechsel zu verzehren,
Voneinander sich zu nähren,
Voneinander nur allein.

So in Lieb und hoher Wollust
Sind wir immerdar versunken,
Seit der wilde trübe Funken
Jener Welt erlosch;
Seit der Hügel sich geschlossen
Und der Scheiterhaufen sprühte
Und dem schauernden Gemüte
Nun das Erdgesicht zerfloß.

Zauber der Erinnerungen,
Heil'ger Wehmut süße Schauer
Haben innig uns durchklungen,
Kühlen unsre Glut.
Wunden gibt's, die ewig schmerzen,
Eine göttlich tiefe Trauer
Wohnt in unser aller Herzen,
Löst uns auf in *eine* Flut.

Und in dieser Flut ergießen
Wir uns auf geheime Weise
In den Ozean des Lebens,
Tief in Gott hinein;
Und aus seinem Herzen fließen
Wir zurück zu unserm Kreise,
Und der Geist des höchsten Strebens
Taucht in unsre Wirbel ein.

Schüttelt eure goldnen Ketten
Mit Smaragden und Rubinen
Und die blanken saubern Spangen,
Blitz und Klang zugleich.
Aus des feuchten Abgrunds Betten,
Aus den Gräbern und Ruinen,
Himmelsrosen auf den Wangen,
Schwebt ins bunte Fabelreich.

Könnten doch die Menschen wissen,
Unsre künftigen Genossen,
Daß bei allen ihren Freuden
Wir geschäftig sind:
Jauchzend würden sie verscheiden,
Gern das bleiche Dasein missen —
Oh! die Zeit ist bald verflossen,
Kommt, Geliebte, doch geschwind!

Helft uns nur den Erdgeist binden,
Lernt den Sinn des Todes fassen
Und das Wort des Lebens finden;
Einmal kehrt euch um.
Deine Macht muß bald verschwinden,
Dein erborgtes Licht verblassen,
Werden dich in kurzem binden,
Erdgeist, deine Zeit ist um.

Dieses Gedicht war vielleicht wiederum ein Prolog zu einem zweiten Kapitel. Jetzt sollte sich eine ganz neue Periode des Werkes eröffnen, aus dem stillsten Tode sollte sich das höchste Leben hervortun; er hat unter Toten gelebt und selbst mit ihnen gesprochen, das Buch sollte fast dramatisch werden und der epische Ton gleichsam nur die einzelnen Szenen verknüpfen und leicht erklären. Heinrich befindet sich plötzlich in dem unruhigen Italien, das von Kriegen zerrüttet wird, er sieht sich als Feldherr an der Spitze eines Heeres. Alle Elemente des Krieges spielen in poetischen Farben; er überfällt mit einem flüchtigen Haufen eine feindliche Stadt, hier erscheint als Episode die Liebe eines vornehmen Pisaners zu einem florentinischen Mädchen. Kriegslieder. „Ein großer Krieg, wie ein Zweikampf, durchaus edel, philosophisch, human. Geist der alten Chevalerie. Ritterspiel. Geist der bacchischen Wehmut. — Die Menschen müssen sich selbst untereinander töten, das ist edler als durch das Schicksal fallen. Sie suchen den Tod. — Ehre, Ruhm ist des Kriegers Lust und Leben. Im Tode und als Schatten lebt

der Krieger. Todeslust ist Kriegergeist. — Auf Erden ist der
Krieg zu Hause. Krieg muß auf Erden sein." — In Pisa findet
Heinrich den Sohn des Kaisers Friedrich des Zweiten, der sein
vertrauter Freund wird. Auch nach Loreto kömmt er. Mehrere
Lieder sollten hier folgen.

Von einem Sturm wird der Dichter nach Griechenland ver-
schlagen. Die alte Welt mit ihren Helden und Kunstschätzen
erfüllt sein Gemüt. Er spricht mit einem Griechen über die
Moral. Alles wird ihm aus jener Zeit gegenwärtig, er lernt die
alten Bilder und die alte Geschichte verstehn. Gespräche über
die griechischen Staatsverfassungen; über Mythologie.

Nachdem Heinrich die Heldenzeit und das Altertum hat
verstehen lernen, kommt er nach dem Morgenlande, nach
welchem sich von Kindheit auf seine Sehnsucht gerichtet hatte.
Er besucht Jerusalem; er lernt orientalische Gedichte kennen.
Seltsame Begebenheiten mit den Ungläubigen halten ihn in
einsamen Gegenden zurück, er findet die Familie des morgen-
ländischen Mädchens (s. den I. T.); die dortige Lebensweise
einiger nomadischen Stämme. Persische Märchen. Erinnerun-
gen aus der ältesten Welt. Immer sollte das Buch unter den
verschiedensten Begebenheiten denselben Farbencharakter
behalten und an die blaue Blume erinnern; durchaus sollten
zugleich die entferntesten und verschiedenartigsten Sagen ver-
knüpft werden, griechische, orientalische, biblische und christ-
liche, mit Erinnerungen und Andeutungen der indischen wie der
nordischen Mythologie. Die Kreuzzüge. Das Seeleben. Heinrich
geht nach Rom. Die Zeit der römischen Geschichte.

Mit Erfahrungen gesättigt, kehrt Heinrich nach Deutschland
zurück. Er findet seinen Großvater, einen tiefsinnigen Cha-
rakter, Klingsohr ist in seiner Gesellschaft. Abendgespräche
mit den beiden.

Heinrich begibt sich an den Hof Friedrichs, er lernt den
Kaiser persönlich kennen. Der Hof sollte eine sehr würdige
Erscheinung machen, die Darstellung der besten, größten und
wunderbarsten Menschen aus der ganzen Welt versammelt,
deren Mittelpunkt der Kaiser selbst ist. Hier erscheint die

größte Pracht und die wahre große Welt. Deutscher Charakter und deutsche Geschichte werden deutlich gemacht. Heinrich spricht mit dem Kaiser über Regierung, über Kaisertum, dunkle Reden von Amerika und Ostindien. Die Gesinnungen eines Fürsten. Mystischer Kaiser. Das Buch „*De tribus impostoribus*".

Nachdem nun Heinrich auf eine neue und größere Weise als im ersten Teile, in der „*Erwartung*", wiederum die Natur, Leben und Tod, Krieg, Morgenland, Geschichte und Poesie erlebt und erfahren hat, kehrt er wie in eine alte Heimat in sein Gemüt zurück. Aus dem Verständnis der Welt und seiner selbst entsteht der Trieb zur Verklärung: die wunderbarste Märchenwelt tritt nun ganz nahe, weil das Herz ihrem Verständnis völlig geöffnet ist.

In der Manessischen Sammlung der Minnesinger finden wir einen ziemlich unverständlichen Wettgesang des Heinrich von Ofterdingen und Klingsohr mit andern Dichtern; statt dieses Kampfspieles wollte der Verfasser einen andern seltsamen poetischen Streit darstellen, den Kampf des guten und bösen Prinzips in Gesängen der Religion und Irreligion, die unsichtbare Welt der sichtbaren entgegengestellt. „In bacchischer Trunkenheit wetten die Dichter aus Enthusiasmus um den Tod." Wissenschaften werden poetisiert, auch die Mathematik streitet mit. Indianische Pflanzen werden besungen: indische Mythologie in neuer Verklärung.

Dieses ist der letzte Akt Heinrichs auf Erden, der Übergang zu seiner eignen Verklärung. Dieses ist die Auflösung des ganzen Werks, die *Erfüllung* des Märchens, welches den ersten Teil beschließt. Auf die übernatürlichste und zugleich natürlichste Weise wird alles erklärt und vollendet, die Scheidewand zwischen Fabel und Wahrheit, zwischen Vergangenheit und Gegenwart ist eingefallen: Glauben, Phantasie, Poesie schließen die innerste Welt auf.

Heinrich kommt in Sophiens Land, in eine Natur, wie sie sein könnte, in eine allegorische, nachdem er mit Klingsohr über einige sonderbare Zeichen und Ahndungen gesprochen hat.

Diese erwachen hauptsächlich bei einem alten Liede, welches
er zufällig singen hört, in welchem ein tiefes Wasser an einer
verborgenen Stelle beschrieben wird. Durch diesen Gesang
erwachen längstvergessene Erinnerungen, er geht nach dem
Wasser und findet einen kleinen goldenen Schlüssel, welchen
ihm vor Zeiten ein Rabe geraubt hatte und den er niemals hatte
wiederfinden können. Diesen Schlüssel hatte ihm bald nach
Mathildens Tode ein alter Mann gegeben mit dem Bedeuten,
er solle ihn zum Kaiser bringen, der würde ihm sagen, was damit
zu tun sei. Heinrich geht zum Kaiser, welcher hocherfreut ist
und ihm eine alte Urkunde gibt, in welcher geschrieben steht,
daß der Kaiser sie einem Manne zum Lesen geben sollte, welcher
ihm einst einen goldenen Schlüssel zufällig bringen würde, dieser
Mann würde an einem verborgenen Orte ein altes talismani-
sches Kleinod, einen Karfunkel, zur Krone finden, zu welchem
die Stelle noch leer gelassen sei. Der Ort selbst ist auch im
Pergament beschrieben. — Nach dieser Beschreibung macht sich
Heinrich auf den Weg nach einem Berge, er trifft unterwegs den
Fremden, der ihm und seinen Eltern zuerst von der blauen
Blume erzählt hatte, er spricht mit ihm über die Offenbarung.
Er geht in den Berg hinein, und Cyane folgt ihm treulich nach.

Bald kommt er in jenes wunderbare Land, in welchem Luft
und Wasser, Blumen und Tiere von ganz verschiedener Art
sind als in unsrer irdischen Natur. Zugleich verwandelt sich
das Gedicht stellenweise in ein Schauspiel. „Menschen, Tiere,
Pflanzen, Steine und Gestirne, Elemente, Töne, Farben,
kommen zusammen wie *eine* Familie, handeln und sprechen wie
ein Geschlecht." — „Blumen und Tiere sprechen über den
Menschen." — „Die Märchenwelt wird ganz sichtbar, die
wirkliche Welt selbst wird wie ein Märchen angesehn." Er
findet die blaue Blume, es ist Mathilde, die schläft und den
Karfunkel hat, ein kleines Mädchen, sein und Mathildens Kind,
sitzt bei einem Sarge und verjüngt ihn. — „Dieses Kind ist die
Urwelt, die goldne Zeit am Ende." — „Hier ist die christliche
Religion mit der heidnischen ausgesöhnt, die Geschichte des
Orpheus, der Psyche und andere werden besungen."

Heinrich pflückt die blaue Blume und erlöst Mathilden von ihrem Zauber, aber sie geht ihm wieder verloren, er erstarrt im Schmerz und wird ein Stein. „Edda (die blaue Blume, die Morgenländerin, Mathilde) opfert sich an dem Steine, er verwandelt sich in einen klingenden Baum. Cyane haut den Baum um und verbrennt sich mit ihm, er wird ein goldner Widder. Edda, Mathilde muß ihn opfern, er wird wieder ein Mensch. Während dieser Verwandlungen hat er allerlei wunderliche Gespräche."

Er ist glücklich mit Mathilden, die zugleich die Morgenländerin und Cyane ist. Das froheste Fest des Gemüts wird gefeiert. Alles Vorhergehende war Tod. Letzter Traum und Erwachen. „Klingsohr kömmt wieder als König von Atlantis. Heinrichs Mutter ist Phantasie, der Vater ist der Sinn, Schwaning ist der Mond, der Bergmann ist der Antiquar, auch zugleich das Eisen. Kaiser Friedrich ist Arktur. Auch der Graf von Hohenzollern und die Kaufleute kommen wieder." Alles fließt in eine Allegorie zusammen. Cyane bringt dem Kaiser den Stein, aber Heinrich ist nun selbst der Dichter aus jenem Märchen, welches ihm vordem die Kaufleute erzählten.

Das selige Land leidet nur noch von einer Bezauberung, indem es dem Wechsel der Jahreszeiten unterworfen ist, Heinrich zerstört das Sonnenreich. Mit einem großen Gedicht, wovon nur der Anfang aufgeschrieben ist, sollte das ganze Werk beschlossen werden.

Die Vermählung der Jahrszeiten

Tief in Gedanken stand der neue Monarch. Er gedachte
Jetzt des nächtlichen Traums, und der Erzählungen auch,
Als er zuerst von der himmlischen Blume gehört und, getroffen
Still von der Weissagung, mächtige Liebe gefühlt.
Noch dünkt ihm, er höre die tiefeindringende Stimme,
Eben verließe der Gast erst den geselligen Kreis,
Flüchtige Schimmer des Mondes erhellten die klappernden
 Fenster

Und in des Jünglings Brust tobe verzehrende Glut.
„Edda", sagte der König, „was ist des liebenden Herzens
Innigster Wunsch? was ist ihm der unsäglichste Schmerz?
Sag es, wir wollen ihm helfen, die Macht ist unser, und herrlich
Werde die Zeit, nun du wieder den Himmel beglückst." —
„Wären die Zeiten nicht so ungesellig, verbände
Zukunft mit Gegenwart und mit Vergangenheit sich,
Schlösse Frühling sich an Herbst, und Sommer an Winter,
Wäre zu spielendem Ernst Jugend mit Alter gepaart:
Dann, mein süßer Gemahl, versiegte die Quelle der Schmerzen,
Aller Empfindungen Wunsch wäre dem Herzen gewährt."
Also die Königin; freudig umschlang sie der schöne Geliebte:
„Ausgesprochen hast du wahrlich ein himmlisches Wort,
Was schon längst auf den Lippen der tiefer Fühlenden
 schwebte,
Aber den deinigen erst rein und gedeihlich entklang.
Führe man schnell den Wagen herbei, wir holen sie selber,
Erstlich die Zeiten des Jahrs, dann auch des Menschen-
 geschlechts."

 Sie fahren zur Sonne und holen zuerst den Tag, dann zur
Nacht, dann nach Norden, um den Winter, alsdann nach Süden,
um den Sommer zu finden, von Osten bringen sie den Frühling,
von Westen den Herbst. Dann eilen sie zur Jugend, dann zum
Alter, zur Vergangenheit, wie zur Zukunft.
 Dieses ist, was ich dem Leser aus meinen Erinnerungen und
aus einzelnen Worten und Winken in den Papieren meines
Freundes habe geben können. Die Ausarbeitung dieser großen
Aufgabe würde ein bleibendes Denkmal einer neuen Poesie
gewesen sein. Ich habe in dieser Anzeige lieber trocken und kurz
sein wollen, als in die Gefahr geraten, von meiner Phantasie
etwas hinzuzusetzen. Vielleicht rührt manchen Leser das Frag-
mentarische dieser Verse und Worte so wie mich, der nicht mit
einer andächtigern Wehmut ein Stückchen von einem zer-
trümmerten Bilde des Raffael oder Correggio betrachten würde.

 L. T.

BLÜTENSTAUB

Freunde, der Boden ist arm, wir müssen reichlichen Samen
Ausstreun, daß uns doch nur mäßige Ernten gedeihn.

[1] Wir suchen überall das Unbedingte und finden immer nur
Dinge.

[2] Die Bezeichnung durch Töne und Striche ist eine be-
wundernswürdige Abstraktion. Vier Buchstaben bezeichnen
mir Gott; einige Striche eine Million Dinge. Wie leicht wird hier
die Handhabung des Universums, wie anschaulich die Kon-
zentrizität der Geisterwelt! Die Sprachlehre ist die Dynamik
des Geisterreichs. Ein Kommandowort bewegt Armeen; das
Wort Freiheit Nationen.

[3] Der Weltstaat ist der Körper, den die schöne Welt, die
gesellige Welt, beseelt. Er ist ihr notwendiges Organ.

[4] Lehrjahre sind für den poetischen, akademische Jahre für
den philosophischen Jünger. Akademie sollte ein durchaus
philosophisches Institut sein: nur *eine* Fakultät; die ganze
Einrichtung zur Erregung und zweckmäßigen Übung der
Denkkraft organisiert.

[5] Lehrjahre im vorzüglichen Sinn sind die Lehrjahre, der
Kunst zu leben. Durch planmäßig geordnete Versuche lernt
man ihre Grundsätze kennen und erhält die Fertigkeit, nach
ihnen beliebig zu verfahren.

[6] Ganz begreifen werden wir uns nie, aber wir werden und
können uns weit mehr als begreifen.

[7] Gewisse Hemmungen gleichen den Griffen eines Flöten-spielers, der, um verschiedene Töne hervorzubringen, bald diese, bald jene Öffnungen zuhält und willkürliche Verkettungen stummer und tönender Öffnungen zu machen scheint.

[8] Der Unterschied zwischen Wahn und Wahrheit liegt in der Differenz ihrer Lebensfunktionen. Der Wahn lebt von der Wahrheit; die Wahrheit lebt ihr Leben in sich. Man vernichtet den Wahn, wie man Krankheiten vernichtet, und der Wahn ist also nichts als logische Entzündung oder Verlöschung, Schwär-merei und Philisterei. Jene hinterläßt gewöhnlich einen schein-baren Mangel an Denkkraft, der durch nichts zu heben ist, als eine abnehmende Reihe von Inzitamenten, Zwangsmitteln. Diese geht oft in eine trügliche Lebhaftigkeit über, deren ge-fährliche Revolutionssymptome nur durch eine zunehmende Reihe gewaltsamer Mittel vertrieben werden können. Beide Dispositionen können nur durch chronische, streng befolgte Kuren verändert werden.

[9] Unser sämtliches Wahrnehmungsvermögen gleicht dem Auge. Die Objekte müssen durch entgegengesetzte Media durch, um richtig auf der Pupille zu erscheinen.

[10] Die Erfahrung ist die Probe des Rationalen, und so umgekehrt. Die Unzulänglichkeit der bloßen Theorie in der Anwendung, über die der Praktiker oft kommentiert, findet sich gegenseitig in der rationalen Anwendung der bloßen Er-fahrung und wird von den echten Philosophen, jedoch mit Selbstbescheidung der Notwendigkeit dieses Erfolgs, vernehm-lich genug bemerkt. Der Praktiker verwirft deshalb die bloße Theorie ganz, ohne zu ahnden, wie problematisch die Beant-wortung der Frage sein dürfte: „Ob die Theorie für die An-wendung oder die Anwendung um der Theorie willen sei?"

[11] Das Höchste ist das Verständlichste, das Nächste, das Unentbehrlichste.

[12] Wunder stehn mit naturgesetzlichen Wirkungen in Wechsel: sie beschränken einander gegenseitig und machen zusammen ein Ganzes aus. Sie sind vereinigt, indem sie sich gegenseitig aufheben. Kein Wunder ohne Naturbegebenheit und umgekehrt.

[13] Die Natur ist Feindin ewiger Besitzungen. Sie zerstört nach festen Gesetzen alle Zeichen des Eigentums, vertilgt alle Merkmale der Formation. Allen Geschlechtern gehört die Erde; jeder hat Anspruch auf alles. Die Frühern dürfen diesem Primogeniturzufalle keinen Vorzug verdanken. — Das Eigentumsrecht erlischt zu bestimmten Zeiten. Die Amelioration und Deterioration steht unter unabänderlichen Bedingungen. Wenn aber der Körper ein Eigentum ist, wodurch ich nur die Rechte eines aktiven Erdenbürgers erwerbe, so kann ich durch den Verlust dieses Eigentums nicht mich selbst einbüßen. Ich verliere nichts als die Stelle in dieser Fürstenschule und trete in eine höhere Korporation, wohin mir meine geliebten Mitschüler nachfolgen.

[14] Leben ist der Anfang des Todes. Das Leben ist um des Todes willen. Der Tod ist Endigung und Anfang zugleich, Scheidung und nähere Selbstverbindung zugleich. Durch den Tod wird die Reduktion vollendet.

[15] *Auch die Philosophie hat ihre Blüten. Das sind die Gedanken, von denen man immer nicht weiß, ob man sie schön oder witzig nehmen soll.*

[16] Die Phantasie setzt die künftige Welt entweder in die Höhe oder in die Tiefe oder in der Metempsychose zu uns. Wir träumen von Reisen durch das Weltall: ist denn das Weltall nicht in uns? Die Tiefen unsers Geistes kennen wir nicht. — Nach Innen geht der geheimnisvolle Weg. In uns oder nirgends ist die Ewigkeit mit ihren Welten, die Vergangenheit und Zukunft. Die Außenwelt ist die Schattenwelt, sie wirft ihren

Schatten in das Lichtreich. Jetzt scheint es uns freilich innerlich
so dunkel, einsam, gestaltlos, aber wie ganz anders wird es uns
dünken, wenn diese Verfinsterung vorbei und der Schattenkör-
per hinweggerückt ist. Wir werden mehr genießen als je, denn
unser Geist hat entbehrt.

[17] Darwin macht die Bemerkung, daß wir weniger vom
Lichte beim Erwachen geblendet werden, wenn wir von sicht-
baren Gegenständen geträumt haben. Wohl also denen, die hier
schon von Sehen träumten! Sie werden früher die Glorie jener
Welt ertragen können.

[18] Wie kann ein Mensch Sinn für etwas haben, wenn er
nicht den Keim davon in sich hat? Was ich verstehn soll, muß
sich in mir organisch entwickeln; und was ich zu lernen scheine,
ist nur Nahrung, Inzitament des Organismus.

[19] Der Sitz der Seele ist da, wo sich Innenwelt und Außen-
welt berühren. Wo sie sich durchdringen, ist er in jedem Punkte
der Durchdringung.

[20] *Wenn man in der Mitteilung der Gedanken zwischen ab-
solutem Verstehen und absolutem Nichtverstehen abwechselt, so darf
das schon eine philosophische Freundschaft genannt werden. Geht
es uns doch mit uns selbst nicht besser. Und ist das Leben eines
denkenden Menschen wohl etwas andres als eine stete innere Sym-
philosophie?*

[21] Genie ist das Vermögen, von eingebildeten Gegen-
ständen wie von wirklichen zu handeln, und sie auch wie diese
zu behandeln. Das Talent darzustellen, genau zu beobachten,
zweckmäßig die Beobachtung zu beschreiben, ist also vom
Genie verschieden. Ohne dieses Talent sieht man nur halb und
ist nur ein halbes Genie; man kann genialische Anlage haben,
die in Ermangelung jenes Talents nie zur Entwickelung
kommt.

[22] Das willkürlichste Vorurteil ist, daß dem Menschen das Vermögen, außer sich zu sein, mit Bewußtsein jenseits der Sinne zu sein, versagt sei. Der Mensch vermag in jedem Augenblicke ein übersinnliches Wesen zu sein. Ohne dies wäre er nicht Weltbürger, er wäre ein Tier. Freilich ist die Besonnenheit, Sichselbstfindung, in diesem Zustande sehr schwer, da er so unaufhörlich, so notwendig mit dem Wechsel unsrer übrigen Zustände verbunden ist. Je mehr wir uns aber dieses Zustandes bewußt zu sein vermögen, desto lebendiger, mächtiger, genügender ist die Überzeugung, die daraus entsteht; der Glaube an echte Offenbarungen des Geistes. Es ist kein Schauen, Hören, Fühlen; es ist aus allen dreien zusammengesetzt, mehr als alles Dreies: eine Empfindung unmittelbarer Gewißheit, eine Ansicht meines wahrhaftesten, eigensten Lebens. Die Gedanken verwandeln sich in Gesetze, die Wünsche in Erfüllungen. Für den Schwachen ist das Faktum dieses Moments ein Glaubensartikel. Auffallend wird die Erscheinung besonders beim Anblick mancher menschlichen Gestalten und Gesichter, vorzüglich bei der Erblickung mancher Augen, mancher Mienen, mancher Bewegungen, beim Hören gewisser Worte, beim Lesen gewisser Stellen, bei gewissen Hinsichten auf Leben, Welt und Schicksal. Sehr viele Zufälle, manche Naturereignisse, besonders Jahrs- und Tageszeiten, liefern uns solche Erfahrungen. Gewisse Stimmungen sind vorzüglich solchen Offenbarungen günstig. Die meisten sind augenblicklich, wenige verweilend, die wenigsten bleibend. Hier ist viel Unterschied zwischen den Menschen. Einer hat mehr Offenbarungsfähigkeit als der andere. Einer hat mehr Sinn, der andere mehr Verstand für dieselbe. Der letzte wird immer in ihrem sanften Lichte bleiben, wenn der erste nur abwechselnde Erleuchtungen, aber hellere und mannigfaltigere hat. Dieses Vermögen ist ebenfalls krankheitsfähig, die entweder Überfluß an Sinn und Mangel an Verstand oder Überfluß an Verstand und Mangel an Sinn bezeichnet.

[23] Scham ist wohl ein Gefühl der Profanation. Freundschaft, Liebe und Pietät sollten geheimnisvoll behandelt werden. Man sollte nur in seltnen, vertrauten Momenten davon reden, sich stillschweigend darüber einverstehen. Vieles ist zu zart, um gedacht, noch mehres, um besprochen zu werden.

[24] Selbstentäußerung ist die Quelle aller Erniedrigung, so wie im Gegenteil der Grund aller echten Erhebung. Der erste Schritt wird Blick nach Innen, absondernde Beschauung unsers Selbst. Wer hier stehnbleibt, gerät nur halb. Der zweite Schritt muß wirksamer Blick nach Außen, selbsttätige, gehaltne Beobachtung der Außenwelt sein.

[25] Derjenige wird nie als Darsteller etwas Vorzügliches leisten, der nichts weiter darstellen mag als seine Erfahrungen, seine Lieblingsgegenstände, der es nicht über sich gewinnen kann, auch einen ganz fremden, ihm ganz uninteressanten Gegenstand mit Fleiß zu studieren und mit Muße darzustellen. Der Darsteller muß alles darstellen können und wollen. Dadurch entsteht der große Stil der Darstellung, den man mit Recht an Goethe so sehr bewundert.

[26] *Hat man nun einmal die Liebhaberei fürs Absolute und kann nicht davon lassen: so bleibt einem kein Ausweg, als sich selbst immer zu widersprechen und entgegengesetzte Extreme zu verbinden. Um den Satz des Widerspruchs ist es doch unvermeidlich geschehen, und man hat nur die Wahl, ob man sich dabei leidend verhalten will oder ob man die Notwendigkeit durch Anerkennung zur freien Handlung adeln will.*

[27] Eine merkwürdige Eigenheit Goethes bemerkt man in seinen Verknüpfungen kleiner, unbedeutender Vorfälle mit wichtigern Begebenheiten. Er scheint keine andre Absicht dabei zu hegen, als die Einbildungskraft auf eine poetische Weise mit einem mysteriösen Spiel zu beschäftigen. Auch hier ist der sonderbare Genius der Natur auf die Spur gekommen

und hat ihr einen artigen Kunstgriff abgemerkt. Das gewöhnliche Leben ist voll ähnlicher Zufälle. Sie machen ein Spiel aus, das wie alles Spiel auf Überraschung und Täuschung hinausläuft.

Mehre Sagen des gemeinen Lebens beruhn auf einer Bemerkung dieses verkehrten Zusammenhangs. So z. B. bedeuten böse Träume Glück; totsagen langes Leben; ein Hase, der übern Weg läuft, Unglück. Fast der ganze Aberglaube des gemeinen Volks beruht auf Deutungen dieses Spiels.

[28] Die höchste Aufgabe der Bildung ist, sich seines transzendentalen Selbst zu bemächtigen, das Ich seines Ichs zugleich zu sein. Um so weniger befremdlich ist der Mangel an vollständigem Sinn und Verstand für andre. Ohne vollendetes Selbstverständnis wird man nie andere wahrhaft verstehn lernen.

[29] Humor ist eine willkürlich angenommene Manier. Das Willkürliche ist das Pikante daran: Humor ist Resultat einer freien Vermischung des Bedingten und Unbedingten. Durch Humor wird das eigentümlich Bedingte allgemein interessant und erhält objektiven Wert. Wo Phantasie und Urteilskraft sich berühren, entsteht Witz; wo sich Vernunft und Willkür paaren, Humor. Persiflage gehört zum Humor, ist aber um einen Grad geringer: es ist nicht mehr rein artistisch und viel beschränkter. Was Fr. Schlegel als Ironie charakterisiert, ist meinem Bedünken nach nichts anders als die Folge, der Charakter der Besonnenheit, der wahrhaften Gegenwart des Geistes. Schlegels Ironie scheint mir echter Humor zu sein. Mehre Namen sind einer Idee vorteilhaft.

[30] Das Unbedeutende, Gemeine, Rohe, Häßliche, Ungesittete wird durch Witz allein gesellschaftsfähig. Es ist gleichsam nur um des Witzes willen: seine Zweckbestimmung ist der Witz.

[31] *Um das Gemeine, wenn man nicht selbst gemein ist, mit der Kraft und mit der Leichtigkeit zu behandeln, aus der die Anmut entspringt, muß man nichts sonderbarer finden als das Gemeine und Sinn fürs Sonderbare haben, viel darin suchen und ahnden. Auf die Art kann auch wohl ein Mensch, der in ganz andern Sphären lebt, gewöhnliche Naturen so befriedigen, daß sie gar kein Arg aus ihm haben und ihn für nichts weiter halten, als was sie unter sich liebenswürdig nennen.*

[32] Wir sind auf einer Mission: zur Bildung der Erde sind wir berufen.

[33] Wenn uns ein Geist erschiene, so würden wir uns sogleich unsrer eignen Geistigkeit bemächtigen: wir würden inspiriert sein durch uns und den Geist zugleich. Ohne Inspiration keine Geistererscheinung. Inspiration ist Erscheinung und Gegenerscheinung, Zueignung und Mitteilung zugleich.

[34] Der Mensch lebt, wirkt nur in der Idee fort, durch die Erinnerung an sein Dasein. Vor der Hand gibt's kein anderes Mittel der Geisterwirkungen auf dieser Welt. Daher ist es Pflicht, an die Verstorbenen zu denken. Es ist der einzige Weg, in Gemeinschaft mit ihnen zu bleiben. Gott selbst ist auf keine andere Weise bei uns wirksam als durch den Glauben.

[35] Interesse ist Teilnahme an dem Leiden und der Tätigkeit eines Wesens. Mich interessiert etwas, wenn es mich zur Teilnahme zu erregen weiß. Kein Interesse ist interessanter, als was man an sich selbst nimmt; so wie der Grund einer merkwürdigen Freundschaft und Liebe die Teilnahme ist, zu der mich ein Mensch reizt, der mit sich selbst beschäftigt ist, der mich durch seine Mitteilung gleichsam einladet, an seinem Geschäfte teilzunehmen.

[36] Wer den Witz erfunden haben mag? Jede zur Besinnung gebrachte Eigenschaft, Handlungsweise unsers Geistes ist im eigentlichsten Sinn eine neuentdeckte Welt.

[37] Der Geist erscheint immer nur in fremder, luftiger Gestalt.

[38] Jetzt regt sich nur hie und da Geist: wann wird der Geist sich im Ganzen regen? wann wird die Menschheit in Masse sich selbst zu besinnen anfangen?

[39] Der Mensch besteht in der Wahrheit. Gibt er die Wahrheit preis, so gibt er sich selbst preis. Wer die Wahrheit verrät, verrät sich selbst. Es ist hier nicht die Rede vom Lügen, sondern vom Handeln gegen Überzeugung.

[40] In heitern Seelen gibt's keinen Witz. Witz zeigt ein gestörtes Gleichgewicht an: er ist die Folge der Störung und zugleich das Mittel der Herstellung. Den stärksten Witz hat die Leidenschaft. Der Zustand der Auflösung aller Verhältnisse, die Verzweiflung oder das geistige Sterben ist am fürchterlichsten witzig.

[41] Von einem liebenswerten Gegenstande können wir nicht genug hören, nicht genug sprechen. Wir freuen uns über jedes neue, treffende, verherrlichende Wort. Es liegt nicht an uns, daß er nicht Gegenstand aller Gegenstände wird.

[42] Wir halten einen leblosen Stoff wegen seiner Beziehungen, seiner Formen fest. Wir lieben den Stoff, insofern er zu einem geliebten Wesen gehört, seine Spur trägt oder Ähnlichkeit mit ihm hat.

[43] Ein echter Klub ist eine Mischung von Institut und Gesellschaft. Er hat einen Zweck wie das Institut; aber keinen bestimmten, sondern einen unbestimmten, freien: Humanität überhaupt. Aller Zweck ist ernsthaft; die Gesellschaft ist durchaus fröhlich.

[44] Die Gegenstände der gesellschaftlichen Unterhaltung sind nichts als Mittel der Belebung. Dies bestimmt ihre Wahl,

ihren Wechsel, ihre Behandlung. Die Gesellschaft ist nichts als gemeinschaftliches Leben: eine unteilbare denkende und fühlende Person. Jeder Mensch ist eine kleine Gesellschaft.

[45] In sich zurückgehn bedeutet bei uns, von der Außenwelt abstrahieren. Bei den Geistern heißt analogisch das irdische Leben eine innere Betrachtung, ein in sich Hineingehn, ein immanentes Wirken. So entspringt das irdische Leben aus einer ursprünglichen Reflexion, einem primitiven Hineingehn, Sammeln in sich selbst, das so frei ist als unsre Reflexion. Umgekehrt entspringt das geistige Leben in dieser Welt aus einem Durchbrechen jener primitiven Reflexion. Der Geist entfaltet sich wiederum, geht aus sich selbst wieder heraus, hebt zum Teil jene Reflexion wieder auf, und in diesem Moment sagt er zum erstenmal Ich. Man sieht hier, wie relativ das Herausgehn und Hineingehn ist. Was wir Hineingehn nennen, ist eigentlich Herausgehn, eine Wiederannahme der anfänglichen Gestalt.

[46] Ob sich nicht etwas für die neuerdings so sehr gemißhandelten Alltagsmenschen sagen ließe? Gehört nicht zur beharrlichen Mittelmäßigkeit die meiste Kraft? und soll der Mensch mehr als einer aus dem Popolo sein?

[47] Wo echter Hang zum Nachdenken, nicht bloß zum Denken dieses oder jenes Gedankens, herrschend ist, da ist auch Progressivität. Sehr viele Gelehrte besitzen diesen Hang nicht. Sie haben schließen und folgern gelernt, wie ein Schuster das Schuhmachen, ohne je auf den Einfall zu geraten oder sich zu bemühen, den Grund der Gedanken zu finden. Dennoch liegt das Heil auf keinem andern Wege. Bei vielen währt dieser Hang nur eine Zeitlang. Er wächst und nimmt ab, sehr oft mit den Jahren, oft mit dem Fund eines Systems, das sie nur suchten, um der Mühe des Nachdenkens ferner überhoben zu sein.

[48] Irrtum und Vorurteil sind Lasten, indirekt reizende Mittel für den Selbsttätigen, jeder Last Gewachsenen. Für den Schwachen sind sie positiv schwächende Mittel.

[49] Das Volk ist eine Idee. Wir sollen ein Volk werden. Ein vollkommener Mensch ist ein kleines Volk. Echte Popularität ist das höchste Ziel des Menschen.

[50] Jede Stufe der Bildung fängt mit Kindheit an. Daher ist der am meisten gebildete, irdische Mensch dem Kinde so ähnlich.

[51] Jeder geliebte Gegenstand ist der Mittelpunkt eines Paradieses.

[52] Das Interessante ist, was mich, nicht um mein selbst willen, sondern nur als Mittel, als Glied, in Bewegung setzt. Das Klassische stört mich gar nicht; es affiziert mich nur indirekt durch mich selbst. Es ist nicht für mich da als klassisch, wenn ich es nicht setze als ein solches, das mich nicht affizieren würde, wenn ich mich nicht selbst zur Hervorbringung desselben für mich bestimmte, anregte; wenn ich nicht ein Stück von mir selbst losrisse und diesen Keim sich auf eine eigentümliche Weise vor meinen Augen entwickeln ließe. Eine Entwickelung, die oft nur einen Moment bedarf und mit der sinnlichen Wahrnehmung des Objekts zusammenfällt, so daß ich ein Objekt vor mir sehe, in welchem das gemeine Objekt und das Ideal, wechselseitig durchdrungen, nur *ein* wunderbares Individuum bilden.

[53] Formeln für Kunstindividuen finden, durch die sie im eigentlichsten Sinn erst verstanden werden, macht das Geschäft des artistischen Kritikers aus, dessen Arbeiten die Geschichte der Kunst vorbereiten.

[54] Je verworrener ein Mensch ist, man nennt die Verworrenen oft Dummköpfe, desto mehr kann durch fleißiges Selbst-

studium aus ihm werden; dahingegen die geordneten Köpfe trachten müssen, wahre Gelehrte, gründliche Enzyklopädisten zu werden. Die Verworrnen haben im Anfang mit mächtigen Hindernissen zu kämpfen, sie dringen nur langsam ein, sie lernen mit Mühe arbeiten: dann aber sind sie auch Herrn und Meister auf immer. Der Geordnete kommt geschwind hinein, aber auch geschwind heraus. Er erreicht bald die zweite Stufe: aber da bleibt er auch gewöhnlich stehn. Ihm werden die letzten Schritte beschwerlich, und selten kann er es über sich gewinnen, schon bei einem gewissen Grade von Meisterschaft sich wieder in den Zustand eines Anfängers zu versetzen. Verworrenheit deutet auf Überfluß an Kraft und Vermögen, aber mangelhafte Verhältnisse; Bestimmtheit auf richtige Verhältnisse, aber sparsames Vermögen und Kraft. Daher ist der Verworrne so progressiv, so perfektibel, dahingegen der Ordentliche so früh als Philister aufhört. Ordnung und Bestimmtheit allein ist nicht Deutlichkeit. Durch Selbstbearbeitung kommt der Verworrene zu jener himmlischen Durchsichtigkeit, zu jener Selbsterleuchtung, die der Geordnete so selten erreicht. Das wahre Genie verbindet diese Extreme. Es teilt die Geschwindigkeit mit dem letzten und die Fülle mit dem ersten.

[55] Das Individuum interessiert nur, daher ist alles Klassische nicht individuell.

[56] Der wahre Brief ist seiner Natur nach poetisch.

[57] Witz als Prinzip der Verwandtschaften ist zugleich das menstruum universale. Witzige Vermischungen sind zum Beispiel Jude und Kosmopolit, Kindheit und Weisheit, Räuberei und Edelmut, Tugend und Hetärie, Überfluß und Mangel an Urteilskraft in der Naivetät und so fort ins Unendliche.

[58] Der Mensch erscheint am würdigsten, wenn sein erster Eindruck der Eindruck eines absolut witzigen Einfalls ist: nämlich Geist und bestimmtes Individuum zugleich zu sein.

Einen jeden vorzüglichen Menschen muß gleichsam ein Geist
zu durchschweben scheinen, der die sichtbare Erscheinung
idealisch parodiert. Bei manchen Menschen ist es, als ob dieser
Geist der sichtbaren Erscheinung ein Gesicht schnitte.

[59] Gesellschaftstrieb ist Organisationstrieb. Durch diese
geistige Assimilation entsteht oft aus gemeinen Bestandteilen
eine gute Gesellschaft um einen geistvollen Menschen her.

[60] Das Interessante ist die Materie, die sich um die Schön-
heit bewegt. Wo Geist und Schönheit ist, häuft sich in kon-
zentrischen Schwingungen das Beste aller Naturen.

[61] Der Deutsche ist lange das Hänschen gewesen. Er dürfte
aber wohl bald der Hans aller Hänse werden. Es geht ihm, wie
es vielen dummen Kindern gehn soll: er wird leben und klug sein,
wenn seine frühklugen Geschwister längst vermodert sind und
er nun allein Herr im Hause ist.

[62] Das Beste an den Wissenschaften ist ihr philosophisches
Ingrediens, wie das Leben am organischen Körper. Man de-
philosophiere die Wissenschaften: was bleibt übrig? Erde, Luft
und Wasser.

[63] Menschheit ist eine humoristische Rolle.

[64] Unsere alte Nationalität war, wie mich dünkt, echt
römisch. Natürlich, weil wir auf eben dem Wege wie die Römer
entstanden; und so wäre der Name Römisches Reich wahrlich
ein artiger, sinnreicher Zufall. Deutschland ist Rom, als Land.
Ein Land ist ein großer Ort mit seinen Gärten. Das Kapitol
ließe sich vielleicht nach dem Gänsegeschrei vor den Galliern
bestimmen. Die instinktartige Universalpolitik und Tendenz
der Römer liegt auch im deutschen Volk. Das Beste, was die
Franzosen in der Revolution gewonnen haben, ist eine Portion
Deutschheit.

[65] Gerichtshöfe, Theater, Hof, Kirche, Regierung, öffentliche Zusammenkünfte, Akademien, Kollegien usw. sind gleichsam die speziellen, innern Organe des mystischen Staatsindividuums.

[66] Alle Zufälle unsers Lebens sind Materialien, aus denen wir machen können, was wir wollen. Wer viel Geist hat, macht viel aus seinem Leben. Jede Bekanntschaft, jeder Vorfall wäre für den durchaus Geistigen erstes Glied einer unendlichen Reihe, Anfang eines unendlichen Romans.

[67] Der edle Kaufmannsgeist, der echte Großhandel, hat nur im Mittelalter und besonders zur Zeit der deutschen Hanse geblüht. Die Medicis, die Fugger waren Kaufleute, wie sie sein sollten. Unsere Kaufleute im ganzen, die größten nicht ausgenommen, sind nichts als Krämer.

[68] Eine Übersetzung ist entweder grammatisch oder verändernd oder mythisch. Mythische Übersetzungen sind Übersetzungen im höchsten Stil. Sie stellen den reinen, vollendeten Charakter des individuellen Kunstwerks dar. Sie geben uns nicht das wirkliche Kunstwerk, sondern das Ideal desselben. Noch existiert, wie ich glaube, kein ganzes Muster derselben. Im Geist mancher Kritiken und Beschreibungen von Kunstwerken trifft man aber helle Spuren davon. Es gehört ein Kopf dazu, in dem sich poetischer Geist und philosophischer Geist in ihrer ganzen Fülle durchdrungen haben. Die griechische Mythologie ist zum Teil eine solche Übersetzung einer Nationalreligion. Auch die moderne Madonna ist ein solcher Mythus.

Grammatische Übersetzungen sind die Übersetzungen im gewöhnlichen Sinn. Sie erfordern sehr viel Gelehrsamkeit, aber nur diskursive Fähigkeiten.

Zu den verändernden Übersetzungen gehört, wenn sie echt sein sollen, der höchste poetische Geist. Sie fallen leicht ins Travestieren, wie Bürgers Homer in Jamben, Popens Homer, die französischen Übersetzungen insgesamt. Der wahre Über-

setzer dieser Art muß in der Tat der Künstler selbst sein und die Idee des Ganzen beliebig so oder so geben können. Er muß der Dichter des Dichters sein und ihn also nach seiner und des Dichters eigner Idee zugleich reden lassen können. In einem ähnlichen Verhältnisse steht der Genius der Menschheit mit jedem einzelnen Menschen.

Nicht bloß Bücher, alles kann auf diese drei Arten übersetzt werden.

[69] Im höchsten Schmerz tritt zuweilen eine Paralysis der Empfindsamkeit ein. Die Seele zersetzt sich. Daher der tödliche Frost, die freie Denkkraft, der schmetternde unaufhörliche Witz dieser Art von Verzweiflung. Keine Neigung ist mehr vorhanden; der Mensch steht wie eine verderbliche Macht allein. Unverbunden mit der übrigen Welt, verzehrt er sich allmählich selbst und ist seinem Prinzip nach Misanthrop und Misotheos.

[70] Unsere Sprache ist entweder mechanisch, atomistisch oder dynamisch. Die echt poetische Sprache soll aber organisch, lebendig sein. Wie oft fühlt man die Armut an Worten, um mehre Ideen mit *einem* Schlage zu treffen.

[71] Dichter und Priester waren im Anfang *eins*, und nur spätere Zeiten haben sie getrennt. Der echte Dichter ist aber immer Priester, so wie der echte Priester immer Dichter geblieben. Und sollte nicht die Zukunft den alten Zustand der Dinge wieder herbeiführen?

[72] Schriften sind die Gedanken des Staats, die Archive sein Gedächtnis.

[73] Je mehr sich unsere Sinne verfeinern, desto fähiger werden sie zur Unterscheidung der Individuen. Der höchste Sinn wäre die höchste Empfänglichkeit für eigentümliche Natur. Ihm entspräche das Talent der Fixierung des Individu-

ums, dessen Fertigkeit und Energie relativ ist. Wenn der Wille sich in Beziehung auf diesen Sinn äußert, so entstehn die Leidenschaften für oder gegen Individualitäten: Liebe und Haß. Die Meisterschaft im Spiel seiner eignen Rolle verdankt man der Richtung dieses Sinns auf sich selbst bei herrschender Vernunft.

[74] Nichts ist zur wahren Religiosität unentbehrlicher als ein Mittelglied, das uns mit der Gottheit verbindet. Unmittelbar kann der Mensch schlechterdings nicht mit derselben in Verhältnis stehn. In der Wahl dieses Mittelglieds muß der Mensch durchaus frei sein. Der mindeste Zwang hierin schadet seiner Religion. Die Wahl ist charakteristisch, und es werden mithin die gebildeten Menschen ziemlich gleiche Mittelglieder wählen, dahingegen der Ungebildete gewöhnlich durch Zufall hier bestimmt werden wird. Da aber so wenig Menschen einer freien Wahl überhaupt fähig sind, so werden manche Mittelglieder allgemeiner werden; sei es durch Zufall, durch Assoziation oder ihre besondre Schicklichkeit dazu. Auf diese Art entstehn Landesreligionen. Je selbständiger der Mensch wird, desto mehr vermindert sich die Quantität des Mittelglieds, die Qualität verfeinert sich, und seine Verhältnisse zu demselben werden mannigfaltiger und gebildeter: Fetische, Gestirne, Tiere, Helden, Götzen, Götter, *ein* Gottmensch. Man sieht bald, wie relativ diese Wahlen sind, und wird unvermerkt auf die Idee getrieben, daß das Wesen der Religion wohl nicht von der Beschaffenheit des Mittlers abhange, sondern lediglich in der Ansicht desselben, in den Verhältnissen zu ihm bestehe.

Es ist ein Götzendienst im weitern Sinn, wenn ich diesen Mittler in der Tat für Gott selbst ansehe. Es ist Irreligion, wenn ich gar keinen Mittler annehme; und insofern ist Aberglaube und Götzendienst, und Unglaube oder Theismus, den man auch ältern Judaism nennen kann, beides Irreligion. Hingegen ist Atheism nur Negation aller Religion überhaupt und hat also gar nichts mit der Religion zu schaffen. Wahre Religion ist, die jenen Mittler als Mittler annimmt, ihn gleichsam für das Organ der

Gottheit hält, für ihre sinnliche Erscheinung. In dieser Hinsicht erhielten die Juden zur Zeit der Babylonischen Gefangenschaft eine echt religiöse Tendenz, eine religiöse Hoffnung, einen Glauben an eine künftige Religion, der sie auf eine wunderbare Weise von Grund aus umwandelte und sie in der merkwürdigsten Beständigkeit bis auf unsre Zeiten erhielt.

Die wahre Religion scheint aber bei einer nähern Betrachtung abermals antinomisch geteilt in Pantheismus und Monotheismus. Ich bediene mich hier einer Lizenz, indem ich Pantheism nicht im gewöhnlichen Sinn nehme, sondern darunter die Idee verstehe, daß alles Organ der Gottheit, Mittler sein könne, indem ich es dazu erhebe; so wie Monotheism im Gegenteil den Glauben bezeichnet, daß es nur *ein* solches Organ in der Welt für uns gebe, das allein der Idee eines Mittlers angemessen sei und wodurch Gott allein sich vernehmen lasse, welches ich also zu wählen durch mich selbst genötigt werde: denn ohnedem würde der Monotheism nicht wahre Religion sein.

So unverträglich auch beide zu sein scheinen, so läßt sich doch ihre Vereinigung bewerkstelligen, wenn man den monotheistischen Mittler zum Mittler der Mittelwelt des Pantheism macht und diese gleichsam durch ihn zentriert, so daß beide einander jedoch auf verschiedene Weise notwendig machen.

Das Gebet oder der religiöse Gedanke besteht also aus einer dreifach aufsteigenden, unteilbaren Abstraktion oder Setzung. Jeder Gegenstand kann dem Religiösen ein Tempel im Sinn der Auguren sein. Der Geist dieses Tempels ist der allgegenwärtige Hohepriester, der monotheistische Mittler, welcher allein im unmittelbaren Verhältnisse mit der Gottheit steht.

[75] Die Basis aller ewigen Verbindung ist eine absolute Tendenz nach allen Richtungen. Darauf beruht die Macht der Hierarchie, der echten Maçonnerie, und des unsichtbaren Bundes echter Denker. Hierin liegt die Möglichkeit einer Universalrepublik, welche die Römer bis zu den Kaisern zu realisieren begonnen hatten. Zuerst verließ August diese Basis, und Hadrian zerstörte sie ganz.

[76] Fast immer hat man den Anführer, den ersten Beamten des Staats, mit dem Repräsentanten des Genius der Menschheit vermengt, der zur Einheit der Gesellschaft oder des Volks gehört. Im Staat ist alles Schauhandlung, das Leben des Volks ist Schauspiel; mithin muß auch der Geist des Volks sichtbar sein. Dieser sichtbare Geist kommt entweder, wie im tausendjährigen Reiche, ohne unser Zutun, oder er wird einstimmig durch ein lautes oder stilles Einverständnis gewählt.

Es ist eine unwidersprechliche Tatsache, daß die meisten Fürsten nicht eigentlich Fürsten, sondern gewöhnlich mehr oder minder eine Art von Repräsentanten des Genius ihrer Zeit waren und die Regierung mehrenteils, wie billig, in subalternen Händen sich befand.

Ein vollkommner Repräsentant des Genius der Menschheit dürfte leicht der echte Priester und der Dichter κατ᾽ εξοχην sein.

[77] Unser Alltagsleben besteht aus lauter erhaltenden, immer wiederkehrenden Verrichtungen. Dieser Zirkel von Gewohnheiten ist nur Mittel zu einem Hauptmittel, unserm irdischen Dasein überhaupt, das aus mannigfaltigen Arten zu existieren gemischt ist.

Philister leben nur ein Alltagsleben. Das Hauptmittel scheint ihr einziger Zweck zu sein. Sie tun das alles um des irdischen Lebens willen; wie es scheint und nach ihren eignen Äußerungen scheinen muß. Poesie mischen sie nur zur Notdurft unter, weil sie nun einmal an eine gewisse Unterbrechung ihres täglichen Laufs gewöhnt sind. In der Regel erfolgt diese Unterbrechung alle sieben Tage und könnte ein poetisches Septanfieber heißen. Sonntags ruht die Arbeit, sie leben ein bißchen besser als gewöhnlich, und dieser Sonntagsrausch endigt sich mit einem etwas tiefern Schlafe als sonst; daher auch montags alles noch einen raschern Gang hat. Ihre parties de plaisir müssen konventionell, gewöhnlich, modisch sein, aber auch ihr Vergnügen verarbeiten sie, wie alles, mühsam und förmlich.

Den höchsten Grad seines poetischen Daseins erreicht der

Philister bei einer Reise, Hochzeit, Kindtaufe und in der Kirche. Hier werden seine kühnsten Wünsche befriedigt und oft übertroffen.

Ihre sogenannte Religion wirkt bloß wie ein Opiat: reizend, betäubend, Schmerzen aus Schwäche stillend. Ihre Früh- und Abendgebete sind ihnen, wie Frühstück und Abendbrot, notwendig. Sie können's nicht mehr lassen. Der derbe Philister stellt sich die Freuden des Himmels unter dem Bilde einer Kirmes, einer Hochzeit, einer Reise oder eines Balls vor: der sublimierte macht aus dem Himmel eine prächtige Kirche mit schöner Musik, vielem Gepränge, mit Stühlen für das gemeine Volk parterre und Kapellen und Emporkirchen für die Vornehmern.

Die schlechtesten unter ihnen sind die revolutionären Philister, wozu auch der Hefen der fortgehenden Köpfe, die habsüchtige Race gehört.

Grober Eigennutz ist das notwendige Resultat armseliger Beschränktheit. Die gegenwärtige Sensation ist die lebhafteste, die höchste eines Jämmerlings. Über diese kennt er nichts Höheres. Kein Wunder, daß der durch die äußern Verhältnisse par force dressierte Verstand nur der listige Sklav eines solchen stumpfen Herrn ist und nur für dessen Lüste sinnt und sorgt.

[78] In den ersten Zeiten der Entdeckung der Urteilskraft war jedes neue Urteil ein Fund. Der Wert dieses Fundes stieg, je anwendbarer, je fruchtbarer dieses Urteil war. Zu Sentenzen, die uns jetzt sehr gemein vorkommen, gehörte damals noch ein ungewöhnlicher Grad von Leben des Verstandes. Man mußte Genie und Scharfsinn aufbieten, um mittelst des neuen Werkzeugs neue Verhältnisse zu finden. Die Anwendung desselben auf die eigentümlichsten, interessantesten und allgemeinsten Seiten der Menschheit mußte vorzügliche Bewunderung erregen und die Aufmerksamkeit aller guten Köpfe auf sich ziehn. So entstanden die gnomischen Massen, die man zu allen Zeiten und bei allen Völkern so hoch geschätzt hat. Es wäre leicht möglich, daß unsere jetzigen genialischen Entdeckungen im Laufe der

Zeiten ein ähnliches Schicksal träfe. Es könnte leicht eine Zeit
kommen, wo das alles so gemein wäre wie jetzt Sittensprüche
und neue, erhabenere Entdeckungen den rastlosen Geist der
Menschen beschäftigten.

[79] Ein Gesetz ist seinem Begriffe nach wirksam. Ein un-
wirksames Gesetz ist kein Gesetz. Gesetz ist ein kausaler
Begriff, Mischung von Kraft und Gedanken. Daher ist man sich
nie eines Gesetzes, als solchen, bewußt. Insofern man an ein
Gesetz denkt, ist es nur ein Satz, d. h. ein Gedanke mit einem
Vermögen verbunden. Ein widerstehender, ein beharrlicher
Gedanke ist ein strebender Gedanke und vermittelt das Gesetz
und den bloßen Gedanken.

[80] Eine allzugroße Dienstfertigkeit der Organe würde dem
irdischen Dasein gefährlich sein. Der Geist in seinem jetzigen
Zustande würde eine zerstörende Anwendung davon machen.
Eine gewisse Schwere des Organs hindert ihn an allzu will-
kürlicher Tätigkeit und reizt ihn zu einer regelmäßigen Mit-
wirkung, wie sie sich für die irdische Welt schickt. Es ist un-
vollkommener Zustand desselben, daß ihn diese Mitwirkung so
ausschließlich an diese Welt bindet. Daher ist sie ihrem Prinzip
nach terminiert.

[81] Die Rechtslehre entspricht der Physiologie, die Moral der
Psychologie. Die Vernunftgesetze der Rechts- und Sittenlehre
in Naturgesetze verwandelt, geben die Grundsätze der Phy-
siologie und Psychologie.

[82] Flucht des Gemeingeistes ist Tod.

[83] In den meisten Religionssystemen werden wir als Glieder
der Gottheit betrachtet, die, wenn sie nicht den Impulsionen
des Ganzen gehorchen, wenn sie auch nicht absichtlich gegen
die Gesetze des Ganzen agieren, sondern nur ihren eignen Gang
gehn und nicht Glieder sein wollen, von der Gottheit ärztlich

behandelt und entweder schmerzhaft geheilt oder gar ab-
geschnitten werden.

[84] Jede spezifische Inzitation verrät einen spezifischen Sinn.
Je neuer sie ist, desto plumper, aber desto stärker; je bestimmter,
je ausgebildeter, mannigfacher sie wird, desto schwächer. So
erregte der erste Gedanke an Gott eine gewaltsame Emotion
im ganzen Individuum; so die erste Idee von Philosophie, von
Menschheit, Weltall, usw.

[85] Innigste Gemeinschaft aller Kenntnisse, szientifische
Republik, ist der hohe Zweck der Gelehrten.

[86] Sollte nicht die Distanz einer besondern Wissenschaft
von der allgemeinen, und so der Rang der Wissenschaften
untereinander, nach der Zahl ihrer Grundsätze zu rechnen sein?
Je weniger Grundsätze, desto höher die Wissenschaft.

[87] Man versteht das Künstliche gewöhnlich besser als das
Natürliche. Es gehört mehr Geist zum Einfachen als zum
Komplizierten, aber weniger Talent.

[88] Werkzeuge armieren den Menschen. Man kann wohl
sagen, der Mensch versteht eine Welt hervorzubringen, es
mangelt ihm nur am gehörigen Apparat, an der verhältnis-
mäßigen Armatur seiner Sinneswerkzeuge. Der Anfang ist da.
So liegt das Prinzip eines Kriegsschiffes in der Idee des Schiff-
baumeisters, der durch Menschenhaufen und gehörige Werk-
zeuge und Materialien diesen Gedanken zu verkörpern vermag,
indem er durch alles dieses sich gleichsam zu einer ungeheuren
Maschine macht. So erforderte die Idee eines Augenblicks oft
ungeheure Organe, ungeheure Massen von Materien, und der
Mensch ist also, wo nicht actu, doch potentia Schöpfer.

[89] In jeder Berührung entsteht eine Substanz, deren Wir-
kung so lange als die Berührung dauert. Dies ist der Grund

aller synthetischen Modifikationen des Individuums. Es gibt
aber einseitige und wechselseitige Berührungen. Jene begründen
diese.

[90] Je unwissender man von Natur ist, desto mehr Kapazität
für das Wissen. Jede neue Erkenntnis macht einen viel tiefern,
lebendigern Eindruck. Man bemerkt dieses deutlich beim Ein-
tritt in eine Wissenschaft. Daher verliert man durch zu vieles
Studieren an Kapazität. Es ist eine der ersten Unwissenheit
entgegengesetzte Unwissenheit. Jene ist Unwissenheit aus
Mangel, diese aus Überfluß der Erkenntnisse. Letztere pflegt
die Symptome des Skeptizismus zu haben. Es ist aber ein un-
echter Skeptizismus, aus indirekter Schwäche unsers Erkennt-
nisvermögens. Man ist nicht imstande, diese Masse zu durch-
dringen und sie in bestimmter Gestalt vollkommen zu beleben:
die plastische Kraft reicht nicht zu. So wird der Erfindungsgeist
junger Köpfe und der Schwärmer, so wie der glückliche Griff
des geistvollen Anfängers und Laien, leicht erklärbar.

[91] Welten bauen genügt dem tiefer dringenden Sinn nicht:
Aber ein liebendes Herz sättigt den strebenden Geist.

[92] Wir stehen in Verhältnissen mit allen Teilen des Uni-
versums, so wie mit Zukunft und Vorzeit. Es hängt nur von
der Richtung und Dauer unsrer Aufmerksamkeit ab, welches
Verhältnis wir vorzüglich ausbilden wollen, welches für uns
vorzüglich wichtig und wirksam werden soll. Eine echte Me-
thodik dieses Verfahrens dürfte nichts weniger als jene längst-
gewünschte Erfindungskunst sein; es dürfte wohl mehr noch
als diese sein. Der Mensch verfährt stündlich nach ihren Ge-
setzen, und die Möglichkeit, dieselben durch genialische Selbst-
beobachtung zu finden, ist unzweifelhaft.

[93] Der Geschichtschreiber organisiert historische Wesen.
Die Data der Geschichte sind die Masse, der der Geschicht-
schreiber Form gibt durch Belebung. Mithin steht auch die

Geschichte unter den Grundsätzen der Belebung und Organisation überhaupt, und bevor nicht diese Grundsätze da sind, gibt es auch keine echten historischen Kunstgebilde, sondern nichts als hie und da Spuren zufälliger Belebungen, wo unwillkürliches Genie gewaltet hat.

[94] Beinah alles Genie war bisher einseitig, Resultat einer krankhaften Konstitution. Die eine Klasse hatte zu viel äußern, die andere zu viel innern Sinn. Selten gelang der Natur ein Gleichgewicht zwischen beiden, eine vollendete genialische Konstitution. Durch Zufälle entstand oft eine vollkommene Proportion, aber nie konnte diese von Dauer sein, weil sie nicht durch den Geist aufgefaßt und fixiert ward: es blieb bei glücklichen Augenblicken. Das erste Genie, das sich selbst durchdrang, fand hier den typischen Keim einer unermeßlichen Welt; es machte eine Entdeckung, die die merkwürdigste in der Weltgeschichte sein mußte, denn es beginnt damit eine ganz neue Epoche der Menschheit, und auf dieser Stufe wird erst wahre Geschichte aller Art möglich: denn der Weg, der bisher zurückgelegt wurde, macht nun ein eignes, durchaus erklärbares Ganzes aus. Jene Stelle außer der Welt ist gegeben, und Archimedes kann nun sein Versprechen erfüllen.

[95] Vor der Abstraktion ist alles eins, aber eins wie Chaos; nach der Abstraktion ist wieder alles vereinigt, aber diese Vereinigung ist eine freie Verbindung selbständiger, selbstbestimmter Wesen. Aus einem Haufen ist eine Gesellschaft geworden, das Chaos ist in eine mannigfaltige Welt verwandelt.

[96] Wenn die Welt gleichsam ein Niederschlag aus der Menschennatur ist, so ist die Götterwelt eine Sublimation derselben. Beide geschehen uno actu. Keine Präzipitation ohne Sublimation. Was dort an Agilität verlorengeht, wird hier gewonnen.

[97] Wo Kinder sind, da ist ein goldnes Zeitalter.

[98] Sicherheit vor sich selbst und den unsichtbaren Mächten war die Basis der bisherigen geistlichen Staaten.

[99] Der Gang der Approximation ist aus zunehmenden Progressen und Regressen zusammengesetzt. Beide retardieren, beide beschleunigen, beide führen zum Ziel. So scheint sich im Roman der Dichter bald dem Spiel zu nähern, bald wieder zu entfernen, und nie ist es näher, als wenn es am entferntesten zu sein scheint.

[100] Ein Verbrecher kann sich über Unrecht nicht beklagen, wenn man ihn hart und unmenschlich behandelt. Sein Verbrechen war ein Eintritt ins Reich der Gewalt, der Tyrannei. Maß und Proportion gibt es nicht in dieser Welt, daher darf ihn die Unverhältnismäßigkeit der Gegenwirkung nicht befremden.

[101] Die Fabellehre enthält die Geschichte der urbildlichen Welt, sie begreift Vorzeit, Gegenwart und Zukunft.

[102] Wenn der Geist heiligt, so ist jedes echte Buch Bibel. Aber nur selten wird ein Buch um des Buchs willen geschrieben, und wenn Geist gleich edlem Metall ist, so sind die meisten Bücher Ephraimiten. Freilich muß jedes nützliche Buch wenigstens stark legiert sein. Rein ist das edle Metall in Handel und Wandel nicht zu gebrauchen. Vielen wahren Büchern geht es wie den Goldklumpen in Irland. Sie dienen lange Jahre nur als Gewichte.

[103] Manche Bücher sind länger als sie scheinen. Sie haben in der Tat kein Ende. Die Langeweile, die sie erregen, ist wahrhaft absolut und unendlich. Musterhafte Beispiele dieser Art haben die Herren Heydenreich, Jakob, Abicht und Pölitz aufgestellt. Hier ist ein Stock, den jeder mit seinen Bekannten der Art vergrößern kann.

[104] Es sind viele antirevolutionäre Bücher für die Revolution geschrieben worden. Burke hat aber ein revolutionäres Buch gegen die Revolution geschrieben.

[105] Die meisten Beobachter der Revolution, besonders die Klugen und Vornehmen, haben sie für eine lebensgefährliche und ansteckende Krankheit erklärt. Sie sind bei den Symptomen stehngeblieben und haben diese auf eine mannigfaltige Weise untereinandergeworfen und ausgelegt. Manche haben es für ein bloß lokales Übel gehalten. Die genievollsten Gegner drangen auf Kastration. Sie merkten wohl, daß diese angebliche Krankheit nichts als Krise der eintretenden Pubertät sei.

[106] Wie wünschenswert ist es nicht, Zeitgenoß eines wahrhaft großen Mannes zu sein! Die jetzige Majorität der kultivierten Deutschen ist dieser Meinung nicht. Sie ist fein genug, um alles Große wegzuleugnen, und befolgt das Planierungssystem. Wenn das Kopernikanische System nur nicht so fest stände, so würde es ihnen sehr bequem sein, Sonne und Gestirn wieder zu Irrwischen und die Erde zum Universum zu machen. Daher wird Goethe, der jetzt der wahre Statthalter des poetischen Geistes auf Erden ist, so gemein als möglich behandelt und schnöde angesehn, wenn er die Erwartungen des gewöhnlichen Zeitvertreibs nicht befriedigt und sie einen Augenblick in Verlegenheit gegen sich selbst setzt. Ein interessantes Symptom dieser direkten Schwäche der Seele ist die Aufnahme, welche Hermann und Dorothea im allgemeinen gefunden hat.

[107] Die Geognosten glauben, daß der physische Schwerpunkt unter Fez und Marokko liege. Goethe als Anthropognost meint im Meister, der intellektuelle Schwerpunkt liege unter der deutschen Nation.

[108] Menschen zu beschreiben ist deswegen bis jetzt unmöglich gewesen, weil man nicht gewußt hat, was ein Mensch

ist. Wenn man erst wissen wird, was ein Mensch ist, so wird man auch Individuen wahrhaft genetisch beschreiben können.

[109] Nichts ist poetischer als Erinnerung und Ahndung oder Vorstellung der Zukunft. Die Vorstellungen der Vorzeit ziehn uns zum Sterben, zum Verfliegen an. Die Vorstellungen der Zukunft treiben uns zum Beleben, zum Verkürzen, zur assimilierenden Wirksamkeit. Daher ist alle Erinnerung wehmütig, alle Ahndung freudig. Jene mäßigt die allzugroße Lebhaftigkeit, diese erhebt ein zu schwaches Leben. Die gewöhnliche Gegenwart verknüpft Vergangenheit und Zukunft durch Beschränkung. Es entsteht Kontiguität, durch Erstarrung Kristallisation. Es gibt aber eine geistige Gegenwart, die beide durch Auflösung identifiziert, und diese Mischung ist das Element, die Atmosphäre des Dichters.

[110] Die Menschenwelt ist das gemeinschaftliche Organ der Götter. Poesie vereinigt sie, wie uns.

[111] Schlechthin ruhig erscheint, was in Rücksicht der Außenwelt schlechthin unbeweglich ist. So mannigfach es sich auch verändern mag, so bleibt es doch in Beziehung auf die Außenwelt immer in Ruhe. Dieser Satz bezieht sich auf alle Selbstmodifikationen. Daher erscheint das Schöne so ruhig. Alles Schöne ist ein selbsterleuchtetes, vollendetes Individuum.

[112] Jede Menschengestalt belebt einen individuellen Keim im Betrachtenden. Dadurch wird diese Anschauung unendlich, sie ist mit dem Gefühl einer unerschöpflichen Kraft verbunden und darum so absolut belebend. Indem wir uns selbst betrachten, beleben wir uns selbst.

Ohne diese sichtbare und fühlbare Unsterblichkeit würden wir nicht wahrhaft denken können.

Diese wahrnehmbare Unzulänglichkeit des irdischen Körpergebildes zum Ausdruck und Organ des inwohnenden Geistes

ist der unbestimmte, treibende Gedanke, der die Basis aller echten Gedanken wird, der Anlaß zur Evolution der Intelligenz, dasjenige, was uns zur Annahme einer intelligiblen Welt und einer unendlichen Reihe von Ausdrücken und Organen jedes Geistes, deren Exponent oder Wurzel seine Individualität ist, nötigt.

[113] Je bornierter ein System ist, desto mehr wird es den Weltklugen gefallen. So hat das System der Materialisten, die Lehre des Helvétius und auch Locke den meisten Beifall unter dieser Klasse erhalten. So wird Kant jetzt noch immer mehr Anhänger als Fichte finden.

[114] Die Kunst, Bücher zu schreiben, ist noch nicht erfunden. Sie ist aber auf dem Punkt, erfunden zu werden. Fragmente dieser Art sind literarische Sämereien. Es mag freilich manches taube Körnchen darunter sein: indessen, wenn nur einiges aufgeht!

GLAUBEN UND LIEBE
oder
DER KÖNIG UND
DIE KÖNIGIN

BLUMEN

An den König

Mehr als ein Königreich gab der Himmel Dir in Luisen,
 Aber Du brachtest Ihr auch mehr als die Krone, Dein Herz.

Die Alpenrose

Selten haftet auf Höhn ein Funken himmlischen Lebens,
 Aber, als Königin, blüht dann auch die Rose des Bergs.

Der König

Nur wer mehr als König schon ist, kann königlich herrschen,
 Also soll König sein, welcher die Herrlichste liebt.

Das irdische Paradies

Wo die Geliebten sind, da schmückt sich bräutlich die Erde,
 Aber den Frevler verzehrt schneller die himmlische Luft.

Es ist an der Zeit

Glänzend steht nun die Brücke, der mächtige Schatten erinnert
 Nur an die Zeit noch, es ruht ewig der Tempel nun hier,
Götzen von Stein und Metall mit furchtbaren Zeichen der
 Willkür
Sind gestürzt, und wir sehn dort nur ein liebendes Paar —
An der Umarmung erkennt ein jeder die alten Dynasten,
 Kennt den Steuermann, kennt wieder die glückliche Zeit.

Das Ende des Haders

Lange währte der Zwist, es konnte keiner ihn schlichten;
 Mancher schöne Kristall brach in dem feindlichen Stoß.
Nur die Liebe besitzt den Talisman ewigen Friedens —
 Da nur, wo sie erscheint, fließen die Massen in eins.

Der sterbende Genius

Willkommen, Lieber, nun und nicht wieder ruft
Dich meine Stimme; nah ist der Abschied mir.
 Gefunden hab ich, was ich suchte,
 Und der Bezauberung Bande schmelzen.

Das schöne Wesen — siehst du die Königin —
Hebt Bann und Zauber; lange vergebens flog
 Um jeden Thron ich, aber endlich
 Winkte durch sie mir die alte Heimat.

Schon lodert mächtig jene geheime Glut —
Mein altes Wesen — tief in dem irdischen
 Gebilde: Du sollst Opferpriester
 Sein und das Lied der Zurückkehr singen.

Nimm diese Zweige, decke mit ihnen mich,
Nach Osten singe dann das erhabne Lied,
 Bis auf die Sonne geht und zündet
 Und mir die Tore der Urwelt öffnet.

Der Duft des Schleiers, der mich vordem umgab,
Sinkt dann vergoldet über die Ebenen,
 Und wer ihn atmet, schwört begeistert
 Ewige Liebe der schönen Fürstin.

Land

Jenes himmlische Paar schwimmt hoch auf der Flut, wie die
 Taube
Und der Ölzweig; es bringt Hoffnung des Landes, wie dort.

VORREDE

1

[1] Wenn man mit wenigen in einer großen, gemischten Ge-
sellschaft etwas Heimliches reden will und man sitzt nicht
nebeneinander, so muß man in einer besondern Sprache reden.
Diese besondre Sprache kann entweder eine *dem Ton* nach oder
den Bildern nach fremde Sprache sein. Dies letztere wird eine
Tropen- und Rätselsprache sein.

2

[2] Viele haben gemeint, man solle von zarten, mißbrauch-
baren Gegenständen eine gelehrte Sprache führen, zum Beispiel
lateinisch von Dingen der Art schreiben. Es käme auf einen Ver-
such an, ob man nicht in der gewöhnlichen Landessprache so
sprechen könnte, daß es nur *der* verstehn könnte, der es verstehn
sollte. Jedes wahre Geheimnis muß die Profanen von selbst
ausschließen. Wer es versteht, ist von selbst, mit Recht, *Ein-*
geweihter.

3

[3] Der mystische Ausdruck ist ein Gedankenreiz mehr. Alle
Wahrheit ist uralt. Der Reiz der Neuheit liegt nur in den
Variationen des Ausdrucks. Je kontrastierender die Erschei-
nung, desto größer die Freude des Wiedererkennens.

4

[4] Was man liebt, findet man überall, und sieht überall
Ähnlichkeiten. Je größer die Liebe, desto weiter und mannig-
faltiger diese ähnliche Welt. Meine Geliebte ist die Abbreviatur
des Universums, das Universum die Elongatur meiner Ge-
liebten. Dem Freunde der Wissenschaften bieten sie alle Blu-
men und Souvenirs für seine Geliebte.

5

[5] Aber woher die ernsten, mystisch-politischen Philosopheme? Ein Begeisterter äußert sein höheres Leben in allen seinen Funktionen; also philosophiert er auch, und zwar lebhafter als gewöhnlich, *poetischer.* Auch dieser tiefe Ton gehört in die Symphonie seiner Kräfte und Organe. Gewinnt aber nicht das Allgemeine durch individuelle, das Individuelle durch allgemeine Beziehungen?

6

[6] Laßt die Libellen ziehn; unschuldige *Fremdlinge* sind es,
Folgen dem Doppelgestirn froh, mit Geschenken,
hieher.

[7] Ein blühendes Land ist doch wohl ein königlicheres Kunstwerk als ein Park. Ein geschmackvoller Park ist eine englische Erfindung. Ein Land, das Herz und Geist befriedigt, dürfte eine deutsche Erfindung werden; und der Erfinder wäre doch wohl der König aller Erfinder.

[8] Der beste unter den ehemaligen französischen Monarchen hatte sich vorgesetzt, seine Untertanen so wohlhabend zu machen, daß jeder alle Sonntage ein Huhn mit Reis auf seinen Tisch bringen könnte. Würde nicht die Regierung aber vorzuziehn sein, unter welcher der Bauer lieber ein Stück verschimmelt Brot äße, als Braten in einer andern, und Gott für das Glück herzlich dankte, in diesem Lande geboren zu sein?

[9] Wenn ich morgen Fürst würde, so bät ich zuerst den König um einen Eudiometer wie den seinigen. Kein Instrument ist einem Fürsten nötiger. Auch würde ich, wie er, die Lebensluft für meinen Staat mehr aus blühenden Pflanzungen als aus Salpeter zu ziehen suchen.

[10] Gold und Silber sind das Blut des Staats. Häufungen des Bluts am Herzen und im Kopfe verraten Schwäche in beiden. Je stärker das Herz ist, desto lebhafter und freigebiger treibt es das Blut nach den äußern Teilen. Warm und belebt ist jedes Glied, und rasch und mächtig strömt das Blut nach dem Herzen zurück.

[11] Ein einstürzender Thron ist wie ein fallender Berg, der die Ebene zerschmettert und da ein totes Meer hinterläßt, wo sonst ein fruchtbares Land und lustige Wohnstätte war.

[12] Macht nur die Berge gleich, das Meer wird es euch Dank wissen. Das Meer ist das Element von Freiheit und Gleichheit. Indes warnt es, auf Lager von Schwefelkies zu treten; sonst ist der Vulkan da und mit ihm der Keim eines neuen Kontinents.

[13] Die mephitischen Dünste der moralischen Welt verhalten sich anders wie ihre Namensvettern in der Natur. Jene steigen gern in die Höhe, da diese am Boden hängen bleiben. Für die Höhenbewohner ist kein besseres Mittel dagegen als Blumen und Sonnenschein. Beides hat sich nur selten auf Höhen zusammen getroffen. Auf einer der höchsten moralischen Erdhöhen kann man aber jetzt die reinste Luft genießen und eine Lilie an der Sonne sehn.

[14] Es war kein Wunder, wenn die Bergspitzen meistenteils nur auf die Täler herabdonnerten und die Fluren verwüsteten. Böse Wolken zogen sich meist um sie her und verbargen ihnen ihre Abkunft vom Lande; dann erschien ihnen die Ebene nur wie ein dunkler Abgrund, über welchen sie die Wolken zu tragen schienen, oder wie ein empörtes Meer, da doch nichts eigentlich gegen sie empört war, und sie allmählich abstumpfte und herunterwusch, als die anhänglich scheinenden Wolken.

[15] Ein wahrhaftes Königspaar ist für den ganzen Menschen, was eine Konstitution für den bloßen Verstand ist. Man kann sich für eine Konstitution nur wie für einen Buchstaben

interessieren. Ist das Zeichen nicht ein schönes Bild oder ein
Gesang, so ist Anhänglichkeit an Zeichen die verkehrteste aller
Neigungen. — Was ist ein Gesetz, wenn es nicht Ausdruck des
Willens einer geliebten, achtungswerten Person ist? Bedarf der
mystische Souverän nicht, wie jede Idee, eines Symbols, und
welches Symbol ist würdiger und passender als ein liebens-
würdiger trefflicher Mensch? Die Kürze des Ausdrucks ist doch
wohl etwas wert, und ist nicht ein Mensch ein kürzerer, schö-
nerer Ausdruck eines Geistes als ein Kollegium? Wer recht viel
Geist hat, den hemmen Schranken und Unterschiede nicht; sie
reizen ihn vielmehr. Nur der Geistlose fühlt Last und Hem-
mung. Übrigens ist auch ein geborner König besser als ein
gemachter. Der beste Mensch wird eine solche Erhebung nicht
ohne Alteration ertragen können. Wer so geboren ist, dem
schwindelt nicht, den überreizt auch eine solche Lage nicht. Und
ist denn am Ende nicht die Geburt die primitive Wahl? Die
müssen sich nicht lebendig in sich gefühlt haben, die die Freiheit
dieser Wahl, die Einmütigkeit bei derselben bezweifeln.

Wer hier mit seinen historischen Erfahrungen angezogen
kömmt, weiß gar nicht, wovon ich rede und auf welchem Stand-
punkt ich rede; dem sprech ich arabisch, und er tut am besten,
seines Wegs zu gehn und sich nicht unter Zuhörer zu mischen,
deren Idiom und Landesart ihm durchaus fremd ist.

[16] Meinethalben mag jetzt der Buchstabe an der Zeit sein.
Es ist kein großes Lob für die Zeit, daß sie so weit von der Natur
entfernt, so sinnlos für Familienleben, so abgeneigt der schön-
sten poetischen Gesellschaftsform ist. Wie würden unsre
Kosmopoliten erstaunen, wenn ihnen die Zeit des ewigen
Friedens erschiene und sie die höchste gebildetste Menschheit
in monarchischer Form erblickten? Zerstäubt wird dann der
papierne Kitt sein, der jetzt die Menschen zusammenkleistert,
und der Geist wird die Gespenster, die statt seiner in Buch-
staben erschienen und von Federn und Pressen zerstückelt
ausgingen, verscheuchen und alle Menschen wie ein paar Lie-
bende zusammenschmelzen.

[17] Der König ist das gediegene Lebensprinzip des Staats; ganz dasselbe, was die Sonne im Planetensystem ist. Zunächst um das Lebensprinzip her erzeugt sich mithin das höchste Leben im Staate, die Lichtatmosphäre. Mehr oder weniger vererzt ist es in jedem Staatsbürger. Die Äußerungen des Staatsbürgers in der Nähe des Königs werden daher glänzend und so poetisch als möglich oder Ausdruck der höchsten Belebung sein. Da nun in der höchsten Belebung der Geist zugleich am wirksamsten ist, die Wirkungen des Geistes Reflexionen sind, die Reflexion aber, ihrem Wesen nach, bildend ist, mit der höchsten Belebung also die schöne oder vollkommene Reflexion verknüpft ist, so wird auch der Ausdruck des Staatsbürgers in der Nähe des Königs Ausdruck der höchsten, zurückgehaltenen Kraftfülle, Ausdruck der lebhaftesten Regungen, beherrscht durch die achtungsvollste Besonnenheit, ein unter Regeln zu bringendes Betragen sein. Ohne Etikette kann kein Hof bestehn. Es gibt aber eine natürliche Etikette, die schöne, und eine erkünstelte, modische, die häßliche. Herstellung der erstern wird also keine unwichtige Sorge des denkenden Königs sein, da sie einen bedeutenden Einfluß auf den Geschmack und die Liebe für die monarchische Form hat.

[18] Jeder Staatsbürger ist Staatsbeamter. Seine Einkünfte hat er nur als solcher. Man hat sehr unrecht, den König den ersten Beamten des Staats zu nennen. Der König ist kein Staatsbürger, mithin auch kein Staatsbeamter. Das ist eben das Unterscheidende der Monarchie, daß sie auf dem Glauben an einen höhergebornen Menschen, auf der freiwilligen Annahme eines Idealmenschen, beruht. Unter meinesgleichen kann ich mir keinen Obern wählen; auf einen, der mit mir in der gleichen Frage befangen ist, nichts übertragen. Die Monarchie ist deswegen echtes System, weil sie an einen absoluten Mittelpunkt geknüpft ist; an ein Wesen, was zur Menschheit, aber nicht zum Staate gehört. Der König ist ein zum irdischen Fatum erhobener Mensch. Diese Dichtung drängt sich dem Menschen notwendig auf. Sie befriedigt allein eine höhere Sehnsucht seiner Natur.

Alle Menschen sollen thronfähig werden. Das Erziehungsmittel zu diesem fernen Ziel ist ein König. Er assimiliert sich allmählich die Masse seiner Untertanen. Jeder ist entsprossen aus einem uralten Königsstamm. Aber wie wenige tragen noch das Gepräge dieser Abkunft?

[19] Ein großer Fehler unserer Staaten ist es, daß man den Staat zu wenig sieht. Überall sollte der Staat sichtbar, jeder Mensch als Bürger charakterisiert sein. Ließen sich nicht Abzeichen und Uniformen durchaus einführen? Wer so etwas für geringfügig hält, kennt eine wesentliche Eigentümlichkeit unsrer Natur nicht.

[20] Ein Regent kann für die Erhaltung seines Staats in den jetzigen Zeiten gewiß nicht zweckmäßiger sorgen, als wenn er ihn vielmöglichst zu individualisieren sucht.

[21] Die alte Hypothese, daß die Kometen die Revolutionsfackeln des Weltsystems wären, gilt gewiß für eine andre Art von Kometen, die periodisch das geistige Weltsystem revolutionieren und verjüngen. Der geistige Astronom bemerkt längst den Einfluß eines solchen Kometen auf einen beträchtlichen Teil des geistigen Planeten, den wir die Menschheit nennen. Mächtige Überschwemmungen, Veränderungen der Klimate, Schwankungen des Schwerpunkts, allgemeine Tendenz zum Zerfließen, sonderbare Meteore sind die Symptome dieser heftigen Inzitation, deren Folge den Inhalt eines neuen Weltalters ausmachen wird. So nötig es vielleicht ist, daß in gewissen Perioden alles in Fluß gebracht wird, um neue, notwendige Mischungen hervorzubringen und eine neue, reinere Kristallisation zu veranlassen, so unentbehrlich ist es jedoch ebenfalls, diese Krisis zu mildern und die totale Zerfließung zu behindern, damit ein Stock übrigbleibe, ein Kern, an den die neue Masse anschieße und in neuen schönen Formen sich um ihn her bilde. Das Feste ziehe sich also immer fester zusammen, damit der überflüssige Wärmestoff vermindert werde, und man spare kein

Mittel, um das Zerweichen der Knochen, das Zerlaufen der typischen Faser zu verhindern.

Würde es nicht Unsinn sein, eine Krisis permanent zu machen und zu glauben, der Fieberzustand sei der echte, gesunde Zustand, an dessen Erhaltung dem Menschen alles gelegen sein mußte? Wer möchte übrigens an seiner Notwendigkeit, an seiner wohltätigen Wirksamkeit zweifeln.

[22] Es wird eine Zeit kommen, und das bald, wo man allgemein überzeugt sein wird, daß kein König ohne Republik und keine Republik ohne König bestehn könne, daß beide so unteilbar sind wie Körper und Seele und daß ein König ohne Republik und eine Republik ohne König nur Worte ohne Bedeutung sind. Daher entstand mit einer echten Republik immer ein König zugleich und mit einem echten König eine Republik zugleich. Der echte König wird Republik, die echte Republik König sein.

[23] Diejenigen, die in unsern Tagen gegen Fürsten als solche deklamieren und nirgends Heil statuieren als in der neuen, französischen Manier, auch die Republik nur unter der repräsentativen Form erkennen und apodiktisch behaupten, daß nur da Republik sei, wo es Primär- und Wahlversammlungen, Direktorium und Räte, Munizipalitäten und Freiheitsbäume gäbe, die sind armselige Philister, leer an Geist und arm an Herzen, Buchstäbler, die ihre Seichtigkeit und innerliche Blöße hinter den bunten Fahnen der triumphierenden Mode, unter der imposanten Maske des Kosmopolitismus zu verstecken suchen und die Gegner, wie die Obskuranten, verdienen, damit der Frosch- und Mäusekrieg vollkommen versinnlicht werde.

[24] Wird nicht der König schon durch das innige Gefühl *ihres* Werts zum König?

[25] Was bei andern Fürsten der erste Tag war, wird hier der Lebenstag des Königs sein. Die Regierungszeit der meisten ist

nur der erste Tag. Der erste Tag ist das Leben dieser Ephe-
meren. Dann sterben sie, und mit ihren Reliquien wird nun
mannigfacher Mißbrauch getrieben. So sind die meisten so-
genannten Regierungen Interregna; die Fürsten nur das rote,
heilige Wachs, welches die Befehle sanktioniert.

[26] Was sind Orden? Irrwische oder Sternschnuppen. Ein
Ordensband sollte eine Milchstraße sein, gewöhnlich ist es nur
ein Regenbogen, eine Einfassung des Ungewitters. Ein Brief,
ein Bild der Königin; das wären Orden, Auszeichnungen der
höchsten Art; Auszeichnungen, die zu den ausgezeichnetsten
Taten entzündeten. Auch verdienstvolle Hausfrauen sollten
ähnliche Ehrenzeichen bekommen.

[27] Die Königin hat zwar keinen politischen, aber einen
häuslichen Wirkungskreis im großen. Vorzüglich kommt ihr
die Erziehung ihres Geschlechts, die Aufsicht über die Kinder
des ersten Alters, über die Sitten im Hause, die Verpflegung
der Hausarmen und Kranken, besonders der von ihrem
Geschlechte, die geschmackvolle Verzierung des Hauses, die
Anordnung der Familienfeste und die Einrichtung des Hof-
lebens von Rechts wegen zu. Sie sollte ihre eigne Kanzlei haben,
und ihr Mann wäre ihr erster Minister, mit dem sie alles über-
legte. Zur Erziehung ihres Geschlechts würde Abschaffung der
ausdrücklichen Anstalten seiner Korruption gehören. Sollte der
Königin nicht beim Eintritt in eine Stadt schaudern, wo die
tiefste Herabwürdigung ihres Geschlechts ein öffentliches
Gewerbe ist? Die härtesten Strafen würden für diese echten
Seelenverkäufer nicht zu hart sein. Ein Mord ist weit schuld-
loser. Die gepriesene Sicherheit, die dadurch beabsichtigt wird,
ist eine sonderbare Begünstigung der Brutalität. So wenig sich
die Regierung in Privatangelegenheiten mischen dürfte, so sollte
sie doch jede Beschwerde, jedes öffentliche Skandal, jede An-
zeige oder Klage eines entehrten Gegenstandes auf das strengste
untersuchen. Wem steht das Schutzrecht des beleidigten Ge-
schlechts mehr zu als der Königin? Sie muß für den Aufenthalt

in einer Stadt erröten, die Asyle und Bildungsinstitute der Verworfenheit in sich befaßt.

Ihr Beispiel wird übrigens unendlich viel wirken. Die glücklichen Ehen werden immer häufiger und die Häuslichkeit mehr als Mode werden. Sie wird zugleich echtes Muster des weiblichen Anzugs sein. Der Anzug ist gewiß ein sehr richtiger Ethometer. Er hat leider in Berlin immer auf einem sehr niedrigen Punkte gestanden, oft unter Null. Was könnte nicht die Gesellschaft der Königin auf die jungen Weiber und Mädchen in Berlin würken? Es wäre an sich schon eine ehrenvolle Distinktion und würde die öffentliche Meinung notwendig wieder sittlich stimmen; und am Ende ist doch die öffentliche Meinung das kräftigste Restaurations- und Bildungsmittel der Sitten.

[28] Von der öffentlichen Gesinnung hängt das Betragen des Staats ab. Veredlung dieser Gesinnung ist die einzige Basis der echten Staatsreform. Der König und die Königin können und müssen als solche das Prinzip der öffentlichen Gesinnung sein. Dort gibt es keine Monarchie mehr, wo der König und die Intelligenz des Staats nicht mehr identisch sind. Daher war der König von Frankreich schon lange vor der Revolution dethronisiert, und so die meisten Fürsten Europas. Es würde ein sehr gefährliches Symptom des neupreußischen Staats sein, wenn man zu stumpf für die wohltätigen Einflüsse des Königs und der Königin wäre, wenn es in der Tat an Sinn für dieses klassische Menschenpaar gebräche. Das muß sich in kurzem offenbaren. Wirken diese Genien nichts, so ist die vollkommene Auflösung der modernen Welt gewiß, und die himmlische Erscheinung ist nichts als das Aufblitzen der verfliegenden Lebenskraft, die Sphärenmusik eines Sterbenden, die sichtbare Ahndung einer bessern Welt, die edlern Generationen bevorsteht.

[29] Der Hof ist eigentlich das große Muster einer Haushaltung. Nach ihm bilden sich die großen Haushaltungen des Staats, nach diesen die kleinern, und so herunter. Wie mächtig

könnte nicht eine Hofreform wirken! Der König soll nicht frugal, wie ein Landmann oder ein begüterter Privatmann sein; aber es gibt auch eine königliche Frugalität, und diese scheint der König zu kennen. Der Hof soll das klassische Privatleben im großen sein. Die Hausfrau ist die Feder des Hauswesens. So die Königin die Feder des Hofs. Der Mann fourniert, die Frau ordnet und richtet ein. Ein frivoles Hauswesen ist meistenteils die Schuld der Frau. Daß die Königin durchaus antifrivole ist, weiß jedermann. Daher begreife ich nicht, wie sie das Hofleben, wie es ist, ertragen kann. Auch ihrem Geschmack, der so innig eins mit ihrem Herzen ist, muß die fade Monotonie desselben unerträglich auffallen.

Das Schauspiel und Konzert und hin und wieder die Zimmerverzierungen ausgenommen, trifft man fast keine Spur von Geschmack im gewöhnlichen europäischen Hofleben, und auch jene Ausnahmen, wie oft sind sie geschmacklos, wie oft werden sie nicht geschmacklos genossen. Wie äußerst mannigfaltig könnte es aber sein? Ein geistvoller Maître des Plaisirs könnte, geleitet vom Geschmack der Königin, aus dem Hofe ein irdisches Paradies machen, könnte das einfache Thema des Lebensgenusses durch unerschöpfliche Variationen führen und uns so die Gegenstände der allgemeinen Anbetung in einer immer neuen, immer reizenden Umgebung erblicken lassen. Welches Gefühl aber ist himmlischer als das, seine Geliebten im wahrhaftesten Lebensgenusse begriffen zu wissen.

[30] Jede gebildete Frau und jede sorgfältige Mutter sollte das Bild der Königin in ihrem oder ihrer Töchter Wohnzimmer haben. Welche schöne kräftige Erinnerung an das Urbild, das jede zu erreichen sich vorgesetzt hätte. Ähnlichkeit mit der Königin würde der Charakterzug der neupreußischen Frauen, ihr Nationalzug. Ein liebenswürdiges Wesen unter tausendfachen Gestalten. Mit jeder Trauung ließe sich leicht eine bedeutungsvolle Huldigungszeremonie der Königin einführen; und so sollte man mit dem König und der Königin das gewöhnliche Leben veredeln, wie sonst die Alten es mit ihren Göttern

taten. Dort entstand echte Religiosität durch diese unaufhör-
liche Mischung der Götterwelt in das Leben. So könnte hier
durch diese beständige Verwebung des königlichen Paars in das
häusliche und öffentliche Leben echter Patriotism entstehen.

[31] Die Gruppe von Schadow sollte die gute Gesellschaft in
Berlin zu erhalten suchen, eine Loge der sittlichen Grazie stiften
und sie in dem Versammlungssaale aufstellen. Diese Loge
könnte eine Bildungsanstalt der jungen weiblichen Welt aus den
kultiviertern Ständen sein, und der Königsdienst wäre dann,
was der Gottesdienst auf eine ähnliche Weise sein sollte, echte
Auszeichnung und Belohnung der trefflichsten ihres Ge-
schlechts.

[32] Sonst mußte man sich vor den Höfen wie vor einem
ansteckenden Orte mit Weib und Kindern flüchten. An einen
Hof wird man sich jetzt vor der allgemeinen Sittenverderbnis
wie auf eine glückliche Insel zurückziehen können. Um eine
treffliche Frau zu finden, mußte ein behutsamer junger Mann
sonst in die entlegenern Provinzen, wenigstens in die gänzlich
von Stadt und Hof entfernten Familien gehn; künftig wird
man, wie es nach dem ursprünglichen Begriff sein sollte, an Hof
als zum Sammelplatz des Besten und Schönsten gehn und sich
glücklich preisen können, eine Frau aus der Hand der Königin
zu empfangen.

[33] Dieser König ist der Erste König von Preußen. Er setzt
sich alle Tage die Krone selbst auf, und zu seiner Anerken-
nung bedarf es keiner Negotiationen.

[34] Der König und die Königin beschützen die Monarchie
mehr als 200000 Mann.

[35] Nichts ist erquickender als von unsern Wünschen zu
reden, wenn sie schon in Erfüllung gehn.

[36] Kein Staat ist mehr als Fabrik verwaltet worden als Preußen seit Friedrich Wilhelm des Ersten Tode. So nötig vielleicht eine solche maschinistische Administration zur physischen Gesundheit, Stärkung und Gewandtheit des Staats sein mag, so geht doch der Staat, wenn er bloß auf diese Art behandelt wird, im wesentlichen darüber zu Grunde. Das Prinzip des alten berühmten Systems ist, jeden durch Eigennutz an den Staat zu binden. Die klugen Politiker hatten das Ideal eines Staats vor sich, wo das Interesse des Staats, eigennützig, wie das Interesse der Untertanen, so künstlich jedoch mit demselben verknüpft wäre, daß beide einander wechselseitig beförderten.

An diese politische Quadratur des Zirkels ist sehr viel Mühe gewandt worden: aber der rohe Eigennutz scheint durchaus unermeßlich, antisystematisch zu sein. Er hat sich durchaus nicht beschränken lassen, was doch die Natur jeder Staatseinrichtung notwendig erfordert. Indes ist durch diese förmliche Aufnahme des gemeinen Egoismus als Prinzip ein ungeheurer Schade geschehn, und der Keim der Revolution unserer Tage liegt nirgends als hier.

Mit wachsender Kultur mußten die Bedürfnisse mannigfacher werden und der Wert der Mittel ihrer Befriedigung um so mehr steigen, je weiter die moralische Gesinnung hinter allen diesen Erfindungen des Luxus, hinter allen Raffinements des Lebensgenusses und der Bequemlichkeit zurückgeblieben war. Die Sinnlichkeit hatte zu schnell ungeheures Feld gewonnen. In eben dem Verhältnisse, als die Menschen auf dieser Seite ihre Natur ausbildeten und sich in der vielfachsten Tätigkeit und dem behaglichsten Selbstgefühl verloren, mußte ihnen die andere Seite unscheinbar, eng und fern vorkommen. Hier meinten sie nun den rechten Weg ihrer Bestimmung eingeschlagen zu haben, hieher alle Kräfte verwenden zu müssen. So wurde grober Eigennutz zur Leidenschaft, und zugleich seine Maxime zum Resultat des höchsten Verstandes; und dies machte die Leidenschaft so gefährlich und unüberwindlich. Wie herrlich wär es, wenn der jetzige König sich wahrhaft über-

zeugte, daß man auf diesem Wege nur das flüchtige Glück eines Spielers machen könne, das von einer so veränderlichen Größe bestimmt wird als die Imbezillität und der Mangel an Routine und Finesse seiner Mitspieler. Durch Betrogenwerden lernt man betrügen, und wie bald ändert sich da nicht das Blatt, und der Meister wird Schüler seines Schülers. Ein dauerhaftes Glück macht nur der rechtliche Mann und der rechtliche Staat. Was helfen mir alle Reichtümer, wenn sie sich bei mir nur aufhalten, um frische Pferde zu nehmen und schneller ihre Reise um die Welt zurückzulegen? Uneigennützige Liebe im Herzen und ihre Maxime im Kopf, das ist die alleinige, ewige Basis aller wahrhaften, unzertrennlichen Verbindung, und was ist die Staatsverbindung anders als eine Ehe?

[37] Ein König muß wie ein Vater keine Vorliebe zeigen. Er sollte nicht bloß militärische Gesellschafter und Adjutanten haben. Warum nicht auch zivilistische? Wenn er sich in seinen militärischen Adjutanten fähige Generale bildet, warum will er sich nicht auf ähnliche Weise fähige Präsidenten und Minister bilden? Bei ihm laufen alle Fäden der Regierung zusammen. Nur von dort aus läßt sich das ganze Triebwerk des Staats überblicken. Dort allein lernt man im großen den Staat und sein Detail ansehn. Zu Direktorialposten kann man sich nirgends so bilden als im Kabinett, wo die Staatsweisheit des ganzen Landes sich konzentriert, wo man jede Sache durchaus bearbeitet erhält und von wo aus man den Gang der Geschäfte bis in seine kleinsten Adern verfolgen kann. Hier allein würde jener eingeschränkte Geist verschwinden, jener Pedantismus der Geschäftsmänner, der sie auf ihre Bemühungen einen einzigen, auf ihre Vorschläge einen infalliblen Wert legen läßt, der sie alle Dinge nach ihrem Wirkungskreise, nach ihrer Gesichtssphäre beurteilen macht und die höhere Instanzen oft selbst zu einseitigen ungleichen Partialschritten verleitet. Dieses kleinstädtische Wesen ist überall sichtbar und verhindert am meisten echten Republikanismus, allgemeine Teilnahme am ganzen Staate, innige Berührung und Harmonie aller Staats-

glieder. Der König sollte noch mehr militärische und zivilisti-
sche Adjutanten haben. Wie jene die höchste militärische Schule
im Staate, so bildeten diese die höchste praktisch-politische
Akademie im Staate. Eine Stelle in beiden würde schon Aus-
zeichnung und Anfeuerung genug sein. Für den König würde
diese abwechselnde Gesellschaft der trefflichsten jungen
Männer seines Landes höchst angenehm und vorteilhaft sein.
Für diese jungen Männer aber wären diese Lehrjahre das glän-
zendste Fest ihres Lebens, der Anlaß einer lebenslänglichen
Begeisterung. Persönliche Liebe schlösse sie auf ewig an ihren
Souverän, und der König hätte die schönste Gelegenheit, seine
Diener genau kennenzulernen, zu wählen und persönlich zu
achten und zu lieben. Die edle Simplizität des königlichen
Privatlebens, das Bild dieses glücklichen, innig verbundenen
Paars würde den wohltätigsten Einfluß auf die sittliche Bildung
dieses Kerns der preußischen Jugend haben, und so würde dem
König am leichtesten der angeborne Wunsch seines Herzens
gewährt, der wahrhafte Reformator und Restaurator seiner
Nation und seiner Zeit zu werden.

[38] Einem König sollte nichts mehr am Herzen liegen, als so
vielseitig, so unterrichtet, orientiert und vorurteilsfrei, kurz, so
vollständiger Mensch zu sein und zu bleiben, als möglich. Kein
Mensch hat mehr Mittel in Händen, sich auf eine leichte Art
diesen höchsten Stil der Menschheit zu eigen zu machen als ein
König. Durch Umgang und Fortlernen kann er sich immer jung
erhalten. Ein alter König macht einen Staat so grämlich, als er
selbst ist. Wie bequem könnte sich der König nicht die Be-
kanntschaft mit den wissenschaftlichen Fortschritten der
Menschheit machen. Er hat schon gelehrte Akademien. Wenn
er sich nun von diesen vollständige, genaue und präzise Berichte
über den vormaligen und gegenwärtigen Zustand der Literatur
überhaupt — terminliche Berichte über die wissenswürdigsten
Vorfälle in allem, was den Menschen als solchen interessiert —
Auszüge aus den vorzüglichsten Büchern und Bemerkungen
über dieselben, Hinweisungen auf diejenigen Produkte der

schönen Kunst, die eigne Betrachtung und Genießung verdienten, endlich Vorschläge zur Beförderung wissenschaftlicher Kultur der Untertanen, zur Aufnahme und Unterstützung hoffnungsvoller bedeutender Unternehmungen und armer vielversprechender Gelehrten und zur Ausfüllung szientifischer Lücken und Entwicklung neuer literarischer Keime erforderte und allenfalls Korrelationen veranstaltete, so würde dies ihn in Stand setzen, seinen Staat unter andern Staaten, seine Nation in der Menschheit und sich selbst im großen zu übersehen und hier in der Tat sich zu einem königlichen Menschen zu bilden. Der Mühe einer ungeheuren Lektüre überhoben, genösse er die Früchte der europäischen Studien im Extrakte und würde in kurzem durch fleißiges Überdenken dieses geläuterten und inspissierten Stoffs neue mächtige Kräfte seines Geistes hervorgebrochen und sich in einem reinern Elemente auf der Höhe des Zeitalters erblicken. Wie divinatorisch würde sein Blick, wie geschärft sein Urteil, wie erhaben seine Gesinnung werden!

[39] Ein wahrhafter Fürst ist der Künstler der Künstler: das ist der Direktor der Künstler. Jeder Mensch sollte Künstler sein. Alles kann zur schönen Kunst werden. Der Stoff des Fürsten sind die Künstler; sein Wille ist sein Meißel: er erzieht, stellt und weist die Künstler an, weil nur er das Bild im ganzen aus dem rechten Standpunkte übersieht, weil ihm nur die große Idee, die, durch vereinigte Kräfte und Ideen dargestellt, exekutiert werden soll, vollkommen gegenwärtig ist. Der Regent führt ein unendlich mannigfaches Schauspiel auf, wo Bühne und Parterre, Schauspieler und Zuschauer eins sind und er selbst Poet, Direktor und Held des Stücks zugleich ist. Wie entzückend, wenn, wie bei dem König, die Direktrice zugleich die Geliebte des Helden, die Heldin des Stücks ist, wenn man selbst die Muse in ihr erblickt, die den Poeten mit heiliger Glut erfüllt und zu sanften, himmlischen Weisen sein Saitenspiel stimmt.

[40] In unsern Zeiten haben sich wahre Wunder der Trans-
substantiation ereignet. Verwandelt sich nicht ein Hof in eine
Familie, ein Thron in ein Heiligtum, eine königliche Vermäh-
lung in einen ewigen Herzensbund?

[41] Wenn die Taube Gesellschafterin und Liebling des
Adlers wird, so ist die goldne Zeit in der Nähe oder gar schon
da, wenn auch noch nicht öffentlich anerkannt und allgemein
verbreitet.

[42] Wer den ewigen Frieden jetzt sehn und liebgewinnen will,
der reise nach Berlin und sehe die Königin. Dort kann sich jeder
anschaulich überzeugen, daß der ewige Friede herzliche Recht-
lichkeit über alles liebt und nur durch diese sich auf ewig fesseln
läßt.

[43] Was ich mir vor allen wünschte? das will ich euch sagen:
eine geistvolle Darstellung der Kinder- und Jugendjahre der
Königin. Gewiß im eigentlichsten Sinn weibliche Lehrjahre.
Vielleicht nichts anders als Nataliens Lehrjahre. Mir kommt
Natalie wie das zufällige Porträt der Königin vor. Ideale
müssen sich gleichen.

DIE CHRISTENHEIT
ODER EUROPA

Es waren schöne glänzende Zeiten, wo Europa ein christliches Land war, wo *eine* Christenheit diesen menschlich gestalteten Weltteil bewohnte; *ein* großes gemeinschaftliches Interesse verband die entlegensten Provinzen dieses weiten geistlichen Reichs. — Ohne große weltliche Besitztümer lenkte und vereinigte *ein* Oberhaupt die großen politischen Kräfte. — Eine zahlreiche Zunft, zu der jedermann den Zutritt hatte, stand unmittelbar unter demselben und vollführte seine Winke und strebte mit Eifer seine wohltätige Macht zu befestigen. Jedes Glied dieser Gesellschaft wurde allenthalben geehrt, und wenn die gemeinen Leute Trost oder Hülfe, Schutz oder Rat bei ihm suchten und gerne dafür seine mannigfaltigen Bedürfnisse reichlich versorgten, so fand es auch bei den Mächtigeren Schutz, Ansehn und Gehör, und alle pflegten diese auserwählten, mit wunderbaren Kräften ausgerüsteten Männer wie Kinder des Himmels, deren Gegenwart und Zuneigung mannigfachen Segen verbreitete. Kindliches Zutrauen knüpfte die Menschen an ihre Verkündigungen. — Wie heiter konnte jedermann sein irdisches Tagewerk vollbringen, da ihm durch diese heilige Menschen eine sichere Zukunft bereitet und jeder Fehltritt durch sie vergeben, jede mißfarbige Stelle des Lebens durch sie ausgelöscht und geklärt wurde. Sie waren die erfahrnen Steuerleute auf dem großen unbekannten Meere, in deren Obhut man alle Stürme geringschätzen und zuversichtlich auf eine sichre Gelangung und Landung an der Küste der eigentlichen vaterländischen Welt rechnen durfte.

Die wildesten, gefräßigsten Neigungen mußten der Ehrfurcht und dem Gehorsam gegen ihre Worte weichen. Friede ging von ihnen aus. — Sie predigten nichts als Liebe zu der heiligen, wunderschönen Frau der Christenheit, die, mit gött-

lichen Kräften versehen, jeden Gläubigen aus den schreck-
lichsten Gefahren zu retten bereit war. Sie erzählten von längst
verstorbenen himmlischen Menschen, die durch Anhänglichkeit
und Treue an jene selige Mutter und ihr himmlisches, freund-
liches Kind die Versuchung der irdischen Welt bestanden, zu
göttlichen Ehren gelangt und nun schützende, wohltätige
Mächte ihrer lebenden Brüder, willige Helfer in der Not,
Vertreter menschlicher Gebrechen und wirksame Freunde der
Menschheit am himmlischen Throne geworden waren. Mit
welcher Heiterkeit verließ man die schönen Versammlungen in
den geheimnisvollen Kirchen, die mit ermunternden Bildern
geschmückt, mit süßen Düften erfüllt und von heiliger er-
hebender Musik belebt waren. In ihnen wurden die geweihten
Reste ehemaliger gottesfürchtiger Menschen dankbar in köst-
lichen Behältnissen aufbewahrt. — Und an ihnen offenbarte sich
die göttliche Güte und Allmacht, die mächtige Wohltätigkeit
dieser glücklichen Frommen, durch herrliche Wunder und
Zeichen. So bewahren liebende Seelen Locken oder Schriftzüge
ihrer verstorbenen Geliebten und nähren die süße Glut damit
bis an den wiedervereinigenden Tod. Man sammelte mit inniger
Sorgfalt überall, was diesen geliebten Seelen angehört hatte,
und jeder pries sich glücklich, der eine so tröstliche Reliquie
erhalten oder nur berühren konnte. Hin und wieder schien sich
die himmlische Gnade vorzüglich auf ein seltsames Bild oder
einen Grabhügel niedergelassen zu haben. — Dorthin strömten
aus allen Gegenden Menschen mit schönen Gaben und brachten
himmlische Gegengeschenke: Frieden der Seele und Gesundheit
des Leibes, zurück. Emsig suchte diese mächtige frie-
denstiftende Gesellschaft alle Menschen dieses schönen Glau-
bens teilhaftig zu machen und sandte ihre Genossen in alle
Weltteile, um überall das Evangelium des Lebens zu verkün-
digen und das Himmelreich zum einzigen Reiche auf dieser Welt
zu machen. Mit Recht widersetzte sich das weise Oberhaupt der
Kirche frechen Ausbildungen menschlicher Anlagen auf Kosten
des heiligen Sinns und unzeitigen gefährlichen Entdeckungen
im Gebiete des Wissens. So wehrte er den kühnen Denkern

öffentlich zu behaupten, daß die Erde ein unbedeutender Wandelstern sei, denn er wußte wohl, daß die Menschen mit der Achtung für ihren Wohnsitz und ihr irdisches Vaterland auch die Achtung vor der himmlischen Heimat und ihrem Geschlecht verlieren und das eingeschränkte Wissen dem unendlichen Glauben vorziehn und sich gewöhnen würden, alles Große und Wunderwürdige zu verachten und als tote Gesetzwirkung zu betrachten. An seinem Hofe versammelten sich alle klugen und ehrwürdigen Menschen aus Europa. Alle Schätze flossen dahin, das zerstörte Jerusalem hatte sich gerächt, und Rom selbst war Jerusalem, die heilige Residenz der göttlichen Regierung auf Erden geworden. Fürsten legten ihre Streitigkeiten dem Vater der Christenheit vor, willig ihm ihre Kronen und ihre Herrlichkeit zu Füßen, ja sie achteten es sich zum Ruhm, als Mitglieder dieser hohen Zunft den Abend ihres Lebens in göttlichen Betrachtungen zwischen einsamen Klostermauern zu beschließen. Wie wohltätig, wie angemessen der innern Natur der Menschen diese Regierung, diese Einrichtung war, zeigte das gewaltige Emporstreben aller andern menschlichen Kräfte, die harmonische Entwicklung aller Anlagen; die ungeheure Höhe, die einzelne Menschen in allen Fächern der Wissenschaften des Lebens und der Künste erreichten, und der überall blühende Handelsverkehr mit geistigen und irdischen Waren in dem Umkreis von Europa und bis in das fernste Indien hinaus.

Das waren die schönen wesentlichen Züge der echtkatholischen oder echtchristlichen Zeiten. Noch war die Menschheit für dieses herrliche Reich nicht reif, nicht gebildet genug. Es war eine erste Liebe, die im Drucke des Geschäftlebens entschlummerte, deren Andenken durch eigennützige Sorgen verdrängt und deren Band nachher als Trug und Wahn ausgeschrien und, nach spätern Erfahrungen beurteilt, auf immer von einem großen Teil der Europäer zerrissen wurde. Diese innere große Spaltung, die zerstörende Kriege begleiteten, war ein merkwürdiges Zeichen der Schädlichkeit der Kultur für den Sinn des Unsichtbaren, wenigstens einer temporellen Schädlich-

keit der Kultur einer gewissen Stufe. Vernichtet kann jener
unsterbliche Sinn nicht werden, aber getrübt, gelähmt, von
andern Sinnen verdrängt. — Eine längere Gemeinschaft der
Menschen vermindert die Neigungen, den Glauben an ihr
Geschlecht, und gewöhnt sie, ihr ganzes Dichten und Trachten
den Mitteln des Wohlbefindens allein zuzuwenden, die Bedürf-
nisse und die Künste ihrer Befriedigung werden verwickelter,
der habsüchtige Mensch hat so viel Zeit nötig, sich mit ihnen
bekannt zu machen und Fertigkeiten in ihnen sich zu erwer-
ben, daß keine Zeit zum stillen Sammeln des Gemüts, zur
aufmerksamen Betrachtung der innern Welt übrigbleibt. — In
Kollisionsfällen scheint ihm das gegenwärtige Interesse näher
zu liegen, und so fällt die schöne Blüte seiner Jugend, Glauben
und Liebe, ab und macht den derbern Früchten, Wissen und
Haben, Platz. Man gedenkt des Frühlings im Spätherbst wie
eines kindischen Traums und hofft mit kindischer Einfalt, die
vollen Speicher sollen auf immer aushalten. Eine gewisse
Einsamkeit scheint dem Gedeihen der höhern Sinne notwendig
zu sein, und daher muß ein zu ausgebreiteter Umgang der
Menschen miteinander manchen heiligen Keim ersticken und die
Götter, die den unruhigen Tumult zerstreuender Gesellschaften
und die Verhandlungen kleinlicher Angelegenheiten fliehen,
verscheuchen. Überdem haben wir ja mit Zeiten und Perioden
zu tun, und ist diesen eine Oszillation, ein Wechsel entgegen-
gesetzter Bewegungen nicht wesentlich? und ist diesen eine
beschränkte Dauer nicht eigentümlich, ein Wachstum und ein
Abnehmen nicht ihre Natur? aber auch eine Auferstehung, eine
Verjüngung, in neuer, tüchtiger Gestalt, nicht auch von ihnen
mit Gewißheit zu erwarten? Fortschreitende, immer mehr sich
vergrößernde Evolutionen sind der Stoff der Geschichte. — Was
jetzt nicht die Vollendung erreicht, wird sie bei einem künftigen
Versuch erreichen oder bei einem abermaligen; vergänglich ist
nichts, was die Geschichte ergriff, aus unzähligen Verwand-
lungen geht es in immer reicheren Gestalten erneuet wieder
hervor. Einmal war doch das Christentum mit voller Macht und
Herrlichkeit erschienen, bis zu einer neuen Weltinspiration

herrschte seine Ruine, sein Buchstabe mit immer zunehmender Ohnmacht und Verspottung. Unendliche Trägheit lag schwer auf der sicher gewordenen Zunft der Geistlichkeit. Sie war stehngeblieben im Gefühl ihres Ansehns und ihrer Bequemlichkeit, während die Laien ihr unter den Händen Erfahrung und Gelehrsamkeit entwandt und mächtige Schritte auf dem Wege der Bildung vorausgetan hatten. In der Vergessenheit ihres eigentlichen Amts, die Ersten unter den Menschen an Geist, Einsicht und Bildung zu sein, waren ihnen die niedrigen Begierden zu Kopf gewachsen, und die Gemeinheit und Niedrigkeit ihrer Denkungsart wurde durch ihre Kleidung und ihren Beruf noch widerlicher. So fielen Achtung und Zutrauen, die Stützen dieses und jedes Reichs, allmählich weg, und damit war jene Zunft vernichtet, und die eigentliche Herrschaft Roms hatte lange vor der gewaltsamen Insurrektion stillschweigend aufgehört. Nur kluge, also auch nur zeitliche Maßregeln hielten den Leichnam der Verfassung noch zusammen und bewahrten ihn vor zu schleuniger Auflösung, wohin denn zum Beispiel die Abschaffung der Priesterehe vorzüglich gehörte. — Eine Maßregel, die analog angewandt auch dem ähnlichen Soldatenstand eine fürchterliche Konsistenz verleihen und sein Leben noch lange fristen könnte. Was war natürlicher, als daß endlich ein feuerfangender Kopf öffentlichen Aufstand gegen den despotischen Buchstaben der ehemaligen Verfassung predigte, und mit um so größerm Glück, da er selbst Zunftgenosse war.

Mit Recht nannten sich die Insurgenten Protestanten, denn sie protestierten feierlich gegen jede Anmaßung einer unbequemen und unrechtmäßig scheinenden Gewalt über das Gewissen. Sie nahmen ihr stillschweigend abgegebenes Recht auf Religionsuntersuchung, -bestimmung und -wahl als vakant wieder einstweilig an sich zurück. Sie stellten auch eine Menge richtiger Grundsätze auf, führten eine Menge löblicher Dinge ein und schafften eine Menge verderblicher Satzungen ab; aber sie vergaßen das notwendige Resultat ihres Prozesses; trennten das Untrennbare, teilten die unteilbare Kirche und rissen sich frevelnd aus dem allgemeinen christlichen Verein,

durch welchen und in welchem allein die echte, dauernde Wiedergeburt möglich war. Der Zustand religiöser Anarchie darf nur vorübergehend sein, denn der notwendige Grund, eine Zahl Menschen lediglich diesem hohen Berufe zu widmen und diese Zahl Menschen unabhängig von der irdischen Gewalt in Rücksicht dieser Angelegenheiten zu machen, bleibt in fortdauernder Wirksamkeit und Gültigkeit. – Die Errichtung der Konsistorien und die Beibehaltung einer Art Geistlichkeit half diesem Bedürfnisse nicht ab und war kein zureichender Ersatz. Unglücklicherweise hatten sich die Fürsten in diese Spaltung gemischt, und viele benutzten diese Streitigkeiten zur Befestigung und Erweiterung ihrer landesherrlichen Gewalt und Einkünfte. Sie waren froh, jenes hohen Einflusses überhoben zu sein, und nahmen die neuen Konsistorien nun unter ihre landesväterliche Beschützung und Leitung. Sie waren eifrigst besorgt, die gänzliche Vereinigung der protestantischen Kirchen zu hindern, und so wurde die Religion irreligiöserweise in Staatsgrenzen eingeschlossen und damit der Grund zur allmählichen Untergrabung des religiösen kosmopolitischen Interesses gelegt. So verlor die Religion ihren großen politischen friedestiftenden Einfluß, ihre eigentümliche Rolle des vereinigenden, individualisierenden Prinzips, der Christenheit. Der Religionsfriede ward nach ganz fehlerhaften und religionswidrigen Grundsätzen abgeschlossen, und durch die Fortsetzung des sogenannten Protestantismus etwas durchaus Widersprechendes – eine Revolutionsregierung permanent erklärt.

Indes liegt dem Protestantismus bei weitem nicht bloß jener reine Begriff zum Grunde, sondern Luther behandelte das Christentum überhaupt willkürlich, verkannte seinen Geist und führte einen andern Buchstaben und eine andere Religion ein, nämlich die heilige Allgemeingültigkeit der Bibel, und damit wurde leider eine andere höchst fremde irdische Wissenschaft in die Religionsangelegenheit gemischt – die Philologie –, deren auszehrender Einfluß von da an unverkennbar wird. Er wurde selbst aus dunkelm Gefühl dieses Fehlgriffs bei einem großen

Teil der Protestanten zum Rang eines Evangelisten erhoben und seine Übersetzung kanonisiert.

Dem religiösen Sinn war diese Wahl höchst verderblich, da nichts seine Irritabilität so vernichtet wie der Buchstabe. Im ehemaligen Zustande hatte dieser bei dem großen Umfange, der Geschmeidigkeit und dem reichhaltigen Stoff des katholischen Glaubens, sowie der Esoterisierung der Bibel und der heiligen Gewalt der Konzilien und des geistlichen Oberhaupts, nie so schädlich werden können; jetzt aber wurden diese Gegenmittel vernichtet, die absolute Popularität der Bibel behauptet, und nun drückte der dürftige Inhalt, der rohe abstrakte Entwurf der Religion in diesen Büchern desto merklicher und erschwerte dem heiligen Geiste die freie Belebung, Eindringung und Offenbarung unendlich.

Daher zeigt uns auch die Geschichte des Protestantismus keine herrlichen großen Erscheinungen des Überirdischen mehr, nur sein Anfang glänzt durch ein vorübergehendes Feuer des Himmels, bald nachher ist schon die Vertrocknung des heiligen Sinns bemerklich; das Weltliche hat die Oberhand gewonnen, der Kunstsinn leidet sympathetisch mit, nur selten, daß hie und da ein gediegener, ewiger Lebensfunke hervorspringt und eine kleine Gemeinde sich assimiliert. Er verlischt, und die Gemeinde fließt wieder auseinander und schwimmt mit dem Strome fort. So Zinzendorf, Jakob Böhme und mehrere. Die Moderatisten behalten die Oberhand, und die Zeit nähert sich einer gänzlichen Atonie der höhern Organe, der Periode des praktischen Unglaubens. Mit der Reformation war's um die Christenheit getan. Von nun an war keine mehr vorhanden. Katholiken und Protestanten oder Reformierte standen in sektirischer Abgeschnittenheit weiter voneinander als von Mahomedanern und Heiden. Die übriggebliebenen katholischen Staaten vegetierten fort, nicht ohne den schädlichen Einfluß der benachbarten protestantischen Staaten unmerklich zu fühlen. Die neuere Politik entstand erst in diesem Zeitpunkt, und einzelne mächtige Staaten suchten den vakanten Universalstuhl, in einen Thron verwandelt, in Besitz zu nehmen.

Den meisten Fürsten schien es eine Erniedrigung, sich nach einem ohnmächtigen Geistlichen zu genieren. — Sie fühlten zum erstenmal das Gewicht ihrer körperlichen Kraft auf Erden, sahen die himmlischen Mächte untätig bei Verletzung ihrer Repräsentanten und suchten nun allgemach ohne Aufsehn vor den noch eifrig päpstlich gesinnten Untertanen das lästige römische Joch abzuwerfen und sich unabhängig auf Erden zu machen. — Ihr unruhiges Gewissen beruhigten kluge Seelsorger, die nichts dabei verloren, daß ihre geistlichen Kinder die Disposition über das Kirchenvermögen sich anmaßten.

Zum Glück für die alte Verfassung tat sich jetzt ein neu entstandener Orden hervor, auf welchen der sterbende Geist der Hierarchie seine letzten Gaben ausgegossen zu haben schien, der mit neuer Kraft das Alte zurüstete und mit wunderbarer Einsicht und Beharrlichkeit, klüger, als je vorher geschehen, sich des päpstlichen Reichs und seiner mächtigern Regeneration annahm. Noch war keine solche Gesellschaft in der Weltgeschichte anzutreffen gewesen. Mit größerer Sicherheit des Erfolgs hatte selbst der alte römische Senat nicht Pläne zur Welteroberung entworfen. Mit größerem Verstand war an die Ausführung einer größeren Idee noch nicht gedacht worden. Ewig wird diese Gesellschaft ein Muster aller Gesellschaften sein, die eine organische Sehnsucht nach unendlicher Verbreitung und ewiger Dauer fühlen — aber auch ewig ein Beweis, daß die unbewachte Zeit allein die klügsten Unternehmungen vereitelt und der natürliche Wachstum des ganzen Geschlechts unaufhaltsam den künstlichen Wachstum eines Teils unterdrückt. Alles einzelne für sich hat ein eigenes Maß von Fähigkeit, nur die Kapazität des Geschlechts ist unermeßlich. Alle Pläne müssen fehlschlagen, die nicht auf alle Anlagen des Geschlechts vollständig angelegte Pläne sind. Noch merkwürdiger wird diese Gesellschaft als Mutter der sogenannten geheimen Gesellschaften, eines jetzt noch unreifen, aber gewiß wichtigen geschichtlichen Keims. Einen gefährlichern Nebenbuhler konnte der neue Lutheranismus, nicht Protestantismus, gewiß nicht erhalten. Alle Zauber des katholischen Glaubens

wurden unter seiner Hand noch kräftiger, die Schätze der
Wissenschaften flossen in seine Zelle zurück. Was in Europa
verloren war, suchten sie in den andern Weltteilen, in dem
fernsten Abend und Morgen, vielfach wiederzugewinnen und
die apostolische Würde und Beruf sich zuzueignen und geltend
zu machen. Auch sie blieben in den Bemühungen nach Popu-
larität nicht zurück und wußten wohl, wieviel Luther seinen
demagogischen Künsten, seinem Studium des gemeinen Volks
zu verdanken gehabt hatte. Überall legten sie Schulen an,
drangen in die Beichtstühle, bestiegen die Katheder und be-
schäftigten die Pressen, wurden Dichter und Weltweise, Mi-
nister und Märtyrer und blieben in der ungeheuren Ausdehnung
von Amerika über Europa nach China in dem wunderbarsten
Einverständnis der Tat und der Lehre. Aus ihren Schulen
rekrutierten sie mit weiser Auswahl ihren Orden. Gegen die
Lutheraner predigten sie mit zerstörendem Eifer und suchten
die grausamste Vertilgung dieser Ketzer, als eigentlicher Ge-
nossen des Teufels, zur dringendsten Pflicht der katholischen
Christenheit zu machen. Ihnen allein hatten die katholischen
Staaten und insonderheit der päpstliche Stuhl ihr langes Über-
leben der Reformation zu danken gehabt, und wer weiß, wie
alt die Welt noch aussehn würde, wenn nicht schwache Obere,
Eifersucht der Fürsten und andern geistlichen Orden, Hof-
intrigen und andere sonderbare Umstände ihren kühnen Lauf
unterbrochen und mit ihnen diese letzte Schutzwehr der ka-
tholischen Verfassung beinah vernichtet hätten. Jetzt schläft
er, dieser furchtbare Orden, in armseliger Gestalt an den
Grenzen von Europa, vielleicht daß er von daher sich, wie das
Volk, das ihn beschützt, mit neuer Gewalt einst über seine alte
Heimat, vielleicht unter anderm Namen, verbreitet.

Die Reformation war ein Zeichen der Zeit gewesen. Sie war
für ganz Europa bedeutend, wenn sie gleich nur im wahrhaft
freien Deutschland öffentlich ausgebrochen war. Die guten
Köpfe aller Nationen waren heimlich mündig geworden und
lehnten sich im täuschenden Gefühl ihres Berufs um desto
dreister gegen verjährten Zwang auf. Aus Instinkt ist der

Gelehrte Feind der Geistlichkeit nach alter Verfassung; der gelehrte und der geistliche Stand müssen Vertilgungskriege führen, wenn sie getrennt sind; denn sie streiten um *eine* Stelle. Diese Trennung tat sich immer mehr hervor, und die Gelehrten gewannen desto mehr Feld, je mehr sich die Geistlichkeit der europäischen Menschheit dem Zeitraum der triumphierenden Gelehrsamkeit näherte und Wissen und Glauben in eine entschiedenere Opposition traten. Im Glauben suchte man den Grund der allgemeinen Stockung, und durch das durchdringende Wissen hoffte man sie zu heben. Überall litt der heilige Sinn unter den mannigfachen Verfolgungen seiner bisherigen Art, seiner zeitigen Personalität. Das Resultat der modernen Denkungsart nannte man Philosophie und rechnete alles dazu, was dem Alten entgegen war, vorzüglich also jeden Einfall gegen die Religion. Der anfängliche Personalhaß gegen den katholischen Glauben ging allmählich in Haß gegen die Bibel, gegen den christlichen Glauben und endlich gar gegen die Religion über. Noch mehr — der Religionshaß dehnte sich sehr natürlich und folgerecht auf alle Gegenstände des Enthusiasmus aus, verketzerte Phantasie und Gefühl, Sittlichkeit und Kunstliebe, Zukunft und Vorzeit, setzte den Menschen in der Reihe der Naturwesen mit Not obenan und machte die unendliche schöpferische Musik des Weltalls zum einförmigen Klappern einer ungeheuren Mühle, die, vom Strom des Zufalls getrieben und auf ihm schwimmend, eine Mühle an sich, ohne Baumeister und Müller und eigentlich ein echtes Perpetuum mobile, eine sich selbst mahlende Mühle sei.

Ein Enthusiasmus ward großmütig dem armen Menschengeschlechte übriggelassen und als Prüfstein der höchsten Bildung jedem Aktionär derselben unentbehrlich gemacht — der Enthusiasmus für diese herrliche, großartige Philosophie und insbesonders für ihre Priester und ihre Mystagogen. Frankreich war so glücklich, der Schoß und der Sitz dieses neuen Glaubens zu werden, der aus lauter Wissen zusammengeklebt war. So verschrien die Poesie in dieser neuen Kirche war, so gab es doch einige Poeten darunter, die des Effekts wegen noch des alten

Schmucks und der alten Lichter sich bedienten, aber dabei in Gefahr kamen, das neue Weltsystem mit altem Feuer zu entzünden. Klügere Mitglieder wußten jedoch die schon warm gewordenen Zuhörer sogleich wieder mit kaltem Wasser zu begießen. Die Mitglieder waren rastlos beschäftigt, die Natur, den Erdboden, die menschlichen Seelen und die Wissenschaften von der Poesie zu säubern — jede Spur des Heiligen zu vertilgen, das Andenken an alle erhebende Vorfälle und Menschen durch Sarkasmen zu verleiden und die Welt alles bunten Schmucks zu entkleiden. Das Licht war wegen seines mathematischen Gehorsams und seiner Frechheit ihr Liebling geworden. Sie freuten sich, daß es sich eher zerbrechen ließ, als daß es mit Farben gespielt hätte, und so benannten sie nach ihm ihr großes Geschäft Aufklärung. In Deutschland betrieb man dieses Geschäft gründlicher, man reformierte das Erziehungswesen, man suchte der alten Religion einen neuern vernünftigen, gemeinern Sinn zu geben, indem man alles Wunderbare und Geheimnisvolle sorgfältig von ihr abwusch; alle Gelehrsamkeit ward aufgeboten, um die Zuflucht zur Geschichte abzuschneiden, indem man die Geschichte zu einem häuslichen und bürgerlichen Sitten- und Familiengemälde zu veredeln sich bemühte. — Gott wurde zum müßigen Zuschauer des großen rührenden Schauspiels, das die Gelehrten aufführten, gemacht, welcher am Ende die Dichter und Spieler feierlich bewirten und bewundern sollte. Das gemeine Volk wurde recht mit Vorliebe aufgeklärt und zu jenem gebildeten Enthusiasmus erzogen, und so entstand eine neue europäische Zunft: die Philanthropen und Aufklärer. Schade, daß die Natur so wunderbar und unbegreiflich, so poetisch und unendlich blieb, allen Bemühungen, sie zu modernisieren, zum Trotz. Duckte sich ja irgendwo ein alter Aberglaube an eine höhere Welt und sonst auf, so wurde gleich von allen Seiten Lärm geblasen und womöglich der gefährliche Funke durch Philosophie und Witz in der Asche erstickt; dennoch war Toleranz das Losungswort der Gebildeten, und besonders in Frankreich gleichbedeutend mit Philosophie. Höchst merkwürdig ist diese Geschichte des modernen

Unglaubens und der Schlüssel zu allen ungeheuren Phänomenen der neuern Zeit. Erst in diesem Jahrhundert und besonders in seiner letzten Hälfte beginnt sie und wächst in kurzer Zeit zu einer unübersehlichen Größe und Mannigfaltigkeit; eine zweite Reformation, eine umfassendere und eigentümlichere war unvermeidlich und mußte das Land zuerst treffen, das am meisten modernisiert war und am längsten aus Mangel an Freiheit in asthenischem Zustande gelegen hatte. Längst hätte sich das überirdische Feuer Luft gemacht und die klugen Aufklärungspläne vereitelt, wenn nicht weltlicher Druck und Einfluß denselben zustatten gekommen wären. In dem Augenblick aber, wo ein Zwiespalt unter den Gelehrten und Regierungen, unter den Feinden der Religion und ihrer ganzen Genossenschaft entstand, mußte sie wieder als drittes tonangebendes vermittelndes Glied hervortreten, und diesen Hervortritt muß nun jeder Freund derselben anerkennen und verkündigen, wenn er noch nicht merklich genug sein sollte. Daß die Zeit der Auferstehung gekommen ist und grade die Begebenheiten, die gegen ihre Belebung gerichtet zu sein schienen und ihren Untergang zu vollenden drohten, die günstigsten Zeichen ihrer Regeneration geworden sind, dieses kann einem historischen Gemüte gar nicht zweifelhaft bleiben. Wahrhafte Anarchie ist das Zeugungselement der Religion. Aus der Vernichtung alles Positiven hebt sie ihr glorreiches Haupt als neue Weltstifterin empor. Wie von selbst steigt der Mensch gen Himmel auf, wenn ihn nichts mehr bindet, die höhern Organe treten von selbst aus der allgemeinen gleichförmigen Mischung und vollständigen Auflösung aller menschlichen Anlagen und Kräfte als der Urkern der irdischen Gestaltung zuerst heraus. Der Geist Gottes schwebt über den Wassern, und ein himmlisches Eiland wird als Wohnstätte der neuen Menschen, als Stromgebiet des ewigen Lebens zuerst sichtbar über den zurückströmenden Wogen.

Ruhig und unbefangen betrachte der echte Beobachter die neuen staatsumwälzenden Zeiten. Kommt ihm der Staatsumwälzer nicht wie Sisyphus vor? Jetzt hat er die Spitze des

Gleichgewichts erreicht, und schon rollt die mächtige Last auf der andern Seite wieder herunter. Sie wird nie oben bleiben, wenn nicht eine Anziehung gegen den Himmel sie auf der Höhe schwebend erhält. Alle eure Stützen sind zu schwach, wenn euer Staat die Tendenz nach der Erde behält, aber knüpft ihn durch eine höhere Sehnsucht an die Höhen des Himmels, gebt ihm eine Beziehung auf das Weltall, dann habt ihr eine nie ermüdende Feder in ihm und werdet eure Bemühungen reichlich gelohnt sehn. An die Geschichte verweise ich euch, forscht in ihrem belehrenden Zusammenhang nach ähnlichen Zeitpunkten, und lernt den Zauberstab der Analogie gebrauchen.

Frankreich verficht einen weltlichen Protestantismus. Sollten auch weltliche Jesuiten nun entstehn und die Geschichte der letzten Jahrhunderte erneuert werden? Soll die Revolution die französische bleiben, wie die Reformation die lutherische war? Soll der Protestantismus abermals widernatürlicherweise als revolutionäre Regierung fixiert werden? Sollen Buchstaben Buchstaben Platz machen? Sucht ihr den Keim des Verderbens auch in der alten Einrichtung, dem alten Geiste? und glaubt euch auf eine bessere Einrichtung, einen bessern Geist zu verstehn? Oh! daß der Geist der Geister euch erfüllte und ihr abließet von diesem törichten Bestreben, die Geschichte und die Menschheit zu modeln und eure Richtung ihr zu geben. Ist sie nicht selbständig, nicht eigenmächtig, so gut wie unendlich liebenswert und weissagend? Sie zu studieren, ihr nachzugehn, von ihr zu lernen, mit ihr gleichen Schritt zu halten, gläubig ihren Verheißungen und Winken zu folgen — daran denkt keiner.

In Frankreich hat man viel für die Religion getan, indem man ihr das Bürgerrecht genommen und ihr bloß das Recht der Hausgenossenschaft gelassen hat, und zwar nicht in einer Person, sondern in allen ihren unzähligen individuellen Gestalten. Als eine fremde unscheinbare Waise muß sie erst die Herzen wiedergewinnen und schon überall geliebt sein, ehe sie wieder öffentlich angebetet und in weltliche Dinge zur freundschaftlichen Beratung und Stimmung der Gemüter gemischt

wird. Historisch merkwürdig bleibt der Versuch jener großen
eisernen Maske, die unter dem Namen Robespierre in der
Religion den Mittelpunkt und die Kraft der Republik suchte;
auch der Kaltsinn, womit die Theophilanthropie, dieser My-
stizismus der neuern Aufklärung, aufgenommen worden ist;
auch die neuen Eroberungen der Jesuiten; auch die Näherung
ans Morgenland durch die neuern politischen Verhältnisse.

Von den übrigen europäischen Ländern, außer Deutschland,
läßt sich nur prophezeien, daß mit dem *Frieden* ein neues
höheres religiöses Leben in ihnen zu pulsieren [beginnen] und
bald alles andere weltliche Interesse verschlingen wird. In
Deutschland hingegen kann man schon mit voller Gewißheit
die Spuren einer neuen Welt aufzeigen. Deutschland geht einen
langsamen, aber sichern Gang vor den übrigen europäischen
Ländern voraus. Während diese durch Krieg, Spekulation und
Parteigeist beschäftigt sind, bildet sich der Deutsche mit allem
Fleiß zum Genossen einer höhern Epoche der Kultur, und dieser
Vorschritt muß ihm ein großes Übergewicht über die andere[n]
im Lauf der Zeit geben. In Wissenschaften und Künsten wird
man eine gewaltige Gärung gewahr. Unendlich viel Geist wird
entwickelt. Aus neuen, frischen Fundgruben wird gefördert. —
Nie waren die Wissenschaften in besseren Händen und erregten
wenigstens größere Erwartungen; die verschiedensten Seiten
der Gegenstände werden ausgespürt, nichts wird ungerüttelt,
unbeurteilt, undurchsucht gelassen. Alles wird bearbeitet; die
Schriftsteller werden eigentümlicher und gewaltiger, jedes alte
Denkmal der Geschichte, jede Kunst, jede Wissenschaft findet
Freunde und wird mit neuer Liebe umarmt und fruchtbar
gemacht. Eine Vielseitigkeit ohnegleichen, eine wunderbare
Tiefe, eine glänzende Politur, vielumfassende Kenntnisse und
eine reiche kräftige Phantasie findet man hie und da, und oft
kühn gepaart. Eine gewaltige Ahndung der schöpferischen
Willkür, der Grenzenlosigkeit, der unendlichen Mannigfaltig-
keit, der heiligen Eigentümlichkeit und der Allfähigkeit der
innern Menschheit scheint überall rege zu werden. Aus dem
Morgentraum der unbehülflichen Kindheit erwacht, übt ein

Teil des Geschlechts seine ersten Kräfte an Schlangen, die seine
Wiege umschlingen und den Gebrauch seiner Gliedmaßen ihm
benehmen wollen. Noch sind alles nur Andeutungen, unzusam-
menhängend und roh, aber sie verraten dem historischen Auge
eine universelle Individualität, eine neue Geschichte, eine neue
Menschheit, die süßeste Umarmung einer jungen überraschten
Kirche und eines liebenden Gottes und das innige Empfängnis
eines neuen Messias in ihren tausend Gliedern zugleich. Wer
fühlt sich nicht mit süßer Scham guter Hoffnung? Das Neu-
geborene wird das Abbild seines Vaters, eine neue goldne Zeit
mit dunkeln unendlichen Augen, eine prophetische wundertä-
tige und wundenheilende, tröstende und ewiges Leben ent-
zündende Zeit sein — eine große Versöhnungszeit, ein Heiland,
der, wie ein echter Genius unter den Menschen einheimisch, nur
geglaubt, nicht gesehen werden [kann] und, unter zahllosen
Gestalten den Gläubigen sichtbar, als Brot und Wein verzehrt,
als Geliebte umarmt, als Luft geatmet, als Wort und Gesang
vernommen und mit himmlischer Wollust als Tod unter den
höchsten Schmerzen der Liebe in das Innre des verbrausenden
Leibes aufgenommen wird.

Jetzt stehn wir hoch genug, um auch jenen oberwähnten,
vorhergegangenen Zeiten freundlich zuzulächeln und auch in
jenen wunderlichen Torheiten merkwürdige Kristallisationen
des historischen Stoffs zu erkennen. Dankbar wollen wir jenen
Gelehrten und Philosophen die Hände drücken; denn dieser
Wahn mußte zum Besten der Nachkommen erschöpft und die
wissenschaftliche Ansicht der Dinge geltend gemacht werden.
Reizender und farbiger steht die Poesie wie ein geschmücktes
Indien dem kalten, toten Spitzbergen jenes Stubenverstandes
gegenüber. Damit Indien in der Mitte des Erdballs so warm und
herrlich sei, muß ein kaltes starres Meer, tote Klippen, Nebel
statt des gestirnvollen Himmels und eine lange Nacht die beiden
Enden unwirtlich machen. Die tiefe Bedeutung der Mechanik
lag schwer auf diesen Anachoreten in den Wüsten des Verstan-
des; das Reizende der ersten Einsicht überwältigte sie, das Alte
rächte sich an ihnen, sie opferten dem ersten Selbstbewußtsein

das Heiligste und Schönste der Welt mit wunderbarer Ver-
leugnung und waren die ersten, die wieder die Heiligkeit der
Natur, die Unendlichkeit der Kunst, die Notwendigkeit des
Wissens, die Achtung des Weltlichen und die Allgegenwart des
wahrhaft Geschichtlichen durch die Tat anerkannten und
verkündigten und einer höhern, allgemeinern und furchtbarern
Gespensterherrschaft, als sie selbst glaubten, ein Ende mach-
ten.

Erst durch genauere Kenntnis der Religion wird man jene
fürchterlichen Erzeugnisse eines Religionsschlafs, jene Träume
und Deliria des heiligen Organs besser beurteilen und dann erst
die Wichtigkeit jenes Geschenks recht einsehn lernen. Wo keine
Götter sind, walten Gespenster, und die eigentliche Entste-
hungszeit der europäischen Gespenster, die auch ihre Gestalt
ziemlich vollständig erklärt, ist die Periode des Übergangs der
griechischen Götterlehre in das Christentum. Also kommt auch,
ihr Philanthropen und Enzyklopädisten, in die friedenstiftende
Loge und empfangt den Bruderkuß, streift das graue Netz ab
und schaut mit junger Liebe die Wunderherrlichkeit der Natur,
der Geschichte und der Menschheit an. Zu einem Bruder will
ich euch führen, der soll mit euch reden, daß euch die Herzen
aufgehn und ihr eure abgestorbene geliebte Ahndung mit neuem
Leibe bekleidet, wieder umfaßt und erkennt, was euch vor-
schwebte und was der schwerfällige irdische Verstand freilich
euch nicht haschen konnte.

Dieser Bruder ist der Herzschlag der neuen Zeit, wer ihn
gefühlt hat, zweifelt nicht mehr an ihrem Kommen und tritt
mit süßem Stolz auf seine Zeitgenossenschaft auch aus dem
Haufen hervor zu der neuen Schar der Jünger. Er hat einen
neuen Schleier für die Heilige gemacht, der ihren himmlischen
Gliederbau anschmiegend verrät und doch sie züchtiger als ein
andrer verhüllt. — Der Schleier ist für die Jungfrau, was der
Geist für den Leib ist, ihr unentbehrliches Organ, dessen Falten
die Buchstaben ihrer süßen Verkündigung sind; das unendliche
Faltenspiel ist eine Chiffernmusik, denn die Sprache ist der
Jungfrau zu hölzern und zu frech, nur zum Gesang öffnen sich

ihre Lippen. Mir ist er nichts als der feierliche Ruf zu einer neuen Urversammlung, der gewaltige Flügelschlag eines vorüberziehenden englischen Herolds. Es sind die ersten Wehen, setze sich jeder in Bereitschaft zur Geburt!

Das Höchste in der Physik ist jetzt vorhanden, und wir können nun leichter die wissenschaftliche Zunft übersehn. Die Hülfsbedürftigkeit der äußern Wissenschaften ward in der letzten Zeit immer sichtbarer, je bekannter wir mit ihnen wurden. Die Natur fing an, immer dürftiger auszusehn, und wir sahen deutlicher, gewöhnt an den Glanz unserer Entdeckungen, daß es nur ein geborgtes Licht war und daß wir mit den bekannten Werkzeugen und den bekannten Methoden nicht das Wesentliche, das Gesuchte finden und konstruieren würden. Jeder Forscher mußte sich gestehn, daß eine Wissenschaft nichts ohne die andere sei, und so entstanden Mystifikationsversuche der Wissenschaften, und das wunderliche Wesen der Philosophie flog jetzt als rein dargestelltes wissenschaftliches Element zu einer symmetrischen Grundfigur der Wissenschaften an. Andere brachten die konkreten Wissenschaften in neue Verhältnisse, beförderten einen lebhaften Verkehr derselben untereinander und suchten ihre naturhistorische Klassifikation aufs reine zu bringen. So währt es fort, und es ist leicht zu ermessen, wie günstig dieser Umgang mit der äußern und innern Welt der höhern Bildung des Verstandes, der Kenntnis der erstern und der Erregung und Kultur der letztern sein muß und wie unter diesen Umständen die Witterung sich klären und der alte Himmel und mit ihm die Sehnsucht nach ihm, die lebendige Astronomie, wieder zum Vorschein kommen muß.

Nun wollen wir uns zu dem politischen Schauspiel unsrer Zeit wenden. Alte und neue Welt sind in Kampf begriffen, die Mangelhaftigkeit und Bedürftigkeit der bisherigen Staatseinrichtungen sind in furchtbaren Phänomenen offenbar geworden. Wie, wenn auch hier wie in den Wissenschaften eine nähere und mannigfaltigere Konnexion und Berührung der europäischen Staaten zunächst der historische Zweck des Krieges wäre, wenn eine neue Regung des bisher schlummern-

den Europa ins Spiel käme, wenn Europa wieder erwachen wollte, wenn ein Staat der Staaten, eine politische Wissenschaftslehre uns bevorstände! Sollte etwa die Hierarchie, diese symmetrische Grundfigur der Staaten, das Prinzip des Staatenvereins als intellektuale Anschauung des politischen Ichs sein? Es ist unmöglich, daß weltliche Kräfte sich selbst ins Gleichgewicht setzen, ein drittes Element, das weltlich und überirdisch zugleich ist, kann allein diese Aufgabe lösen. Unter den streitenden Mächten kann kein Friede geschlossen werden, aller Friede ist nur Illusion, nur Waffenstillstand; auf dem Standpunkt der Kabinetter, des gemeinen Bewußtseins ist keine Vereinigung denkbar. Beide Teile haben große notwendige Anprüche und müssen sie machen, getrieben vom Geiste der Welt und der Menschheit. Beide sind unvertilgbare Mächte der Menschenbrust; hier die Andacht zum Altertum, die Anhänglichkeit an die geschichtliche Verfassung, die Liebe zu den Denkmalen der Altväter und der alten glorreichen Staatsfamilie, und Freude des Gehorsams; dort das entzückende Gefühl der Freiheit, die unbedingte Erwartung mächtiger Wirkungskreise, die Lust am Neuen und Jungen, die zwanglose Berührung mit allen Staatsgenossen, der Stolz auf menschliche Allgemeingültigkeit, die Freude am persönlichen Recht und am Eigentum des Ganzen, und das kraftvolle Bürgergefühl. Keine hoffe die andere zu vernichten, alle Eroberungen wollen hier nichts sagen, denn die innerste Hauptstadt jedes Reichs liegt nicht hinter Erdwällen und läßt sich nicht erstürmen.

Wer weiß, ob des Kriegs genug ist, aber er wird nie aufhören, wenn man nicht den Palmenzweig ergreift, den allein eine geistliche Macht darreichen kann. Es wird so lange Blut über Europa strömen, bis die Nationen ihren fürchterlichen Wahnsinn gewahr werden, der sie im Kreise herumtreibt, und von heiliger Musik getroffen und besänftigt zu ehemaligen Altären in bunter Vermischung treten, Werke des Friedens vornehmen und ein großes Liebesmahl als Friedensfest auf den rauchenden Walstätten mit heißen Tränen gefeiert wird. Nur die Religion kann Europa wieder aufwecken und die Völker sichern und die

Christenheit mit neuer Herrlichkeit sichtbar auf Erden in ihr altes friedenstiftendes Amt installieren.

Haben die Nationen alles vom Menschen — nur nicht sein Herz? — sein heiliges Organ? Werden sie nicht Freunde, wie diese, an den Särgen ihrer Lieben, vergessen sie nicht alles Feindliche, wenn das göttliche Mitleid zu ihnen spricht — und *ein* Unglück, *ein* Jammer, *ein* Gefühl ihre Augen mit Tränen füllte? Ergreift sie nicht Aufopferung und Hingebung mit Allgewalt, und sehnen sie sich nicht, Freunde und Bundesgenossen zu sein?

Wo ist jener alte, liebe, alleinseligmachende Glaube an die Regierung Gottes auf Erden, wo ist jenes himmlische Zutrauen der Menschen zueinander, jene süße Andacht bei den Ergießungen eines gottbegeisterten Gemüts, jener allesumarmende Geist der Christenheit?

Das Christentum ist dreifacher Gestalt. Eine ist das Zeugungselement der Religion als Freude an aller Religion. Eine das Mittlertum überhaupt als Glaube an die Allfähigkeit alles Irdischen, Wein und Brot des ewigen Lebens zu sein. Eine der Glaube an Christus, seine Mutter und die Heiligen. Wählt, welche ihr wollt, wählt alle drei, es ist gleichviel, ihr werdet damit Christen und Mitglieder einer einzigen, ewigen, unaussprechlich glücklichen Gemeinde.

Angewandtes, lebendig gewordenes Christentum war der alte katholische Glaube, die letzte dieser Gestalten. Seine Allgegenwart im Leben, seine Liebe zur Kunst, seine tiefe Humanität, die Unverbrüchlichkeit seiner Ehen, seine menschenfreundliche Mitteilsamkeit, seine Freude an der Armut, Gehorsam und Treue machen ihn als echte Religion unverkennbar und enthalten die Grundzüge seiner Verfassung.

Er ist gereinigt durch den Strom der Zeiten, in inniger, unteilbarer Verbindung mit den beiden andern Gestalten des Christentums wird er ewig diesen Erdboden beglücken.

Seine zufällige Form ist so gut wie vernichtet, das alte Papsttum liegt im Grabe, und Rom ist zum zweitenmal eine Ruine geworden. Soll der Protestantismus nicht endlich aufhören und

einer neuen, dauerhafteren Kirche Platz machen? Die andern Weltteile warten auf Europas Versöhnung und Auferstehung, um sich anzuschließen und Mitbürger des Himmelreichs zu werden. Sollte es nicht in Europa bald eine Menge wahrhaft heiliger Gemüter wieder geben, sollten nicht alle wahrhafte Religionsverwandte voll Sehnsucht werden, den Himmel auf Erden zu erblicken, und gern zusammentreten und heilige Chöre anstimmen?

Die Christenheit muß wieder lebendig und wirksam werden und sich wieder eine sichtbare Kirche ohne Rücksicht auf Landesgrenzen bilden, die alle nach dem Überirdischen durstige Seelen in ihren Schoß aufnimmt und gern Vermittlerin der alten und neuen Welt wird.

Sie muß das alte Füllhorn des Segens wieder über die Völker ausgießen. Aus dem heiligen Schoße eines ehrwürdigen europäischen Konziliums wird die Christenheit aufstehn und das Geschäft der Religionserweckung nach einem allumfassenden, göttlichen Plane betrieben werden. Keiner wird dann mehr protestieren gegen christlichen und weltlichen Zwang, denn das Wesen der Kirche wird echte Freiheit sein, und alle nötigen Reformen werden unter der Leitung derselben als friedliche und förmliche Staatsprozesse betrieben werden.

Wann und wann eher? darnach ist nicht zu fragen. Nur Geduld, sie wird, sie muß kommen, die heilige Zeit des ewigen Friedens, wo das neue Jerusalem die Hauptstadt der Welt sein wird; und bis dahin seid heiter und mutig in den Gefahren der Zeit, Genossen meines Glaubens, verkündigt mit Wort und Tat das göttliche Evangelium, und bleibt dem wahrhaften, unendlichen Glauben treu bis in den Tod.

[ÜBER GOETHE]

Aus den Fragmenten

Eine merkwürdige Eigenheit Goethes bemerkt man in seinen Verknüpfungen kleiner, unbedeutender Vorfälle mit wichtigern Begebenheiten. Er scheint keine andre Absicht dabei zu hegen, als die Einbildungskraft auf eine poetische Weise mit einem mysteriösen Spiel zu beschäftigen. Auch hier ist der sonderbare Genius der Natur auf die Spur gekommen und hat ihr einen artigen Kunstgriff abgemerkt. Das gewöhnliche Leben ist voll ähnlicher Zufälle. Sie machen ein Spiel aus, das wie alles Spiel auf Überraschung und Täuschung hinausläuft.

Mehre Sagen des gemeinen Lebens beruhn auf einer Bemerkung dieses verkehrten Zusammenhangs. So zum Beispiel bedeuten böse Träume Glück; totsagen langes Leben; ein Hase, der übern Weg läuft, Unglück. Fast der ganze Aberglaube des gemeinen Volks beruht auf Deutungen dieses Spiels.

(Blütenstaub, Nr. 27)

Wie wünschenswert ist es nicht, Zeitgenoß eines wahrhaft großen Mannes zu sein! Die jetzige Majorität der kultivierten Deutschen ist dieser Meinung nicht. Sie ist fein genug, um alles Große wegzuleugnen, und befolgt das Planierungssystem. Wenn das Kopernikanische System nur nicht so fest stände, so würde es ihnen sehr bequem sein, Sonne und Gestirn wieder zu Irrwischen und die Erde zum Universum zu machen. Daher wird Goethe, der jetzt der wahre Statthalter des poetischen Geistes auf Erden ist, so gemein als möglich behandelt und schnöde angesehn, wenn er die Erwartungen des gewöhnlichen Zeitvertreibs nicht befriedigt und sie einen Augenblick in Verlegenheit gegen sich selbst setzt. Ein interessantes Symptom dieser direkten Schwäche der Seele ist die Aufnahme, welche Hermann und Dorothea im allgemeinen gefunden hat.

(Blütenstaub, Nr. 106)

Die Geognosten glauben, daß der physische Schwerpunkt unter Fez und Marokko liege. Goethe als Anthropognost meint im Meister, der intellektuelle Schwerpunkt liege unter der deutschen Nation.

(Blütenstaub, Nr. 107)

Wie episches, lyrisches und dramatisches Zeitalter in der Geschichte der griechischen Poesie einander folgten, so lösen sich in der Universalgeschichte der Poesie die antike, moderne und vereinigte Periode ab. Das Interessante ist der Gegenstand der Minuspoesie.

In Goethen scheint sich ein Kern dieser Vereinigung angesetzt zu haben. — Wer die Weise seiner Entstehung errät, hat die Möglichkeit einer vollkommnen Geschichte der Poesie gegeben.

(Vorarbeiten zu verschiedenen Fragmentsammlungen, Poetizismen, Nr. 54)

Goethe ist ganz praktischer Dichter. Er ist in seinen Werken — was der Engländer in seinen Waren ist — höchst einfach, nett, bequem und dauerhaft. Er hat in der deutschen Literatur das getan, was Wedgwood in der englischen Kunstwelt getan hat. Er hat, wie die Engländer, einen natürlich ökonomischen und einen durch Verstand erworbenen edeln Geschmack. Beides verträgt sich sehr gut und hat eine nahe Verwandtschaft, in *chemischem* Sinn. In seinen physikalischen Studien wird es recht klar, daß es seine Neigung ist, eher etwas Unbedeutendes ganz fertigzumachen — ihm die höchste Politur und Bequemlichkeit zu geben, als eine Welt anzufangen und etwas zu tun, wovon man vorauswissen kann, daß man es nicht vollkommen ausführen wird, daß es gewiß ungeschickt bleibt und daß man es nie darin zu einer meisterhaften Fertigkeit bringt. Auch in diesem Felde wählt er einen romantischen oder sonst artig verschlungenen Gegenstand. Seine Betrachtungen des Lichts, der Verwandlung der Pflanzen und der Insekten sind Bestätigungen und zugleich die überzeugendsten Beweise, daß auch der

vollkommne Lehrvortrag in das Gebiet des Künstlers gehört.
Auch dürfte man im gewissen Sinn mit Recht behaupten, daß
Goethe der erste Physiker seiner Zeit sei — und in der Tat Epoche
in der Geschichte der Physik mache. Vom Umfang der Kennt-
nisse kann hier nicht die Rede sein, so wenig auch Entdeckungen
den Rang des Naturforschers bestimmen dürften. Hier kommt
es darauf an, ob man die Natur, wie ein Künstler die Antike,
betrachtet — denn ist die Natur etwas anders als eine lebende
Antike. Natur und Natureinsicht entstehn zugleich, wie Antike
und Antikenkenntnis; denn man irrt sehr, wenn man glaubt,
daß es Antiken gibt. Erst jetzt fängt die Antike an zu entstehen.
Sie wird unter den Augen und der Seele des Künstlers. Die Reste
des Altertums sind nur die spezifischen Reize zur Bildung der
Antike. Nicht mit Händen wird die Antike gemacht. Der Geist
bringt sie durch das Auge hervor — und der gehaune Stein ist
nur der Körper, der erst durch sie Bedeutung erhält und zur
Erscheinung derselben wird. Wie der Physiker Goethe sich zu
den übrigen Physikern verhält, so der Dichter zu den übrigen
Dichtern. An Umfang, Mannigfaltigkeit und Tiefsinn wird er
hie und da übertroffen, aber an Bildungskunst, wer dürfte sich
ihm gleichstellen? Bei ihm ist alles Tat — wie bei andern alles
Tendenz nur ist. Er macht wirklich etwas, während andre nur
etwas möglich oder notwendig machen. Notwendige und
mögliche Schöpfer sind wir alle — aber wie wenig wirkliche. Der
Philosoph der Schule würde dies vielleicht aktiven Empirismus
nennen. Wir wollen uns begnügen, Goethens Künstlertalent zu
betrachten, und noch einen Blick auf seinen Verstand werfen.
An ihm kann man die Gabe zu abstrahieren in einem neuen
Lichte kennenlernen. Er abstrahiert mit einer seltnen Ge-
nauigkeit, aber nie ohne das Objekt zugleich zu konstruieren,
dem die Abstraktion entspricht. Dies ist nichts als angewandte
Philosophie — und so fänden wir ihn am Ende zu unserm nicht
geringen Erstaunen auch als anwendenden, praktischen Phi-
losophen, wie denn jeder echte Künstler von jeher nichts anders
war. Auch der *reine* Philosoph wird praktisch sein, wenngleich
der anwendende Philosoph sich nicht mit reiner Philosophie

abzugeben braucht — denn dies ist eine Kunst für sich.
(Goethens Meister) Der Sitz der eigentlichen Kunst ist lediglich
im Verstande. Dieser konstruiert nach einem eigentümlichen
Begriff. Phantasie, Witz und Urteilskraft werden nur von ihm
requiriert. So ist Wilhelm Meister ganz ein Kunstprodukt — ein
Werk des Verstandes. Aus diesem Gesichtspunkt sieht man
manche sehr mittelmäßige Werke im Kunstsaal — hingegen die
meisten vortrefflich geachteten Schriften davon ausgeschlos-
sen. Die Italiener und Spanier haben bei weitem häufigeres
Kunsttalent als wir. Auch selbst den Franzosen fehlt's nicht
daran — die Engländer haben schon weit weniger und ähneln
hierin uns, die ebenfalls äußerst selten *Kunsttalent* besitzen —
wenngleich unter allen Nationen am reichhaltigsten und besten
mit jenen Fähigkeiten versehn sind — die der Verstand bei seinen
Werken anstellt. Dieser Überfluß an Kunstrequisiten macht
freilich die wenigen Künstler unter uns so einzig — so hervor-
ragend, und wir können sichre Rechnung machen, daß unter uns
die herrlichsten Kunstwerke entstehn werden, denn in energi-
scher Universalität kann keine Nation gegen uns auftreten.
Wenn ich die neuesten Freunde der Literatur des Altertums
recht verstehe, so haben sie mit ihrer Foderung, die klassischen
Schriftsteller nachzuahmen, nichts anders im Sinn, als uns zu
Künstlern zu bilden — Kunsttalent in uns zu erwecken. Keine
moderne Nation hat den Kunstverstand in so hohem Grad
gehabt als die Alten. Alles ist bei ihnen Kunstwerk — aber
vielleicht dürfte man nicht zu viel sagen, wenn man annähme,
daß sie es erst für uns sind, oder werden können. Der klassischen
Literatur geht es wie der Antike; sie ist uns eigentlich nicht
gegeben — sie ist nicht vorhanden — sondern sie soll von uns erst
hervorgebracht werden. Durch fleißiges und geistvolles Stu-
dium der Alten entsteht erst eine klassische Literatur für uns
— die die Alten selbst nicht hatten. Die Alten würden sich eine
umgekehrte Aufgabe nehmen müssen — denn der bloße Künst-
ler ist ein einseitiger, beschränkter Mensch. An Strenge steht
Goethe wohl den Alten nach — aber er übertrifft sie an Gehalt
— welches Verdienst jedoch nicht das seinige ist. Sein Meister

kommt ihnen nah genug — denn wie sehr ist er Roman schlecht-
weg, ohne Beiwort — und wie viel ist das in dieser Zeit!

Goethe wird und muß übertroffen werden — aber nur wie die
Alten übertroffen werden können, an Gehalt und Kraft, an
Mannigfaltigkeit und Tiefsinn — als Künstler eigentlich nicht
— oder doch nur um sehr wenig, denn seine Richtigkeit und
Strenge ist vielleicht schon musterhafter, als es scheint.

(Vorarbeiten zu verschiedenen Fragmentsammlungen,
Nr. 445)

ARCHÄOLOGIE. Galvanism der Antiken, ihr Stoff —
Revivifikation des Altertums.

Wunderbare *Religion*, die sie umschwebt — ihre Geschichte
— die Philosophie der Skulptur — Gemmen — menschliche
Petrifikationen — Malerei — Porträt — Landschaften. — Der
Mensch hat immer symbolische Philosophie seines Wesens in
seinen Werken und seinem Tun und Lassen ausgedrückt. — Er
verkündigt sich und sein Evangelium der Natur. Er ist der
Messias der Natur. — Die Antiken sind zugleich *Produkte der
Zukunft und der Vorzeit.* — Goethe betrachtet die Natur wie eine
Antike — Charakter der Antike — die Epigrammen — die
Antiken sind aus einer andern Welt — sie sind wie vom Himmel
gefallen. Etwas über die Madonna. Zum Schluß einige Ge-
dichte. Die Betrachtung der Antiken muß *gelehrt* (physisch) und
poetisch sein. Gibt es eine Zentralantike — oder einen Univer-
salgeist der Antiken? Mystischer Sinn für Gestalten. Die
Antike berühren nicht einen, sondern alle Sinne, die ganze
Menschheit.

(Das Allgemeine Brouillon, Nr. 52)

ROMANTIK. Absolutisierung — Universalisierung — *Klas-
sifikation* des individuellen Moments, der individuellen Situation
usw. ist das eigentliche Wesen des *Romantisierens*. Vid. *Meister.
Märchen.*

(Das Allgemeine Brouillon, Nr. 87)

ÜBER WILHELM MEISTER. Lothario ist nichts als die männliche Therese mit einem Übergang zu *Meister*. Natalie — die Verknüpfung und Veredlung von der Tante und Therese. Jarno macht den Übergang von Theresen zum Abbé. Der Oheim ist, wie die Tante, einseitig. Meister ist eine Verknüpfung von Oheim und Lothario. Die individuelle Religion der Tante ist in Natalien zur wohltätigen, praktischen Weltreligion geworden. Cypriani ist eine matte Repetition des Oheims — Aurelie hat Familienähnlichkeit mit der Tante. Der Harfner und Mignon gehören zusammen. Werner nähert sich der Therese — wie der *Arzt* dem *Abbé* — man könnte ihn den physischen Abbé nennen. Felix ist ganz Marianens Sohn, Laertes und Madam Melina stehn auf *einer* Stufe. Serlo ist Jarno als Schauspieler. Friedrich ist der würdige Inhaber Philinens. Der Abbé erscheint nicht ohne Sinn doppelt. Mariane und die Gräfin sieht man gern mit *einem* Blick an. Melina ist der gemeine Jarno. Der Graf ist der schwache Oheim, der sich bei einer unbedeutenden Gelegenheit von der Tante bekehren läßt. Auch er macht mit seiner Frau ein passendes Paar. Auch Jarno erscheint doppelt wie der Abbé. Auch die Personen des Hintergrunds zeigen Spuren einer ähnlichen Besetzung des alten Theaters — man erinnre sich an Wilhelms Oheim.

Die Tante und Therese — Jarno und der Oheim sind zwei Hauptkontraste. Philine gehört zur Jarnoschen Familie — Narziß ebenfalls. So wie der Oheim zur Tante gehört, so Jarno zur Therese.

Ein dritter Hauptkontrast ist Mignon und Philine — dieser durchkreuzt beide Familien.

Tragische und komische Hauptmassen des Romans.

(Antik) (Modern)

(Gemein) (Edel)

(Das Allgemeine Brouillon, Nr. 390)

ÜBER WILHELM MEISTER. Gespräch, Beschreibung und Reflexion wechseln im Meister miteinander ab. Das Gespräch ist der vorwaltende Bestandteil. Am wenigsten kommt die bloße Reflexion vor. Oft ist die Erzählung und Reflexion

verwebt — oft die Beschreibung und das Gespräch. Das Gespräch bereitet die Erzählung vor — meistens aber die Erzählung das Gespräch. *Schilderung* der Charaktere oder Räsonnement über die Charaktere wechselt mit Tatsachen ab. So ist das ganze Räsonnement von Tatsachen begleitet — die dasselbe bestätigen, widerlegen oder beides nur zum Schein tun.

Der Text ist nie übereilt — Tatsachen und Meinungen werden beide genau bestimmt in der gehörigen Folge vorgetragen. Die retardierende Natur des Romans zeigt sich vorzüglich im Stil. Die Philosophie und Moral des Romans sind *romantisch*. Das Gemeinste wird wie das Wichtigste mit romantischer Ironie angesehn und dargestellt. Die *Verweilung* ist überall dieselbe. Die Akzente sind nicht logisch, sondern (metrisch und) melodisch — wodurch eben jene wunderbare romantische Ordnung entsteht — die keinen Bedacht

(Über die Metrik der Alten — ihre Akzente)
(Akzente sind höhere Vokale.)

auf Rang und Wert, Erstheit und Letztheit — Größe und Kleinheit nimmt. Die Beiwörter gehören zur Umständlichkeit — in ihrer geschickten Auswahl und ihrer ökonomischen Verteilung zeigt sich der poetische Takt. Ihre Auswahl wird durch die Idee des Dichterwerks bestimmt.

Das erste Buch im Meister zeigt, wie angenehm sich auch gemeine, alltägliche Begebenheiten hören lassen, wenn sie gefällig moduliert vorgetragen werden, wenn sie, in eine gebildete, geläufige Sprache einfach gekleidet, mäßigen Schritts vorübergehn. Ein ähnliches Vergnügen gewährt ein Nachmittag unterwegs im Schoß einer Familie zugebracht, die, ohne ausgezeichnete Menschen in sich zu schließen, ohne eine ausgesucht reizende Umgebung zu haben — doch durch die Nettigkeit und Ordnung ihres Hauswesens, durch die zusammenstimmende Tätigkeit ihrer mäßigen Talente und Einsichten und die zweckmäßige Benutzung und Ausfüllung ihrer Sphäre und Zeit ein gern zurückgerufenes Andenken hinterläßt.

(Das Allgemeine Brouillon, Nr. 445)

So sonderbar, als es manchen scheinen möchte, so ist doch nichts wahrer, als daß es nur die Behandlung, das Äußre – die Melodie des Stils ist, welche zur Lektüre uns hinzieht und uns an dieses oder jenes Buch fesselt. Wilhelm Meisters Lehrjahre sind ein mächtiger Beweis dieser Magie des Vortrags, dieser eindringenden Schmeichelei einer glatten, gefälligen, einfachen und mannigfaltigen Sprache. Wer diese Anmut des Sprechens besitzt, kann uns das Unbedeutendste erzählen, und wir werden uns angezogen und unterhalten finden – diese geistige Einheit ist die wahre Seele eines Buchs – wodurch uns dasselbe persönlich und wirksam vorkommt. Es gibt einseitige und vielseitige – eigentümliche und gemeinsame Seelen. – Zu den letztern scheint die Seele in Wilhelm Meisters Lehrjahren zu gehören, die man vorzüglich die Seele der guten Gesellschaft nennen möchte.

(Fragmente und Studien 1799–1800, Nr. 93)

Polemik gegen Goethe. Durch die Welt, wie sie ist, sind die Menschen Menschen – daher ihr Drang nach Einverständnis – denn dadurch sind sie Menschen.

(Fragmente und Studien 1799–1800, Nr. 131)

Wilhelm Meisters Lehrjahre sind gewissermaßen durchaus *prosaisch* – und modern. Das Romantische geht darin zu Grunde – auch die Naturpoesie, das Wunderbare. – Er handelt bloß von gewöhnlichen *menschlichen* Dingen – die Natur und der Mystizism sind ganz vergessen. Es ist eine poetisierte bürgerliche und häusliche Geschichte. Das Wunderbare darin wird ausdrücklich als Poesie und Schwärmerei behandelt. Künstlerischer Atheismus ist der Geist des Buchs.

Sehr viel Ökonomie – mit prosaischem, wohlfeilem Stoff ein poetischer Effekt erreicht.

(Fragmente und Studien 1799–1800, Nr. 505)

Meistern geht es wie den Goldmachern – sie suchen viel – und finden zufällig indirekt *mehr*.

Sonderbar, daß ihm seine Zukunft, in seiner Lage, unter dem

Bilde des *Theaters* erschien. Wilhelm soll ökonomisch werden durch die *ökonomische* Familie, in die er kommt.

<div align="right">(Fragmente und Studien 1799–1800, Nr. 506)</div>

Gegen Wilhelm Meisters Lehrjahre. Es ist im Grunde ein fatales und albernes Buch — so prätentiös und preziös — undichterisch im höchsten Grade, was den Geist betrifft — so poetisch auch die Darstellung ist. Es ist eine Satire auf die Poesie, Religion etc. Aus Stroh und Hobelspänen ein wohlschmeckendes Gericht, ein Götterbild zusammengesetzt. Hinten wird alles Farce. Die ökonomische Natur ist die wahre — übrigbleibende.

Goethe hat auf alle Fälle einen widerstrebenden Stoff behandelt. *Poetische Maschinerie.*

Friedrich verdrängt Meister von der Philine und drängt ihn zur Natalie hin.

Die Bekenntnisse sind eine Beruhigung des Lesers — nach dem Feuer, Wahnsinn und wilden Erscheinungen der ersten Hälfte des dritten Teils.

Das viele Intrigieren und Schwatzen und Repräsentieren am Schluß des vierten Buchs verrät das vornehme Schloß und das Weiberregiment — und erregt eine ärgerliche Peinlichkeit.

Der Abbé ist ein fataler Kerl, dessen geheime Oberaufsicht lästig und lächerlich wird. Der Turm in Lotharios *Schlosse* ist ein großer Widerspruch mit *demselben.*

Die Freude, daß es nun aus ist, empfindet man am Schlusse im vollen Maße.

Das Ganze ist ein nobilitierter Roman.

Wilhelm Meisters Lehrjahre oder die Wallfahrt nach dem Adelsdiplom.

Wilhelm Meister ist eigentlich ein Candide, gegen die Poesie gerichtet.

Die Poesie ist der Arlequin in der ganzen Farce. Im Grunde kommt der Adel dadurch schlecht weg, daß er ihn zur Poesie rechnet, und die Poesie, daß er sie vom Adel repräsentieren läßt.

Er macht die Musen zu Komödiantinnen, anstatt die Ko-
mödiantinnen zu Musen zu machen. Es ist ordentlich tragisch,
daß er den Shakespeare in diese Gesellschaft bringt.

Aventuriers, Komödianten, Mätressen, Krämer und Philister
sind die Bestandteile des Romans. Wer ihn recht zu Herzen
nimmt, liest keinen Roman mehr.

Der Held retardiert das Eindringen des Evangeliums der
Ökonomie. Marionettentheater im Anfang. Der Schluß ist wie
die letzten Stunden im Park der schönen Lili.

(Fragmente und Studien 1799–1800, Nr. 536)

Aufsatz über Wilhelm Meister. Meine Ideen darüber in den
bürgerlichen Roman gebracht.

(Fragmente und Studien 1799–1800, Nr. 548)

ANHANG

Zur Textgestaltung

Textgrundlage für die vorliegende Auswahl ist die Ausgabe: Novalis. Schriften. Die Werke Friedrich von Hardenbergs. Herausgegeben von Paul Kluckhohn (†) und Richard Samuel. Dritte, nach den Handschriften ergänzte, erweiterte und verbesserte Auflage in vier Bänden und einem Begleitband, Stuttgart 1977ff.

Orthographie und Interpunktion wurden den heutigen Regeln angeglichen.

ANMERKUNGEN

Hymnen an die Nacht

Novalis erwähnt die Dichtung, die zunächst den Titel „An die Nacht" tragen sollte, zum erstenmal in einem Brief an Friedrich Schlegel vom 31. Januar 1800. Die Arbeit daran geht aber wohl bis ins Jahr 1797 zurück. Als entscheidender persönlicher Anlaß ist der frühe Tod seiner Braut Sophie von Kühn anzusehen. Literarische Anregungen, besonders für die ersten vier Hymnen, empfing Novalis aus Edward Youngs Gedicht „The Complaint, or Night-Thoughts on Life, Death and Immortality" (1742–1745; deutsch 1751 unter dem Titel „Klagen oder Nachtgedanken über Leben, Tod und Unsterblichkeit").

Überliefert sind zwei Fassungen: eine mehrfach überarbeitete Handschrift, deren Text aus Kurzzeilen in der Art freier Rhythmen besteht, und der Erstdruck in der von August Wilhelm und Friedrich Schlegel herausgegebenen Zeitschrift „Athenäum" (Dritter Band, Zweites Stück), der Michaelis 1800 erschien und dessen Fassung — nun weitgehend in rhythmischer Prosa — von Ende Januar bis Anfang Februar 1800 entstand. Da diese Handschrift verschollen ist, bleibt ungewiß, ob der endgültige Titel von Novalis selbst stammt oder von Schleiermacher, der den Druck der „Hymnen" besorgte.

4 *Köstlicher Balsam* — Gemeint ist der Schlaf, den die Nacht spendet wie der Saft des Mohns, das Opium, das als Schlafmittel dient.

5 *des Mandelbaums Wunderöl* — Bittermandelwasser wurde damals als krampfstillende Arznei verabreicht.

Zur Staubwolke wurde der Hügel — Am 13. Mai 1797, nachdem Novalis die Ruhestätte seiner am 19. März 1797 verstorbenen Braut Sophie von Kühn besucht hatte, vermerkte er in seinem Tagebuch: „Das Grab blies ich wie Staub vor mir hin — Jahrhunderte waren wie Momente — ihre Nähe war fühlbar — ich glaubte, sie solle immer vortreten."

8 *Ein alter Riese* — In der griechischen Mythologie trägt der Riese Atlas den Himmel auf seinen Schultern.

Ursöhne der Mutter Erde — Das Geschlecht der Titanen, die Kinder der Gaia (Erde), die von ihrem Vater Uranos (Himmel) unter der

Erde festgehalten wurden. Sie unterlagen später in einem zehnjäh-
rigen Kampf den von Zeus geführten olympischen Göttern und
wurden in den Tartaros, die tiefste Stelle der Unterwelt, verbannt.

8 *einer Göttin schoß* — In der „Theogonie" des griechischen Dichters
Hesiod (um 700 v. u. Z.) entsteigt Aphrodite, die Göttin der Liebe
und der Schönheit, dem Meere. Nach dem Urteil des trojanischen
Königssohnes Paris war sie die „schönste Götterfrau".

ein Gott in den Trauben — Dionysos, der griechische Gott des Weines
und der Fruchtbarkeit.

eine liebende, mütterliche Göttin — Demeter, die Göttin des Ge-
treides, der Brot spendenden Erde.

9 *Ein sanfter Jüngling* — Die Griechen stellten den Genius der Ver-
storbenen als einen Jüngling mit gesenkter Fackel dar.

10 *Indostan* — Eigentlich: Hindostan oder Hindustan; persische Be-
zeichnung für das Land der Hindu zwischen Indus und Ganges;
im weiteren auch für ganz Indien.

12 *Die Jungfraun sind zur Stelle* — Anspielung auf das biblische Gleich-
nis von den fünf klugen und den fünf törichten Jungfrauen (vgl.
Neues Testament, Matthäus 25, 1–13).

Geistliche Lieder

Nach eingehenderen Betrachtungen über das Christentum vom De-
zember 1798 bis zum März 1799 und der Beschäftigung mit Schleierma-
chers „Reden über die Religion" (1799) im September faßte Novalis den
Plan, zusammen mit Ludwig Tieck eine Sammlung von Predigten und
geistlichen Liedern herauszugeben.

Entstanden sind die Lieder zwischen dem Frühsommer 1799 und dem
Herbst 1800; vielleicht mit Ausnahme des siebenten Liedes, das
wahrscheinlich schon im Sommer 1798 geschrieben wurde. Nachdem
Novalis im November 1799 den Freunden in Jena einen Teil der Lieder
— wohl die ersten sieben — vorgelesen hatte, war zunächst an eine
Veröffentlichung im „Athenäum" gedacht. Die Lieder I bis VII er-
schienen jedoch erst in dem von August Wilhelm Schlegel und Ludwig
Tieck herausgegebenen „Musenalmanach auf das Jahr 1802" im No-
vember 1801 bei Cotta in Tübingen. Den zweiten Teil des Zyklus
(zusammen mit dem ersten) brachte dann die von Friedrich Schlegel und
Ludwig Tieck edierte Ausgabe von „Novalis' Schriften", die Ende 1802
in Berlin herauskam.

Von allen Dichtungen Novalis' fanden die „Geistlichen Lieder" den
weitesten Widerhall. Eine Reihe von ihnen, vielfach vertont — so auch
von Franz Schubert —, hat mit verschiedenen Abänderungen Eingang
in kirchliche Gesangbücher gefunden.

16 *Indien ... Norden* — Dem „kalten" Glauben des Nordens, Europas, „der aus lauter Wissen zusammengeklebt war", wird die poesievolle Mythologie Indiens entgegengestellt. (Vgl. auch „Die Christenheit oder Europa", S. 341).

22 *wie ein Himmelsknabe* — Anspielung auf Raffaels Sixtinische Madonna, auf der das Jesuskind den Schleier der Mutter faßt.

29 *Wunderstamm* — Das Kreuz Christi.

31 *Wo bleibst du, Trost ...* — Zu diesem Lied wurde Novalis angeregt durch ein Kirchenlied Friedrich von Spees (1591—1635), aus dem er einzelne Passagen übernahm.

Vermischte Gedichte

Während Novalis' frühes dichterisches Bemühen sich vorwiegend in einer umfangreichen lyrischen Produktion äußerte — sind doch aus den Jahren 1788 bis 1791 mehr als dreihundert Gedichte überliefert —, spricht er sich in seinen eigentlichen Schaffensjahren seit 1794 nur noch hin und wieder im einzelnen Gedicht aus. Die meisten von ihnen sind Gelegenheitswerke, wodurch auch ihr unterschiedlicher künstlerischer Wert bestimmt wird.

Friedrich Schlegel und Ludwig Tieck veröffentlichten in ihrer ersten Ausgabe „Novalis' Schriften" (1802) von diesen etwa dreißig späteren Gedichten zunächst die sechs ihnen bekannten unter dem von Tieck stammenden Titel „Vermischte Gedichte" („An Tieck", „An Karl von Hardenberg", „An Adolf Selmnitz", „Alle Menschen seh ich leben", „Es färbte sich die Wiese grün", „Der Himmel war umzogen"). Darauffolgende Herausgeber haben dann nach Bekanntwerden des Hardenbergschen Nachlasses unter der gleichen Überschrift — zum Teil wegen der unbestimmbaren Datierung — oft recht willkürlich die spätere Lyrik mit den Jugendversuchen zusammengefaßt und vermischt und so den Blick auf den reifen Dichter verstellt. Zum erstenmal werden in der 2. Auflage der von Paul Kluckhohn und Richard Samuel herausgegebenen großen Werkausgabe lediglich die seit dem Sommer 1794 entstandenen Einzelgedichte von Novalis unter die „Vermischten Gedichte" eingeordnet. Die vorliegende Ausgabe folgt diesem Prinzip, läßt allerdings zwei Gedichte aus, deren Verfasserschaft nicht gesichert ist (die Nummern 1 und 2 bei Kluckhohn-Samuel), und bringt den Zyklus „Blumen" nur vor der Fragmentensammlung „Glauben und Liebe".

Die Entstehungsdaten der „Vermischten Gedichte" finden sich im alphabetischen Verzeichnis der Gedichtanfänge und -überschriften.

36 *Selmnitz* — Adolf von Selmnitz (1769–1814), den Novalis im Hause
 seiner Braut kennenlernte, war derzeit Leutnant und entstammte
 einer benachbarten Rittergutsfamilie.
37 *Ton* — Erdiges Gestein.
38 *Genius* — Gemeint ist Sophie von Kühn (1782–1797), die Stieftoch-
 ter des in Grüningen (südlich von Sondershausen) ansässigen
 Hauptmanns und Gutsbesitzers Johann Rudolf von Rockenthien
 (1755–1820), die Novalis am 17. November 1794 kennengelernt
 hatte und mit der er sich am 15. März 1795 heimlich verlobte.
 Kampf der neuen Elemente — Hinweis auf die Französische Revo-
 lution.
 ça va — (franz.) es geht.
 Konvent — Die Französische Nationalversammlung von 1792 bis
 1795.
 ein Berliner — Anspielung auf den Berliner Schriftsteller und Ver-
 leger Friedrich Nicolai (1733–1811) und seine Intoleranz gegenüber
 den Jesuiten.
39 *elftausend Jungfern* — Nach einer Legende wurde die heilige Ursula
 mit elftausend Jungfrauen bei Köln von den Hunnen getötet.
 vierzehn Jahre — Novalis hielt Sophie (vgl. die erste Anm. zu S. 38)
 für vierzehn Jahre, sie war aber erst dreizehn.
 sieben Wochen — Gemeint ist wohl die Zeit bis zu Sophies Ge-
 burtstag am 17. März 1795.
40 *Karoline* — Karoline Just (geb. 1768), Novalis' vertraute Tennsted-
 ter Freundin, war eine Nichte seines Dienstherrn und Lehrers, des
 Kreisamtmanns August Cölestin Just (1750–1822).
 Mir der größte Wurf gelungen — Nach Schillers Hymne „An die
 Freude“: „Wem der große Wurf gelungen“.
 M. — Friederike von Mandelsloh (1775–1849), eine Schwester
 Sophie von Kühns.
 S. — Sophie (vgl. die erste Anm. zu S. 38).
41 *Sophiens Geburtstag* — Der dreizehnte Geburtstag Sophies (vgl. die
 zweite Anm. zu S. 39) am 17. März 1795.
 Wer ein holdes Weib errungen — Zitat aus Schillers Hymne „An die
 Freude“.
42 *unsere Mutter* — Sophie Wilhelmine von Rockenthien (1752–1800),
 verwitwete von Kühn, Sophies Mutter, die kurz vor der Geburt
 ihres jüngsten Kindes stand.
 unsrer Brüder — Karl von Hardenberg (1776–1813) und George von
 Kühn, die beide als Offiziere im Krieg waren.
 Friedensfahne — Die Geheimverhandlungen zwischen Preußen und
 Frankreich endeten am 5. April 1795 mit dem Sonderfrieden von
 Basel und dem Ausscheiden Preußens aus dem ersten Koalitions-
 krieg.

42 *am Abend der Trennung* — Novalis reiste für einige Zeit nach Weißenfels.

43 *solenn* — festlich, feierlich.

44 *Vater . . . Mutter* — Sophies Eltern (vgl. die erste Anm. zu S. 38 und die erste Anm. zu S. 42).

Minchen — Wilhelmine von Thümmel (1766–1832), Stiefschwester Sophies, die seit 1790 verwitwet war und erst 1799 wieder heiratete.

Fritz und Fritzchen — Friedrich von Mandelsloh (1765–1840) und seine Frau (vgl. die dritte Anm. zu S. 40).

Lili — Karoline von Kühn (1777–1802), Schwester Sophies.

Danscour — Jeanette Danscour (gest. 1798), die französische Gouvernante im Hause Rockenthien.

Sansjupon — (franz.) ohne Unterrock; scherzhaftes Seitenstück zu Sansculotte (ohne Kniehose), wie die plebejisch-bäuerlichen Kräfte in der Französischen Revolution genannt wurden, die lange Hosen statt der höfischen Kniehosen trugen.

Klub — Der Jakobinerklub, die bedeutendste politische Vereinigung und treibende Kraft während der Französischen Revolution.

Hannchen — Johanna Schmidt, die elfjährige Tochter einer befreundeten Familie.

Bruder . . . am Rheine — George von Kühn, der als Offizier im Kriege war.

45 *Wirkt der Natur entgegen* — Wirkt auf die Natur zu, Hand in Hand mit ihr.

Menschenrecht — Anspielung auf die „Erklärung der Rechte des Menschen und des Bürgers" während der Französischen Revolution.

46 *Karoline* — Vgl. die erste Anm. zu S. 40.

47 *Ein Doppelpaar* — Novalis denkt an ein künftiges Eheglück mit Sophie und an ein solches Karoline Justs, die jedoch erst 1802 heiratete.

Im Grüninger Kirchenbuch — Die Verse stehen unter der am 22. März 1797 erfolgten Eintragung von Sophies Tod (19. März). Die Verfasserschaft Novalis' steht nicht fest, ist aber sehr wahrscheinlich.

Race — (franz.) Rasse, Geschlecht.

Kreisamtmannin — Rahel Just (geb. 1755), die Novalis schon in Wittenberg als die Frau des 1795 verstorbenen Medizinprofessors Nürnberger kennengelernt und zu deren 1796 erfolgter Verbindung mit seinem Vorgesetzten er wesentlich beigetragen hatte.

48 *Kuratoris* — Kurator: Testamentsvollstrecker, der wahrscheinlich Topf hieß.

Kurandin — Mündel; hier: die Verkäuferin des Gartens.

48 *Pharsalus* — Bei Pharsalos in Griechenland siegte 48 v. u. Z. Cäsar über Pompeius und errang damit die Alleinherrschaft in Rom.
präliminariter — (lat.) im voraus.
Tobias — Der Held einer alttestamentarischen Erzählung, den auf einer beschwerlichen Reise ein Hund begleitet, der bei der Heimkehr vorausläuft und Tobias bei den Eltern ankündigt (vgl. Das Buch Tobias 11, 9).
49 *Berenice* — Gemahlin des ägyptischen Königs Ptolemäus III. (3. Jahrhundert v. u. Z.), für dessen große Siege in Asien sie der Göttin Aphrodite ihr schönes Haar geopfert haben soll.
Seraphinenorden — Das sogenannte Blaue Band, der älteste und höchste Ritterorden Schwedens.
Hirschfeld — Christian Kay Lorenz Hirschfeld (1742–1792), Professor der Philosophie und Theoretiker des Gartenbaus, dessen „Gartenkalender" seit 1788 jährlich erschien.
Fremdling — So bezeichnet sich Novalis selbst einige Male in der Zeit zwischen dem Sommer 1797 und Weihnachten 1798.
Charpentier — Johanna Dorothea Wilhelmine von Charpentier (gest. 1801), die Mutter von Novalis' zweiter Braut Julie.
50 *häusliches Fest* — Der Geburtstag der Frau von Charpentier.
51 *Distichen* — Sie entstammen verschiedenen Freiberger Manuskripten von Februar bis Herbst 1798 (Nr. 1 und 2 vgl. „Blütenstaub", S. 277; Nr. 3 vgl. „Glauben und Liebe", S. 310).
52 *Quintus* — (lat.) Der fünfte.
Tertius — (lat.) Der dritte.
53 *Adept* — Eingeweihter in die Geheimnisse der Alchemie, der mit Hilfe von Elixieren Gold, den „König" der Metalle, herzustellen suchte.
Delphos — Am Apollon-Tempel zu Delphi (griech.: Delphoi), der berühmtesten Orakelstätte Griechenlands, befand sich die Inschrift „Erkenne dich selbst".
das Zeichen der ... Liebe — Die erwachte Zuneigung zu Julie von Charpentier (1776–1811), der zweiten Braut Novalis', die er Anfang 1798 in Freiberg kennengelernt hatte.
54 *Tag, der die Erziehung vollzog* — Der 19. März 1797, der Todestag Sophies (vgl. die erste Anm. zu S. 38), seit dem das Schicksal Novalis zur Geliebten wurde.
Auguste — Bernhardine Auguste von Hardenberg (1749–1818), des Dichters Mutter, die hier mit einer Grube, die reichen Fund „beschert", verglichen wird.
edle Geschicke — Erzmassen, die Gold und Silber führen.
Wetter — In der Bergmannssprache der Ausdruck für Luft.
streiche — Unter dem Streichen versteht man die Richtung des Gangs.

54 *Gang* — Im Gestein mit Mineralien oder Erzen ausgefüllte Spalte.
 Geschart — Scharen nennt man das Zusammentreffen zweier
 Gänge.
 der müde Fremdling—Vgl. die erste Zeile des Gedichts „Der Fremd-
 ling" (S. 49) und die Anmerkung zu dessen Titel.
 mit euch verbunden — Novalis hatte sich Weihnachten 1798 mit Julie
 (vgl. die dritte Anm. zu S. 53) verlobt.
55 *von euch beiden* — Julie (vgl. die dritte Anm. zu S. 53) und ihre ältere
 Schwester Karoline.
 „Quo me, Bacche ..." — (lat.) Wohin, Bacchus ...; Anfang der
 Horazischen Ode „Dithyrambe" (Oden 3, 25), von deren zwanzig
 Zeilen Novalis die ersten dreizehneinhalb in einem anderen Vers-
 maß nachgedichtet hat.
 Cäsar — Gaius Iulius Cäsar (100—44 v. u. Z.).
 bacchische Jungfrau — Begleiterin des griechischen Weingottes
 Dionysos, benannt nach dessen Beinamen Bakchos (lat.: Bacchus).
 Die Bacchantinnen oder Mänaden feierten ihren Gott in einem
 orgiastischen Kult, wobei sie in verzückter Raserei durch die
 Wälder schwärmten und auch junge Tiere töteten und sie roh
 verschlangen.
 Hebrus — Hebros (heute: Mariza), der in den Rhodopen ent-
 springende Hauptfluß der zwischen dem Ägäischen und dem
 Schwarzen Meer gelegenen Landschaft Thrakien, deren Bewohner
 im Altertum als wilde, kriegerische Barbaren galten.
56 *Karoline*—Karoline von Hardenberg (1771–1801), Novalis' älteste
 Schwester.
 dem Einzigen — Heinrich Ulrich Erasmus von Hardenberg (1738
 bis 1814), Novalis' Vater; er hatte Bergbau studiert, war Offizier
 im Siebenjährigen Krieg, widmete sich danach der Bewirtschaf-
 tung seines Gutes und war seit 1784 Direktor der kursächsischen
 Salinen in Weißenfels. Nachdem seine erste Frau 1769 gestorben
 war, heiratete er 1770 ein zweites Mal.
57 *5. Oktober 1799* — Der fünfzigste Geburtstag der Mutter (vgl. die
 zweite Anm. zu S. 54), die diesmal mit einem Weinstock verglichen
 wird.
 Daus — Das As, der höchste Zählwert im Kartenspiel.
 Wenden — Friedrich von Rechenberg, der sich im August 1799 mit
 Novalis' Schwester Karoline verlobt hatte, und sein Bruder Karl,
 die aus der Lausitz stammten.
58 *Geier oder Taube* — Künftige Schwiegersöhne und -töchter.
 Winzer — Novalis' Vater (vgl. die zweite Anm. zu S. 56).
59 *Das Gedicht* — Dieses Gedicht hat bisher die unterschiedlichsten
 Deutungen erfahren, ohne daß eine davon ganz zu überzeugen
 vermag.

60 *Tieck* — Johann Ludwig Tieck (1773—1853), Schriftsteller, Kritiker, Übersetzer, den Novalis im Juli 1799 in Jena kennenlernte.

Ein Kind — In der Gestalt des Kindes verbirgt sich Ludwig Tieck, zu dem aus einem „alten Buch" ein „hoher Geist" spricht, und zwar der des mystischen Naturphilosophen Jakob Böhme (1575—1624). Dieser fordert von Tieck, die „nie gehörten Worte" des alten Buches (gemeint ist Böhmes Hauptwerk „Aurora oder Morgenröte im Aufgang") und damit den Anbruch einer neuen Zeit zu verkünden. Das Gedicht ist ein Dank an Tieck, der Novalis zum eingehenderen Studium Böhmes veranlaßte.

63 *Ein freundlich Mädchen* — Gemeint ist Julie (vgl. die dritte Anm. zu S. 53).

64 *Die Myrte sproßt* — Der Myrtenkranz als Brautschmuck verheißt Eheglück, jedoch nur bei „Wohlfahrt" (Wohlstand).

65 *meine Gerte* — Eine Wünschelrute, die zum Auffinden verborgener Schätze dient.

Die Königin der Schlangen — Die Schlange als Symbol des Reichtums.

Dora — Johanna Dorothea Stock (1760—1832), die Schwägerin Gottfried Körners, war Malerin in Dresden und mit Novalis seit 1792 bekannt.

Julie — Vgl. die dritte Anm. zu S. 53.

66 *Ein Mädchen* — Die Malerin Dora Stock.

68 *Julie* — Vgl. die dritte Anm. zu S. 53.

Bildung — Gestalt.

dem süßen Wesen — Christus.

69 *die Geliebte* — Julie (vgl. die dritte Anm. zu S. 53).

Karl — Karl von Hardenberg (1776—1813), Novalis' Bruder, war zunächst Offizier in den Kriegen gegen Frankreich, später Amtshauptmann.

70 *Zum Meister ... reifen* — Gemeint ist Karl von Hardenbergs Entwicklung zum Schriftsteller; als solcher erhielt er von Novalis das Pseudonym Rostorf.

Lilienstab — Attribut der Engel in der mittelalterlichen und der Renaissancekunst.

Der Lust und Leben... — Als Novalis im November 1800 in Dresden schwer erkrankte, pflegte ihn sein Bruder Karl in aufopfernder Weise.

Die Lehrlinge zu Sais

Den Impuls zu seiner ersten größeren Dichtung empfing Novalis durch ein gründliches Studium der Naturwissenschaften, das er seit Anfang Dezember 1797 an der Bergakademie in Freiberg betrieb, und die

gleichzeitige Beschäftigung mit naturphilosophischen Werken. Schon am 24. Februar 1798 spricht er bei der Übersendung der Sammlung „Blütenstaub" in einem Brief an August Wilhelm Schlegel von einem „Anfang unter dem Titel ‚Der Lehrling zu Sais' – ebenfalls Fragmente – nur alle in Beziehung auf Natur". Damit dürfte der erste Teil („Der Lehrling") gemeint sein. Der zweite Teil („Die Natur") ist, wie verschiedene Aufzeichnungen belegen, erst Ende 1798 entstanden, ebenso das Märchen von Hyazinth und Rosenblütchen, das vielleicht ursprünglich als eigenständige Dichtung gedacht war.

Einige Paralipomena aus dem Jahre 1799 weisen dann auf eine Veränderung der Konzeption des geplanten Romans hin, und am 23. Februar 1800, nach der Beschäftigung mit Jakob Böhme, heißt es in einem Brief an Ludwig Tieck: „Um so besser ist es, daß die Lehrlinge ruhn – die jetzt auf eine ganz andre Art erscheinen sollen. Es soll ein echt sinnbildlicher Naturroman werden." Mit diesem ganz andersartigen Plan steht wohl auch die Änderung des Titels in „Die Lehrlinge" im Zusammenhang. Doch schon war Novalis mitten in der Arbeit am „Ofterdingen", und „Die Lehrlinge zu Sais" blieben Fragment.

Die Handschrift des Werkes, mit Randbemerkungen von Novalis versehen, wie auch eine Abschrift, die als Druckvorlage diente, sind verloren. Das Bruchstück erschien zuerst im zweiten Band der „Schriften" (1802).

71 *Sais* – Altägyptische Stadt und Kultstätte im westlichen Nildelta.

73 *auf berührten und bestrichenen Scheiben* – Gemeint sind die von dem Physiker Ernst Florens Friedrich Chladni (1756–1827) entdeckten symmetrischen Figuren (Klangfiguren), die sich auf einer mit Sand bestreuten und in einem Punkt befestigten Glas- oder Metallplatte bilden, wenn man deren Rand mit einem Geigenbogen streicht.

 Alkahest – In der Alchemie das angebliche Universallösungsmittel für alle Stoffe.

 Sanskrit – Die altindische Literatursprache, die den Romantikern als die Ursprache der Menschheit galt.

 Lehrer – In dieser Gestalt glaubt man ein Abbild Abraham Gottlob Werners (1750–1817), des Begründers der Geologie, zu sehen, der Novalis' Lehrer in Freiberg war.

77 *Inschrift* – Nach antiken Überlieferungen trug die Statue der Isis zu Sais die Inschrift „Ich bin alles, was ist, was war und was sein wird; kein Sterblicher hat meinen Schleier aufgehoben".

78 *die gemeinschaftliche Ahndung* – Thales von Milet (um 624–546 v. u. Z.) und andere ionische Naturphilosophen sahen den Urgrund, den Baustoff aller Dinge im Wasser, im Feuchten.

 ein grübelnder Kopf – Demokritos von Abdera (460–371 v. u. Z.), der Begründer der antiken Atomistik, dessen Lehre Novalis hier

jedoch mit der des Empedokles (um 495—435 v. u. Z.) ver-
mischt. Während bei Demokrit durch die Eigenbewegung der
Atome deren wechselnde Verkettung bewirkt wird, wodurch die
Dinge entstehen und vergehen, bedarf es bei Empedokles noch der
ewigen Triebkräfte Liebe und Haß, um die Verbindung und
Trennung der Elemente, das Werden und Vergehen der Dinge zu
verursachen.

79 *tote, zuckende Reste* — Anspielung auf die zuerst von dem italie-
nischen Mediziner und Naturforscher Luigi Galvani (1737—1798)
durchgeführten Froschschenkelversuche, bei denen die Schenkel
frisch getöteter Frösche zucken, wenn sie von zwei verschiedenen,
miteinander verbundenen Metallen berührt werden.

81 *Dann werden die Gestirne ...* — Vgl. Klingsohrs Märchen im
„Ofterdingen" (S. 215 ff.) und das Gedicht „Die Vermählung der
Jahrszeiten" (S. 273 f.).
 dann legt die Sonne — Vgl. Klingsohrs Märchen im „Ofterdingen"
(S. 215 ff.) und die „Hymnen an die Nacht".

84 *ein edler Held* — Der Sage nach tat sich im Jahre 362 v. u. Z. auf
dem Marktplatz von Rom eine gewaltige Kluft auf, die sich nur
schließen würde, wenn Rom sein bestes Gut opfere. Der Jüngling
Marcus Curtius rief dem Volke zu, daß Tapferkeit die höchste
Tugend Roms sei, stürzte sich mit seinem Pferd in den Abgrund
und rettete dadurch die Stadt.
 feuerspeiender Stier — In der Argonautensage muß Iason, um das Fell
(Vlies) des von Griechenland nach Kolchis am Schwarzen Meer ge-
brachten goldenen Widders zurückzugewinnen, mit zwei flammen-
speienden Stieren ein steiniges Feld pflügen und die aus den ausge-
säten Zähnen eines Drachens gewachsenen Riesen besiegen.
 Dschinnistan — In der arabischen Mythologie das Reich der Geister;
hier soviel wie: Paradies. Novalis entlehnte den Namen aus
Wielands „Dschinnistan oder auserlesene Feen- und Geistermär-
chen" (1786—1789).

85 *Am Quell der Freiheit ...* — In den folgenden Ausführungen werden
Fichtesche Anschauungen wiedergegeben, die „ein ernster Mann",
in dem Novalis selbst gesehen werden darf, in ironisch-kritischer
Weise kommentiert.

87 *Hyazinth* — In der griechischen Sage ein schöner Jüngling und
Liebling Apollons; er wurde von dessen Diskus tödlich getroffen,
weil der eifersüchtige Zephyr (Westwind) die Wurfscheibe ab-
lenkte. Aus seinem Blute entsproß eine Blume, die Hyazinthe.

88 *kickern* — kichern.

89 *die verschleierte Jungfrau* — Vgl. Anm. zu S. 77.

97 *daß Steine und Wälder der Musik gehorchen* — In der griechischen
Sage wird berichtet, daß sich die Mauern der Stadt Theben von

selbst zusammenfügten, als Zeus' Sohn Amphion auf seiner Leier spielte, und daß der Gesang und das Kitharaspiel des Orpheus Tiere und Pflanzen bewegte.

100 *als reine Flamme* — Wohl eine Analogie zu der Erscheinung des Elmsfeuers, elektrischer Entladungen, die bei Gewitterneigung an Blitzableitern, Türmen und Masten wahrzunehmen sind.

101 *Weltseele* — Den in der zeitgenössischen Philosophie mehrfach gebrauchten Begriff fand Novalis zuletzt in Friedrich Wilhelm Joseph Schellings (1775–1854) Werk „Von der Weltseele" (1798).
Sündflut — Richtig: Sintflut. Novalis deutet das sagenhafte Ereignis nicht im Sinne des Alten Testaments als den Neubeginn einer menschheitsgeschichtlichen Epoche, sondern als den Untergang einer besseren Welt, eines goldenen Zeitalters.

102 *Scheidekünstler* — Im 18. Jahrhundert gebräuchliche Bezeichnung für Chemiker.

103 *jene heilige Sprache* — Vgl. die dritte Anm. zu S. 73.

Heinrich von Ofterdingen

Mit dem Stoff zu seiner bedeutendsten Dichtung wurde Novalis Anfang Juni 1799 bekannt, als er während zweier Aufenthalte in Artern am Kyffhäuser eine Biographie Kaiser Friedrichs II. und alte Chroniken, in denen von dem legendären Minnesänger Heinrich von Ofterdingen erzählt wird, kennenlernte.

Mitte Dezember begann er mit der Ausführung des Romans, und schon am 5. April 1800 konnte er Friedrich Schlegel den Abschluß des ersten Teils melden. Erst im Spätsommer schrieb Novalis dann den Anfang des zweiten Teils und im Spätherbst das in Tiecks Fortsetzungsbericht mitgeteilte „Lied der Toten" und das als Abschluß gedachte, Fragment gebliebene Gedicht „Die Vermählung der Jahrszeiten".

Bewußt als Gegenstück zu Goethes „Wilhelm Meister" geplant, sollte der „Ofterdingen" in Ausstattung, Typographie und Format genau wie Goethes Roman gedruckt werden. Doch dieser Druck kam nicht zustande, und der erste Teil — mit dem Untertitel „Ein nachgelassener Roman von Novalis" — erschien erst im Juni 1802 in Reimers Realschulbuchhandlung in Berlin. Die Ende 1802 herausgegebenen „Schriften" brachten dann auch das erste Kapitel des zweiten Teils und Ludwig Tiecks Bericht über die geplante Fortsetzung, der zwar restlos den „hinterlassenen Papieren" Novalis' folgt, aber in der Verkettung der Fakten und Motive nicht unbedingt als gültig angesehen werden kann.

107 *Ofterdingen* — Heinrich von Ofterdingen, legendärer Minnesänger, der in dem um 1260 entstandenen Gedicht vom „Wartburgkrieg" im Wettstreit Wolfram von Eschenbach und Walther von der Vogelweide unterliegt. Späteren Chroniken folgend, gebraucht Novalis durchgehend die Namensform „Afterdingen"; erst die „Schriften" (1802) verwenden die Schreibung „Ofterdingen".

117 *an einen hohen Berg* — an den Kyffhäuser.

118 *eine große Höhle* ... — Novalis geht hier auf die Sage vom Kaiser Rotbart ein, wonach in der Barbarossahöhle Friedrich I. (1152–1190) weiterlebt, um einst wiederzukommen und ein gerechtes, besseres Deutschland zu errichten.

119 *Johannis* — Kirchlicher Gedenktag an Johannes den Täufer, der am 21. (Sommersonnenwende) oder auch am 24. Juni (Geburtstag Johannes') begangen wurde.

120 *Vaterstadt* — Eisenach.
Hofhaltung des Landgrafen — Der Hof des Landgrafen Hermann von Thüringen (1190–1216), an dem es nach dem Zeugnis mehrerer Minnesänger recht turbulent zuging, war um 1200 ein kulturelles Zentrum.

121 *seine Patin* — Landgräfin Sophia von Thüringen.

128 *So sollen ... Dichter gewesen sein ...* — Vgl. Anm. zu S. 97.

129 *einer jener sonderbaren Dichter* — Die Kaufleute erzählen hier eine Episode aus dem sagenumwobenen Leben des griechischen Dichters Arion (um 600 v. u. Z.), wie sie von dem griechischen Historiker Herodot (um 484–425 v. u. Z.) berichtet wird.

130 *ein dankbares Untier* — Der Sage nach war es ein Delphin.

133 *Rustan* — Held aus dem iranischen Nationalepos „Schâhnâme" (Königsbuch) des persischen Dichters Abu'l-Quasim Mansur Firdusi (um 935 bis um 1020).

148 *Atlantis* — Nach dem griechischen Philosophen Platon (427–347 v. u. Z.) eine große Insel im Atlantischen Ozean, die im Meer versank.

151 *Ein neuer Kreuzzug* — Der zeitlichen Einordnung nach müßte es sich um den 1197 eingeleiteten Kreuzzug Heinrichs VI. (1191–1197) handeln, der jedoch wegen des plötzlichen Todes des Kaisers nicht durchgeführt wurde.

156 *nach Persien ... zog* — Wahrscheinlich zu Iljas Jussuf Nisami (1141–1209), den bedeutendsten persischen Dichter des 12. Jahrhunderts.

160 *Eula* — Eule (heute: Jilova), südlich von Prag, war schon im Mittelalter ein bedeutendes Zentrum des Goldbergbaus.

162 *Anbrüche* — Erzfunde.

163 *am sechzehnten März* — Der 16. März war der Geburtstag von Novalis' zweiter Braut (vgl. die dritte Anm. zu S. 53).

163 *Stufen* — Besonders reiche Erze, die ohne Reinigung verschmolzen werden können.

164 *Werner* — Vgl. die vierte Anm. zu S. 73. Mit dieser Namensgebung setzt Novalis seinem verehrten Freiberger Lehrer ein Denkmal.

167 *Gang* — Im Gestein mit Mineralien und Erzen ausgefüllte Spalte.
mächtig — dick.
gebräch — leicht abzubauen.
arm — wenig erzhaltig.
edelste Geschicke — Gold und Silber führende Erze.
scharen — Scharen nennt man das Zusammentreffen zweier Gänge.
zerschlagen — zerteilen.
Trümmer — Singular Trum: unbedeutender Nebengang.
Höflichkeit — Auch Höfflichkeit: die Hoffnung (auf gute Ausbeute) erweckende Beschaffenheit eines Erzganges.
ausrichten — ausfindig machen.

169 *Rutengänger* — Jemand, der mit der Wünschelrute nach verborgenen Metallgängen sucht.

170 *stiller König* — In der Alchemie Bezeichnung für das Gold.
Aus seiner Mutter weißem Blut — Mutter oder Erzmutter: metall-führende Mineralien; weißes Blut: goldhaltige weiße Quarz-adern.
Es sank herab aus tiefen Meeren — Novalis vertritt hier die (heute überholte) Theorie des Neptunismus, wonach man in fast allen Gesteinen Ablagerungen urzeitlicher Meere sah.

176 *Königin der Frauen* — Maria, die Mutter Jesu.

179 *Hohenzollern* — Friedrich III. von Zolre (gest. 1200), seit 1191 als Friedrich I. Burggraf von Nürnberg, gehörte zum Gefolge Kaiser Friedrichs I. (1155–1190) und Heinrichs VI. (1190–1197).

182 *Illyrien* — Alte Bezeichnung für das heutige Dalmatien und Alba-nien.

187 *entdeckte er seine eigene Gestalt* — Im Folgenden wird in großen Zügen der Fortgang des Romans angedeutet.
Ein Mann von ernstem Ansehn — Klingsohr, dem Heinrich bald in Augsburg begegnen wird und in dem manche ein „Porträt" Goethes sehen wollen. (Vgl. auch S. 193: Sein edles Ansehn ...)

188 *provenzalische Sprache* — Im Mittelalter in Südfrankreich gespro-chene romanische Sprache, die ihre kunstvolle Ausprägung in der höfischen Lyrik der Troubadours fand.

193 *Klingsohr, der Dichter* — Im „Wartburgkrieg" und anderen litera-rischen Quellen ist Klingsohr ein aus Ungarn stammender Astro-loge, Zauberer und Geisterbeschwörer.

194 *Mathilde* — In ihr glaubt man zumeist Sophie von Kühn (vgl. die erste Anm. zu S. 38) wiederzuerkennen.

195 *gefährliche Frucht des Erkenntnisses* — Im Alten Testament werden Adam und Eva, da sie trotz Verbot vom Baum der Erkenntnis gegessen haben, aus dem Garten Eden vertrieben (vgl. 1. Mose 2, 16ff. und 3, 1—24).

198 *enge Wiegen* — Fässer, in denen der Traubensaft gärt.

unsichtbare Wächter — Das beim Gären sich entwickelnde Kohlendioxyd.

Kristallgewand — Trinkgefäß aus Kristall.

verschwiegener Eintracht volle Rose — Die bei den Römern über den Trinkenden aufgehängte Rose sollte mahnen, über das im Rausch Gesagte zu schweigen.

202 *wunderliche Träume* — Eine Vorschau auf Mathildens Tod (am Anfang des zweiten Teils) und die vorgesehene Wiedervereinigung mit ihr.

204 *Saphir* — Ein blauer Edelstein.

208 *Das Land der Poesie* — In Zulima war Heinrich der Orient, das Mutterland der Poesie, begegnet.

211 *ein leeres, armseliges Wortgeräusch* — Novalis schätzt hier selbstkritisch seine Jugendarbeiten ein.

213 *Wo zwei versammelt sind* — Nach dem Neuen Testament, Matthäus 18, 20.

215 *Der alte Held* — Er wird später Eisen (S. 219) oder auch Perseus (vgl. die Anm. zu S. 236) genannt.

216 *der Garten* — Vgl. S. 185, wo der alte Bergmann einen ähnlichen „Zaubergarten" beschreibt.

die schöne Tochter Arkturs — Sie heißt Freya, nach der germanischen Göttin der Liebe, und versinnbildlicht hier den Frieden. Ihr Vater Arktur, der Hauptstern im Sternbild des Bärenhüters (Bootes) am nördlichen Sternhimmel, symbolisiert den Geist des Lebens. Da seine Gemahlin Sophie, die Weisheit, sich von ihm abgewandt hat und in die Welt der Menschen herabgestiegen ist, ist sein Reich zu Eis erstarrt.

217 *ein prächtiger Vogel* — Der sagenhafte Phönix, der sich selbst verbrennt und aus seiner Asche verjüngt aufersteht, wurde zum Symbol der Wiedergeburt.

Fabel — Die Poesie; sie ist die außereheliche Tochter der Ginnistan (vgl. die zweite Anm. zu S. 219) und des „Vaters" (vgl. die vierte Anm. zu S. 219) und eine Halbschwester des Eros.

219 *Eros* — Der griechische Gott der Liebe; hier der Sohn von „Vater" und „Mutter" (vgl. die vierte Anm. zu S. 219 und die erste Anm. zu S. 220).

Ginnistan — Die Phantasie; eine Tochter des Mondes und die Amme des Eros.

Der Schreiber — Die Verkörperung eines platten Rationalismus.

219 *Der Vater* — Er symbolisiert den Sinn, die Fähigkeit zu geistiger Ordnung, gibt aber immer wieder der ungezügelten Phantasie (Ginnistan) nach.

einer edlen, göttergleichen Frau — Sophie, die Weisheit und die Gemahlin Arkturs.

220 *Die Mutter* — Eros' Mutter, Sinnbild des Herzens, des Gemüts, die Verkörperung der ursprünglichen Naturkräfte des Menschen.

ein zartes eisernes Stäbchen — Ein magnetischer Splitter vom Schwerte des alten Helden.

die Gestalt einer Schlange — Hier als sexuelles Symbol, das die Verführung des Vaters und des Eros durch Ginnistan vorausdeutet.

224 *Der rauhe Donner schalt* — Schalt: Imperfekt von schelten.

Wetterbäume — Auch Windbäume: sehr hohe, schleierartige Wolken, die vom Wind oft in Streifen geteilt sind.

227 *eine schöne Sphinx* — Das ägyptisch-griechische Fabelwesen mit dem Oberkörper einer Frau und dem Unterleib eines Löwen erscheint zunächst als Türhüterin zur Unterwelt. Später·(S. 235) gibt sie der Fabel ein Rätsel auf, das diese löst, wie Ödipus, der griechische Sagenheld, das Rätsel der Sphinx von Theben löste.

228 *Wo sind die Schwestern?* — Die drei Parzen, die Schicksalsgöttinnen in der römischen Mythologie, die den Lebensfaden des Menschen spinnen und ihn jederzeit abschneiden können.

Wocken — Niederdeutsch für Rocken: Stock, auf den das Spinnmaterial gewickelt ist.

229 *Alraunwurzel* — Der rübenartige Wurzelstock der Mandragora, eines Krautgewächses, dem man wegen seiner menschenähnlichen Gestalt vielerlei Zauberkräfte zuschrieb.

230 *Stundenglas und Hippe* — Sanduhr und Sense als Attribute des Todes.

Taranteln — Giftige Raubspinnen; sie versinnbildlichen die Leidenschaften, die durch Eros' Rastlosigkeit hervorgerufen werden und dazu beitragen, das Leben der Menschen zu verkürzen.

231 *umringt von seinen Räten* — Es sind sämtlich Sternbilder; der Eridanos ist auch ein Fluß, in den der Sage nach Phaeton, der Sohn des griechischen Sonnengottes Helios, stürzte, nachdem er die Gewalt über die Sonnenrosse verloren und Zeus ihn mit einem Blitz erschlagen hatte.

234 *Die Sonne stand feuerrot vor Zorn* — Das Reich der Sonne, die das Leben in Tag und Nacht und in die Jahreszeiten trennt, muß untergehen, damit das Goldene Zeitalter anbrechen kann (vgl. auch die „Hymnen an die Nacht"; „Die Vermählung der Jahrszeiten", S. 273 f.; „Die Lehrlinge zu Sais", S. 81 f.).

Flammentod der Mutter — Der Verstand, der Schreiber, hat das Herz, die Mutter, getötet.

235 *meine Feindin* — die Sonne.

236 *Perseus* — Der griechische Sagenheld, der Medusa tötete, eine der drei Gorgonen, der weiblichen Ungeheuer, deren Blick versteinerte. Nach seinem Tode wurde er als Sternbild an den Himmel versetzt.

237 *Turmalin* — Ein magnetisches und bei Erwärmung polarelektrisches Mineral, das hier neben Zink (so heißt der Blumengärtner) und Gold der Erzeugung galvanischer Elektrizität dienen soll.
Die Asche meiner Pflegemutter — Die Asche des verbrannten Herzens.
der alte Träger — Vgl. die erste Anm. zu S. 8. Er wird durch eine in den Mund gelegte Münze und Wasser, das heißt durch galvanische Elektrizität, wieder zum Leben erweckt.

238 *Hesperiden* — In der griechischen Mythologie die Töchter der Nyx, der Nacht, die weit im Westen die goldenen Äpfel im Garten der Götter pflegten und bewachten. Dieser Garten ist identisch mit dem vor Arkturs Palast zu Eis erstarrten.
Bräutigam — Der Vater (vgl. die vierte Anm. zu S. 219).
eine Kette — Eine galvanische Kette, wodurch chemische Energie unmittelbar in elektrische Energie umgesetzt wird (vgl. auch S. 237).

242 *Karyatiden* — Bekleidete weibliche Statuen, die an Stelle von Säulen als Gebälkträger dienen. Hier wird das Bett von den Parzen und der Sphinx getragen, die versteinert sind und somit keine Macht mehr über die Menschen haben.

244 *Astralis* — In Notizen zum zweiten Teil des „Ofterdingen" spricht Novalis von der „Geburt des siderischen Menschen [Sternenmenschen] mit der ersten Umarmung Mathildens und Heinrichs". Da es weiter heißt: „Dieses Wesen spricht immer zwischen den Kapiteln", und eine andere Notiz lautet: „Zwischen jedem Kapitel spricht die Poesie", so ist Astralis als deren Verkörperung anzusehen.
An jenem frohen Abend — Der Festabend Schwanings bei der Ankunft Heinrichs und seiner Mutter (S. 191 ff.).

245 *Die Worte des Propheten* — Klingsohrs Worte beim Morgenspaziergang „nach dem kleinen Hügel" (S. 203 ff.).

246 *ein Pilgrim* — Heinrich.

247 *des furchtbaren, geheimnisvollen Stroms* — Der Strom aus Heinrichs Traum, in dem Mathilde ertrank (S. 202).

248 *Ihr Herz war voller Freuden* — Die Verse entstammen einem alten niederländischen Weihnachtslied.

249 *eines unsäglichen Verlustes* — Der Tod Mathildes, der nicht näher geschildert wird.

251 *ein junges Mädchen* — Cyane, wie sie später genannt wird, ist die Tochter des Grafen von Hohenzollern. (Näheres über sie vgl. „Tiecks Bericht ...", S. 265).

253 *Sylvester* — Er ist identisch mit dem alten Manne, der einst Heinrichs Vater in Rom bewirtet hatte (vgl. S. 117 f.).

259 *die Fabel* — Hier soviel wie: Dichtung.

263 *jenes bekannten Minnesängers* — Vgl. Anm. zu S. 107.

265 *Stein der Weisen* — Der von den mittelalterlichen Alchemisten gesuchte Stoff mit der magischen Kraft, unedle Metalle in Gold zu verwandeln, alle Krankheiten zu heilen und sogar ewige Jugend zu verleihen.

269 *Erdgeist* — Nach mystischen Anschauungen ist jedes Gestirn, also auch die Erde, von einem „Geist" bewohnt, der sein Wesen bestimmt. Novalis knüpft offensichtlich an Goethes „Faust" an, doch weist er dem Erdgeist eine ganz andere Bestimmung zu.
Chevalerie — Rittertum, Ritterlichkeit.

270 *Sohn des Kaisers* — Enzio (1224–1272), König von Sardinien, gehörte zu den Dichtern der Sizilianischen Schule am Hofe Friedrichs II. (1194–1250).
Loreto — Wallfahrtsort in Mittelitalien mit dem Heiligen Haus, in dem der Legende nach die Mutter Maria geboren wurde und das Engel von Nazareth nach Loreto trugen.

271 *„De tribus impostoribus"* — (lat.) „Von den drei Betrügern"; das Friedrich II. zugeschriebene Buch, in dem Moses, Christus und Mohammed die drei großen Betrüger in der Geschichte genannt werden, stammt erst aus dem 16. Jahrhundert.
Manessische Sammlung — Anfang des 14. Jahrhunderts aus mehreren Quellen vereinte, nach dem Züricher Patriziergeschlecht der Manesse benannte, reich bebilderte Sammlung von 6000 Liedern; sie ist heute nach ihrem Aufbewahrungsort als Große Heidelberger Liederhandschrift bekannt.
unverständlicher Wettgesang — Vgl. Anm. zu S. 107.
wetten die Dichter ... um den Tod — Wer im Sängerwettstreit verlor, sollte auch sein Leben verlieren.

272 *Orpheus* — Vgl. Anm. zu S. 97. Über den Verlust seiner Gemahlin Eurydike zum Frauenfeind geworden, wurde er von Bacchantinnen (vgl. die vierte Anm. zu S. 55) zerrissen. Während seine Glieder von den Musen bestattet wurden, schwammen sein Haupt und seine Leier nach der Insel Lesbos.
Psyche — In dem Roman „Der goldene Esel" erzählt der lateinische Schriftsteller Apuleius (um 125 bis um 180) das Märchen von „Amor und Psyche", in dem die schöne Königstochter Psyche nach vielen Prüfungen die Gemahlin Amors wird.

273 *Edda* — Heinrichs Gemahlin, die wiedererstandene Mathilde.
goldner Widder — In der griechischen Sage entflohen auf ihm die Königskinder Phrixos und Helle vor dem Zorn ihrer Stiefmutter Ino. Nach geglückter Flucht opferte Phrixos den Widder Zeus.

273 *Antiquar* — Der alte Mann in der Traumerzählung von Heinrichs
 Vater (vgl. S. 117f.), dessen Stube „voll Bücher und Altertümer"
 war.
274 *Raffael* — Eigentlich: Raffaello Santi (1483–1520), italienischer
 Maler der Hochrenaissance.
 Correggio — Eigentlich: Antonio Allegri (um 1490–1534), italieni-
 scher Maler der Spätrenaissance.

Blütenstaub

Am 24. Februar 1798 übersandte Novalis August Wilhelm Schlegel ein
Manuskript mit dem Titel „Blütenstaub", wobei er es den Freunden
überließ, „öffentlichen Gebrauch davon zu machen". Es handelte sich
um Fragmente, „um Bruchstücke des fortlaufenden Selbstgesprächs in
mir", wie es in einem Brief an Friedrich Schlegel vom 26. Dezember 1797
heißt, die seit August 1797 entstanden waren und die Novalis etwa von
Mitte Dezember 1797 bis Mitte Januar 1798 zu einer Sammlung ordnete,
die er „Vermischte Bemerkungen" überschrieb. Aus einer Bearbeitung
dieser „Vermischten Bemerkungen" ist dann wohl im Februar das
„Blütenstaub"-Manuskript hervorgegangen.
 Die Fragmentensammlung, das erste Werk — sieht man von einem
einzigen Jugendgedicht ab —, das der Dichter veröffentlichte, und zwar
unter dem vom ihm gewünschten und auch weiterhin beibehaltenen
Pseudonym *Novalis,* erschien in der eben gegründeten Zeitschrift
„Athenäum" (Erster Band, Erstes Stück) im Mai 1798. Wie ein Ver-
gleich mit den von Novalis selbst überarbeiteten „Vermischten Be-
merkungen", also der unmittelbaren Vorform von „Blütenstaub",
zeigt, entspricht die Druckfassung jedoch nicht dem übersandten
Manuskript. Friedrich Schlegel erlaubte sich nach eigenem Zeugnis
(Brief vom März 1798 an seinen Bruder) umfangreiche Änderungen;
er nahm dreizehn Fragmente heraus, fügte vier eigene ein, faßte ge-
trennte Fragmente zusammen, teilte dafür andere und nahm sprach-
liche Korrekturen vor. Insgesamt ist jedoch nicht mehr auszumachen,
wie weit die Eingriffe Friedrich Schlegel oder Novalis selbst zu-
zuschreiben sind, da die Handschrift des „Blütenstaub"-Manuskripts
verlorengegangen ist.
 Unsere Ausgabe gibt den Athenäumsdruck wieder, also auch die
Fragmente Friedrich Schlegels, die durch Kursivdruck abgehoben sind.
Die Numerierung der Kluckhohn-Samuelschen Ausgabe wird bei-
behalten, allerdings werden die Nummern in eckige Klammern gesetzt,
da sie im Erstdruck nicht vorhanden und die Fragmente dort nur durch
Striche voneinander getrennt sind.

278 *Inzitamente* — Mittel zur Anregung der Lebenstätigkeit, Reizmittel.

279 *Primogeniturzufall* — Primogenitur: Erstgeburtsrecht.

Metempsychose — Seelenwanderung.

280 *Darwin* — Erasmus Darwin (1731–1802), englischer Naturforscher und Dichter; Novalis' Fragment bezieht sich auf eine Bemerkung in Darwins „Zoonomia or The Laws of Organic Life" (1794); („Zoonomie oder Gesetze des organischen Lebens", deutsch 1795).

Symphilosophie — Von Friedrich Schlegel geprägter Begriff für eine gemeinsam in engstem Zusammenwirken, gegenseitiger Durchdringung und Befruchtung geschaffene Philosophie. In gleichem Sinne sprach man auch von „Sympoesie" und „Symphysik".

286 *Popolo* — (ital.) Volk.

288 *menstruum universale* — Bezeichnung für das Universallösungsmittel in der Alchemie.

289 *Gänsegeschrei vor den Galliern* — Als die Gallier nach der Besetzung Roms im Jahre 388 v. u. Z. versuchten, eines Nachts auch das Kapitol zu erobern, sollen die übermüdeten römischen Krieger durch das Geschnatter der Gänse, die im Heiligtum der Göttin Juno gehalten wurden, geweckt und damit die Burg gerettet worden sein.

290 *Medici* — Geadeltes Kaufmannsgeschlecht, das, gestützt auf seine durch Handel und Bankgeschäfte erworbenen Reichtümer, von 1434 bis 1735 Florenz beherrschte und die Stadt zu einem Zentrum der Kunst machte.

Fugger — Das Augsburger Patriziergeschlecht, 1508 von Kaiser Maximilian in den Adelsstand erhoben, war im 16. Jahrhundert das bedeutendste Handels- und Bankhaus des Frühkapitalismus in Deutschland.

Bürgers Homer — Gottfried August Bürgers (1747–1794) Fragment gebliebene „Ilias"-Übersetzung, die in einzelnen Teilen 1771, 1776 und 1784 erschien.

Popens Homer — Die von 1715 bis 1720 erschienene Übersetzung der „Ilias" des englischen Dichters Alexander Pope (1688–1744).

291 *Misotheos* — Gottesfeind.

293 *Babylonische Gefangenschaft* — Die von 597 bis 586 v. u. Z. erfolgte zwangsweise Aussiedlung der Oberschicht, des Heeres und der Beamtenschaft des unterworfenen Reiches Juda nach Babylonien durch Nebukadnezar II. (605–562). Eine Rückkehr war nach der Eroberung Babyloniens durch die Perser (539 v. u. Z.) möglich.

Auguren — Römische Priester, die aus Blitz und Donner, aus dem Verhalten von Tieren und besonders aus dem Vogelflug (Auspizium) den göttlichen Willen zu erkennen glaubten.

293 *Maçonnerie* — Freimaurertum.

August — Gaius Iulius Caesar Octavianus (63 v. u. Z.–14 u. Z.),
Neffe und Adoptivsohn Iulius Caesars, sicherte sich die Allein-
herrschaft und begründete 27 v. u. Z. das römische Kaiserreich.
Der Senat verlieh ihm den Titel Augustus (lat.: der Erhabene).

Hadrian — Publius Aelius Hadrianus (76–138), seit 117 römischer
Kaiser, verschärfte die Rechtsprechung, baute den bürokratischen
Verwaltungsapparat aus und besetzte alle höheren Hof- und
Reichsämter nicht mehr durch Freigelassene, sondern nur noch
durch Ritter.

294 *im tausendjährigen Reiche* — Besonders im Frühchristentum und im
Mittelalter war der Glaube an ein tausend Jahre währendes Reich
der Glückseligkeit verbreitet, das Christus nach seiner Wieder-
kunft stiften werde.

κατ' εξοχην — (griech.: kat exochen) schlechthin, beispielhaft.

Septanfieber — Wechselfieber, das alle sieben Tage wiederkehrt.

295 *Race* — (franz.) Rasse.

par force — (franz.) mit Gewalt.

gnomische Massen — Sammlungen von kurzen, meist lehrhaften
Sinn- oder Denksprüchen in Vers oder Prosa.

297 *Inzitation* — Anreiz, Erregung.

actu — (lat.) durch (tatsächliche) Handlung.

potentia — (lat.) durch (innewohnende) Möglichkeit.

299 *Archimedes* — Dem griechischen Mathematiker Archimedes (um
287–212 v. u. Z.), der als erster eine mathematische Theorie der
Gesetze des Hebels entwickelte, wird der Ausspruch nachgesagt:
„Gib mir einen Punkt, wo ich hintreten kann, und ich bewege die
Erde."

Sublimation — Erhebung in einen höheren Zustand.

uno actu — (lat.) in einer Handlung.

Präzipitation — Niederschlag.

300 *Ephraimiten* — Geringwertige preußische Münzen aus der Zeit des
Siebenjährigen Krieges; so benannt nach dem Pächter der Leipziger
Münzstätte Veitel Ephraim.

Heydenreich — Karl Heinrich Heydenreich (1764–1801), Professor
der Philosophie in Leipzig, der vor allem zahlreiche religions-
philosophische Werke verfaßte und sich auch als Lyriker ver-
suchte.

Jakob — Ludwig Heinrich Jakob (1759–1827), philosophischer
Schriftsteller, Professor für Staatswissenschaft in Halle.

Abicht — Johann Heinrich Abicht (1762–1804), Professor für
Rechtsphilosophie.

Pölitz — Karl Heinrich Ludwig Pölitz (1772–1838), Professor der
Philosophie in Dresden und Leipzig, der sich später vor allem als

Historiker einen Namen machte. Novalis' Kritik bezieht sich auf dessen frühe kirchlich-moralische Schriften.

301 *Burke* — Edmund Burke (1729–1797), englischer Publizist und Politiker, der mit seinen „Reflections on the Revolution in France" (1790; deutsch 1793) gegen die Ideen der Französischen Revolution auftrat.

Hermann und Dorothea — Goethes gleichnamiges Epos erschien 1797.

Anthropognost — Menschenkundiger.

der intellektuelle Schwerpunkt ... — Gemeint ist wohl die Äußerung der hoffnungslos liebenden Aurelie: „Ich muß es eben bezahlen, daß ich eine Deutsche bin; es ist der Charakter der Deutschen, daß sie über allem schwer werden, daß alles über ihnen schwer wird."

302 *Kontiguität* — Berührung.

303 *Helvétius* — Claude-Adrien Helvétius (1715–1771), französischer Aufklärungsphilosoph; Vertreter des mechanischen Materialismus.

Locke — John Locke (1632–1704), englischer Philosoph, der Begründer des Sensualismus, der Lehre, wonach allein die Sinneswahrnehmung, die Erfahrung die Quelle aller Erkenntnis ist.

Glauben und Liebe oder
Der König und die Königin

Äußerer Anlaß für das Entstehen von Novalis' zweiter Fragmentensammlung war offensichtlich die Thronbesteigung Friedrich Wilhelms III. am 16. November 1797. Angesichts des von großen Erwartungen breiter Kreise begleiteten Regierungsantritts faßte hier Novalis seine gegenwärtigen Vorstellungen vom Staat, von Volk und Fürst, von Republikanismus und Monarchie zusammen.

Entstanden ist die Sammlung im Frühjahr 1798, und das fertige Manuskript wurde am 11. Mai Friedrich Schlegel übersandt mit der Bitte um dessen Urteil und um Veröffentlichung — entweder als Einzeldruck „mit einem Bilde des königlichen Paars" und „mit typographischer Eleganz" oder in der seit Januar 1798 erscheinenden Zeitschrift „Jahrbücher der preußischen Monarchie".

Wie schon in „Blütenstaub", so hat Friedrich Schlegel auch in „Glauben und Liebe" redaktionell eingegriffen. Die in dem Manuskript enthaltenen Distichen nahm er heraus, gab ihnen höchstwahrscheinlich eine andere Reihenfolge, den Gesamttitel „Blumen" und auch die einzelnen Überschriften und veröffentlichte sie separat im Juni-Heft (1798) der „Jahrbücher der preußischen Monarchie unter der Regierung Friedrich Wilhelms III.". Im Juli-Heft erschien die eigentliche Samm-

lung „Glauben und Liebe", während er einen von Novalis „Politische Aphorismen" überschriebenen Anhang für das August-Heft vorsah, der jedoch wegen der unfreundlichen Aufnahme von „Glauben und Liebe" nicht mehr gedruckt werden durfte.

Wie schon bei der Sammlung „Blütenstaub" werden auch hier die Nummern der Fragmente in eckige Klammern gesetzt, da Novalis nur die sechs Fragmente der „Vorrede" numeriert hat.

307 *König* — Friedrich Wilhelm III. (1770–1840), preußischer König seit 1797, an den sich nach der Interventions- und Annexionspolitik, der Verschwendungssucht und der Mätressenwirtschaft seines Vorgängers große Hoffnungen knüpften, die er jedoch in keiner Weise erfüllte.

Luise — Auguste Wilhelmine Amalie Luise von Mecklenburg-Strelitz (1776–1810), seit 1793 mit Friedrich Wilhelm III. vermählt, galt dem Bürgertum als das Ideal einer deutschen Frau und Mutter.

309 *Tropen- und Rätselsprache* — Tropus oder Trope: die Übertragung eines gegenständlich-begrifflichen Ausdrucks in einen poetisch-bildhaften.

Elongatur — Verlängerung, Erweiterung.

310 *Der beste unter den ... französischen Monarchen* — Heinrich IV. (1589–1610).

Eudiometer — Gerät zum Messen von Gasen, z. B. des Sauerstoffgehalts der Luft.

311 *mephitisch* — stinkend, pesthauchig.

314 *Inzitation* — Anreiz, Erregung.

315 *Primärversammlungen* — Öffentliche, allen zugängliche Versammlungen.

Munizipalitäten — Selbständig verwaltete städtische Gemeinwesen.

Frosch- und Mäusekrieg — Griechisches Tierepos („Batrachomyomachia"), das Homers „Ilias" parodiert und zwischen dem 6. und 3. Jahrhundert v. u. Z. geschrieben wurde.

ihres Werts — des Werts der Königin.

317 *Ethometer* — Sittlichkeitsmesser.

318 *fournieren* — versorgen, anschaffen.

Maître des Plaisirs — (franz.) Der Gestalter und Leiter von Festen.

319 *Die Gruppe von Schadow* — Das von dem Bildhauer Johann Gottfried Schadow (1764–1850) von 1795 bis 1797 geschaffene Doppelstandbild der Königin Luise und ihrer Schwester Friederike.

Negotiationen — Unterhandlungen.

320 *Friedrich Wilhelm der Erste* — Preußen wurde unter seiner Regierung (1713–1740) ein straff organisierter Militär- und Beamtenstaat und blieb es auch unter seinen Nachfolgern.

323 *inspissiert* — inspiziert.

324 *Transsubstantiation* — Nach der katholischen Abendmahlslehre die Umwandlung von Brot und Wein in Christi Leib und Blut.

Nataliens Lehrjahre — Anspielung auf Goethes Roman „Wilhelm Meisters Lehrjahre" (1795/96), in dem Wilhelm am Ende in Natalie die wesensverwandte Lebensgefährtin findet.

Die Christenheit oder Europa

Mitte November 1799, während des sogenannten Romantikertreffens, überraschte Novalis die Jenaer Freunde mit seiner „Rede" über „Europa", wie er die Arbeit nannte, die in der Zeit von Anfang Oktober bis Anfang November geschrieben wurde. Voraufgegangen waren, wie mehrere Aufzeichnungen bezeugen, ein seit dem Herbst 1798 sich anbahnender Wandel in der Beurteilung des Christentums und seiner historischen Rolle, ausführliche Studien über die mittelalterliche Geschichte und die Lektüre der Schleiermacherschen „Reden über die Religion".

Obwohl der Aufsatz im Jenaer Kreis auf mancherlei Widerspruch stieß, war man zunächst doch entschlossen, ihn im „Athenäum" erscheinen zu lassen. Als sich schließlich aber die Bedenken mehrten, holte man sogar den Rat Goethes ein, der sich gegen eine Veröffentlichung aussprach. Auch in die Ende 1802 herausgegebenen „Schriften" wurde der Essay nicht als Ganzes aufgenommen, sondern nur, wie auch aus den Sammlungen „Blütenstaub" und „Glauben und Liebe", das nach Friedrich Schlegels Meinung „Beste und Wichtigste". Zum erstenmal gedruckt wurde der Aufsatz dann in der vierten Auflage der „Schriften" (1826), allerdings ohne Wissen der Herausgeber aufgrund einer eigenmächtigen Entscheidung des Verlegers Reimer.

Da die Handschrift verschollen ist, bleibt ungewiß, ob der Titel der Studie von Novalis selbst stammt. Sehr unwahrscheinlich aber ist, daß der im Erstdruck hinzugefügte Untertitel „Ein Fragment. (Geschrieben im Jahre 1799)" in Novalis' Manuskript stand. Einige Sätze, die im Erstdruck fehlen, dagegen aber in den Auszügen der ersten bis dritten Auflage enthalten sind, wurden später ergänzt und finden sich auch in unserer Ausgabe (vgl. S. 339 f.: „Frankreich verficht ... erneuert werden?" und S. 345 f.: „Seine zufällige Form ... Kirche Platz machen?").

329 *zwischen einsamen Klostermauern* — Karl V., deutscher Kaiser von 1519 bis 1556, lebte nach seiner Abdankung bis zu seinem Tode 1558 in dem spanischen Kloster San Yuste.

331 *Abschaffung der Priesterehe* — Seit dem 8. Jahrhundert von den
 Päpsten gefordert, aber nie völlig durchgesetzt, wurde das Zölibat
 auf dem Tridentinischen Konzil 1563 endgültig dekretiert.
 ein feuerfangender Kopf — Martin Luther (1483–1546).

332 *Errichtung der Konsistorien* — Seit dem Augsburger Religionsfrie-
 den (1555) in allen evangelischen Territorien, später auch in den
 katholischen Ländern mit evangelischer Bevölkerung eingerich-
 tete kirchliche Behörden mit dem Recht der selbständigen Ent-
 scheidung über fast alle innerkirchlichen Angelegenheiten.
 So oblag ihnen auch die Prüfung und die Ordination der Geist-
 lichen.
 Religionsfriede — Der auf dem Augsburger Reichstag am 25. Sep-
 tember 1555 geschlossene Friede zwischen König Ferdinand I. und
 den Landesfürsten sicherte diesen das Recht zu, die Religion ihrer
 Untertanen zu bestimmen, und förderte die territoriale Zersplit-
 terung Deutschlands.
 Allgemeingültigkeit der Bibel — Während im Katholizismus neben
 der Heiligen Schrift auch eine angeblich auf Christus und die
 Apostel zurückgehende mündliche Überlieferung göttlicher Lehren
 und die Lehrmeinung der Kirche sowie des Papstes Glaubens-
 grundlage waren, bestimmte Luther dazu einzig die Bibel, die dann
 besonders seit der Aufklärung zunehmend einer wissenschaftlichen
 Kritik unterzogen wurde.

333 *Irritabilität* — Reizbarkeit, Erregbarkeit.
 Esoterisierung der Bibel — Nach der katholischen Lehre war der
 innere, allegorische Sinn des Bibeltextes nur dem Eingeweihten,
 dem Priester verständlich und konnte nur von ihm erklärt wer-
 den.
 Zinzendorf — Nikolaus Ludwig Graf von Zinzendorf (1700–1760),
 der Stifter der Herrnhuter Brüdergemeine, einer Religionsgemein-
 schaft, für die das persönliche Verhältnis des einzelnen zu Christus
 und die innere Gewißheit der eigenen Erlösung die Grundstim-
 mung des Christen ausmacht.
 Böhme — Vgl. die zweite Anm. zu S. 60. Böhme kritisierte die
 erstarrende protestantische Orthodoxie wegen ihrer Buchsta-
 bengelehrtheit und lehnte Kirche und Klerus als vermittelndes
 Glied zwischen Mensch und Gott ab, da beide wesensgleich seien
 und jeder Mensch Gott in sich selbst trage.
 Moderatisten — Gemäßigte, Gleichmütige.
 Atonie — Erschlaffung.
 vakanter Universalstuhl — Im 16. Jahrhundert mußte das Papsttum,
 das seit Gregor VII. (1073–1085) die Idee einer kirchlichen Uni-
 versalmonarchie, der Herrschaft des Papstes über die Fürsten
 Europas, verfolgt hatte, endgültig aufgeben.

334 *ein neu entstandener Orden* — Der 1534 von Ignatius von Loyola (1491–1556) gestiftete und 1540 von Papst Paul III. bestätigte Jesuitenorden (eigentlich: Gesellschaft Jesu), der zum wirksamsten Werkzeug der Gegenreformation wurde und der bis heute mit allen Mitteln, in der Gegenwart mit besonderer antikommunistischer Tendenz, der Befestigung und Ausbreitung des Katholizismus und des päpstlichen Einflusses dient. Als er im 18. Jahrhundert sich dem gesellschaftlichen Fortschritt allzu offen entgegenstellte und in den meisten europäischen Staaten verboten wurde, mußte ihn der Papst 1773 zum Schein vorübergehend auflösen, doch führte er mit dem Antritt der Restaurationszeit 1814 seine Tätigkeit offiziell wieder fort.

336 *Zeitraum der triumphierenden Gelehrsamkeit* — Das Zeitalter der Aufklärung.

herrliche, großartige Philosophie — Der französische Materialismus des 18. Jahrhunderts, besonders der Enzyklopädisten wie Julien-Offray de la Mettrie (1709–1751), Denis Diderot (1713–1784), Claude-Adrien Helvétius (1715–1771), Jean-Baptiste le Rond d'Alembert (1717–1783) und Paul Heinrich Dietrich von Holbach (1723–1789).

Mystagogen — Lehrer geheimer Kulte und Wissenschaften.

einige Poeten — Novalis mag hier an Schriftsteller wie Voltaire (eigentlich: François-Marie Arouet; 1694–1778), Diderot, Jean-Jacques Rousseau (1712–1778) und Pierre-Augustin Caron de Beaumarchais (1732–1799) gedacht haben.

337 *Das Licht war ... ihr Liebling geworden* — Das 18. Jahrhundert wurde in Frankreich schon seit den ersten Jahrzehnten als „siècle des lumières", als „Zeitalter des Lichts" bezeichnet.

man reformierte das Erziehungswesen — Dies geschah vor allem durch die von Johann Bernhard Basedow (1724–1790) ausgehende Bewegung des Philanthropismus, wonach die Schüler naturgemäß und menschenfreundlich erzogen und auf ein „gemeinnütziges, patriotisches und glückseliges" Leben vorbereitet werden sollten.

man suchte der alten Religion ... — So der Professor für orientalische Sprachen und philosophische Schriftsteller Hermann Samuel Reimarus (1694–1768) in seiner „Apologie oder Schutzschrift für die vernünftigen Verehrer Gottes", die Lessing 1774 und 1777 in Auszügen veröffentlichte und gegen eine Reihe orthodoxer Gegner verteidigte.

338 *mußte das Land zuerst treffen* — Gemeint ist Frankreich, in dem der Widerspruch zwischen dem Erstarken bürgerlich-kapitalistischer Elemente und der feudalen Unterdrückung am stärksten war.

338 *Der Geist Gottes . . . —* Zitat aus der Schöpfungsgeschichte des Alten
Testaments (vgl. 1. Mose 1, 2).
Sisyphus — Sisyphos, in der griechischen Sage Gründer und König
von Korinth, der für seine Ungerechtigkeit und Verschlagenheit
in der Unterwelt dadurch bestraft wurde, daß er ein schweres
Felsstück auf einen steilen Berg hinaufrollen mußte, von dem es
aber immer wieder hinunterrollte.

339 *In Frankreich hat man . . . —* Die am 26. August 1789 proklamierte
„Erklärung der Rechte des Menschen und des Bürgers" enthielt
auch das Recht auf die Freiheit des religiösen Bekenntnisses.

340 *Robespierre —* Maximilien-Marie-Isidore de Robespierre (1758
bis 1794), der als Präsident des Wohlfahrtausschusses die
revolutionär-demokratische Diktatur der Jakobiner leitete, ließ
vom Konvent eine neue „Staatsreligion", den „Kult des Höchsten
Wesens", einführen, die sich jedoch nicht durchsetzte.
Theophilanthropie — Gottes- und Menschenfreundlichkeit; eine
unter diesem Namen 1796 in Paris gebildete Religionsgemein-
schaft, die von Napoleon 1802 verboten wurde.
neue Eroberungen der Jesuiten— Die 1794 von Exjesuiten gegründete
Société du Sacré-Cœur (Gesellschaft des heiligen Herzens Jesu)
versuchte die Arbeit des aufgehobenen Jesuitenordens fortzuset-
zen.
Näherung ans Morgenland — Zur Durchsetzung der Kolonialpläne
der französischen Großbourgeoisie unternahm Napoleon Bona-
parte 1798/99 eine Ägyptenexpedition.

341 *wie ein geschmücktes Indien —* Vgl. Anm. zu S. 16.
Die tiefe Bedeutung der Mechanik — Der auf der klassischen
Mechanik Isaac Newtons (1643–1727) basierende mechanische
Materialismus, der auch Leben und Bewußtsein auf mechanische
Prozesse reduzieren zu können glaubte.

342 *des heiligen Organs —* des Herzens.
Übergang der griechischen Götterlehre . . . — Vom 3. bis zum 6. Jahr-
hundert drangen in das Christentum unter dem Einfluß des
Neuplatonismus heidnisch-mystische Vorstellungen von Geistern
und Dämonen ein, die die Kluft zwischen Mensch und Gott aus-
füllen.
Zu einem Bruder — Gemeint ist Friedrich Daniel Schleiermacher
(1768–1834), Theologe und Philosoph, für den die Religion ihre
Wurzel im Gefühl hat, „Sinn und Geschmack fürs Unendliche"
ist. Novalis hatte kurz vor der Abfassung seines Aufsatzes dessen
Werk „Über die Religion. Reden an die Gebildeten unter ihren
Verächtern" (1799) studiert.

343 *Das Höchste in der Physik —* Für Novalis war Goethe „der erste
Physiker seiner Zeit" (vgl. das Fragment S. 350 f.).

343 *Grundfigur der Wissenschaften* — Anspielung auf Johann Gottlieb
 Fichtes (1762–1814) „Wissenschaftslehre", die für diesen gleich-
 bedeutend mit Philosophie war und die Aufgabe haben sollte,
 grundlegende Prinzipien der Erkenntnis und der Wissenschaft
 überhaupt zu entwickeln, so daß aus ihr alle Einzelwissenschaften
 abgeleitet werden könnten.

344 *aller Friede ist nur Illusion* — Gedanke aus Kants Schrift „Zum
 ewigen Frieden" (1795).

345 *das alte Papsttum liegt im Grabe* — Nachdem französische Re-
 volutionstruppen den Kirchenstaat besetzt hatten, riefen im
 Februar 1798 republikanische Kräfte in Rom die Republik aus und
 erklärten die päpstliche Herrschaft für aufgehoben. Papst Pius VI.
 wurde nach Südfrankreich deportiert, wo er 1799 starb. Erst im
 Juli 1801 konnte mit Pius VII. wieder ein neuer Papst in den
 Vatikan einziehen.

346 *das neue Jerusalem* — Rom.

[Über Goethe]

Wie für die gesamte frühromantische Bewegung, so war besonders für
Novalis Goethe die überragende geistige Gestalt der Zeit, und zwar
sowohl als Dichter wie auch als Naturwissenschaftler. Dabei kul-
minierte das vielseitige Interesse an Goethe in der intensiven Be-
schäftigung mit dem „Wilhelm Meister". Die Auseinandersetzung mit
dem Goetheschen Roman, wobei sich sein Urteil von anfänglichem
Enthusiasmus bis zu heftigstem Widerspruch wandelte, befestigte
wesentlich seine eigene Auffassung von der Poesie, deren „Apotheose"
der „Ofterdingen" werden sollte. An dieser literarischen Absicht, den
romantischen Musterroman zu schreiben, entzündete sich seine zu-
nehmende Gegnerschaft zum „Wilhelm Meister", doch wäre es falsch,
darin eine generelle Ablehnung Goethes sehen zu wollen. Was Novalis
betraf, so irrte Goethe, wenn er noch am 15. Oktober 1831 an Zelter
über die Jenaer Romantiker schrieb: „Sie ließen mich bei der großen
Umwälzung, die sie wirklich durchsetzten, notdürftig stehen, zum
Verdrusse Hardenbergs, welcher mich auch wollte deliert [ausgelöscht]
haben." Novalis' grundsätzliches Verhältnis zu Goethe hat gewiß
Ludwig Tieck in einem Brief vom 3. Juli 1841 an Friedrich Wilhelm
Riemer, Goethes langjährigen Sekretär und Herausgeber des Brief-
wechsels Goethes mit Zelter (1834) sowie der „Mitteilungen über
Goethe" (1841), ausgedrückt: „Von Novalis wollte ich sprechen: Er
sollte Goethe haben vernichten wollen? Mit dem kleinen Fragment. —
Er war, durch die Schlegel veranlaßt, verliebt in das Werk; er irrte,
indem er die *ganze*, unbedingt die *höchste* Poesie darin suchte und

fand ... Ich kann Sie aber versichern, daß er bis zum Tode ein eifriger
Verehrer Goethes war; ,Faust', die Gedichte, ,Tasso', ,Iphigenia'
kamen weder von seinem Tisch noch aus seinem Gedächtnis."

Die in chronologischer Folge mitgeteilten Notate — eine Auswahl der
wesentlichsten Aussagen über Goethe als Dichter — entstammen ver-
schiedenen Fragmentensammlungen aus der Zeit vom Herbst 1797 bis
Anfang 1800. Der Quellennachweis erfolgt nach der Ausgabe von
Kluckhohn-Samuel.

349 *Hermann und Dorothea* — Vgl. die zweite Anm. zu S. 301.
350 *Anthropognost* — Vgl. die dritte Anm. zu S. 301.
 der intellektuelle Schwerpunkt — Vgl. die vierte Anm. zu S. 301.
 Minuspoesie — Für Novalis eine Dichtung, die die Wirklichkeit
 realistisch (nicht phantastisch, märchenhaft, symbolisch, „ro-
 mantisiert") widerspiegelt. So waren Goethe und Voltaire für ihn
 die beiden größten „Minuspoeten".
 Wedgwood — Josiah Wedgwood (1730—1795), englischer Kerami-
 ker, der neue Materialien zur Herstellung von Tonwaren fand, aus
 denen er nach antikem Vorbild geformtes Gebrauchsgeschirr
 schuf.
 Seine Betrachtungen des Lichts ... — Gemeint sind die „Beiträge
 zur Optik" (1791/92), „Die Metamorphose der Pflanzen" (1790)
 und „Die Metamorphose der Insekten" (1796—1798).
353 *Revivifikation* — Wiederbelebung, Neubelebung.
 Petrifikation — Vorgang der Versteinerung.
 Vid. — Videatur (lat.): man sehe nach.
357 *nobilitiert* — dem Adel verpflichtet.
 Candide — „Candide oder Der Optimismus" (1758), ein satirischer
 Roman Voltaires, in dem wesentliche Übel des absolutistischen
 Regimes angeprangert werden, um die Leibnizsche Lehre von der
 besten unter allen möglichen Welten der Lächerlichkeit preis-
 zugeben.

ALPHABETISCHES VERZEICHNIS
DER GEDICHTANFÄNGE UND -ÜBERSCHRIFTEN

INHALTSVERZEICHNIS

BIBLIOTHEK DEUTSCHER KLASSIKER

Die ,,Bibliothek deutscher Klassiker" ist eine Volksbibliothek der in unserer Zeit lebendigen und weiterwirkenden Literatur deutscher Sprache vom Zeitalter des Bauernkrieges bis zum Ende des neunzehnten Jahrhunderts. Sie bietet einem weiten Leserkreis die bedeutenden Werke unseres literarischen Erbes in Auswahlausgaben auf wissenschaftlicher Grundlage.

Die Werke der großen Dichter und Schriftsteller sollen Liebe und Verständnis für die schöne Literatur wecken und ein fortschrittliches, humanistisches Welt- und Geschichtsbild vermitteln.

Die ,,Bibliothek deutscher Klassiker" wird von den Nationalen Forschungs- und Gedenkstätten der klassischen deutschen Literatur in Weimar herausgegeben. Die Ausgaben erscheinen seit 1955 in zwangloser Folge.

Die ,,Bibliothek deutscher Klassiker" umfaßt folgende Ausgaben (in Klammern die Anzahl der Bände):

Volksbücher (3) · Schwänke (1)
Hans Sachs (2) · Hutten/Müntzer/Luther (2)

Gryphius (1) · Grimmelshausen (4) · Chr. Reuter (1)

Günther (1) · Klopstock (1) · Winckelmann (1) · Lessing (5)
Wieland (4) · Herder (5) · Lenz (1) · Klinger (2) · Bürger (1)
Schubart (1) · Voß (1) · Lichtenberg (1) · Moritz (2) · Bräker (1)
Goethe (12) · Schiller (5) · Jean Paul (2) · Forster (2)
Hölderlin (2)

Seume (2) · Kleist (2) · Hebel (1) · Novalis (1)
Arnim (1) · Brentano · Friedrich Schlegel (2)
E. T. A. Hoffmann (3) · Chamisso (1) · Hauff (2) · Tieck (2)
Eichendorff (1) · Grillparzer (3) · Raimund (1) · Börne (2) · Grabbe (2)
Büchner (1) · Droste-Hülshoff (1) · Lenau (1) · Gotthelf (2) · Mörike (1)
Heine (5) · Weerth (2) · Nestroy (2) · Freiligrath (1) · Herwegh (1)
Hebbel (3) · Stifter (4) · Fritz Reuter (3) · Keller (5)
Storm (2) · Anzengruber (2) · Ebner-Eschenbach (1) · C. F. Meyer (2)
Raabe (5) · Fontane (5)

Briefe: Lessing (1) · Herder (1) · Goethe (3) · Schiller (2) · Heine (1)
Keller (1) · Fontane (2)